고대문명연구소 연구총서 1

이집트에서 중국까지:
고대문명 연구의 다양한 궤적

김구원, 김아리, 강후구, 이광수, 심재훈   지음

진인진

이집트에서 중국까지: 고대문명 연구의 다양한 궤적

초판 1쇄 발행 | 2024년 4월 10일

지은이 | 김구원, 김아리, 강후구, 이광수, 심재훈
편   집 | 배원일, 김민경
발행인 | 김태진
발행처 | 진인진
등   록 | 제25100-2005-000003호
주   소 | 경기도 과천시 관문로 92, 101동 1818호
전   화 | 02-507-3077-8
팩   스 | 02-507-3079
홈페이지 | http://www.zininzin.co.kr
이메일 | pub@zininzin.co.kr

ⓒ 김구원, 김아리, 강후구, 이광수, 심재훈 2024
ISBN 978-89-6347-591-2 93900

* 책값은 표지 뒤에 있습니다.

목차

서문   5

제1장   나일강을 따라 천 마일: 이집트학의 발전과 과제 … 김구원   15
    I. 서론   15
    II. 본론   24
    III. 결론: 인류 문명 연구의 일부로서 이집트학   104

제2장   200년 고대 근동 연구사, 세 번의 거대한 변화 … 김아리   115
    I. 머리말   115
    II. 성서학과 연관된 고대 근동학   119
    III. 스스로의 문화에 초점을 둔 고대 근동 연구   133
    IV. 1980년대의 다양한 변화   137
    V. 맺음말   143

제3장   이스라엘/팔레스틴 고고학 역사:
**   정치적 종교적 문화적 논쟁들** … 강후구   151
    I. 서론   151
    II. 이스라엘/팔레스틴 고고학사   156
    III. 이스라엘/팔레스틴 고고학적 연구의 의미와 논쟁점들   187
    IV. 결론   221

제4장   인더스문명과 갠지스문명의 정체에 관한 논쟁: 힌두뜨와(Hindutva)
**   역사 서술에 대한 비판을 중심으로** … 이광수   235
    I. 서론   235
    II. 힌두뜨와 기반 사이비 역사학의 인더스문명 왜곡   241

III. 갠지스강 중류 유역 제2차 도시화와 힌두 신화의 역사화 253
  IV. 맺음말 269

제5장 **중국 고대문명 연구 100년:**
      전통과 현대 학문의 충돌 및 재편…심재훈 277
  I. 서론 277
  II. 호고주의와 고문자학, 고고학 280
  III. 지역주의 307
  IV. 의고와 신고의 길항 334
  V. 평가와 전망 357

· · · · ·

서문

이 책은 소위 4대 문명의 발상지로 알려진 근동, 인도, 중국의 고대문명 연구가 어떻게 이루어져 왔는지, 그 연구의 역사를 살펴보려고 한다. 근동의 경우 이집트, 메소포타미아, 이스라엘/팔레스틴의 세 문명을 포괄하여 사실상 다섯 문명을 다룰 것이다.

인류의 다양한 문명이 형성되는 과정은 연구 중심 대학이 처음 설립되기 시작한 19세기 이래 세계 학술계의 핵심 연구과제이다. 전 세계 유수 대학들에 다양한 방식으로 관련 교육과 연구를 담당하는 기관이 설치되어 있다.

그 중요성에도 불구하고 국내의 학술적 관심은 아직 거기까지 미치지 못하고 있다. 한국에서 근대식 자생적 학문이 본격적으로 문을 연 시점을 1950년대 이후로 본다면, 이는 충분히 이해되는 일이다. "우리 자신"에 대한 학술적 이해가 선행되어야 했기 때문에, 다른 인문학 분야와 마찬가지로, 국내의 고대문명 연구 역시 한반도와 중국을 비롯한 동아시아와 특히 북방 지역에 치중되어왔다. 최근에는 그 연구의 폭이 중앙 유라시아 지역으로까지 확장되는 양상이 뚜렷해 보인다. 이러한 노력으로 지난 70년간 상당한 연구 성과가 축적된 상황에서, 이제 그 시야를 세계 학술계의 보편적 관심사로 넓혀갈 때가 되었다고 본다.

문명의 정의는 다양하여, 동아시아에서 주로 통용되며 우리에게도 익숙해진 '4대 문명'이라는 용어[1]도 구식이 되어가는 느낌이다. 특히 최근 말, 바퀴, 언어 같은 일부 중요한 문명 요소의 기원과 관련하여 아나톨리아나 유라시아 초원이 부각하고 있고, 중남미 역시 독특한 문명의 발상지로 여전히 주목의 대상이다.

그렇지만, 인류의 역사와 문화에 본질적으로 영향을 미친 문자, 종교, 법, 도시, 국가, 제국 등은 4대 문명을 낳은 근동과 인도, 중국의 산물임을 부인하기 어려울 것이다. 19세기 이래 세 지역에서 출토된 문자 자료를 비롯한 방대한 고고학 자료에 대한 탐구는 수월성(秀越性) 창출이라는 학문의 최대 목표에 부응하며 여전히 고대문명 연구의 핵심을 차지하고 있다.

이러한 연구와 교육의 기반이 거의 없는 국내에서 근동과 인도의 고대문명 연구가 부진한 것은 자연스러운 일이다. 다행스럽게도, 최근 새로운 연구의 싹이 움트고 있다. 이 책의 저자들은 2020년 9월부터 단국대학에 고대문명연구소(https://irec.study/)를 발족하고, 연구의 동력을 모아왔다. 연구소 홈페이지에서 아래와 같이 설립 취지를 밝혔다:

> 인류 문명의 토대를 제공한 세계 4대 문명, 가슴 뛰는 호기심의 대상이지만 멀게만 느껴졌습니다. 한국과 가까이서 교류한 중국 고대문명만 학술적 연구의 대상으로 명맥을 유지하는 정도였지요. 지난 세기말부터 본격화된 한국의 경제 성장은 학술계에도 연구범위 확장이라는 과실을 안겨주는 것

---

[1] 제5장의 각주 1) 참조.

같습니다. 아직 초보적 단계를 지나고 있지만, 이집트나 메소포타미아, 인도, 지중해 등 고대문명을 다룬 괜찮은 번역서들이 서점의 서가에 꽂히고 있습니다.

더욱 고무적인 사실은 학문에 대한 열정 하나만으로 해외의 유수 대학에서 그 어려운 분야를 전문적으로 공부했거나 현재 공부 중인 소장 학자들이 늘어나고 있는 점입니다. 이제 한국도 이런 연구자들이 마음껏 뛰어놀 수 있는 장을 제공할 때가 되었다고 믿습니다. 단국대학 고대문명연구소가 한국에서의 세계 고대문명 연구를 향한 전초기지가 되길 희망합니다.

이 설립 취지에 부응하는 첫 번째 결실이 바로 이 책이다. 본 연구소의 구성원 8명이 팀을 이뤄 2022년 지원, 선정된 한국연구재단 일반공동연구지원사업(제목: 문명의 시원, 그 연구의 여정과 실제)의 1년 차 연구 성과를 토대로 한다. 첫 번째 연구과제로 핵심 고대문명을 연구한 역사, 즉 연구사 정리를 목표로 세운 몇 가지 이유가 있다.

첫째, 국내에 연구의 연륜이 짧은 새로운 분야를 결집하면서 그 기본이 되는 연구사 이해가 선결 과제라고 보았다

둘째, 국내 학술계에서 소외학문으로서의 현실도 고려했다. 현재 국내 대학에서 중국을 제외한 고대문명은 대체로 정규 교과과정에서 빠져 있다. 그 중요도가 낮아서 그런 것이 아니라 교육을 담당할 자원이 부족했던 탓이 크다고 본다. 이제 근동과 인도 지역 연구자가 어느 정도 확보된 만큼 연구와 교육의 저변 확대를 위해 충실한 연구사 정리와 확산이 시급하다고 판단했다.

셋째, 본 연구에서 다룰 각 고대문명은 모두 오랜 연구의 역사를 지니고 있다. 근대 이후 연구의 역사만 해도 각 문명 당 몇 권의 책을 쓸 수 있을 정도로 그 내용 역시 다양하고 풍부하다. 이는 두 가지를 함의한다. 한편으로, 고대문명의 발전 양상을 다루는 것 이상으로, 연구사 자체에만도 그만큼 흥미로운 내용이 담겨 있다는 얘기이다. 다른 한편으로, 그 방대성 때문에, 서술 시 "선택과 집중"을 필수적으로 고려해야 한다는 얘기이기도 하다. 특정 주제를 몇 권의 책에 두껍게 정리할 수 있는 반면, 몇 편의 논문으로도 그 주제의 핵심이나 중요한 단면을 살펴볼 수 있는 것이 인문학의 묘미일 것이다.

넷째, 여러 지역 연구자를 포괄하는 고대문명연구소가 추구하는 궁극적 목표는 문명 간 비교연구이다. 하나라도 제대로 공부하기 어려운 상황에서 이는 매우 어려운 작업임이 분명하다. 다만 서로 간의 벽을 허물고 함께 공부해온 지난 3년 동안 다른 문명의 발전 양상에서 적지 않은 영감을 얻은 것도 사실이다. 하나의 지면에서 핵심 고대문명들의 연구가 어떻게 이루어졌는지 교차 점검하는 과정이 그 비교연구의 시발점이 될 수 있으리라 기대한다.

모두 5장으로 구성된 이 책의 주요 내용은 다음과 같다.

제1장 이집트를 맡은 김구원은 시카고대학의 근동언어문명학과에서 구약을 중심으로 고대 근동학을 공부했고,[2] 문헌학과

---

[2] 2010년 완성한 박사논문이 Brill의 Vetus Testamentum Supplement 시리즈로 출판되었다: Koowon Kim, *Incubation as a Type-scene in the Aqhatu, Kirta and Hannah Stories: A Form-critical and Narratolog-*

역사학을 비롯한 다양한 연구를 수행하고 있다. 이집트학의 역사는 대체로 순수 학문을 중시한 '발전 모델'과 그 발전의 이면에 있는 식민지배적 맥락을 강조하는 '후기식민주의 모델'로 나뉜다. 전자에 치중한 이 글은 우선 19세기 이전까지 서양인이 품었던 이집트에 대한 신비주의 및 호고주의 관점을 다룬다. 나폴레옹의 이집트 침공 부산물로 학문으로서 이집트학이 태동하여, 여기서 촉발된 19세기 서유럽 국가들의 '문화의 힘' 경쟁이 이집트학을 유럽 대학의 분과학문으로 자리매김했다. 이후 20세기 전반까지 고고학과 문헌학이라는 두 줄기로 발전한 과학적 이집트학과 함께, 중반 이후 현재까지 이집트학의 최신 연구 경향을 신고고학, 언어학적 문헌학, 역사학 분과로 나누어 살펴본다. 마지막 결론 부분에서 "신비주의적 이집트" 혹은 "관광객들의 이집트"와는 다른 인류 문명사의 보편적 발전 과정의 일부로서 이집트학을 제시한다.

 제2장 메소포타미아를 맡은 김아리는 파리1대학 역사학과에서 신바빌론 시대의 법률을 중심으로 고대 근동학을 공부했다. 고대 근동의 법제사 관련 다양한 연구를 수행하고 있다.[3] 이집트와 마찬가지로 200년을 이어온 메소포타미아 문명 연구사를 세 단계로 나누어서 살펴본다. 그 첫 번째가 쐐기문자의 해독

---

ical Study of KTU 1.14 I-1.15 III, 1.17 I-II, and 1 Samuel 1:1-2:11, Leiden: Brill, 2011.

[3] 김아리, 「기원전 "긴 6세기" 우룩 에안나(Eanna) 신전 문서로 본 농업 관련 직업적 실수와 범죄, 그리고 처벌」, 『역사학보』 248 (2020), 377-411쪽; 김아리, 「신바빌론 상속법 연구: 재산별 유산상속의 특징」, 『서양사론』 155 (2022), 9-40쪽.

에서 비롯된 성서와의 관련성 연구로, 특히 성서에 나타나는 신화의 원소를 고대 근동의 신화들에서 찾았다. 20세기 초에 일어난 두 번째는 고대 근동의 역사와 문화가 성서 같은 외부적 요인이 아닌 그들 자신의 역사와 문화 속에서 이해되어야 한다는 경향이다. 시카고대학의 아카드어 사전 프로젝트 착수가 이러한 연구를 촉진해주었다. 1970-80년대에 시작된 세 번째 변화는 연구의 초점이 정치사, 문화사에서 탈피하여 고대 근동 사람들의 실생활로 옮겨간 것이다. 이와 함께 신앗시리아 시대 연구 역시 재조명받기 시작했다. 최근에는 고대 근동 연구의 자료를 제공하는 다양한 웹사이트들과 함께 그 연구 역시 새로운 단계로 발전하고 있다.

제3장 이스라엘/팔레스틴 문명을 담당한 강후구는 이스라엘 히브리대학 고고학과에서 성서고고학을 공부했다. 최근까지 이스라엘 텔 라기스(Tel Lachish) 등 지역의 발굴 책임자로 활동하며, 이스라엘의 고고학 연대에 대한 세계 학계의 논쟁에 활발하게 참여하고 있다.[4] 이스라엘/팔레스틴 지역의 고고학은 성서의 배경이라는 지리적 특성으로 인해 과거사 연구뿐만 아니라 현대의 정치적, 종교적, 문화적 논의와도 밀접하게 연관되어 있다. 더

---

4 Hoo-Goo Kang 등, "Lachish Fortification and State Formation in the Biblical Kingdom of Judah in Light of Radiometric Datings," *Radiocarbon* 61.3 (2019), pp.695-712; Yosef Garfinkel 등, "The Canaanite and Judean Cities of Lachish, Israel: Preliminary Report of the Fourth Expedition, 2013-2017," *American Journal of Archaeology* 125.3 (2021), pp.419-459; Hoo-Goo Kang 등, "The Level V City Wall at Lachish," *Palestine Exploration Quarterly* (2023), pp.1-11.

욱이 이 지역은 거대 고대문명의 주변부 혹은 충돌 지역으로서 각 문명의 영향력을 파악할 수 있는 점에서도 중요하다. 이 글에서는 이 지역을 둘러싼 다양한 논의를 소개하고, 이 지역 고고학사의 발전 단계를 일곱 시기로 나누어서 살펴본다. 나아가 지난 200년간 이 지역의 고고학사에서 밝혀진 보편적 문명사 측면에서의 네 가지 양상(인류의 정착, 농경 생활과 토기, 도시 생활과 요새화, 문자생활)과 그에 따른 논쟁들(다른 고대문명의 영향, 최대주의자/최소주의자 논쟁, 위조품 논쟁)까지 다룬다.

제4장 인도 문명을 담당한 이광수는 인도 델리대학에서 인도 고대사를 중심으로 문화사를 공부했다. 힌두교를 비롯한 인도 문화 전반에 대한 다양한 저작을 출간해오고 있다.[5] 앞에서 살펴본 이집트와 메소포타미아 연구가 주로 현지가 아닌 유럽과 미국에서 이루어져 대체로 순수학문적 경향이 강하다면, 이스라엘의 경우 성서와의 연관성이나 이스라엘의 지정학적 특성으로 인한 정치적 경향이 나타난다. 인도의 고대문명 연구는 후자의 경향이 극단적으로 두드러지는 사례로, 이 글은 1980년대 이후 인도 정치에서 막강한 영향력을 행사하는 힌두 민족주의자들의 이른바 '힌두뜨와'(힌두性 혹은 힌두스러움) 역사서술에 대한 강한 반론이다. 무슬림을 비롯한 외래세력을 배척하는 이들 역사학의 핵심은 기원전 500년경 인도로 이주한 아리아인이 원래 인더스문명을 세운 주인공이었다는 아리아인의 인더스문명 기원설이다. 다양한 각도에서 이러한 주장을 비판한 이 글은 사이비 역사학이

---

5 이광수, 『인도에서 온 허황후, 그 만들어진 신화』, (푸른역사, 2017); 이광수, 『힌두교사 깊이 읽기』 (푸른역사, 2021).

정치적으로 발호하는 조건을 보여주어, 비슷한 열병에 시달리는 한국사 연구에 시사하는 바가 크다.

제5장 중국 문명을 담당한 심재훈은 시카고대학의 동아시아언어문명학과에서 중국고대사를 공부했다. 갑골문, 금문(金文), 초간(楚簡) 등 출토문헌을 활용하여 상주사 연구에 치중하고 있다.[6] 중국 고대문명 연구를 "전통과 현대 학문의 충돌 및 재편"으로 맥락화한 이 글은 우선 중국의 호고주의 전통, 고문자 및 출토문헌 연구, 고고학 발전을 개괄한다. 나아가 1900년대 이래 중국 고대문명 연구를 "지역주의"와 "의고(疑古)·신고(信古)" 논쟁이라는 키워드로 검토한다. 이 두 가지 쟁점은 중국이 처한 특수한 역사적 조건, 즉 어느 지역보다 강력한 호고주의 및 장기 지속적 학술 전통, 서양 학술의 충격에 대한 대응 등에서 기인한다. 앞에서 살펴본 다른 고대문명 연구가 대체로 근대적 현상인 것과 달리, 고대 이래의 학문이 면면히 이어졌던 중국 고대문명 연구는 방대한 출토자료와 함께 "중국 대 구미"의 학술 구도를 형성하며 다채롭게 발전하고 있다.

지금까지 개관한 다섯 편의 글[7]은 인류의 핵심 고대문명 연구가 어떻게 진행되었는지 다양한 각도에서 묘사한다. 이를 통해, 각각의 고대문명이 처한 환경이나 발전 양상 못지않게 그 연

---

[6] 2018년 출간한 『중국 고대 지역국가의 발전: 晉의 봉건에서 文公의 패업까지』(일조각)가 중국에서 번역 출간되었다(沈載勳 著, 鄭興洙 譯, 『晉國霸業: 從晉之分封到文公稱霸』[上海古籍出版社, 2022]).

[7] 다섯 편 모두 2023년 [崇實史學] 제50집에 게재된 논문을 토대로 수정한 것이다.

구를 담당한 주체가 당대의 현실로부터 부여받은 관점 역시 연구의 향방을 결정하는 핵심 요인임을 알 수 있었다. 이 책을 읽는 독자들이 다양한 그 연구의 맥락을 헤아리며 흥미로운 상상의 나래를 펼쳐나가길 바란다.

고대문명연구소는 설립 3년 만인 2023년 9월 한국연구재단의 인문사회연구소지원사업에 선정되었다. "고대 근동과 중국 문헌 전통의 물줄기"라는 제목으로, 앞으로 6년 동안 두 고대문명의 초기 문헌이 형성되는 과정을 연구할 것이다. 한국학 위주의 학술 생태계가 아직 공고한 상황에서, 대중과 학술계 모두에서 싹을 틔우고 있는 세계적 보편 학문에 대한 갈증이 이 선정에 어느 정도 영향을 미쳤으리라 본다. 이 책으로 시작하는 고대문명연구소의 새로운 여정이 작은 꽃망울이라도 터뜨려 한국의 인문학 발전에 공헌하길 희망한다.

이 연구를 가능하게 해준 한국연구재단과 어려운 상황에서도 기꺼이 이 책을 출간해준 진인진 출판사에 진심으로 감사드린다.

2023년 11월 30일
필진을 대표하여 심재훈 씀

목차

I. 서론
    1. 선행 연구: 이집트학의 발전 역사
    2. 연구의 범위와 한계

II. 본론
    1. 이집트에 대한 서구인들의 관심
    2. 이집트학의 탄생: "문화의 힘"을 수단으로 약탈적 발굴
        1) 나폴레옹의 이집트 침공 부산물들
        2) 이집트 고고학의 초창기 기여자들
        3) 성각문자의 해독
        4) 유럽 대학에 이집트학 교수직이 설치됨
        5) 이집트 정부의 노력
    3. 과학으로서의 이집트학: 고고학 방법론의 변화
        1) 페트리의 고고학 방법론
        2) 20세기의 주목할 만한 발굴
        3) 베를린 학파: 문헌학
    4. 현대적 이집트학의 모색
        1) 신고고학
        2) 언어학적 문헌학
        3) 역사학

III. 결론: 인류 문명 연구의 일부로서 이집트학

제1장
나일강을 따라 천 마일: 이집트학의 발전과 과제

김구원(단국대)

I. 서론

서유럽에서 이집트학(Egyptology)이 근대 학문으로 출범한 지도 거의 200년이 되었다.[1] 하지만 아직까지 이집트학이 어떤 학문인지에 대한 학자들의 합의가 없다. 이집트학을 수행하는 방법과 목적, 나아가 이집트학이 인문학이나 사회학과 가지는 관계에 대해서도 여전히 모색 중이다.[2] 여기에는 몇 가지 납득할 만한 이유

---

[1] 이 기간은 이폴리토 로셀리니(Ippolito Rosellini)가 이탈리아 피사 대학(Università di Pisa)의 이집트학 교수가 되었을 때인 1824년을 기점으로 한 추정치이다.

[2] Andrew Bednarski, "Egyptology and Cognate Disciplines", Ian Shaw and Elizabeth Bloxam, eds., *The Oxford Handbook of Egyptology*, Oxford: Oxford University Press, 2020, p.33.

가 있다. 첫째, 이집트학은 태생부터 순수한 학문으로 출발하지 않았다. 19세기 고대 이집트에 대한 관심과 탐구는 다양한 유럽 민족들의 문화적 힘의 길항(拮抗)과 맞물렸으며 그 과정에서 그 땅에서 삶을 영위한 이집트인들의 목소리는 사장되었다. 둘째, 최근에 식민주의를 넘어선 이집트학 즉 이집트인에 의한 자생적 이집트학이 시도되고 있지만, 그 작업도 마찬가지로 서구의 전통적 학문적 담론과의 관계에서 벗어나기 어렵다. 그것은 또한 이집트의 정치, 경제, 외교 등 학문 외적인 요소들까지 고려해야 하는 매우 복잡한 일이다. 셋째, 세 종류의 이집트─신비주의자들의 이집트, 관광객들의 이집트, 학자들의 이집트─가 존재한다는 통념이[3] 말해 주듯, 고대 이집트를 소비하는 주체가 다양하고, 그들 간 이해의 괴리는 신고고학과 언어학이 고대 이집트 연구에 본격적인 영향을 준 최근 50년 동안 더욱 커지는 듯하다.

이런 상황에서 이집트학의 발전 역사(History of Egyptology)를 고찰하는 것은 단순히 이집트학의 '서론'으로서만 기능하지 않는다. 그것은 이집트학의 합법적인 일부가 되어 가고 있다. 따라서 이집트학에 대한 저변이 일천한 한국에서 이집트학의 역사를 졸고의 형태로나마 정리해 두는 것이 의미 있을 것이다. 이집트학의 역사에 대한 공부는 그 연구의 과정에서 범해진 과오나 드러난 한계를 극복하는 반면교사(反面敎師)를 제공할 뿐 아니라, 고대 이집트학의 복잡성을 이해하고 그것이 '인간 (문명) 이해'라

---

[3] The Oriental Institute, *Egyptology at the Oriental Institute of the University of Chicago*, Chicago, University of Chicago Printing Department, 1980, p.7.

는 대의에 기여할 가능성도 보게 해줄 것이다. 먼저 이집트학의 역사를 학자들이 어떤 관점에서 어떻게 정리해 왔는지를 간단하게 살펴보자.

1. 선행 연구: 이집트학의 발전 역사

지나친 단순화의 위험에도 불구하고 이집트학의 역사 서술은 크게 두 가지 유형으로 나눌 수 있다. 첫째는 이집트학의 역사를 순수 학문의 발전사로 이해하는 것이다. 둘째는 이집트학의 역사를 19-20세기 이집트에 대한 서구의 이익 경쟁의 부산물로 보는 것이다. 전자를 발전 모델이라 부른다면 후자는 후기 식민주의 모델로 부를 수 있을 것이다.

이집트학의 역사를 소개하는 초기의 노력은 후자보다 전자 즉 발전 모델에 가까웠다.[4] 많은 이집트학의 역사가 학자의 개성과 덕을 칭찬하는 전기나 회고록("a heroic lionizing of certain players")의 형태로 유통되었다.[5] 정도 차이는 있지만 주요 인물이

---

[4] 다음의 개괄서는 다소 오래되었지만 이집트학의 역사에 대한 좋은 입문서가 될 수 있다: C. W. Ceram, *Gods Graves & Scholars, the Story of Archaeology*, London, Readers Union, 1954; L. Greener, *The Discovery of Egypt*, London, Cassel & Company Ltd., 1966; J. D. Wortham, *British Egyptology 1549-1906*, Newton Abbot: David & Charles, 1971.

[5] Andrew Bednarski, Aidan Dodson, and Salima Ikram, "Introduction", Andrew Bednarski, Aidan Dodson, and Salima Ikram, eds., *A History of World Egyptology*, Cambridge, Cambridge University Press, 2020, p.5.

나 기관의 업적을[6] 시간순으로 나열하는 경향을 보인다.[7] 이때 어떤 것이 기록할 만한 업적이 되는지는 역사가의 선택적 판단에 맡겨진다.[8] 이런 전기적 접근의 극단적 형태가 모리스 비어브라이어(Morris L. Bierbrier)가 이집트탐험학회(the Egypt Exploration Society)의 후원으로 저술한 『이집트학 인명사전』(*Who Was Who in Egyptology*, 5th edition, 2021)이다. 이 책은 이집트학에 종사한 거의 모든 인물들—전문 학자 이외에 아마추어 탐험가들도 포함—에 대

---

[6] 기관의 '전기'에 해당하는 것은 제임스(T.G.H. James)의 『이집트에서 발굴하기』(*Excavating in Egypt: the Egypt Exploration Society 1882-1982*, Chicago, The University of Chicago Press, 1982)이다. 제임스는 이 책에서 영국의 민간 연구기관은 이집트 탐사 학회의 100년사를 다루고 있다.

[7] 이런 경향은 최근에도 지속된다. 예를 들어, 영국박물관 이집트 유물 책임자(Keeper of the Department of Egyptian Antiquities)였던 스티븐 에드워즈(I. E. S. Edwards, 1909-1996)는 2000년에 자찬적인 회고록을 출판하였다. 그곳에서 그는 스스로를 이집트 고고학의 화신으로 여기며, 영국박물관에서 열린 '투탄카문' 전시회(1972년)의 성공 원인을 자신의 지혜와 기획력에서 찾았다. I. E. S. Edwards, *From the Pyramids to Tutankhamun: Memoirs of an Egyptologist*, Oxford, Oxbow, 2000; William Carruthers, "Introduction: Thinking about Histories of Egyptology", William Carruthers, ed., *Histories of Egyptology: Interdisciplinary Measures*, New York, Routledge, 2015, p.4.

[8] 국가 별로 이집트학의 역사를 요약한 책은 다음과 같다: Andrew Bednarski, Aidan Dodson, and Salima Ikram, eds., *A History of World Egyptology*, Cambridge, Cambridge University Press, 2020. 이집트학의 분과별로 그 역사를 요약한 책은 다음과 같다: Ian Shaw and Elizabeth Bloxam, eds., *The Oxford handbook of Egyptology*, Oxford, Oxford University Press, 2020.

한 전기적 정보를 백과사전식으로 제시한다. 이런 전기적 접근의 암묵적 전제는 이집트학이 순수학문이며 그것의 역사는 다양한 학자들의 재능과 헌신에 의한 발전의 과정이라는 생각이다. 이에 따르면 이집트학의 역사를 서술하는 목적도 그 성장 과정에서 노정된 불순 요소들을 인지하여 제거함으로써 이집트학을 순수한 형태로 재정립하는 데("the practice of purification") 있다.[9]

발전 모델에 근거한 연구 중 흥미로운 것은 독일 이집트학자들의 업적을 독일의 정치 상황과 연결시킨 슈나이더(T. Schneider)의 논문이다.[10] 그는 독일 유대인 학자 게오르크 슈타인도르프(Goerg Steindorff)가 미국의 동료들에게 쓴 편지들—여기에는 나치 정부에 협력한 학자들의 명단(소위 '슈타인도르프 명단')이 수록되어 있었음—을 분석하여 이집트학자들의 정치 성향과 그들의 학문적 업적 사이의 연관을 살폈다. 학자들의 업적을 단순 해설하지 않고 그 뒤의 정치적 배경을 살폈다는 점은 긍정적으로 평가할 수 있지만(이집트학자들이 활동한 정치적 맥락을 무시한 서술에 비해 진일보한 것이지만), 나치 정부 아래서 독일 이집트학의 맥을 이은 학자들의 노력을 부정적으로 평가한다는 점에서 이전 발전 모델의 전제를 답습했다고 평가할 수 있다. 즉 이집트학을 정치와 무관해야 하는 순수 학문으로, 학자들을 정치와 무관해야 하는 인물들

---

[9] Carruthers, "Introduction: Thinking about Histories of Egyptology", p.4.

[10] T. Schneider, "Ägyptologen im Dritten Reich: Biographische Notzen anhand der sogenannten 'Steindorff-Liste'", *Journal of Egytpian History*, Vol.5, 2012, pp.120-147.

로 규정하고 있음을 알 수 있다.[11]

한편, 이집트학의 역사에 대한 포스트 식민주의적 연구는 최근 30년 동안 활발히 진행되었다.[12] 이집트학의 역사를 단순한 학문 발전의 과정으로 보는 대신, 그 '발전' 이면에 있는 식민지 배적 맥락을 밝힘으로써 서구 중심적 관점을 탈피하려는 연구가 많아졌다. 이런 포스트-식민주의적 접근은 이집트학의 역사를 서구 열방의 식민 경쟁의 부산물로 여기는 동시에 서구 발굴단의 활동에 참여한 현지 이집트인들의 기여를 비중 있게 다룬다. 이런 관점을 취하는 학자들이 이집트학에 대한 서구 학자들의 기여를 부정하는 것은 아니지만, 그들은 서구 이집트학의 정치 사회적 요인들을 환기시킴으로써 이집트학을 수행한다는 것이 순수한 것 즉 비정치적인 것이 아님을 강조한다.

이런 관점을 반영한 대표적인 연구서는 2010년에 출판된 스티븐 쿼크(Stephen Quirke)의 『보이지 않는 손들: 1880-1924년 페트리 아카이브에 담긴 이집트 노동자들』(*Hidden Hands: Egyptian*

---

[11] 나치 정권의 보호 아래 활동한 독일 이집트학자들에 대한 보다 공정한 평가를 보려면 다음의 논문을 참고하라: Thomas L. Gertzen, "Germanic Egyptology? Scholarship and Politics as Resources for Each Other and Their Alleged Binary Relationship", *Towards a History of Egyptology*, Münster, Zaphon, 2019, pp.211-230.

[12] 최근 30년에 출판된 이집트학에 대한 다양한 연구서와 논문들은 다음의 카루더스(W. Carruthers)와 벤다르스키(A. Bendarski)의 참고 도서를 참고하라: Carruthers, "Introduction: Thinking about Histories of Egyptology", pp.13-14; Andrew Bednarski, "The Nature and History of Egyptology", Ian Shaw and Elizabeth Bloxam, eds., *The Oxford Handbook of Egyptology*, Oxford, Oxford University Press, 2020, pp.45-47.

Workforces in Petrie Excavation Archives, 1880-1924)이다. 이 책이 다루는 플린더스 페트리(Flinders Petrie, 1853-1942)는 이집트 고고학 역사에서 최초로 과학적 방법론을 도입한 태두 같은 존재이다. 하지만 쿼크의 관심은 페트리가 도입한 새로운 고고학 방법론에만 있지 않았다. 그는 페트리 아래에서 일한 이집트 노동자들의 활동을, 비망록, 노트, 일기 등 페트리의 미(未)출판 자료들을 통해 재구성한다. 책 제목이 암시하는 것처럼 쿼크는 페트리의 고고학적 업적 뒤에는 '보이지 않는 손들(Hidden hands)'의 역할이 매우 컸음을 강조한다. 비슷한 관점의 연구로 엘리어트 콜라(Elliot Colla)의 연구도 주목할 만하다. 그의 저서 『고고학 분쟁: 이집트학, 이집트매니아, 이집트의 근대성』(*Conflicted Antiquities: Egyptology, Egyptomania, Egyptian Modernity*)에서 콜라는 이집트학의 역사를 이집트에 대한 서구의 이해관계의 관점에서 설명한다. 특히 흥미로운 대목은 19세기에 시작된 과학적 이집트학의 개념에 정치적 함의가 있음을 지적한 부분이다. 통상적으로 학자들은 이집트학의 탄생을 19세기 유럽의 연구 중심 대학들에 이집트학 전공이 설치된 시점으로 잡는다. 이에 대해 콜라는 이집트학의 학문적 성격을 강조한 것은 고대 문화 이해를 위한 이집트인들의 자생적 노력을 폄하하거나 배제시킨 효과를 내었다고 지적한다. 왜냐하면 19세기 유럽인들의 발굴을 도운 대부분의 이집트인들은 이집트학을 대학에서 교육받지 않았고 받을 수도 없었기 때문이다. 또한 유럽 대학이 판촉하는 과학적 이집트학은 필연적으로 이집트인들에 의한 '비과학적' 기여들을 폄하하게 된다. 나아가 그것은 이집트인들을 고대 이집트 문화에 관심이 없거나 오히려 그 문화를 파괴하는 존재로 낙인찍고, 유럽인들이 그런

이집트인들로부터 고대 이집트 문화를 구원하여 보존해야 한다는 주장으로 이어졌다고 주장한다.[13]

지금까지 우리는 단순화의 위험에도 불구하고 이집트학의 역사 서술이 관점에서 따라 크게 두 유형으로 나뉨을 보았다. 하지만 이 둘은 하나가 다른 하나를 대체하는 관계이거나, 서로 양립 불가능한 관계는 아니다. 실제로 이 두 관점의 조화를 시도한 연구들도 있다. 예를 들어 막시밀리안 게오르그(Maximilian Georg)의 논문은 19세기 이집트에서 발굴한 유럽 학자들의 고고학 업적을 현지 이집트인들과 협력의 문맥 속에서 재서술한다.[14] 하지만 지금까지의 개괄에서 분명해진 사실은 이집트학의 '발전' 역사가 여러 가지 동인들의 복잡한 상호 작용의 결과라는 점과 이집트학의 역사를 연구하는 학자들 사이에 역사 서술에 대한 합의된 방법이나 목적이 없다는 것이다. 지금까지 학자들은 각자의 방법으로 각자의 목적에 봉사하는 이집트학의 역사를 세상에 내놓았다. 이런 혼돈의 상황을 타개하기 위해 이집트학 역사에 관심 있는 학자들이 2010년 런던에서 모여 이집트학의 역사 서술에 관한 학제 간 대화를 처음으로 시도했다. 어떤 가시적인 합의가 도출되지는 않았지만, 그 모임은 다양한 관점들의 '교환 구

---

[13] Carruthers, "Introduction: Thinking about Histories of Egyptology", pp.7-8.

[14] M. Georg, "The Living Surrounding the Dead: European Archaeologists in Egypt and their Relations with the Local Inhabitants, 1798-1898", Bednarski et al., eds., *Towards a History of Egyptology*, Zaphon, 2018, pp.91-124.

역'(trading zone)으로 역할 했다.¹⁵ 그 모임에 발표된 논문들을 엮은 책 『이집트학의 역사들』(*Histories of Egyptology*, 2015)은 '이집트학의 역사'가 이집트학 내에서 독립적인 연구 영역이 되었음을 알리는 신호탄의 의미가 있다.

2. 연구의 범위와 한계

이집트학의 역사를 한국어로 서술하는 본 논문은 '한국의 이집트학'이라는 맥락에서 이루어진다. 우리에게는 선배 학자들의 연구에 대한 성찰이 필요할 만큼 충분히 축적된 '과거'가 없다. 한 손으로 셀 수 있을 만큼의 이집트학자들이 한국에서 활동하기 시작한 것도 수년에 불과하다. 이런 이집트학의 일천한 저변을 배경으로 하는 이 논문은 다소 소박한 목적을 가진다. 앞서 설명한 이집트학 역사 서술의 다양성과 복잡성을 충분히 인지함에도 불구하고 이 논문에 서술될 이집트학의 역사는 큰 틀에서 발전 모델을 따르게 될 것이다. 다시 말해 이집트학의 역사를 학문 발전의 모델로 이해하고 그에 기여한 서구 학자들의 고고학이나 문헌학적 업적을 지성사적 측면에서 설명하려 한다. 또한 관광지의 유

---

15 "교환 구역"은 학회에 참석한 사람들이 그들의 작업을 정의하기 위해 철학자 피터 갈리손(Peter Galison)에게서 빌어온 것이다. 카루더(William Carruthers)는 그것을 다음과 같이 정의한다: "The social, material, and intellectual mortar biding together the disunified traditions of experimenting, theorizing and instrument building." Carruthers, "Introduction: Thinking about Histories of Egyptology", p.10.

적이나 박물관의 유물에 반영된 고대 이집트에 익숙한 한국 독자들에게 학문으로서의 이집트학의 학문적 근황을 소개하는 것도 또 하나의 목적으로 한다. 따라서 이집트학의 발전 역사를 시대별로 요약한 후(본론 II-1, II-2, II-3), 필자는 이집트학의 주요 연구 분야—고고학, 문헌학, 역사학—의 최근 현황을 소개하고(II-4) 결론에서 단순한 민속학이 아닌 인간 문명 연구의 일환으로서 이집트학의 실천 가능성에 대해 언급할 예정이다.[16]

II. 본론

19세기 초에 제도권 학문으로 출범한 이집트학은 현 이집트 아랍 공화국(the Arabic Republic of Egypt)의 고대 문화와 역사, 언어에 대한 연구를 지칭한다. 여기서 '고대'의 최대 범위는 그 지역

---

[16] 이집트인들에 의한 고대 이집트의 발견과 연구에 대해서는 다른 기회나 후학의 노력에 기대어 본다. 이집트학의 발전을 이야기할 때 서구 학자들에게 고용된 이집트 노동자들의 역할을 언급해야 하는 이유는 이집트 노동자들이 그들을 고용한 서양 학자들의 지시에 기계적으로 따르던 존재가 아니라, 자기 생각과 의지를 가진 독립적 인격체들이었기 때문이다. 또한 발굴에서 지역 노동자들의 역할을 공정히 평가하는 것이 이집트학에 대한 식민사관을 극복하는 첫 번째 걸음일 수 있다. Georg, "The Living Surroudning the Dead: European Archaeologists in Egypt and their relations with the local inhabitants", pp.94-96.

에 인간 섭생이 시작된 때(7000BCE)부터 아므르 이븐 알아스(Amr Ibn al-As, 573-664)가 비잔틴 이집트를 정복한 때(642년)까지의 기간이지만, 보다 일반적으로는 이집트에 통일 왕국이 들어선 기원전 3000년경부터 알렉산더 왕이 이집트를 정복한 기원전 322년까지 혹은 마지막 성각문자 문헌이 작성된 기원후 394년까지의 기간을[17] 가리킨다. 이집트학 학자들은 고고학 발굴과 조사를 통해 얻은 다양한 데이터―유적, 유물, 문서, 인간 잔해, 동식물 잔해 등―를 과학적으로 분석하여 고대 이집트인들의 언어, 종교, 예술, 역사, 일상 생활의 다양한 측면들을 이해하려고 노력한다.

근대적 학문으로 이집트학이 출범한 것은 19세 초 유럽이지만, 이집트에 대한 관심은 19세기에 처음 생긴 것도, 유럽인들만이 고대 이집트 유물에 관심을 보인 것도 아니다. 과거 유럽인들은 아랍인들을 이집트 문화의 파괴자로 폄하했지만, 이집트가 아랍의 지배에 들어간 이후 중세 아랍학자들이 고대 이집트의 역사, 유물, 문자 등에 관심을 가지고 연구한 흔적들이 있다. 예를 들어 10세기 학자 이븐 와흐시야(Ibn Wahshiyah)는 이집트의 성

---

17   후자는 프톨레마이오스 왕조 시대(332BCE-30)와 통일 로마 시대의 이집트 역사(30-395)를 포함하는 것이다. 통일 로마 시대의 마지막 황제 테오도우스 1세는 기원전 389-391년에 여러 칙령들을 발표하여 이방 종교 제사나 행사, 이방 신전 방문을 금지시켰을 뿐아니라 이집트를 비롯한 근동 지역의 이방 신전들을 파괴하였다. 이와 함께 이집트 성각 문서 제작도 중시된 것이다. Andrew Bednarski, Aidan Dodson, and Salima Ikram, "The Prehistory of Egyptolopgy", Andrew Bednarski, Aidan Dodson, and Salima Ikram, eds., *A History of World Egyptology*, Cambridge, Cambridge University Press, 2020, p.8.

각문자 해독을 시도했고, 12세기 학자 무함마드 알 이드리시(Muhammad al-Idrisi, 1100-1165)는 기자(Giza)의 피라미드와 헬리오폴리스(Heliopolis)의 유물들을 연구했다.[18] 하지만, 본 논문의 초점이 서구 과학적 이집트학의 발전이기 때문에 유럽인들의 고대 이집트에 대한 호고주의적 관심에 집중하는 것이 더 의미 있을 것이다.

1. 이집트에 대한 서구인들의 관심

고대 이집트에 대한 서구인들의 관심은 구약 성서와 그리스-로마 문헌들에 근거한다. 이집트를 679번이나 언급하는[19] 구약 성경이 유럽인들 사이에 이집트의 인지도를 높였다면 그리스-로마 문헌들은 이집트에 대한 신비주의적, 호고주의적 관심에 기여했다. 특히 고대 이집트에 대해 최초로 진지한 관심을 가졌던 사람들이 그리스-로마인들이라는 사실은 유럽인들로 하여금 이집트학을 본래부터 유럽인에 의한 학문이었다고 주장하는데 일조한

---

18 유성환, "현대 이집트학의 역사", p.1; Bednarski, Dodson, and Ikram, "The Prehistory of Egyptology", p.11; Bednarski,, "The Nature and History of Egyptology", p.35.

19 "이집트"를 뜻하는 히브리어 מצרים만을 기준으로 계산했을 때 691회이며, "이집트"을 뜻하는 히브리어 מצרי와 "이집트"의 대안적 철자법인 מצור를 포함하면, 구약 성경에 언급된 이집트의 수는 714회로 늘어난다. 이 통계는 필자가 Logos Bible Software를 사용하여 직접 계산한 결과이다.

다.[20]

    기원전 5세기의 그리스 역사가 헤로도투스(Herodotus, 484-425BCE)는 페르시아와의 전쟁(499-449BCE)을 다룬 『역사』(Ἱστορίαι)에서 이집트에 관한 귀중한 정보를 제공한다(cf. 제2권).[21] 이집트에 대한 그의 서술이 많은 부분 오류로 판명되었지만, 제26왕조의 역사(664-525BCE), 미이라를 만드는 과정 등 일부 내용들은 아직도 고대 이집트에 대한 신뢰할만한 자료로 인정된다.[22] 헤로도투스 못지않게 후대의 유럽인들에게 영향을 끼친 그리스 저자는 기원전 1세기에 활동한 시칠리의 디오도루스(Diodorus Siculus)이다. 그는 세계 문명사를 다룬 『역사 도서관』(Βιβλιοθήκη Ἱστορική)에서 그리스 문명의 이집트 기원설을 소개한다. 이 이야

---

[20]   실제로 19세기에 고대 이집트의 유물과 문서를 진지하게 연구한 유럽인들—예를 들어 영국의 존 가드너 윌킨슨(John Gardner Wilkinson: 1797-1875)이나 프랑스의 쟝프랑스와 샹폴리옹(Jean-Francois Champollion: 1790-1832)—은 고대 이집트에 대한 자료로 그리스 로마 문헌을 크게 신뢰했다. Bednarski, Dodson, and Ikram, "The Prehistory of Egyptology", p.10; Bednarski, "The Nature and History of Egyptology", p.35.

[21]   이집트에 대한 그의 서술이 대부분 밀레투스의 민속 지리학자 헤카타이우스(Hecataeus of Miletus, 550-476BCE)의 설화적 서술에 의존한다.

[22]   논쟁의 여지가 있지만 많은 학자들이 헤로도투스는 기원전 459-454년 동안 이집트를 직접 방문했다고 믿는다. 헤로도투스를 통해 우리는 이집트의 최초의 왕이 메네스(Menes)임을 알게 되었고, 기자의 피라미드를 지은 왕들의 이름도 얻게 되었다. Edwin M. Yamauchi, "Herodotus (Person)," David Noel Freedman, ed., *The Anchor Yale Bible Dictionary*, New York, Doubleday, 1992, p.180. Bernarsky, "The Nature and History of Egyptology", p.34.

기에 따르면 문명이 먼저 이집트에서 출현했고 그것이 그리스인 들에게 전해졌다. 물론 디오도루스는 그리스 문명의 위대함을 주장하기 위해 이집트 기원설을 부정적으로 인용하였지만, 그의 모호한 어법 때문에 독자들은 그리스 문명의 이집트 기원설을 디오도루스의 주장으로 이해하기도 했다.[23] 이와 같은 그리스 문명의 이집트 기원설이 고대 이집트에 대한 서구의 관심을 증폭 시켰음은 말할 것도 없다. 유럽 문명의 원류인 그리스인들이 이집트에 진지한 관심을 가진 최초의 사람들일 뿐 아니라, 그리스-유럽 문명 자체가 이집트에서 기원했다는 뜻이 되기 때문이다.[24]

이집트에 대한 유럽인들의 이런 관심은 몇몇 용감한 탐험가들의 이집트 방문으로 이어졌다. 십자군 전쟁으로 유럽과 이집트 사이의 인적 물적 교류가 용이해지면서 다수의 유럽인들이 이집트를 방문하고 견문록을 출판했다. 이중 가장 유명한 것은 존 맨더빌(John Mandeville)의 기행문이었다. 그의 견문록은 상업적으로도 성공해 본래 1350년경에 프랑스어로 저작되었지만 1500년경에는 다양한 유럽어로 번역되어 팔렸다. 재미있는 것은 맨더빌이 이집트를 방문한 적이 없음에도 불구하고 그의 견문록은 실제 이집트를 방문한 사람들이 저술한 기행문보다 상업적으로 성

---

[23] Philip A. Harland, "Egyptians: Diodoros on the origins of civilization and on Egyptian views (mid-first centuryBCE)," Last modified January 15, 2023, http://philipharland.com/Blog/?p=6993.

[24] David Gange, "Interdisciplinary Measures: Beyond Disciplinary Histories of Egyptology", in *Histories of Egyptology: Interdisciplinary Measures*, edited by William Carruthers, New York, Routledge, 2015, p.74.

공했다는 사실이다. 이는 그의 견문록에 묘사된 내용이 이집트에 대한 당시 유럽인들의 고정 관념(소위 "신비적 이집트")과 잘 일치했기 때문일 것이다. 맨더빌은 이집트를 다음과 같이 소개한다: "이집트는 기괴한 주민들이 사는 땅이다. 주민들 중 어떤 이는 다리가 하나뿐이며, 눈이 하나인 시민들도 있고, 심지어 개의 머리를 한 인간, 날아다니는 뱀들도 있다."[25]

르네상스 기간 그리스 고전들이 재발견되면서 이집트에 대한 고전 저술들도 번역, 소개되었다. 이때 가장 큰 영향을 끼친 것은 호라폴로(Horapollo, 기원후 5세기 활동)의 성각문자에 대한 저술(*Hieroglyphica*)이다. 그의 저술은 성각문자를 상징 기호로 이해한 (그래서 신비주의적으로 해석한) 그리스 전통을 대표한 것으로, 그 사본이 1422년 이탈리아 피렌체로 옮겨진 후 다양한 유럽어로 번역되기 시작하면서 이집트어가 상징문자 체계라는 오해를 유럽 전역에 고착화시켰다. 그것은 또한 이집트 문화에 대한 신비주의적 소비도 부채질하였다.[26] 16-17세기에는 유럽인들이 유물 수집을 목적으로 이집트를 방문하기 시작하는데,[27] 이것은 유럽에서 불기 시작한 '이집트 광기'(Egyptomania)와 관련 있다. 이 당시 유럽에서는 이집트와 관련된 모든 것이 인기를 끌었다. 유

---

[25] Bednarski, Dodson, and Irkam, "The Prehistory of Egyptology", p.11.

[26] Hellmut Brunner and Peter Dorman, "Hieroglyphic Writing", in *Encyclopedia Britannica*, 2 Nov. 2022, https://www.britannica.com/topic/hieroglyphic-writing. Accessed 31 January 2023.

[27] Baines and Malek, *Cultural Atlas of Ancient Egypt*, New York, Checkmarks Books, 1980, p.22.

럽의 건축과 미술에서 이집트 양식이 사용되고, 상형문자를 흉내낸 알파벳 비문도 유행했다. 미이라가 상처 치료와 같은 의학적 효과를 가진다는 믿음이 퍼져 유럽에서 미이라에 대한 수요도 늘어났다.[28] 이것을 단적으로 보여주는 증거는 셰익스피어의 희극 『로미오와 줄리엣』에서 한 약재상(apothecary)이 미이라를 구비하고 판매하는 모습이다.[29] 때로는 미이라가 값진 '골동품'으로 간주되어 상류 계급의 '호기심 캐비닛'(cabinet of curiosities)에도 보관되었다.[30] 프리메이슨이 구약 성서가 아닌 고대 이집트 문화를 자신들의 신비적 지식과 상징물, 건축 양식의 원천으로 삼은 것도 이때부터이다.[31]

　　18세기에는 이집트에 대한 좀 더 체계적인 탐험이 이루어졌다. 이는 많은 유럽의 왕실이 새로운 무역로를 개척하기 위해 혹은 왕실의 위엄을 과시하려는 목적으로 이집트로 탐험단을 파견했기 때문이다. 예수회 소속 언어학자인 클라우드 시카르(Claude Sicard, 1677-1726)는 오를리아의 필립 공작의 명령을 받아 이집트로 탐사 여행을 한다. 그는 남부 이집트를 4번이나 방문하여 테베 유적지를 확인하고 멤논의 거상, 왕가의 계곡의 위치를 정확

---

28 유럽의 수요를 맞추기 위해 알렉산드리아에는 가짜 미이라를 제조하는 공장도 운영되었다. Bednarski, Dodson, and Ikram, "The Prehistory of Egyptoogy", pp.12-13.

29 Ibid.

30 Ibid.

31 Erick Hornung, The Secret *Lore of Ancient Egypt: Its Impact on the West*, New York: Cornell University Press, 2001, pp.118-119.

히 알아냈다.³² 그럼에도 불구하고 18세기의 이집트 탐험 활동은 유럽의 왕들과 귀족들의 골동품 수집 개념을 크게 넘지 않았다. 당시 이집트를 방문한 유럽인들은 고대 이집트의 화려한 문명과 대조를 이루는 현대 이집트의 비참한 상황에 주목했다. 현지 이집트인들이 생활고에 시달려 피라미드를 비롯한 고대 분묘와 신전들을 도굴하고 유적의 돌들을 건축 자재로 빼돌릴 때 오스만투르크 정부는 아무 것도 하지 않는다. 프랑스 영사로 카이로에 머물던 브누와 드 마이예(Benoit de Maillet, 1656-1738)는 "18세기 이집트의 폐허 상황은 망할 전제 정치의 직접적 결과다"라고 한탄했다.³³ 이 모든 것은 고대 문명 보존을 명분으로 19세기 유럽인들이 고대 이집트 유물에 대한 본격적 경쟁에 나서는 배경이 된다.

2. 이집트학의 탄생: "문화의 힘"을 수단으로 약탈적 발굴

1) 나폴레옹의 이집트 침공 부산물들

이집트학이 근대적 학문으로서 출범하도록 도운 결정적 사건은 나폴레옹 보나파르트(1769-1821 [도판 1.1])의 지휘 아래 프랑스 군대가 1798년에 이집트를 침공한 일이다. 당시 프랑스 제1공화국의 총재정부(directoire)는 이탈리아 원정으로 영웅이 된 나폴레옹에게 영국 침공을 명령했지만 해군력에서 열세였던 나폴레옹

---

32 Bednarski, "The Nature and History of Egyptology", p.36.

33 Bednarski, Dodson, and Ikram, "The Prehistory of Egyptology", p.14.

도판 1.1. 나폴레옹 보나파르트
https://commons.wikimedia.org

은 영국을 직접 침공하기보다 영국의 인도 무역의 통로인 이집트를 장악함으로써 영국 경제에 타격을 가하려고 했다. 역설적으로 이런 정치 군사적 결정이 근대적 이집트학을 탄생시킨 주요한 사건이 된다. 나폴레옹의 이집트 침공으로부터 나온 몇 가지 부산물들이 이후 고대 이집트 연구에 결정적 역할을 한다.

나폴레옹은 이집트 군사 원정에 150여명의 '식자'(識者, savants)들을 데려간다. 다양한 분야의 과학자, 공학가, 발명가, 미술가 등으로 구성된 이들은 나폴레옹의 군대가 이집트 원정에서 겪게 될 기술적인 어려움을 해결하고, 이후 식민 지배를 위한 예비 조사의 임무를 맡았지만, 이 식자들은 이집트에 대한 진지한 관심을 가지고 이집트의 역사, 유적, 동식물, 자연환경, 지리 등을 조사하여 자세히 기록했다. 특히 1789년 '나일강 전투'(the Battle of the Nile)에서 나폴레옹이 영국의 넬슨 제독에게 대패한 후, 군사적 임무에서 자유로워진 식자들은 나폴레옹이 카이로에 설립한 '이집트 연구소'(Institut Egyptien)에서 이집트에 대한 학문적 탐구에 보다 전념할 수 있었다. 비록 1801년, 프랑스가 패전하여 이집트에서 완전히 철수했을 때 영국과의 강화협정에 따라 프랑스 식자들이 수집한 유물들은 모두 영국에 이양되었지만, 그들이 작성한 연구 노트, 지도, 삽화 등은 프랑스 정부의 후원 아래 1809년에서 1828년에 걸쳐 모두 21권의 책으로 출판되었다. 이것이 그 유명한 『이집트 서술』(Description de l'Egypte)이다.³⁴ 비록 이 책은 프랑스가 이집트를 식민 통치하려는 과정에서 나온 부산물이지만, 그 일에 동원된 학자들은 진정한 모험심, 성실함, 학구열로 『이집트 서술』이라는 대작을 만들어냈다. 『이집트 서술』은 고대 이집트의 역사, 유물, 유적, 그리고 현대 이집트의 자연환경, 동식물, 지리 등을 총망라한 최초의 이집트학 저술로 평가받는다.³⁵

나폴레옹의 이집트 침공이 낳은 또 하나의 부산물은 로제타 석비의 발견이다. 1799년 6월, 프랑스 군인들은 영국의 침공해 대비하여 알렉산드리아의 북동쪽, 약 60킬로 지점에 위치한 라

---

34 1801년 강화 조약을 협상하는 과정에서 영국의 허친슨 장군은 프랑스가 모은 유물들 이외에 학자들의 연구 노트까지 양도할 것을 주장하지만, 프랑스 학자들의 거친 반대로 무산되었다. 프랑스 학자들은 자신들의 연구 자료를 영국에 양도할 바에는 바다 물속에 던지겠다며 완강히 저항했다. 그리고 율리우스 카이사르가 기원전 48년에 알렉산드리아의 도서관을 불태워 인류 지식의 후퇴를 가져온 것을 지금 영국인들이 반복하려 한다고 주장했다. 이렇게 해서 보존된 연구 자료들로 프랑스 학자들은 『이집트 서술』을 저술할 수 있었다. Bednarski, Dodson, and Ikram, "Introduction", p.15.

35 John A Wilson, *Sings and Wonders Upon Pharaoh*: *The History of American Egyptology*, Chicago, The University of Chicago Press, 1964, pp.14-16; Donald M. Reid, *Whose Pharaohs?*: *Archaeology, Museums, and Egyptian National Identity from Napoleon to World War I*, Berkeley, The University of California Press, 2002, pp.31-36; Ceram, *Gods, Graves, and Scholars*: The Story of Archaeology, pp.75-87; Bednarski, Dodson, and Ikram, "Introduction", pp.14-16; Bednarski, "The Nature and History of Egyptology", p.37.

쉬드(Rashid)—그리스식 지명 로제타(Rosetta)—에서 줄리앙 요새(Fort Julien)를 짓던 중 성벽의 일부에서 삼중 문자 비문을 발견하였다. 처음 그 석비를 발견한 프랑스 공병 장교 피에르-프랑스와 자비에르 부하르(Pierre-Francois Xavier Bouchard, 1792-1822)는 그 중요성을 즉시 인지하여 카이로의 이집트 연구소로 보냈고, 그곳에서 만들어진 사본들이 유럽의 학자들에게 유포되어 훗날 성각문자의 해독에 결정적으로 기여한다.[36] 로제타 석비에는 프톨레마이오스 4세의 감세 조치(196BCE)에 이집트 사제들이 감사를 표한 글이 세 문자(성각, 민중, 알파벳), 두 언어(고대 이집트어, 그리스어)로 기록되어 있다. 로제타 석비는 1801년 영국-프랑스 강화 조약에 따라 영국에 양도되었고 오늘날 영국박물관에 소장되어 있다.

이처럼 나폴레옹의 이집트 원정은 식민 지배를 목적으로 시작되었지만, 그 부산물로 이집트에 대한 최초의 학술서 『이집트 서술』과 성각문자 해독의 결정적 단서 로제타 석비를 세상에 선사했다. 이로써 19세 초반 유럽에서는 고대 이집트에 대한 학문적 관심이 일어나게 된다. 나폴레옹의 이집트 원정에 동행했던 미술가 도미니크 비방 드농(1747-1825)이 종군 경험을 바탕으로 펴낸 기행서(*Voyage dans la Basse et la haute Egypte*, 1802)도 당시 이집트에 대한 대중적 관심을 불러일으키는데 크게 기여했다.

2) 이집트 고고학의 초창기 기여자들

근대적 이집트학이 나폴레옹의 이집트 원정의 부산물이라는 사

---

[36] M. L. Bierbrier ed. *Who Was Who in Egyptology*, London, The Egypt Exploration Society, 2012, p.47.

실은 이집트학의 형성기에 학문 활동과 정치가 서로 분리되지 않았음을 단적으로 보여준다. 나폴레옹이 이집트에서 철수한 후 1805년부터 이집트는 무함마드 알리(Muhammad Ali Pasha, 1769-1849)가 오토만 제국의 총독(Wāli) 자격으로 이집트를 다스렸다. 그는 이집트의 경제와 과학 기술의 근대화를 위해 서방의 지원을 원했는데, 이것이 유럽에 불고 있던 '광적인 애굽류'(埃及流 Egyptomania)와 잘 합(合)을 이루어, 이때부터 무함마드 알리의 묵인 하에 이집트의 유물들이 대량으로 유럽으로 유출되기 시작한다. 영국, 프랑스, 이탈리아, 독일의 영사들과 그들이 고용한 중개인들은 이집트 총독으로부터 '피르만'(Firman) 즉 유적의 발굴 허가증을 얻어 경쟁적으로 고대 이집트 유물 수집을 위한 발굴 사업을 진행했다. 그때 유럽의 박물관들—영국박물관, 루브르박물관, 베를린박물관, 네델란드의 국립고고학박물관, 이탈리아 투린의 이집트박물관—이 구입한 이집트 유물이 현재 그들의 핵심 전시물을 구성한다.

    이집트 유물이 유럽의 박물관으로 대량 유출된 최초의 예는 주(駐)이집트 오스트리아 영사였던 주세페 디 니졸리(Giuseppe di Nizzoli, 1792-1858)가 북이집트 사카라(Saqqara) 지역에서 출토된 유물들을 1821년에 오스트리아 황제 프란츠 1세(Franz 1, 1768-1835)의 박물관에 보낸 것이다.[37] 이에 자극받은 유럽의 박물관들은 이집트 유물들을 경쟁적으로 모으기 시작했다. 특히 영국의 주이집트 영사 헨리 솔트(Henri Salt, 1776-1827)와 프랑스의 주이집트 영사 베르나르디노 드로베티(Bernardino Drovetti, 1776-1852)가 경쟁적으로 유물을 수집하였다. 이들은 자신의 정치적 영향력

---

[37] Benarski, Dodson, and Ikram, "The Prehistory of Egyptology", p.18.

을 이용해 유물 발굴 허가증(Firman)을 획득하고, 중개인을 고용하여 이집트 유적지들을 발굴한 후 출토된 유물들을 가장 높은 금액을 제안하는 개인이나 기관에 판매하였다. 예를 들어 영국박물관이 자국 영사 솔트의 유물 대부분을 구매했지만(1823년과 1835년), 솔트의 유물 일부는 샹폴리옹을 통해 루브르박물관으로 흘러 들어갔다(1826년).[38] 프랑스 영사 드로베티가 수집한 유물도 루브르박물관뿐만 아니라(1827년), 이탈리아의 사르디니아 왕국과 독일의 베를린박물관(1836년)으로도 팔려 나갔다.[39]

유럽의 영사들에게 고용되어 실제 유적을 발굴한 중개 탐험가들 중 가장 유명한 인물은 이탈리아인 지오바니 벨조니(Giovanni Belzoni, 1778-1823 [도판 1.2])이다. 벨조니는 유체공학을 전공했지만 생계를 위해 유럽을 순회하며 차력사(strongman)로 일하던 중 영국령 몰타(Malta)에서 무함마드 알리의 중개인을 만난다.

도판 1.2. 지오바니 벨조니
https://commons.wikimedia.org

---

38 Ibid., p.16.

39 Ibid., p.18. 본래 말 상인이었다가 후에 골동품 상인이 된 파싸라쿠아(The Triestine Giuseppe Passalacque, 1797-1865)는 베를린 박물관이 트로베티의 3차 유물을 구입하는데 결정적인 역할을 하였다. 트로베티의 유물을 구입함으로써 독일은 세계 최고의 이집트 박물관을 가지게 되었다.

알리의 중개인으로부터 이집트에 그가 개발한 수압 기계가 필요하다는 이야기를 듣고 벨조니는 1815년 이집트로 넘어간다. 그의 수압 기계 사업은 이집트 총독의 관심을 끌지 못해 결국 실패했지만, 영국 영사 솔트는 그의 큰 키와 공학적 능력에 인상을 받아 벨조니를 그의 발굴 중개인으로 고용한다. 솔토에 고용되었던 시절 그를 유명하게 만든 일은 람세스 2세의 거상 "젊은 멤논"(Younger Memnon, BM EA 19)을 남부 테베의 라미세움(람세스 2세의 장례전)에서 나일 강을 따라 북부 알렉산드리아까지 옮겨 온 것이다. 그 거상의 존재는 전부터 알려졌지만 나폴레옹 군대도 그 엄청난 무게의 신상을 옮기려다 실패한 적이 있다. 하지만 벨조니는 그의 공학 지식, 노동 조직 기술, 그리고 그의 대인 관계 능력을 활용해 람세스 2세의 거상이 영국박물관에 소장되는 일에 결정적 역할을 했다.[40] 솔트의 중개인으로 일하면서 발굴의 경험을 축적한 벨조니는 후에 독립적으로 많은 유적지를 발굴했다. 현재 런던의 존 소운 박물관(Sir John Soane Museum)에 소장된 세티 1세의 설화석고 석관도 벨조니가 왕가의 계곡(Valley of the Kings)에서 처음 발견한 것이다. 발조니의 고고학 발굴 방식은 오늘날 많은 비판의 대상이지만, 그에 대한 평가는 당시의 기준으로 이루어져야 한다.[41] 또한 그는 당시의 많은 발굴가들과 달리

---

[40] 영국 시인 퍼시 비시 셸리(Percy Bisshe Shelley, 1792-1822)의 소네트 '오지만디아스'(Ozymandias)는 "젊은 멤논"을 더욱 유명하게 만들었다. 오지만디아스는 람세스 2세의 그리스식 발음으로, 시인 셸리는 영웅 나폴레옹의 몰락을 이집트 테베의 모래 위에 넘어진 채 발견된 람세스 2세의 신상에 빗대어, 권력의 덧없음을 노래했다.

[41] 당시의 발굴자들은 다이너마이트를 사용하여 유적을 훼손하였고 토기

돈보다 지식에 관심이 있었다. 벨조니는 그가 발견한 유적에 대한 자세한 기록을 남기려 노력했고 그것을 토대로 많은 책을 출판하였다. 또한 런던의 피카딜리 극장(The Piccadilly Theater)에서 세티 1세의 무덤 모형을 전시하는 등 이집트 문화에 대한 대중적 관심을 일으키는 일에도 열심이었다. 그가 이집트 고고학의 아버지로 불리는 이유는 바로 이 때문이다.

유럽의 귀족이나 부자들도 유물의 수집과 연구에 직접 참여하거나 탐험가들을 지원하였다. 스위스 자산가이자 탐험가였던 요한 루드비히 부르크하르트(Johan Ludwig Burchhardt, 1784-1817)는 지역민의 견제와 의심 없이 자유롭게 이집트 유적지를 여행하기 위하여 이슬람으로 개종하고 이집트 원주민과 동일한 의복으로 생활했다. 그는 서양인 최초로 아부심벨(Abu Simbel)을 방문하여 그곳에 있는 람세스 2세(1279-1213BCE)와 그의 아내 네페르타리(Nefertari)의 신전을 세상에 알린 탐험가가 되었다. 영국의 귀족인 윌리엄 존 뱅크스(William John Bankes, 1786-1855)는 1815년부터 4년 동안 이집트와 누비아를 여행하면서 이집트 성각문자에 관심을 가졌다. 특히 그가 벨조니의 도움으로 필레 섬(Philae)에서 영국으로 가져온 오벨리스크는 후에 성각문자 해독에 중요한 역할을 한다.[42] 영국의 탐험가이자 영국의 '이집트학의 창시

파편 같이 시장 가치가 없는 유물들은 기록하지 않았기 때문에 후대의 고고학자들에게 비판의 대상이 된다. 유성환, "현대 이집트학의 역사", p.2.

[42] 필레의 오벨리스크에 새겨진 금석문 이외에도 뱅크스가 모은 금석문 탁본들(squeezes)은 이후 이집트 성각문자 해독에 큰 도움을 준다. Wilson, *Signs & Wonders Upon Paraoahs*, pp.29-30.

자'로도 불리는[43] 존 가드너 윌킨손(Sir John Gardner Wilkinson, 1797-1875 [도판 1.3])도 자비(自費)로 그리고 개인 자격으로 이집트에서 12년간 머물며 수행한 발굴과 연구를 바탕으로 『테베의 지리』(*Topography of Thebes*, 1835), 『고대 이집트인들의 예절과 관습』(*Manners and Customs of the Ancient Egyptians*, 1837)을 출판하였다. 특히 『고대 이집트인들의 예절

도판 1.3. 존 가드너 윌킨손
https://commons.wikimedia.org

과 관습』은 그리스-로마 문헌들과 성서에 기록된 이집트 관련 내용들을 실제 유적과 유물, 금석문을 예시로 설명하여 고대 이집

---

[43] 초기 이집트 고고학과 문헌학에서 이룬 윌킨손의 업적은 아시리아학에서 조지 롤린슨(George Rawlinson, 1812-1902)의 그것에 비유된다. 샹폴리옹처럼 콥틱어를 통해 성각문자의 해독에 접근했으며 투린의 왕명록(Turin Canon of Kings)을 연구하여 많은 왕들의 이름을 정확히 읽고 그들을 왕조에 따라 시간적 순으로 배열한 최초의 학자였다. 또한 이집트와 누비아의 대부분의 유적지를 조사하였으며 특히 테베 지역의 무덤들을 집중 발굴했다. 그럼에도 불구하고 그의 고고학 작업은 다른 학자들이 참조할 수 있는 형태로 출판되지 않았기 때문에, 샹폴리옹이나 렙시우스처럼 이집트학의 역사에서 비중 있게 취급되지는 않는다. 그러나 그가 정부의 지원 없이 자비로 진행한 연구의 범위는 매우 광범위하다. 그의 연구에 대한 상세한 내용은 Bierbrier, *Who Was Who in Egyptology*, 579-580을 참조하라.

트에 대한 대중들의 교양에 큰 영향을 끼쳤다.[44] 물론 당시 모든 탐험가들이 고대 이집트에 대한 지식 창조라는 순수한 동기를 가진 것은 아니다. 지금 소개된 예들과 달리 돈벌이를 목적으로 유물을 찾아 헤매는 경우도 있었다. 대표적인 예가 프랑스 공학기술자 장 밥티스트 르로랭(Jean Baptiste Lelorrain, fl. 1820-1823)이 덴데라의 천문도를 파리로 유출한 사건이다. 덴데라(Dendera)의 하토르 신전 천장에는 바빌로니아의 황도 12궁(黃道十二宮)을 그대로 재현한 천문도(Zodiac, 기원전 1세기 경의 것으로 추정됨)가 있었다.[45] 비방 드농의 기행문을 통해 유럽에서 잘 알려진 이 천문도의 상업적 가치를 알아챈 프랑스 정치인이자 골동품 수집가 세바스티앙 루르 솔니에르(Sébastien lours Sauliner, 1790-1835)는 1821년 르로랭을 이집트로 파견했다. 르로랭은 자국의 영사 드로베티와 자국에서 파견된 이집트학자 샹폴리옹의 반대에 불구하고 천문도를 무리하게 천장에서 분리했으며 그 과정에서 화약과 거친 기구들을 사용한 것으로 알려졌다. 뿐만 아니라 그 천문도를 프랑스로 유출하여 루브르박물관에 판매하기 위해 당시 총독 무함마드 알리에게 뇌물까지 주었다. 이것은 지식보다는 돈벌이 수단으로 전락한 초기 고고학의 예를 잘 보여준다.[46]

---

44 무려 2700쪽에 달하는 이 책은 고대 이집트의 역사, 자연, 동식물, 장례, 일상생활 등 50개의 기본 주제를 매우 상세하게 다루었다. 비록 윌킨슨이 그 모든 주제를 학술적으로 다룬 것은 아니지만 그 당시에는 그것이 이집트 문명에 대한 가장 광범위하고 믿을 만한 책이었다는 점은 분명하다. Ibid., pp.579-580.

45 이 천문도에 대해서는 유성환 "고대 이집트의 지식"을 참조하라.

46 Wilson, *Signs & Wonders Upon Pharaoh*, pp.24-26; M. Elshakry,

3) 성각문자의 해독

나폴레옹의 이집트 원정 이후 한층 높아진 이집트에 대한 관심 아래에서 유럽의 박물관들은 이집트 유물들을 경쟁적으로 수집했다. 그러는 동안 고대 이집트 문자인 성각문자를 해독하려는 노력도 성과를 내기 시작한다. 일반적으로 성각문자 해독의 공훈이 장 프랑수아 샹폴리옹(Jean François Champollion, 1790-1832 [도판 1.5])에게 돌아가지만, 그 해독은 당시 유럽 전역에 흩어진 학자들의 공동 노력의 결과라 해도 과언이 아니다.

19세기 전까지 성각문자에 해독에 (부정적 의미에서) 가장 큰 영향을 준 책은 호라폴로(Horapollo)의 『성각문자학』(Heiroglyphica)이다. 호라폴로의 가장 큰 문제는 성각문자를 표의 문자 체계('알레고리' 혹은 '상징')로 이해한 것이다.[47] 그리고 호라폴로에 영향을 받은 학자들도 뜻과 음의 병행 표기 체계인 고대 이집트 비문을 제대로 해석할 수 없었다. 그 와중에 덴마크 학자 요르겐 조에가(Goerg [Jürgen] Zoëga, 1755-1809)는 1797년 이집트 비문에서

"Histories of Egyptology in Egypt: Some Thoughts", William Carruthers, ed., *Histories of Egyptology*, New York, Routledge, 2015, p.188; Bednarski, Dodson, and Ikram,, "The Prehistory of Egyptology", pp.17-18.

47   예를 들어, 호라폴로는 거위 모양의 성각문자가 "아들"을 의미한다고 말하면서 그 이유를 거위의 남다른 자식 사랑에서 찾는다. 즉 거위가 다른 동물보다 자식을 사랑하는 동물이기 때문에 거위 모양의 성각문자가 "아들"을 의미하게 되었다는 설명이다. 하지만 거위 그림이 "아들"을 표기할 수 있는 이유는 그것의 표음가가 고대 이집트어로 아들을 의미하는 z'이기 때문이다. 하지만 그 문자가 다른 단어의 일부로 쓰이면 아들과 전혀 관계없는 의미가 된다. James P.Allen, *Middle Egyptian: An Introduction to the Language and Culture of Hieroglyphs*, Cambridge, Cambridge Univeristy Press, 2010, pp.8-9.

카르투쉬(cartouche) 안에 있는 내용이 왕의 이름일 가능성과 그 안의 성각문자가 표음적으로 사용되었을 가능성을 제안한다.[48] 한편, 스웨덴 외교관이자 고대 근동학자인 요함 오께블라드(Johan David Åkerblad, 1763-1819)는 콥트어를 공부한 후, 1801년에 로제타 석비의 사본을 얻어 연구를 시작했다. 그는 1802년 발표한 "드 사시에게 바치는 글"(Lettre a M. de Sacy)에서 석비의 비문 중 민중 문자 부분에 대한 해독에 큰 진전을 이루었다. 민중 문자 본문에서 음가로 표기된 모든 고유 명사들을 해독했을 뿐 아니라 '신전'과 '그리스'와 같은 일부 단어들도 콥트어 형태에 근거해 확인하였다. 그러나 고대 이집트 문자 체계가 전적으로 표음적이라는 잘못된 믿음을 가졌기 때문에, 그후 로제타 석비 해독에는 큰 진전을 이루지 못했다.

영국의 물리학자이자 언어 천재였던 토마스 영(Thomas Young, 1773-1829 [도판 1.4])은[49] 이집트 문자가 표의와 표음의 이중적 체계임을 인지하고 그것이 단일한 표음 문자체계라는 오께

---

[48] 프랑스의 동전학자인 바르텔레미(Jean Jacques Barthélemy, 1716-1795)가 1761년에 쓴 논문에서 카르투쉬의 내용에 대한 비슷한 주장을 펼쳤다. 하지만 조에가가 베르텔레미의 영향을 받은 것인지, 그와 독립적으로 같은 결론에 도달했는지는 알려지지 않는다. 또한 조에가는 성각문자의 방향이 해독에 중요할 수 있다는 점도 인지했다. Bierbrier, *Who Was Who in Egyptology*, p.599; Bednarski, Dodson, and Ikram, "The Prehistory of Egyptology", p.17.

[49] Bierbrier에 따르면 그는 14살 때에 그리스어, 라틴어, 프랑스어, 이탈리아어, 히브리어, 바빌로니아어, 시리아어, 사마리아어, 아랍어, 페르시아어, 터키어, 에디오피아어를 유창하게 구사했다. Bierbrier, *Who Was Who in Egyptology*, p.594.

블라드의 제안을 버렸다. 또한 영은 '사자의 서'의 다양한 사본 연구에 근거해서 성각, 신관, 민중 문자들이 모두 같은 문자 체계에 속함을 확인했다. 그리고 조에가와 독립적으로 카르투쉬 속에 왕의 이름이 들어있음을 발견하고 "프톨레마이오스' '베르니케' '투트모세'와 같은 이름들을 해독하고, 상당수의 성

도판 1.4. **토마스 영**
https://commons.wikimedia.org

각문자 단어들의 의미를 확인했지만 성각문자 본문의 번역에는 이르지 못했다. 그러나 영은 편지로 자신의 발견들을 샹폴리옹에게 전달했고 1819년판 브리태니카 백과사전에 출판함으로써, 성각문자 번역의 발판을 놓았다. 하지만 성각문자 해독의 완성은 이집트학의 창시자로 불리는 샹폴리옹의 몫이 된다.

고대 성각문자 해독에 대한 샹폴리옹의 통찰은 그가 16살 되던 해에 그레노블 학회(The Grenoble Academy)에서 읽은 논문에 담겨 있다. 그 논문에서 샹폴리옹은 콥트어가 그리스 알파벳으로 표기된 고대 이집트어임을 주장했다. 샹폴리옹은 카르투쉬 안에 왕의 이름이 표음적으로 표기되었다는 이전 학자들의 제안을 받아들여 로제타 석비 속 카르투쉬 뿐 아니라 필레 섬의 오벨리스크 속 카르투쉬도 조사하여[50] 성각문자가 표의와 표음의 이

---

50 보다 자세한 내용은 Allen, *Middle Egyptian*, pp.8-9을 참조하라.

중적 체계일 가능성에 눈을 뜬다. 그 후 샹폴리옹은 로제타 석비 뿐 아니라 다른 성각문자 비문들도 성공적으로 해독하게 되지만, 그가 "람세스" 카르투쉬—여기에는 표음적 성각문자(s)와 표의적 성각문자(re)가 모두 포함됨—를 보고 갑작스레 영감을 받아 "다시에르에게 드리는 글"(Lettre ʾa M. Dacier, 1822년)에서 성각문자에 대한 완전한 이해를 제시했다는 통속적 이야기는 사실이 아니다. 샹폴리옹이 로제타 성각문자 본문에 대한 최초 번역을 제시한 1822년을 이집트학의 원년으로 부르기도 하지만, 그때만해도 샹폴리옹은 성각문자가 표음과 표의의 이중 체계라는 확신은 없었다. 하지만 시간이 지나면서 시행착오와 함께 보다 온전한 성각문자 체계에 대한 이해에 도달한다. 1824년에 발표한 책 『고대 이집트인들의 성각문자 체계에 관한 소고』(*Précis du système hiérglyphique des anciens égyptiens*)에서 그는 한 해 전 영이 발표한 것보다[51] 더 정확한 설명을 제시한다. 그리고 1836년에 출판한 문법서 *tionnaire égypt. en écrit. hiéroglyph*)에서 샹폴리옹의 성각문

---

[51] *An Account of some recent discoveries in hieroglyphical literature and Egyptian antiquities, including the author's original alphabet as extended by M. Champollion*, 1823. 사라 길람(Sarah Gillam)에 따르면 이 책은 영(Young)의 업적을 인용하지 않는 샹폴리옹에 대한 불만에서 탄생하였다. 이 책의 제목에서 영은 성각문자 체계에 대한 해독의 '원조'(original)는 자신이며, 샹폴리옹은 그저 자신의 것을 기초로 한 '확장판'(extended)에 지나지 않는다고 주장하는 듯 하다. Sarah Gillam, Thomas "Young and the Decipherment of the Hieroglyphics," in https://history.rcplondon.ac.uk/blog/thomas-young-and-decipherment-hieroglyphics. 2023년 2월 6일 접속.

자 이해는 완성에 이르게 된다.[52]

4) 유럽 대학에 이집트학 교수직이 설치됨
성각문자의 해독과 이집트 유물들의 대량 유입으로 고대 이집트 문화와 역사에 대한 대중적인 관심이 폭발적으로 증가했다. 그리고 이런 대중적 관심은 대학에 이집트학을 가르치는 교수직이 설치되는 일로 이어졌다. 최초의 이집트학 교수직을 설치한 대학은 이탈리아의 피사 대학(Università di Pisa)이다.[53] 1824년, 이 대학의 최초 이집트학 교수가 된 인물은 이탈리아 이집트학의 창시자로 불리는 이폴리토 로셀리니(Ippolito Rosellini)이다.[54] 로셀리니는 성각문자에 대한 샹폴리옹의 견해를 충실히 받아들였으며 샹

---

52 Bednarski, "Building a Disciplinary History: The Challenge of Egyptology", *Towards a History of Egyptology*, pp.17-20; Bierbrier, *Who Was Who in Egyptology*, pp.114-115.

53 최초의 이집트학 교수직이 이탈리아의 대학에 설치된 것은 19세기 이전까지 고대 이집트에 대한 관심의 진원지와 연구의 중심지가 이탈리아였다는 사실을 생각할 때, 그리 놀랄 일은 아니다. 로마 시대에 이미 많은 이집트 유물들, 특히 이시스 숭배와 관련된 것들이 이탈리아로 옮겨졌으며, 르네상스 시대에 이후, 로마는 고대 이집트에 대한 연구의 중심지가 되었다. 16-17세기에 이십트로 직접 건너가 유물들을 수입한 것도 이탈리아인들이었다. 이집트 고고학의 아버지인 벨조니가 이탈리아인었다는 사실도 우연이 아니다. Baines and Malek, *Cultural Atlas of Ancient Egypt*, 22.

54 처음에는 '동양 언어학' 교수로 불렸지만, 후에 같은 직명이 '이집트학' 교수로 변경된다. 이 때문에 최초의 이집트학 교수 자리가 설치된 예를 1831년 콜레주 드 프랑스에서 찾는 학자들도 있다. Aidan Dodson, "Egyptology: A British Model," Bednarski et al., eds., *Towards a History of Egyptology*, Münster, Zaphon, 2018, 147.

도판 1.5. 샹폴리옹
https://commons.wikimedia.
org

폴리옹이 박물관에 소장된 이집트 유물을 연구하기 위해 이탈리아를 방문했을 때 그와 친분을 쌓는다. 이것이 인연이 되어 1828년에는 샹폴리옹과 함께 이집트에 학술 원정을 떠나는 등 샹폴리옹과 지속적으로 교류한다.

이탈리아에 이어 유럽에 두 번째로 이집트학 교수 자리를 마련한 국가는 프랑스이다. 샹폴리옹은 1831년에 콜레주 드 프랑스(Collège de France)의 초대 이집트학 교수가 된다. 나폴레옹의 프랑스 원정, 부르봉 왕조의 이집트 유물에 대한 관심, 샹폴리옹의 유명세 등을 고려할 때, 콜레주 드 프랑스에 샹폴리옹을 위한 이집트학 교수 자리가 생긴 것이 피사 대학보다 7년이나 늦었다는 사실은 조금 의외이다. 이것은 부르봉 왕조가 고대 이집트 연구를 왕조의 위상을 높이는 수단으로만 사용했으며 그것을 학문으로 진지하게 발전시킬 의지가 부족했기 때문일 것이다. 실제로 샹폴리옹은 1822년과 1824년에 성각문자에 대한 획기적인 연구를 발표했음에도 불구하고, 왕실에 그에게 맡긴 임무는 모두 왕실을 위한 유물 수집과 관련된 것이었다.[55] 1826년에 찰스 10세가 샹폴리옹을 루브르박

---

55   Georg, "The Living Surroudning the Dead: European Archaeologists in Egypt and their reltions with the local inhabitants", p.103.

물관의 이집트관 책임자로 임명했을 때도 왕실은 샹폴리옹이 이집트 유물에 대한 '무료 대중 강연'을 운영할 것을 조건으로 내걸었다.56 샹폴리옹이 프랑스 인문학의 최고 권위의 학회(Académie des Inscriptions et Belles-Lettres)에 회원으로 인정된 된 것도 그가 성각문자를 해독한 후 8년 만인 1830년의 일이다.

1846년 독일에서 최초의 이집트학 교수가 된 인물은 리하르트 레프시우스(Richard Lepsius, 1810-1884 [도판 1.6])이다. 알렉산더 폰 훔볼트(Alexander von Humboldt, 1767-1835)의 영향으로 이집트학을 공부하기 시작한 레프시우스는 샹폴리옹의 이집트어 문법(1836)이 출간되자 본격적으로 고대 이집트어에 관심을 가졌다. 그는 당시 경쟁하던 성각문자의 다양한 해독 체계들을 비교한 후 1837년 "리하르트 레프시우스가 성각문자 알파벳에 관해 로셀리니 교수에게 드리는 글"(Lettre à M. le Professeur H. Rosellini sur l'alphabet hieroglyphique of Richard Lepsius)에서 샹폴리옹의 이론을 가장 정확한 것으로 인정하고 몇 가지 개선점을 제안했다. 이것이 독일 이집트학의 출발점이라 말할 수 있다.

도판 1.6. 리하르트 레프시우스
https://commons.wikimedia.org

---

56 Bednarski, Dodson, and Ikram, "Introduction", p.21.

독일의 이집트학은 독일의 민족주의와 매우 밀접한 관계를 지니며 국가 주도로 발전했다. 이탈리아나 프랑스에서도 이집트학에 대한 왕실의 지원이 있었지만, 독일의 이집트학은 단순히 왕실의 위엄을 높이는 목적을 넘어 프랑스나 영국과의 패권 경쟁 수단으로 간주되었다. 레프시우스가 최초 이집트학 교수로 취임한 베를린 대학도 프리드리히 빌헬름 4세(Friedrich Wilhelm IV, 1795-61)의 치세 때 알렉산더 폰 훔볼트의 독일 부흥의 비전인 "문화의 힘"(Kulturmacht)의 기치 아래 설립된 대학이다. 레프시우스 자신도 1842-1845년에 이집트로 발굴 원정을 수행하고 그 결과를 12권의 책(『이집트와 에티오피아의 유적』[Denkmäler aus Ägypten und Äthiopien] 1859)으로 펴내면서 그의 목적이 나폴레옹의 이집트 원정과 그 결과물인 『이집트 서술』(Description d'Égypte)을 양과 질에서 뛰어넘는 것임을 숨기지 않았다.[57] 이후 독일의 이집트학 학자들은 '역사적 문헌학'(philologisch-historische Methode)으로 불리는 학문 방법론에 집중하여 스스로를 프랑스의 이집트학자들과 차별화했다.[58]

한편, 영국에서는 19세기 말에 가서야 처음으로 이집트학 교수가 탄생한다. 19세기 초에 영국박물관이 대량의 이집트 유물들을 수입하였고 많은 학자가 개인 자격으로 이집트를 방문하여 각종 기행문과 대중서를 출판했으며 성각문자의 해독에도 영

---

[57] Thomas L. Gertzen, Susanne Voss, and M. Georg, "Prussia and Germany", Bednarski et al., eds., *Towards a History of Egyptology*, Münster, Zaphon, 2018, p.212.

[58] Ibid.

국 학자들이 크게 기여했음에도 불구하고 영국 대학에 이집트학 교수가 비교적 늦게 생긴 이유는 무엇일까? 그 이유는 다른 유럽 경쟁국의 경우와 달리 19세기 영국 정부는 국가 차원에서 고대 이집트에 대한 연구를 지원하지 않았기 때문이다.[59] 1892년에 유니버시티 칼리지 런던(University College London)에 플린더스 페트리(Flinders Petrie, 1853-1942 [도판 1.7])가 이집트학 교수가 된 것도 정부가 아니라 민간의 재원에 의한 것이었다. 정부의 재정 지원이 없는 상황에서 영국의 이집트학은 뜻있는 자본가와 열정 있는 탐험가들의 노력으로 유지되었다. 하지만 이들이 귀국하여 연구 결과물을 출판하려 할 때 큰 어려움을 겪었다. 프랑스와 독일에서 방대한 이집트 전문서들이 왕실의 후원으로 출판된 것에 반해, 영국의 상업 출판사들은 돈이 되지 않는 전문서의 출판을 꺼렸기 때문이다.[60] 영국 이집트학의 아버지로 불리는 윌킨슨 유물의

도판 1.7. **플린더스 페트리**
https://commons.wikimedia.org

---

59 영국 정부의 유일한 지원은 영국박물관에 이집트 담당 큐레이터를 고용한 것이다. 하지만 1826-1860년까지 고용된 에드워드 호킨스(Edward Hawkins)는 동전 전문가였고, 그의 보조 큐레이터였던 사무엘 버치(Samuel Birch)도 중국학 전문가였다. Dodson, "Egyptology: A British Model?" p.149.

60 Ibid., 148. 예를 들어, 로버트 헤이(Roberty Hay)는 1824-1838년까지

삽화나 유적 지도, 금석문의 번역과 같은 1차 자료의 출판보다는 그것을 가공한 대중서의 출판에 힘을 쏟았다. 이처럼 정부의 재정 지원을 받지 못한 영국의 이집트학자들은 연구의 지속을 위해서 대중들의 후원에 의존해야 했다. 이런 배경에서 소설가 아멜리아 에드워즈(Amelia Ann Edwards, 1831-1892 [도판 1.8])의 활동이 보다 잘 이해될 수 있다.

어려서 읽은 윌킨슨의 『고대 이집트인들의 예절과 관습』 (Manners and Customs of the Ancient Egyptians)을 통해 이집트에 매료된 에드워즈는 1873-1874년 동안 이집트를 방문한 경험을 바탕으로 기행문 『나일강을 따라 천 마일』(A Thousand Miles up the Nile, 1877년)을 출판했다. 이 기행문은 상업적으로 크게 성공하는데 이를 기반으로 다양한 강연과 저술 활동을 통해 에드워즈61

도판 1.8. **아멜리아 에드워즈**
https://commons.wikimedia.org

이집트에 머물면서 수집한 귀중한 금석자료들을 영국에서 출판하는데 큰 어려움을 겪었다. 1841년에 어렵게 『카이로의 삽화들』(Illustrations of Cairo)를 출판했지만 상업적으로 큰 손해를 본 이후, 헤이가 모은 자료들은 출판되지 못한 채 보관되다가 후에 영국 박물관, 보스턴 순수미술 박물관으로 옮겨졌다.

61 Wilson, *Signs & Wonders Upon Pharaohs*, p.72. 아멜리아 에드워즈는 1889-1890년 미국을 방문하여 다양한 대중 강연을 통해 그곳에서 고대 이집트 연구에 대한 관심도 촉진시켰다. 에드워즈의 책은 아직까지도 사람들

는 고대 이집트 유적을 연구하는 민간 기관인 이집트 탐험 기금(Egypt Exploration Fund)을 설립한다(1882년). 그리고 대중들의 기부에 운영 재정을 의존해야 했기 때문에 그 설립 목적에 명시적으로 기독교적 색채("구약 성서 이야기를 확인하고 설명하기 위함")를 담는다.[62] 그녀가 창시한 이집트 탐험 기금은 후에 이집트 탐험 학회(Egypt Exploration Society)로 이름을 바꾸어 영국의 이집트학을 대표하는 기관이 된다. 영국 이집트학에 대한 그녀의 공헌은 죽어서도 끝나지 않는다. 그녀는 유언장에서 유니버시티 칼리지 런던(University College London)에 이집트학 교수 자리를 설치하라는 뜻을 밝힌다.[63] 그리고 그녀의 유산으로 설치된 이집트학 교수 자리에 1892년, 페트리가 임용된 것이다. 그 후 영국의 다른 대학은 물론 미국의 대학에서도 이집트학 교수직이 차례로 설치된다.[64]

에게 읽힌다.

[62] Ibid., 152. 기독교인들의 헌금을 장려하기 위해 '이집트 탐험 기금'을 받고 활동한 에두아르 나비에(Édouard Naville, 1844-1926)은 델타의 유적지 텔 엘-마스쿠타(Tell el-Maskhuta)를 충분한 증거 없이 성경에 언급된 도시 비돔(Bithom)이라고 주장했다. 학회의 이름도 처음에 '델타 탐험 기금'이 제안되었다. 왜냐하면 이집트의 델타 지역은 고내 히브리인들이 살았다고 여겨지는 지역이기 때문이다.

[63] Ibid., 153. 에드워즈가 유니버시티 칼리지 런던을 선택한 이유는 그 대학이 당시 학위 수여에 있어 남녀를 차별하지 않는 유일한 영국 대학이었기 때문이라고 한다.

[64] Ibid.; Thomas Schneider, "Egyptology Past, Present, and Future—A Refelction", Near Eastern Archaeology, Vol.75/1, 2012, p.58. 영국의 두번째 이집트학 교수 자리는 리버풀 대학에 1906년에 만들어진다. 1924년에는

고대 이집트에 대한 호고주의적 관심에서 학문으로서 이집트학이 발전하는 데에는 유럽의 연구 중심 대학에 이집트학 교수직이 생긴 일이 결정적임을 부정할 수 없다. 이집트 고고학 발굴도 호고주의적 관심이나 돈벌이에서 지식으로 그 목적이 변해갔다. 실제로 유럽의 주요 대학에 최초 이집트학 교수가 된 로셀리니, 샹폴리옹, 레프시우스, 페트리 등은 학술 발굴단을 이끌고 고대 이집트 유적들에 대한 체계적 발굴과 기록을 시도했다. 특히 후술하듯 페트리는 이집트 고고학을 과학의 경지로 올린 고고학자로 평가된다.

5) 이집트 정부의 노력

지금까지 우리는 19세기 초중반에 유럽인들이 고대 이집트를 탐구하기 위해 어떤 노력들을 기울였는지 살펴보았다. 페트리에 의한 고고학 방법론의 혁신을 살피기 전에, 당시 이집트 정부가 이집트학 발전을 위해 어떤 노력을 기울였는지 간단히 살펴보자. 다음의 서술은 이집트 정부 기관(특히 "고고학청")의 노력에 국한하며 이집트 현지 노동자들이나 현지 이집트학자들의 기여에 대한 것은 아님을 밝힌다.

나폴레옹의 프랑스를 물리친 이집트는 1805년부터 1848년

옥스퍼드 대학에, 1944년에는 캠브리지 대학에 이집트학 교수자리가 만들어진다. 이 모든 자리들이 정부가 아닌 개인의 자금으로 만들어 진다. 미국에서는 제임스 헨리 브리스테드(James Henry Breasted, 1865-1935)가 1905년에 시카고대학에서 최초의 이집트학 교수가 된다. 그보다 13년 앞선 1892년에 페트리가 존스 홉킨스 대학에서 방문 교수로 임명된 적이 있다.

까지 오스만투르크의 총독 무함마드 알리(Muhammad Ali Pasha, 1769-1849 [도판 1.9])에 의해 통치되었다. 그는 이집트의 근대화를 위해 유럽으로부터 경제적, 기술적 협력을 얻는 대가로 유럽인들에게 이집트의 유적에 대한 발굴 허가권인 '피르만'(Firman)을 제공하였다. 알리 총독은 고대 이집트의 유물을 지키는 것보다 유

도판 1.9. **무함마드 알리**
https://commons.wikimedia.org

럽으로부터 노동집약적 기술 산업을 유입하여 이집트를 근대화하는 일에 더 큰 관심을 가졌다. 그가 덴데라(Dendera)의 천문도의 프랑스 유출을 허용하면서 방적 공장을 얻은 예는 유명하다.[65] 알리 총독이 유럽인들에게 제공한 발굴 허가권은 단순한 발굴 허락을 넘어서 유적 발굴에 필요한 안보, 노동, 교통 지원 등을 포함하였다. 이런 알리 총독의 적극적 협력 아래에서 유럽인들은 이집트의 유물과 보물들을 자유롭게 유럽으로 반출하였다. 이런 흐름에 제동을 건 사람은 프랑스 이집트학자 샹폴리옹이다. 그는 1828년에서 1829년 동안 이탈리아-프랑스 공동 발굴단(Franco-Tuscan Expedition)의 수장으로 이집트에 온 적이 있다. 총독 알리는 그들에게 발굴 허가권과 함께 승무원과 물품이 구비된 두 개의 큰 보트, 두 명의 보안관(kavass), 통역과 요리사, 세 명의 종

---

65   Elshakry, "Histories of Egyptology in Egypt: Some Thoughts", p.188.

을 제공하였다.⁶⁶ 매우 성공적인 발굴을 마치고 이집트를 떠나기 직전, 알렉산드리아에서 다시 알리 총독을 만난 자리에서 샹폴리옹은 이집트 유물의 보존을 호소하는 편지를 전한다.⁶⁷ 샹폴리옹은 그가 방문한 유적지들이 대부분 도굴, 약탈되었고, 그 과정에서 심하게 파손된 것을 안타까워했던 것이다.

샹폴리옹의 호소에 따라 알리 총독은 1835년에 이집트에서 발견된 유물의 해외 반출을 금지하는 칙령을 선포한다. 이것은 이집트에 제정된 최초의 유물 관련법이다.⁶⁸ 그리고 1854년 총독 자리에 오른 알리 총독의 아들 사이드(Muhammad Sa'id Pasha, 1854-1863)는 유물의 약탈 방지와 보존을 위해 고고학청(Antiquties Services: 現 고고학부 [Ministry of Antiquities])을 세운다.⁶⁹ 그리고 당시 프랑스 외교관이자 수에즈 운하의 건설자 드 레셉스(Ferdinand de Lesseps, 1805-1894)의 추천을 받아 프랑스의 이집트학자 오귀스트 마리에트(Auguste Mariette, 1821-1881 [도판 1.10])를 고고학청의 수장으로 임명한다.⁷⁰ 이집트 고고학청은 이집트

---

66   Georg, "The Living Surrounding the Dead: European archaeologists in Egypt and their relations with the local inhabitants", pp.103-104.

67   Ibid., p.105.

68   Ibid.

69   이집트 고고학청은 처음 설립 이후 수 차례 이름을 바꾸며 확대 발전해왔다. 이집트 고고학청의 발전사를 보려면 다음의 논문을 참조하라: Fayza Haikal and Amr Omar, "Egyptology in Egypt: the founding institutions," Bednarski et al., eds., *Towards a History of Egyptology*, Münster, Zaphon, 2018, pp.79-87.

70   Salima Ikram and Amr Omar, "Egypt", Andrew Bednarski, Aidan

유적지를 관리하고, 직접 발굴 작업도 계획하고 시행하며, 새로운 박물관 건설을 통해 그 결과를 대중에게 알리는 것을 목적으로 했다. 마리에트는 고고학청장으로 임명되기 전에는 프랑스 고고학회의 후원으로 이집트의 아비도스(Abydos), 사카라(Saqqara), 멤피스(Memphis) 등지(等地)에서 발굴하여 출토된 유물들을 고국인 프랑스로 보내는 일을 했다. 그러나 이집트의 고고학청장이 된 후에는 이집트 유물이 서구 열강으로 반출되는 것을 막고, 이를 위해 서구 재원에 의한 유적 발굴을 최소화하고 이집트 정부의 재원에 의한 발굴을 확대했으며, 그렇게 발굴된 유물을 이집트에 영구 보전하기 위해 카이로 박물관을 건축했다.[71] 『이집

도판 1.10. **오귀스트 마리에트**
https://commons.wikimedia.org

Dodson, and Salima Ikram, eds., *A History of World Egyptology*, Cambridge, Cambridge University Press, 2020, p.28; Philippe Mainterot, "France", *A History of World Egyptology*, Cambridge, Cambridge University Press, 2020; Haikal and Omar, "Egyptology in Egypt: the founding institutions", p.80; Baines and Malek, *Cultural Atlas of Ancient Egypt*, p.22.

71 Maintero, "France", p.74-76; Ikram and Omar, "Egypt", pp.28-30. 마리에트가 운영한 고고학청은 이집트 정부 기관이었지만 이집트 현지인을

도판 1.11. 쟝 가스통 마스페로
https://commons.wikimedia.org

트학 인명록』(*Who Was Who in Egyptology*)을 편집한 비어브라이어(M. L. Bierbrier)는 마리에트의 최고의 업적을 다음과 같이 이야기한다: "유적의 파괴와 남용에 대한 세계인들의 양심 호소, 그리고 유적의 보전과 관리"에 기여했다.[72]

제2대 이집트 고고학청의 수장이 된 쟝 가스통 마스페로 (Jean Gaston Maspero, 1885-1915 [도판 1.11])는 조직을 개편하였다. 마리에트는 고고학청의 스태프를 '자격을 갖춘' 유럽인들로 채웠지만 마스페로는 이집트 원주민들을 교육하여 조직에 적극 활용하였다. 그 중 아흐마드 카말(Ahmad Kamal, 1851-1923)과 같이 비교적 높은 지위('secretary-translator')까지 올라간 이집트 현지인도 있었다.[73] 또한 발굴을 위한 정부 재원이 부족하자 유럽의 재원

신뢰하여 적극 고용하지는 않았다. 하이칼과 오마르는 마리에트가 고고학청에 고용된 이집트인 중 "자격 없는 사람들"을 축출하는 노력을 지속했다고 주장한다. Haikal and Omar, "Egyptology in Egypt", p.80.

72 Bierbrier, *Who Was Who in Egyptology*, p.356.

73 Ikram and Omar, "Egypt", pp.62-63. 아흐마드 카말은 이집트에서 이집트학의 대부로 칭송된다. 그는 19말 독일의 이집트학자 하인리히 브룩쉬(Heinrich Brusch, 1827-1894)가 운영하는 학교에서 고대 이집트어와 이집트 역사를 수강하였다. 하지만 졸업 후 서양인이 정부 기관의 모든 좋은 자리를 차지하는 열악한 상황에서도 고고학청의 직원으로 입사하여 1914년 은

에 의한 발굴을 유치했다. 물론 이때 유럽의 발굴단은 유물의 일부를 자국으로 반출할 수 있는 양해를 받았다.[74] 마스페로 자신도 직접 발굴에 참여하여, 룩소르(Luxor)와 카르나크(Karnak) 신전을 복원하고, 특히 고왕국 제5-6왕조 피라미드의 벽화 비문(가장 오래된 장례문인 피라미드 텍스트)을 기록함으로 고대 이집트에 대한 지식을 넓혀 주었다.[75] 또한 이집트 박물관의 소장품 목록을 집대성하고 〈이집트 고고학청 연감〉(Annales du Service des Antiquitiés de l'Egypte)을 간행했으며,[76] 최초로 이집트 문화사를 정리한 책도 출판하였다.[77] 이처럼 19세기 후반부터는 이집트 정부가 유물의 발굴과 관리에 적극적으로 개입하였다. 하지만 이집트 정

퇴할 때까지 스스로 야간학교를 설립하여 이집트어와 역사를 가르쳤다. 그의 제자들이 후에 이집트 카이로 대학의 교수나 카이로 박물관의 관장이 되어 이집트인에 의한 이집트학을 발전시킨다. Haikal and Omar, "Egyptology in Egypt: the founding institutions", pp.74-74; Georg, "The Living Surrounding the Dead: European Archaeologists in Egypt and their Relations with the Local Inhabitants, 1798-1898", p.91.

[74] Georg, "The Living Surroudning the Dead: European Archaeologists in Egypt and their Relations with the Local Inhabitants, 1798-1898", p.118.

[75] Kathryn A Bard, *An Introduction to the Archaeology of Ancient Egypt*, Malden, Blackwell, 2007, p.10.

[76] 유성환, "현대 이집트학의 역사", pp.2-3.

[77] Bierbrier, *Who Was Who in Egyptology*, pp.359-361. cf. Maspero, *History of Egypt, Chaldea, Syria, Babylonia, and Assyria in the Light of Recent Discovery*, Vol 1 (of 12), 1874. 이 책으로 에두아르도 마이어(Eduardo Meyer)와 제임스 브리스테드(James Henry Breasted)와 함께 이집트 역사의 3대 대가로 칭송받는다.

부 관청의 주요 수장과 자리들은 유럽인들이 자치하였으며, 이집
트인들에 의한 보다 주체적인 고대 이집트 유물과 역사에 대한
이해는 여전히 한 세기를 더 기다려야 했다. 프랑스인이 고고학
청 수장의 자리에서 물러나고 이집트인 무스타파 아메르(Mustafa
Amer, 1896-1973)가 고고학청 청장이 된 1953년 이후에야 이집
트 고고학청은 서방의 지도와 영향에서 완전히 벗어나 독립적으
로 이집트 유적지를 관리하고 발굴을 수행하기 시작했다고 평가
된다.[78] 이집트인에 의한 이집트학의 발전 역사는 2000년대 이후
활발히 연구되고 있다.[79]

3. 과학으로서의 이집트학: 고고학 방법론의 변화

1) 페트리의 고고학 방법론
유럽의 대학들에 이집트학 교수직이 설치되고 후학들을 양성하
기 시작하면서 이집트의 발굴도 과학적이고 체계적으로 변모한
다. 19세기의 고고학 방법은 유적지를 파헤쳐서 그 속에 묻힌 미

---

[78] Haikal and Omar, "Egyptology in Egypt", pp.79-80.

[79] Cf. Elliott Colla, *Conflicted Antiquities*: *Egyptology, Egytomania, Egyptian Modernity*, Durham, Duke University Press, 2007; Stephen Quirke, *Hidden Hands*: *Egyptian Workforces in Petrie Excavation Archives*, 1880-1924, London, Duckworth, 2010; Kees van der Spek, *The Modern Neighbors of Tutankhamun*: *History, Life, Work in the Villages of the Theban West Bank*, Cairo, The American Univeristy in Cairo Press, 2011.

술품이나 보물, 비문을 가진 유물 등을 캐내는 것이다. 이런 보물 찾기 식의 발굴은 도굴 못지않게 유적지를 파괴하는 결과로 이어졌다.[80] 이런 파괴적인 고고학 발굴 대신 보존적이고 과학적인 발굴을 시도한 최초의 이집트학자는 앞에서도 언급한 영국의 플린더스 페트리이다.

페트리는 1880년 기자의 대(大)피라미드를 측량하기 위해 처음 이집트로 건너간다. 이는 당시 유럽에 유행했던 피아지 스미스(Piazzi Smyth)의 피라미드에 대한 신비적 주장을 검증하기 위한 것이었다.[81] 하지만 정밀한 실측을 통해 스미스의 주장이

---

80   19세기에 파괴된 유적지 중 대표적인 두 곳은 아르만트(Armant)에 있었던 클레오파트라 7세(Cleopatra VII, 51-30BCE)의 출생기념 신전(birth temple)과 아스완의 엘레판틴 섬에 있던 아멘호텝 3세(Amenhotep III, 1390-1352BCE)의 신전이다. 이 두 유적지는 19세기의 사진과 삽화로만 파괴되기 전의 모습을 확인할 수 있다. Bednarski, Dodson, and Irkam, "The Prehistory of Egyptology", p.16.

81   Neil Asher Silberman, "Petrie, William Matthew Flinders", Erik M. Meyers, ed., *The Oxford Encyclopedia of Archaeology in Ancient Near East*, Oxford, Oxford University Press, 1997, p.308. 피아지 스미스는 페트리 가족과 오래된 친구 사이여서 스미스가 『대피라미드 속의 우리 유산(*Our Inheritance in the Great Pyramid*)』을 저술했을 때 페트리는 그것을 흥미롭게 정독했다고 한다. 그 책에 따르면 피라미드는 단순한 무덤이 아니다. 기독교의 신이 그 건축 양식—예를 들어, 피라미드의 측량값, 내부의 복도 구조 등—에서 인류 역사의 흐름을 읽어낸다. 이런 주장들의 근거로 피라미드에 대한 측량값이 제시되는데, 예를 들어, 스미스는 피라미드의 수직 높이와 바닥면의 길이의 비율이 정확히 원주율(π)이라고 주장한다. 스미스의 주장에 대한 보다 구체적 내용은 다음을 참고하라: Margaret S. Drower, *Flinders Petrie: A Life in Archaeology*, Wisconsin, The University of Wisconsin

오류임을 깨달은 페트리는 그 후 아멜리아 에드워즈가 세운 이집트 탐험 기금(Egypt Exploration Fund)을 얻어 해마다 장소를 옮겨가며 이집트의 유적지를 발굴하였다. 그는 발굴에 있어 성층(stratography)의 중요성을 최초로 인식한 고고학자이다. 유적지의 땅속에는 오랜 세월 동안 여러 시대의 취락들이 생몰하면서 형성된 수직 성층들이 있다. 물론 지진이나 동물의 활동처럼 성층의 모양을 복잡하게 만드는 요소가 있지만 일반적으로 최근의 도시 유적이 지표 성층에서 발견되고 오래된 도시 유적일수록 지표로부터 먼 성층에 담겨 있다. 그때까지 이집트에서 작업한 유물 발굴가와 달리 페트리는 유적지를 발굴할 때 성층의 단면도를 그리고, 발견된 유물들을 층위에 따라 자세히 기록하고 분류했다. 이것은 페트리가 발굴에 있어 추구한 것이 보물이 아니라 지식(knowledge)임을 단적으로 보여 준다. 페트리가 성층적 발굴을 시도한 최초 이집트 유적지는 신화 속에서 오시리스(Osiris)가 묻힌 곳으로 알려진 남부 이집트의 아비도스(Abydos)이다. 페트리는 이전 발굴자 에밀 아멜리노(Émile Clément Amélineau, 1850-1915)가 더 이상 발굴할 것이 없다고 아비도스를 떠났음에도, 그가 버리고 간 유물 잔해들을 연구하여 이집트 제1,2 왕조의 물질문화에 대한 지식을 창조했다.[82]

유물의 성층 문맥에 대한 이해 이외에도 페트리의 발굴이

Press, 1995, pp.27-30.

[82] Wilson, *Signs & Wonders upon Pharaoh: A History of American Egyptology*, p.94; Drower, *Flinders Petrie: A Life in Archaeology*, p.251; Bierbrier, *Historical Dictionary of Ancient Egypt*, p.3.

'과학적'이라고 불리는 또 하나의 이유가 있다. 박물관에 소장 가치가 있는 보물, 미술품, 금석문, 거대 유적 등에만 관심을 가졌던 이전 고고학자들과 달리, 페트리는 민무늬의 토편, 나무 조각, 진흙 벽, 무기, 석기 등도 중요하게 생각했다. 특히 페트리는 토기 파편들을 "매의 눈으로"[83] 관찰하고 토기들을 형태에 따라 분류한 후 그것들이 발굴된 성층 문맥을 고려하여 "토기상대 연대법"(seriation; sequence dating)을 고안했다. 페트리가 토기를 통해 연대를 추정한 최초의 유적지는 나카다(Naqada)의 선사시대 유적지이다. 그가 처음 나카다의 무덤들을 발견했을 때, 그것을 외래 침입자의 무덤이라 생각했다. 그것들은 가죽에 둘러싸인 태아 모양의 시신들이 모래 구멍 속에 매장된 매우 단순한 무덤으로 당시 알려진 왕정 시대의 이집트 무덤과는 거리가 있었기 때문이다.[84] 하지만 그 무덤이 선사시대 이집트의 무덤일 가능성을 제안한 자크 드 모르간(Jacque de Morgan, 1857-1924)의 조언을 받아들인 후[85] 페트리는 자신의 토기상대 연대법을 적용하여 문자가 사용되지 않는 선사시대 유물들의 연대를 파악하는 데 성공한

---

83 미국의 아마추어 고고학자인 칠즈 윌부어(Charles Edwin Wilhour, 1833-1896)는 페트리와 함께 발굴한 경험으로 그를 "매의 눈을 가진 사나이"로 불렀다. Wilson, *Sings & Wonders upon Pharaoh: A History of American Egyptology*, p.92.

84 Ibid., p.94.

85 Béatrix Midant-Reynes, "The Naqada Period (c. 4000-3200)" Ian Shaw, ed., *The Oxford History of Ancient Egypt*, Oxford, Oxford University Press, 2000, p.42.

다.[86] 페트리의 상대 연대법은 후에 비판받고 수정되었지만, 그 근본적 원리는 아직도 유효하다.

이처럼 페트리는 유물의 성층적 문맥을 파악하고 토기의 유형에 따라 상대적 순서를 매기는 방법으로 이집트 고고학을 과학의 경지에 올려놓았다. 그는 자신의 새로운 고고학 방법론을 『고고학의 방법과 목적』(Methods and Aims in Archaeology, 1904년)에서 종합적으로 설명하였다. 지금까지 설명한 방법론 이외에 흥미로운 것은 페트리의 노동자 훈련과 운영에 대한 것이다. 그는 이집트 원주민을 발굴 현장의 노동자로 사용할 때 그들을 숙련공으로 훈련시키는 일의 중요성을 강조했다. 잘 훈련된 숙련공들이 발굴 현장의 중요한 기여자가 될 수 있다는 신념을 가졌다. 이를 위해 페트리는 현지 노동자들에게 정당한 노동의 대가를 제공할 것을 강조한다. 페트리 이전의 고고학자들은 이집트 노동자들에게 일당만을 지급했다. 비록 발굴 일당이 다른 일반적 노동의 그것보다 높았지만 견물생심(見物生心)이라는 말이 있듯이 이집트 노동자들은 보물을 발견하면 그것을 보고하지 않고 집으로 가져가곤 했다. 페트리는 일당 이외에 노동자들이 가치 있는 유물을 발견하면 별도의 사례를 넉넉하게 지급함으로써 숙련된 노동자들의 충성을 얻을 수 있었다. 페트리는 자신의 회고록에서 일반적으로 이집트 노동자들이 천사들을 아니지만 그들을 정직하게

---

[86] 그는 상대 연대를 50 시기까지 구분하고, 미래에 발견에 대비하여 첫 30 시대는 공백으로 남겼다. 따라서 페트리에게 31 시대가 가장 이른 시대며, 가장 늦은 시대는 80이다. Wilson, *Sings & Wonders upon Pharaoh: A History of American Egyptology*, p.96.

대우하면 그들은 그리 나쁜 사람은 아니라고 회고한다.[87]

미국의 고고학자 조지 라이즈너(George Andrew Reisner, 1867-1942 [도판 1.12])는 페트리처럼 과학적 발굴을 시도한 또 다른 이집트학자이다. 하버드 대학의 이집트학 교수이자 보스턴 미술관(Boston Fine Arts Museum)의 이집트관 큐레이터였던 그는 유적지를 발굴할 때 현장 기록의 중요성을 깨닫고, 현상 사진은 물론, 발굴된 모든 물품에 대한 자세한 기록, 지도, 삽화 등을 남겼다. 그의 이런 방법론은 "기록 발굴 기술"(the technique of recorded digging)으로 불린다.[88] 그의 기록은 페트리의 그것보다 더 상세한 것으로 유명하다. 너무 많은 기록 때문에 발굴 결과를 정리하여 출판하는 데 어려움을 겪을 정도였다.[89] 또한 그는 1907-1909년까지 이집트 정부의 누비아 고고학 조사의 책임자로 근무하면서, 누비아 유적지인 케르마(Kerma), 제벨 바르칼(Gebel Barkal), 엘-쿠루(El-Kurru), 메로에(Meroe) 등을 발굴함으로써 이집트학에서 누비아학이라는 새로운 분야를 개

도판 1.12. 조지 라이즈너
https://commons.wikimedia.org

---

87 Goerg, "The Living Surrounding the Dead", p.115.

88 Bierbrier, *Who Was Who*, p.459.

89 Baines and Malek, *Cultural Atlas of Ancient Egypt*, p.22.

척했다.[90]

2) 20세기의 주목할 만한 발굴

20세기 이집트 고고학에서 대중의 가장 큰 관심을 받은 발견은 투탄카문(Tutankhamun, 1336-1327BCE)의 무덤일 것이다.[91] 하지만 20세기 초까지 그의 존재는 거의 알려져 있지 않았다. 가장 큰 이유는 그가 아마르나 시대의 왕이라는 이유로 18왕조의 마지막 왕 호렘헵이 투탄카문의 이름을 비문에서 모두 삭제했기 때문이다. 플린더스 페트리가 텔-아마르나에서 투탄카문의 이름이 적힌 항아리를 발견한 후에 그의 존재가 약 3200년 만에 이집트 학자들 사이에 회자되기 시작했고 왕가의 계곡(The Valley of the

---

90 Bard, *An Introduction to the Archaeology of Ancient Egypt*, p.12.

91 투탄카문은 아버지가 죽자 아텐 유일신교를 포기하고 이집트에 전통적 다신교를 복원시킨다. 아켄아텐(Akhenaten, 1352-1336)에 관해서는 다음을 참고하라: Marc Van de Mieroop, *A History of Ancient Egypt*, Blackwell, 2012, pp.190-201; Cyri Aldred, *Akhenaten. King of Egypt*, New York, Metropolitan Museum of Art, 1988; Jan Assmann, *From Akhenaten to Moses: Ancient Egypt and Religious Change*, Cairo, American University in Cairo Press, 2014; James K. Hoffmeier, *Akhenaten and the Origins of Monotheism*, Oxford, Oxford University Press, 2015; Erik Hornung, *Akhenaten and the Religion of Light*, David Lorton, trans., Ithaca, Cornell University Press, 1999. 테베의 카르낙의 아문 신전에서 투탄카문의 복원 석비(The Restoration Stele of Tutankhanum)이 1907년에 처음 발견되었다. 이 석비에 새겨진 비문은 아켄아텐이 다스릴 때 이집트와 신전들의 폐허 상태를 투탄카문이 왕이 된 이후 회복된 상태와 비교하고 있다. Van de Mieroop, *A History of Ancient Egypt*, pp.198-199.

Kings)에서 그의 무덤을 찾으려는 시도들이 생겼다.[92] 미국의 사업가 테오도르 데이비스(Theodore M. Davis, 1838-1915)가 1907년 세티 1세의 무덤 근처에서 그의 무덤을 발견했다고 주장하고 책까지 출판했지만[93] 실제 투탄카문 무덤의 발견은 그로부터 15년 후인 1922년 영국의 고고학자 하워드 카터(Howard Carter, 1874-1939 [도판 1.13])에 의해 이루어진다.

---

[92] 투탄카문 무덤이 발견된 왕가의 계곡은 신왕국 18왕조의 왕인 투트모세 1세(Thutmose 1, 504-1492)에 의해 처음으로 왕실 무덤으로 개발되었다. 그 전의 왕릉은 보통 장례전 근처에 위치하여 도굴 당하기 쉬웠기 때문에 투트모세 1세는 테베의 맞은 편 불모의 계곡 비밀의 장소에 바위를 깎아 자신의 무덤을 만들었다. 그리고 투트모세 이후 신왕국의 파라오들은 왕가의 계곡에 자신들의 무덤을 마련했다. 이곳은 18세기 초 예수회 소속 언어학자인 클라우스 시카르드(Claude Sicard, 1677-1726)에 의해 처음 알려진 이래 도굴꾼과 탐험가들이 자주 찾는 장소가 되어서 종종 흥미로운 발견의 진원지가 되었다. 주지하는 바처럼 벨조니가 1817년 세티 1세의 무덤을 발견한 곳도 바로 이 왕가의 계곡이다. 1871년에는 도굴꾼 아브드 엘-라술(Abd el-Rassul)이 데르 엘-바흐리(Der el-Bahri)에서 18-20왕조에 속한 왕가의 미이라를 집단으로 발견하였는데, 그 미이라들은 본래 왕가 계곡에 묻혀 있다가 21왕조 때에 데르 엘-바흐리로 이장한 것이었다. 1898년에 빅토르 로레트(Victor Loret, 1859-1946)가 왕가의 계곡에서 발견한 아멘호텝 1세의 무덤에서도 데르 엘 바흐리에서 발견되지 않는 신왕국 나머지 왕들의 미이라들이 집단으로 발견되었다. 1922년 발견된 투탄카문의 무덤을 제외하면 왕가의 계곡에서 발견된 무덤들은 모두 이미 도굴된 상태였다. 그리고 1998년 다시 한번 예기치 못한 무덤이 발견된다. 그것은 람세스 2세(Ramese II, 1279-1213)의 자녀들의 집단 무덤(KV 5)이다. 장수한 것으로 유명한 람세스 2세는 자신보다 일찍 죽은 자녀들을 위한 공동 무덤을 건설했다.

[93] 그 발견한 무덤은 현재 KV54로 분류되었다. Bierbrier, *Who Was Who in Egyptology*, 145-146.

도판 1.13. **하워드 카터**
https://commons.wikimedia.org

본래 미술가였던 하워드 카터는 페트리와 나빌에 등 여러 고고학자 밑에서 미술가로 일하면서 발굴을 어깨너머로 익혔다. 그 후 발굴에 남다른 재능을 보인 그는 이집트 고고학청에 고용되어 왕가의 계곡, 아부심벨, 사카라 유적의 관리 책임자로 일했다. 하지만 그 유명한 '사카라 사건(The Saqqara Affair)' 이후[94] 직업을 잃고 관광객들에게 수채화를 팔아 생계를 유지하던 중 일생일대의 기회가 그에게 찾아왔다. 1909년 영국의 부호 귀족 조지 헐버트 "카르나르본 백작"(George E. Herbert, 5th Earl of Carnarvon, 1866-1923)이 왕가의 계곡을 발굴하기 위해 하워드 카터를 고용한 것이다. 당시 왕가의 계곡(The Valley of the Kings)에 대한 발굴은 미국의 부호 테오도르 데이비스(Theodore Davies, 1838-1915)가 독점했지만 이미 투탄카문의 무덤을 발견했다고 생각한 그는 왕가의 계곡에는 더 이상 찾아야

---

94 카터가 사카라의 유물 관리 담당자로 일할 때 프랑스 관광객과 이집트 현지인 경호원 사이에 발생한 불미스러운 사건에서, 카터가 현지인 경호원을 해고하라는 상부의 명령을 거부하여 해고된 일이 있었다. T. G. H. James, *Howard Carter: the Path to Tutankhmun*, New York, Tauris Parke Paperbacks, 2000, pp.112-139.

할 무덤이 없다고 판단하고 발굴권을 포기하였다. 하지만 왕가의 계곡에서 관리자로 일한 경험을 가진 하워드 카터의 생각은 달랐다. 아직 발견되지 않는 무덤이 있다고 생각한 그는 카르나르본 백작을 통해 왕가의 계곡에 대한 발굴권을 얻어 1909년부터 발굴을 시작한다. 그리고 그곳에서 투탄카문의 무덤을 비롯해 모두 여섯 개의 무덤을 발견한다. 물론 그중에서 하워드 카터를 가장 유명하게 만든 것은 투탄카문의 무덤이다. 카터는 1917년부터 투탄카문의 무덤을 목표로 체계적으로 발굴을 시작한다. 그리고 5년 만인 1922년에 그는 아직 도굴되지 않은 매장실로 통하는 계단을 발견하게 된다.

투탄카문 무덤의 발견은 고대 이집트에 대한 세계적 관심을 일으켰다는 데 의의가 있다. 이집트학은 그 가치를 인정하고 지지하는 사람들의 지원에 의존해 왔다는 점을 고려하면 투탄카문 무덤이 일으킨 고대 이집트에 대한 관심은 결코 작은 일이 아니다. 그렇다면 투탄카문의 무덤이 그렇게 큰 대중적 관심을 일으킨 이유는 무엇일까?[95] 그의 무덤에서 출토된 각종 물품들은 분

---

95 여기에 이집트도 예외는 아니다. 투탄카문의 무덤이 발견되고 그것이 전세계적인 선풍을 일으키자, 이집트에서 자국의 문화 유산에 대한 이집트 정부의 관심을 촉구하는 목소리가 봇물처럼 쏟아져 나왔다. 이집트 신문 〈알-무카탐〉(المقطم)은 다음과 같은 기사를 내보낸다: "이 사건이 이집트 정부와 국민 양쪽의 눈을 뜨게 하여 이집트인들이 자신들의 유물을 연구하고 발굴하며 유물들을 관리할 때가 되었다는 사실을 인식하길 희망한다. 국민들이 다른 방법이 없어 안타까워하며 구경꾼처럼 지켜보는 가운데 외국인들이 고고학을 독점하는 상황은 (이집트와 같은) 큰 나라에 합당한 일이 아니다." Jason Thompson, *Wonderful Things: A History of Egyptology*, vol 3, Cairo, American University in Cairo Press, 2018, p.431.

명 다른 왕들의 무덤에도 있었을 법한 것이었음에도 불구하고, 사람들이 투탄카문의 무덤에 열광한 이유는 무엇일까? 그 이유는 그것이 한 번도 도굴되지 않은 무덤이었기 때문이다. 그때까지 발굴된 무덤들은 모두 도굴된 상태였기 때문에, 이집트 문명의 화려함을 보여주는 왕실 물품들이 현대 대중에게 공개된 것은 투탄카문 무덤을 통해서라해도 과언이 아니다. 또한 투탄카문의 무덤이 발견된 1922년에는 사진, 신문, 영화 등의 매체를 통해 정보가 전 세계적으로 유통되던 시대였다는 점도 흥행의 성공에 기여했다. 하워드 카터의 발굴 상황은 거의 실시간으로 전 세계인들에게 송신되었다.[96] 그리고 투탄카문의 봉인된 무덤에서 발견된 신왕국 시대 왕실의 보물들은 고대 이집트를 대표하는 상징이 되었고, 특히 투탄카문의 황금마스크는 고대 이집트의 경전적 이미지 역할을 한다.[97] 한편, 무덤의 발견으로 얻은 유명세에 비해 소년 왕 투탄카문의 통치에 대해 알려진 바는 거의 없다. 그러나 그가 죽었을 때 아직 성년이 아니었다는 점과 히타이트 왕 숩필룰리우마(Suppiluliuma, 1370-1330BCE)에게 신랑감을 요청한 이집트 여왕이[98] 투탄카문의 아내 앙크에센파텐(Ankhesenpaaten)일 것이라는 추측은 소년 왕의 통치와 죽음에 대한 많은 이야기

---

96 Bednarski, "The Nature and History of Egyptology", p.40.

97 Ibid.

98 이 이야기는 무르실리(Mursili II, 1330-1295BCE)가 저작한 문서 『숩필루리우마의 행적』(Deeds of Suppiluliuma)에 기록되어 있다. Cf. Hans G. Güterbock, "The Deeds of Suppiluliuma as Told by His Son, Mursili II", *Journal of Cuneiform Studies* Vol.10/3, 1956, pp.75-98.

들을 양산했다.⁹⁹ 이것도 투탄카문에 대한 대중의 관심을 반영한다. 한편 발견자 하워드 카터는 비교적 체계적인 발굴과 기록을 시도한 고고학자였다. 그는 1922년 투탄카문 무덤의 발견 후 10년에 걸쳐 조사와 발굴을 지속하면서 매우 자세한 기록을 남겼다.¹⁰⁰ 그가 투탄카문의 무덤을 연 대가로 저주를 받아 죽었다는 소문은 사실이 아니다.¹⁰¹

투탄카문의 무덤이 이집트 왕실의 문화를 보여준다면, 데르 엘-메디나(Deir el-Medinah)는 왕가의 무덤에서 일하며 투탄카문을 비롯한 신왕국 왕들의 무덤을 건설한 노동자들의 삶과 문화를 보여주는 유적지다. 20세기 초에 이탈리아 발굴팀이 이곳에서 발굴을 시작했고 그 후 1911-1913년에 게오르그 묄러(Georg Christian Möller, 1876-1921)의 독일 발굴팀이 이곳에서 조사를 벌였다. 1917년부터는 카이로에 주재한 프랑스 고고학 연구소가 이곳의

---

99 투탄카문의 죽음을 주제로 한 많은 대중서들이 출판되었다. 이 중에서 Bob Brier, *The Murder of Tutankhamen: A True Story*(New York, Berkely Books, 1998)은 주목할만 하다.

100 Bierbrier, Who Was Who in Egyptology, 106. 하워트 카터의 출판물은 물론 출판되지 않는 현장 기록, 일지, 일기 메모 등은 그리피스 연구소(The Griffith Institute)에 보관되어 있다. http://www.griffith.ox.ac.uk 2023년 2월 9일 접속.

101 이런 종류의 소문은 고대 이집트에 대한 대중적 편견이 발굴의 물주인 카르나르본 백작이 무덤 발견 후 얼마 있지 않아 58세로 죽은 우연과 결합하여 생겨났다. 하지만 발굴에 참여한 많은 학자는 모두 그 후 건강하게 오래 살았으며, 발굴 책임자인 하워드 카터도 평소 지병에 시달렸음에도 불구하고 1939년까지 생존했다. James, *Howard Carter: the Path to Tutankhamun*, pp.426-427.

발굴을 맡아 베르나르드 브뤼에르(Bernard Charles Bruyère, 1879-1971)의 감독 하에 1951년까지 조사를 계속했다.[102] 왕가의 계곡 가까이에 자리한 이 마을은 아멘호텝 1세(Amenhotep I, 1525-1504)가 이 마을을 건설한 이래 약 500년간 유지되었으며, 왕가의 계곡에서 왕릉을 건설한 노동자들의 삶에 대한 다양한 증거들을 품고 있다. 특히 마을 사람들이 벽이나 토편과 파피루스에 남긴 글이나 낙서들은 유물로만은 알 수 없는 이집트 서민들의 생각과 문화, 삶에 대한 중요한 증거를 제공한다.[103] 예를 들어, 데르 엘-메디나의 노동자들은 8일을 무덤에서 일하고 2일을 쉬었으며, 노동에 필요한 물품은 국가가 제공하고 관리하였다. 노동자들의 임금은 '무덤의 서기관'(The Scribe of the Tomb)에 의해 배급의 형태로 지급되었으며, 필요할 시 병가나 휴가를 신청할 수 있었다.[104] 또한 정부에 대한 노동자들의 경멸 감정을 엿볼 수 있는 토편도 발견되었고, 한번 내려진 신탁이 마음에 들지 않았을 때 그것을 거부하고 새로운 신탁을 구한 예도 읽을 수 있다.[105]

그 외에 서민의 삶과 관련된 몇 가지 흥미로운 일화도 전해진다. 그중 가장 흥미로운 것은 파네브(Paneb)에 관한 것이다. 그는 양아버지를 살인했지만 뇌물을 써서 처벌을 면하고 오히려 노

---

102 Wilson, *Signs & Wonders Upon Pharaoh: A History of American Egyptology*, p.85.

103 Barry J. Kemp, "In the Shadow of Texts: Archaeology in Egypt", Archaeological Review from Cambridge, Vol.3/2, 1984, p.20

104 Bard, *An Introduction to the Archaeology of Ancient Egypt*, p.259; van de Mieroop, *A History of Ancient Egypt*, p.224.

105 Kemp, "In the Shadow of Texts: Archaeology in Egypt", p.21.

동자 관리인이 된다. 십장이 된 후에는 왕의 무덤에서 물건을 훔치거나 자기가 관리하는 노동자들을 개인 용도로 전용하는 일도 서슴지 않는다. 또한 남의 아내와 잠자리를 했다는 기록도 있다. 하지만 이 범죄행위들이 밝혀져 그는 노년을 와디 하마마트(Wadi Hammamat)의 광산에서 강제 노역을 하며 마치게 된다.[106] 이 마을은 국가 사업에 고용된 노동자들의 마을이기 때문에 이집트 서민을 완벽히 대표한다고 할 수 없을지 모른다. 하지만 이전까지의 발굴이 주로 왕궁와 귀족의 무덤, 집, 신전 등에 집중되었던 점을 생각하면 서민의 생활을 매우 구체적인 부분까지 엿볼 수 있게 도와준다는 점에서 매우 의미 있는 발견이라 말할 수 있다.[107] 이처럼 서민들의 생각과 일상의 구체적 모습을 증언하는 문서를 포함한 데르 엘-메디나와 같은 유적지는 매우 드물다.

20세기 이집트 고고학의 또 하나 주목할 만한 업적은 텔 아마르나(Tel el-Amarna)의 발굴이다. 텔 아마르나는 제18왕조의 이단 왕 아켄아텐(Akhenaten)이 중부 이집트에 건설한 왕궁 수도이다. 이는 보통 1887년 이집트 농부에 의해 우연히 발견된 쐐기문자 토판("아마르나 외교 서신")과 1912년 독일의 고고학팀에 의해 발견되어 베를린 박물관에 소장된 네페르티티(Nefertiti)의 흉상과 같은 왕실 유물들로 대중에게 잘 알려져 있는 유적지이다. 하

---

106 Bard, *An Introduction to the Archaeology of Ancient Egypt*, pp.258-259.

107 데르 엘 메디나에서 발견된 문서들에 대한 영어 번역을 보려면 Andrea G. DcDowell, *Village Life in Ancient Egypt: Laundry Lists and Love Songs*, Oxford, Clarendon Press, 2002를 참고하라.

지만 텔 아마르나가 가지는 보다 큰 고고학적 가치는 그것이 제공하는 고대 이집트 도시의 취락 구조와 변화에 대한 것이다. 처녀지에 건설된 텔 아마르나는 약 20여년 사용되다가 버려졌지만 사막 환경 때문에 도시 취락에 대한 증거가 비교적 잘 보존되어 있다. 텔 아마르나와 관련한 주요 연구는 영국의 이집트 탐험 학회(Egypt Exploration Society)가 후원한 두 번의 발굴 사업이다. 토마스 피트(Thomas E. Peet, 1882-1934)와 헨리 프랑크포르트(Henri Frankfort, 1897-1954), 프란시스 그리피스(Francis L. Griffith, 1982-1934)가 주도한 첫 번째 발굴 사업(1921-1936)은 텔 아마르나의 거의 모든 취락 지역을 조사하였다. 먼저 "노동자의 마을" "강가 신전" 등 주변 지역에서 시작해 나중에서는 중앙의 도시에 대한 철저한 발굴이 이루어졌다. 그들의 발굴은 소위 '아마르나 시대'의 역사를 규명하는데 크게 기여했다. 영국 탐험 학회가 후원한 두 번째 발굴 사업은 1977년부터 시작된다. 베리 캠프(Barry Kemp)가 주도하는 발굴팀은 1차 사업 때 발굴했던 지역(특히 "노동자의 마을")을 재발굴하며 그 취락 구조와 변화를 분석하였다. 특히 공공 건물을 가진 핵심 도시와 그에 의존하는 주변 취락지들 사이의 경제적 관계에 관심을 가졌다.[108]

마지막으로 살펴볼 20세기의 중요한 발굴 사업은 1960년

---

108 Bard, *An Introduction to the Archaeology of Ancient Egypt*, pp.221-229; Betty M. Bryan,, "Amarna, Tell el-," *The Oxford Encylopedia of Archaeology in the Near East*, Vol 1, Oxford, Oxford University Press, 1997, pp.81-85. Barry Kemp, "In the Shadow of Texts: Archaeology in Egypt", pp.19-28.

대 이집트 정부와 유네스코가 함께 한 누비아 구원 사업(Nubia Salvage Project)이다. 아스완 댐이 새롭게 완공되면서 나세르 호수(Lake Nasser)에 잠길 수백 개의 유적지들을 기록으로 보전하기 위해 무수한 고고학자들이 누비아 지역을 조사했다. 누비아 지역은 (신왕국 시대를 제외하면) 왕정 이집트와는 다른 문화권에 속했지만 전통적으로 이집트학 학자들(예, 조지 라이즈너)이 그곳의 발굴과 조사에 참여했다. 하지만 누비아 구원 사업에는 비(非)이집트 고고학자들, 특히 선사시대 고고학자들도 대거 참여했는데, 이들은 당시 이집트 고고학자들보다 더 체계적이고, 과학적인 방법과 이론을 누비아 유적지 탐구에 적용하였다. 그들은 석기와 토기 등에 특히 관심을 가졌으며, 플린더스 페트리나 조지 라이즈너보다 더 엄밀한 방법과 조사의 기법을 활용하였다. 꽃가루 분석학(Panynology), 식물학, 동물학, 화학, 심지어 통계학 등을 활용해 고대의 기후 변화 패턴을 분석하여 누비아 지역의 섭생 문화의 변화를 재구성하였다. 누비아 구원 사업이 끝난 뒤 많은 이집트 고고학자들이 누비아에 적용한 방법을 이집트 유적지들에도 적용하였다. 이들은 과거 발굴자들이 무관심 속에 유기한 물건들, 예를 들어, 동물 뼈, 식물 잔해, 석기, 토편, 흙 등을 자세히 살폈다. 텔 아마르나를 발굴한 배리 켐프는 그곳에 누비아 구원 사업과 함께 도입된 과정고고학(processual archaeology) 즉 신(新)고고학의 방법을 적용하여 큰 반향을 일으켰다.[109]

---

[109] Kent Week, "Archaeology", *The Oxford Encylopedia of Archaeology in the Near East*, Vol.1, Oxford, Oxford University Press, 1997, pp.69-70.

지금까지 언급한 예 이외에 20세기에 주목할 만한 많은 발굴이 있었다 이처럼 무수한 유적지들에서 다양한 유물과 금석학 자료들이 세상의 빛을 보게 되자 독일의 이집트학자 아돌프 에르만(Adolf J. Erman, 1854-1937)은 이런 자료들을 집대성한 색인서를 편집하는 프로젝트를 제안했다. 후에 옥스퍼드의 최초 이집트학 교수가 된 에르만의 제자 그리피스(Francis L. Griffith, 1862-1934)가 재원과 함께 개인 도서들을 기증하여 그 프로젝트를 출범시켰고 서지학자 베르다 포터(Bertha Porter, 1852-1941)와 그의 후임 로살린드 모스(Rosalind Moss, 1890-1990)의 헌신으로 1931년『고대 이집트의 성각문자 문서, 부조, 미술의 지역별 참고 문헌 목록』(*Topographical Bibliography of Ancient Egyptian Hieroglyphic Texts, Reliefs, and Paintings*)이라는 제목 하에 7권으로 된 초판(Oxford: Clarendon Press)이 출판되었다. 이 책은 이집트와 누비아의 유적, 유물뿐 아니라 서방의 주요 박물관에 소장된 고대 이집트 자료들까지 모두 색인한 종합 고고학 참고서로서, 야슬로프 체르니(Jaroslav Černzý, 1898-1970)는 그것을 "이집트학의 총본부(Scotland yard)"라고 불렀다.[110] 현재는 옥스퍼드 대학의 그리피스 연구소 홈페이지에 전자책과 디지털 버전으로 공개되어 있다.[111]

3) 베를린 학파: 문헌학

"베를린 학파(Berlin School)"는 19세기 말 20세기 초의 이집트학 분야에 큰 변화를 불러일으켰다. 아돌프 에르만과 그의 제자들은

---

[110] http://www.griffith.ox.ac.uk/topbib.HTML 2023년 2월 9일 접근,
[111] http://topbib.griffith.ox.ac.uk//index.html 2023년 2월 9일 접근.

문법 연구과 어휘 연구에 집중한 문헌학을 이집트학 연구의 중요한 분야로 만들었다. 비어브라이어(M. L. Bierbrier)는 이런 변화를 "혁명적"이라 불렀고,[112] 볼프강 쉔켈은 "이집트학에서 문헌학은 에르만으로터 출발했고, 우리 모두는 베를린 학파에 빚을 지고 있다"고 말했다.[113] 그렇다면 왜 문법과 어휘 연구에 집중한 문헌학이 그때 독일에서 발생했을까? 또한 베를린 학파의 업적은 무엇일까? 이 두 질문에 하나씩 답해 보자.

    20세기 초에 문헌학에 집중하는 베를린 학파가 출범된 데에는 복합적인 요인이 작용한다. 먼저 1차 대전의 패배를 들 수 있다. 1차 대전에서 패전한 독일의 이집트 학자들은 협상국(entente) 중심의 국제 학회에서 소외되었을 뿐 아니라, 황실의 지원으로 테베에서 운영하던 발굴 지원소인 "독일 하우스"(German House)도 이집트 정부가 허가를 취소하는 바람에 폐쇄되었다. 또한 텔 아마르나에 대한 발굴권을 빼앗기고 카이로 소재 독일 고고학 연구소의 유물들도 압수당했다. 이집트 정부가 독일 고고학자들이 발굴한 네페르티티의 흉상의 반환을 요청한 것도 이 즈음의 일이다. 한편 독일 내에서는 전쟁으로 수많은 젊은이들이 죽어, 학문을 이어갈 학생들이 부족했고, 이집트학을 지원한 정부 기금도 고갈되었다.[114] 이 때 독일의 이집트학을 새로운 기초에 재건하기 위해 깃발을 높이 든 사람이 아돌프 에르만[도판 1.14]이다.

---

112   Bierbrier, Who Was Who in Egyptology, p.180.
113   Gertzen, Voss, and Georg, "Prussia and German," p.218.
114   Ibid., p.219.

도판 1.14. **아돌프 에르만**
https://commons.wikimedia.org

에르만이 제시한 독일 이집트학의 모델은 당시 프로이센 대학의 고전학(classics) 연구에 기반하였다.[115] 즉 이집트 현장이 아니라 독일의 대학에서 이집트어 문법과 사전학에 연구 역량을 집중하는 전략이다. 비록 현장 고고학에서 소홀해지는 단점이 있지만[116] 에르만은 문헌학 연구가 더 중요하다 생각하였다. 에르만은 친분이 있던 프로이센 문화부 장관 프리드리히 알트호프(Friedrich Althoff, 1839-1908)의 재정 지원을 받기 위해 독일 민족의 자존심에 호소한다. 에르만과 그의 제자들은 알트호프에 쓴 편지에서 독일이 패전의 수모를 씻는 길은 독일 고유의 이집트학을 발전시키는 것이라 주장했다. 그들은 이집트어의 문법과 어휘 연구에 집중하는 것이 다른 나라의 이집트학 방법론보다 우월한 것이라 주장했다.[117] 에르만은 이집트 성

---

115 Ibid., p.217.

116 이 때문에 페트리는 독일 이집트학자들을 현장에 나오지 않고 사무실에 앉아서 비문 분석만한다고 비판했다. Wilson, *Signs & Wonders Upon Pharaoh*, p.109.

117 하지만 유대인계 독일인이었던 에르만은 학문이 민족주의 정부의 선전 도구로 전락하는 일을 경계했다. 1차 대전 이후 이집트학과 민족주의를 연관시키는 이집트학 학자들이 늘었다. 예를 들어, 아부 구롭의 태양 신전을

각문자의 해독이 프랑스에서 처음 이루어졌으나 샹폴리옹의 죽음 후 문헌학은 독일에서 새로운 집을 찾고 비약적으로 발전했다고 주장했다.[118] 그의 제자 쿠르트 제테(Kurt H. Sethe, 1869-1934)도 비슷한 이야기를 남겼다: "독일의 이집트학과 협력국에 속한 국가들의 이집트학에는 근본적 차이가 있다. 영국, 프랑스, 미국은 주로 발굴을 통해 자료를 얻고, 유물을 구매하여 박물관을 채우는 데 집중한다...하지만 독일은...1차 자료를 처리하는 학문적 방법론에 충실하였다."[119] 이렇게, 1차 대전 이후 독일의 이집트학은 문헌학 위주로 재편된다.

베를린 학파의 창시자인 에르만과 그의 제자들은 이집트어 문법 연구와 어휘 연구를 통해 이집트학에서 과학적 문헌학의 기초를 놓았다. 에르만은 처음으로 이집트어를 고왕국 이집트어, 중왕국 이집트어, 후기 이집트어로 나누고, 이집트어 문법

발굴했던 이집트학자 폰 비싱(Freiherr von Bissing, 1873-1956)이 독일 제국의 부활이라는 정치 비전의 전도사로서 벨기에의 겐트 대학에서 독일어만을 사용하게 만들었고 후에는 나치당에 입당까지 한다. 에르만은 이런 경향을 걱정스럽게 바라보았고, 1929년에 출판한 자신의 자서전에서 이집트학은 민족 간의 분쟁을 넘어서는 것이라 주장하며, 자신의 유대적 뿌리를 공개하기도 했다. Gertzen, Voss, and Georg,, "Prussia and Germany", p.221.

118 물론 당시 프랑스 이집트학자들은 이런 평가에 동의하지 않았다. "베를린 학파"라는 이름을 만들어낸 가스통 마스페로(Gaston Maspero)와 에두아르 나비에(Édouard Naville)는 이집트어 문법에 대한 베를린 학파의 접근이 상정하는 전제를 거부하고 이집트어가 그렇게 복잡한 체계의 언어가 아니라고 주장했다. 하지만 샹폴리옹의 후예인 마스페로와 나비에의 이집트 문법에 대한 관점은 후대의 학자들에게 받아들여지지 않았다. Ibid., p.217.

119 Ibid., p.219.

과 관련된 다양한 주제의 저서와 논문을 출판했다.[120] 또한 당시 유일한 이집트학 전문 저널이었던 〈이집트 언어와 고고학 저널〉 (*Zeitschrift für ägyptische Sprache und Altertumskunde*, 이하 ZAS)의 편집장으로서의 권위를 활용하여 이집트어 음역에 대한 통일된 체계를 관철시켰다.[121] 동일한 꿈을 꾸었던 카를 레프시우스(Karl Richard Lepsius, 1810-1884)가 학자들의 협조에 의존하다 실패한 것을 교훈 삼아 에르만은 ZAS에 투고되는 모든 논문에서 자신의 음역 체계를 사용하도록 규정함으로써 이집트 문헌학에 영원한 족적을 남기게 되었다.[122] 하지만 에르만의 가장 큰 업적은 이집트어 사전(*Wörterbuch der Aegyptischen Sprache*)을 편찬한 일이다. 유성환은 그것을 다음과 같이 설명하고 평가한다:

"1926-1931년 첫 5권이 출간된 이후 총 12권의 방대한 저작이 되어버린 『이집트어 사전』의 편찬 작업은 1897년부터

---

120 몇 가지만 소개하면 다음과 같다: *Die Pluralbildung des Aegyptischen*, 1878; *Die Flexion des ägyptischen Verbums*, 1902; *Neuägyptische Grammatik*, 1880; *Aegyptische Grammatik*, 1894; *Die Hieroglyphen*, 1912. 보다 온전한 서지 사항은 Bierbrier, *Who Was Who in Egyptology*, p.181를 참조하라.

121 Gertzen, Voss, and Georg, "Prussia and Germany", p.217.

122 ZAS는 1863년에 처음 출판되기 시작한 이집트학 전문 학술지로, 언어뿐만 아니라 고고학 주제의 논문도 수록한다. 이 학술지의 라이벌인 *Journal of Egyptian Archaeology*가 1914년에 영국 탐험 학회를 통해 시작된 것을 생각하면, 그 전까지 ZAS가 가진 영향력은 가히 짐작할 수 있다. 에르만이 자신의 음역 체계를 표준으로 관철시킬 수 있었던 것은 편집자로서의 권위를 효과적으로 활용한 덕분이었다.

에르만의 주도로 시작되었는데 쿠르트 제테(Kurt Sethe: 1869-1934), 헤르만 그라포우(Herman Grapow: 1885-1967) 등과 같은 독일 이집트학자들뿐만 아니라 전세계 이집트학자의 국경을 초월한 지원에 힘입어 당시 알려진 모든 고대 이집트 텍스트로부터 수집, 작성한 150만 개의 표제어 카드를 정리, 집대성한 기념비적인 역작이다."[123]

에르만은 많은 유명한 후학들을 양성했지만[124] 그중에 베를린 학파의 문헌학을 계승한 수제자는 쿠르트 제테(Kuhrt H. Sethe)이다. 그는 이집트어 문법에서 가장 복잡한 요소인 동시 체계에 대해 기념비적 연구를 수행함으로써(《고이집트어, 신이집트어, 콥트어》 *Das Aegyptische Verbum in Altaegyptischen, Neuaegyptischen und Koptischen*, 3 vols, 1899-1902) 이집트 문헌학을 과학의 경지에 올렸다고 평가된다.[125] 이런 베를린 학파의 영향력은 19세기 말부터 이미 세계적이 되었고 오늘날 고대 이집트어를 진지하게 공부하는 학생들은 모두 베를린 학파의 문하생이라 해도 과언이 아닐 것이다.

---

123 유성환, "현대 이집트학의 역사", p.4.

124 독일인 제자로 쿠르트 제테(Kuhrt H. Sethe), 그라포우(Hermann Grapow), 하인리히 쉐퍼(Heinrich Schäfer), 게오르그 스타인도르트(Georg Steindort), 루드비히 보르하르트(Ludwig Borchardt), 영국인 제자로 프랜시스 그리피스(Francis L. Griffith), 알랜 가디너(Alan H. Gardiner), 미국 제자로 제임스 브리스테드(Jame H. Breated)와 조지 라이즈너(George Reisner)가 있다.

125 Bard, An Introduction to the Archaeology of Ancient Egypt, p.33.

4. 현대적 이집트학의 모색

1) 신고고학

이집트학은 1960년대 누비아 구원 사업을 기점으로 세계 고고학계의 선진적 흐름에 비로소 합류한다. 플린더스 페트리가 보물이나 미술품, 무덤이나 신전 위주의 발굴을 지양하고 유적지 전체에 대한 체계적이고 과학적인 발굴을 시도했지만, 즉 토편이나 석기, 무기, 식물, 뼈나 가죽 등 일상 유물의 성층과 유형 분석을 통해 그것들의 문화사적 문맥을 파악하는 노력을 기울였지만, 20세기 중반까지 이집트학의 고고학은 문화 고고학(cultural archaeology)이라는 한계에 머물고 있었다. 즉 이집트 고고학은 이집트의 고대 문화를 이해하는 것을 목적으로, 발굴된 자료를 공간과 시간에 따라 분류함으로써 그 문화의 변화나 발전을 기술하였다. 이를 위해 고고학자들은 역사 연대적 틀을 세우고 시대별로 유물 양식의 변화를 추적한다. 하지만 1950년대부터 세계 고고학계는 선사시대 고고학자들이 주도하는 "과정고고학(processual archaeology)"을 빠르게 받아들였다. 이집트학자가 아닌 선사시대 고고학자들이 누비아 구원 사업에 참여하면서 이집트학자들도 이런 연구에 노출되어, 이집트 내의 선사시대 유적지뿐만 아니라 왕정시대의 유적지에도 발굴에 대한 과정적 접근을 적용하였다.[126]

---

[126] 대표적인 학자로 다음을 들 수 있다. 누비아의 西아르미니(Arminia West)를 조사한 브루스 트리커(Bruce Trigger, 1937-2006); 히에라콘폴리스(Hierakonpolis)의 선사시대 촌락을 연구한 마이클 호프만(Micheal Hoffman, 1944-1990); 선사 시대 역사가이면서 고대 이집트 복합 사회의 기원을 연구한 페크

과정고고학(新고고학)은 문화 고고학과 다른 초점, 다른 목적을 가졌다. 문화 고고학이 문화의 변화를 단순히 기술하는 것을 목적으로 한다면, 과정고고학은 그 문화 변화의 과정을 환경이나 사회경제 요인, 인구 변화 등으로 설명하려 한다. 이를 위해 고고학 조사나 발굴은 철저히 '문제 해결'(problem-solving)의 틀에서 진행된다. 즉 과학자들이 가설을 세우고, 그 가설을 확인하거나 증명하기 위해 실험이나 조사 등을 행하는 것처럼 과정고고학자들도 문화 변화에 대한 가설을 세우고 그 가설을 확인하기 위해 전략적으로 발굴과 조사를 시행한다. 예를 들어, 베리 켐프는 텔 아마르나에 대한 재발굴에서 중앙 도시와 변방의 노동자 마을 사이의 관계 구명에 특히 관심을 가졌다.[127] 이런 의미에서 과정고고학은 사회 과학(특히 인류학)의 일부가 되었다고 말할 수 있다. 과정고고학자들은 고대 이집트인들의 건강과 병, 사회 계층 구조, 기후 변화가 농업이나 무역에 미친 영향, 복합 사회의 기원 등 인류학적인 질문에 관심이 많으며, 그들이 내린 결론은 단순히 이집트 문화만을 설명하는 것이 아니라 다른 지역, 민족들에도 적용 가능한 보편 이론이 된다.[128] 토마스 슈나이더(Thomas

---

리 하산(Fekri Hassan); 아마르나를 재발굴한 베리 캠프(Barry J. Kemp); 파윰 오아시스를 발굴한 로버트 웬크(Robert Wenke), 힉소스(Hyksos)의 유적지 텔 에드-다바(Tell ed-Da'ba)를 조사하는 맨프레드 비택(Manfred Bietak).

127 Barry J. Kemp, "In the Shadow of Texts: Archaeology in Egypt", pp.23-24.

128 과정고고학을 선도한 사람들은 선사시대 고고학자들인데, 이들은 문화의 진화가 전 세계에서 동일한 과정을 거친다고 생각했다. 이들에 따르면 지역에 따라 진화의 속도는 다를 수 있어도, 진화의 과정과 방향은 동일

Schneider)가 존스 홉킨스 대학의 미래 세미나(The Futures Seminars, 2011)에서 현대 이집트학의 지향 방향을 기어츠(Clifford Geertz, 1926-2006)의 "중측적 기술(thick description)"에서 찾은 것도 이런 배경에서 나온 것이다.[129]

과정고고학이 주류가 되면서 이집트학에서는 학제적 연구가 필수가 되었다. 오늘날 이집트 고고학 현장에는 자료에 대한 통계적 분석과 다양한 과학 기술적 분석이 일상으로 행해진다. 과정고고학자들은 다양한 전문가들의 도움을 빌어 고대 이집트인이 남긴 모든 '물질'들을 취합하고 분석한다. 고식물학자를 통해 확보하고 분석한 고대 식물 자료로 선사시대 농업의 기원이나 왕정 시대의 농사 관련 정보를 얻을 수 있다. 꽃가루는 고대 환

하다는 것이다. 그들은 현대의 원시 민족에 대한 민속학적 연구도 중요한 자료로 활용한다. 이런 의미에서 그들은 신진화론자로 부를 수 있을 것이다. Cf. Bruce G. Trigger, "Settlement Archaeology. Its Goals and Promise", American Antiquity, Vol.32/2, 1967, pp.49-160.

[129] Schneider, "Egyptology Past, Present, and Future—A Reflection", p.59. 중측적 기술은 사실에 대한 서술을 넘어 그 사실들의 의미 구조를 추출해 내는 해석학적 행위이다. 기어츠는 "중측적 기술: 문화에 대한 해석학적 이론을 위해"("Thick Description: Towards an Interpretive Theory of Culture")에서 중측적 기술의 네 가지 특징을 나열한다. 첫째, 중층적 분석은 반드시 단순한 사실/유물의 나열이 아니라 사실/유물의 의미 구조를 파악하는 것을 목적으로 한다. 둘째, 중층적 분석을 통해 사회적 사건들을 해독하는 코드가 생산되어야 한다. 셋째, 중층적 분석은 반드시 특정 지역의 물질 증거들에 근거해야 한다. 넷째, 특정 지역의 물질 증거는 현미경적(microscopic)이어야 한다. 즉 물질 증거를 통해 의미 구조를 드러내려는 학자들은 그 물질 증거들에 대한 아주 세밀하고 자세한 지식을 가져야 한다. Reprinted in Clifford Geertz, The Interpretation of Cultures, New York, Basic Books, 1973, pp.3-32

경에 대한 정보도 제공한다. 사람의 뼈를 전문으로 연구하는 과학자는 미이라의 뼈를 분석하여 죽은 왕의 나이, 성별, 병의 유무 등을 알아낸다. 동물의 뼈에 대한 분석은 그것이 야생종인지 가축인지를 가려서, 고대 이집트인들의 목축에 대한 정보를 제공한다. 지질학자들은 지질 환경 변화에 대한 정보를 제공한다. 유전자 전문가는 미리아의 유전자를 분석할 수도 있다.[130] 이와 같은 간학제적 협력을 통해 과정고고학자들은 유적지에 나오는 물질 증거들을 과학적으로 분석하여 문화 변화의 요인들을 특정하는 데 사용한다.

하지만 과학으로서의 고고학을 지향한 과정고고학은 1980년대 많은 비판에 직면한다. 그 비판의 핵심은 과정고고학자들이 지나치게 결정론적 입장을 취한다는 것이다. 즉 문화 변화의 요인들을 환경, 사회 경제, 인구 등 거시적 요소들에 국한하고 인간 행동이나 정치가 기여하는 부분을 도외시한 것이다. '후기과정고고학자들(Post-Processual Archaeologists)'은 인간 행위의 많은 측면 즉 이념, 종교, 예술, 정치 등이 문화 변화의 동인이 될 수 있다고 주장한다. 예를 들어, 스탠포드 대학의 린 메스켈(Lynn Meskell)은 신왕국 시대의 노동자 마을 데르 엘-메디나에 대한 연구에서 마을 노동자들에 대한 이해를 중요시했다.[131] 그의 연구는 많은 학자의 공감을 얻었지만 그런 분석이 다른 유적지에도 가능할지는 회의적이다. 왜냐하면 서민, 노동자들의 생각과 행위를

---

130 Bard, *Introduction to the Archaeology of Ancient Egypt*, pp.15-17

131 Ibid., 18.

이해하려면 그들이 남긴 문서를 보아야 하는데, 데르 엘 메디나(Deir el-Medinah)처럼 서민들의 생각을 보여주는 문서를 포함한 유적지는 거의 없기 때문이다. 베리 캠프(Barry J. Kemp)는 데르 엘-메디나와 텔 아마르나(Tell el-Amarna)의 '노동자 마을'을 비교하면서 노동자가 작성한 문서 자료가 출토되지 않는 후자의 경우 문화 변화의 동인으로 노동자의 행위를 특정하기 어렵다는 사실을 토로한다.[132] 이것은 문화 고고학, 과정고고학, 후기과정고고학이 서로를 대체하는 관계가 아니라 서로를 보완하는 관계에 있어야 함을 시사한다.

이집트 고고학의 최근 경향을 보여주는 두 번째 키워드는 "취락고고학(settlement archaeology)"이다. 여기서 "취락"은 단순히 궁전이나 신전 건물, 왕릉의 소장품이나 벽화, 금석 비문 등이 아닌 도시, 마을, 시장, 개인의 집이나 창고 등 이집트인들이 남긴 복합 사회의 증거들을 말한다. 과정고고학(신고고학)의 한 분야인 취락고고학은 발굴(digging)보다 조사(survey)를 핵심 방법론으로 한다. 과거에는 도보를 통한 관찰과 수집으로 조사를 수행했지만, 최근에는 다양한 첨단 기술 장비들이 고고학 조사에 활용된다. 고대 이집트의 취락 유적지는 대부분 나일강 충적토 속에 묻혀 있거나, 현대 도시나 마을 아래에 있기 때문에, 그런 첨단 기술의 활용이 매우 중요하다. 위성 원격 탐사(Satellite remote sensing)로 이집트의 넓은 범람원을 조사하여 유적지 후보군들을 찾아낸다. 일단 후보가 정해지면 현장에 가서 GPS 장비로 유적

---

132 Barry J. Kemp, "In the Shadow of Texts: Archaeology in Egypt", pp.19-28.

의 범위와 주변 지형에 대한 정밀한 지도를 만든다. 또한 자력 측정기와 질량 저항 측정기로 실제 발굴 없이도 땅속에 있는 무덤이나 신전, 건물 등을 탐지하기도 한다. 취락고고학에서 조사의 일차적 목적은 유적지를 확인하고 표면에 들어난 고고학 증거들의 분포와 주변 환경을 조사하는 것(intra-site survey)이지만, 궁극적으로는 지역의 모든 취락 유적지들을 확인하여 기록함으로써 취락지들 간의 사회, 경제적 관계를 장기적으로 추적하는 것(inter-site survey)이다.[133] 누비아 구원 사업 이후, 이집트학에서도 취락 고고학에 대한 관심이 높아졌다.[134] 하지만 현재 우리는 고대 이집트에 얼마나 많은 취락 유적지들이 존재했는지 정확히 모른다. 2007년 위성 원격 탐사 결과에 따르면 사막 지역을 제외한 나일 범람원과 삼각주 지역에서 수천 개의 발굴되지 않은 유적지 후보군이 발견되었다.[135] 지금까지 발견된 취락 유적지는 전체의 약 1퍼센트 밖에 되지 않는다. 이는 최근까지 이집트 고고학의 관심은 신전이나 무덤, 예술품과 보물에 집중되었다는 사실과 무관하지 않다.[136]

---

[133] Sarah H. Parcak, "Site Survey in Egyptology", Richard H. Wilkinson, ed., *Egyptology Today*, Cambridge, Cambridge University Press, 2008, pp.61-62.

[134] 예를 들어, 칼 버저(Karl Butzer)는 왕정 시대의 취락들에 대한 종합적 조사를 수행하였다. Ibid., p.63.

[135] Ibid., p.65.

[136] Ibid., p.62. 자위 하와스(Zahi Hawass)는 그가 이집트 고고학 최고평의회장(Secretary General of the Supreme Council for Antiquities)으로 재임할 때, 이집트 고고학이 오랫동안 신전, 무덤을 가진 유적지들에만 관심을 가졌음을

이집트 고고학의 현대적 특징을 보여주는 세 번째 키워드는 복원과 보존이다. 현재 고대 이집트의 유적들은 훼손과 파괴의 위험에 처해 있다. 국토 개발에 의한 훼손,[137] 자연적 풍화에 의한 벽화 훼손, 관광객에 의한 인위적 훼손, 그리고 무엇보다도 환경 변화에 따른 소금 결정으로 인한 훼손이 심각하다. 아스완 댐 건설로 이후 토양 내 염분 함유도의 증가, 유적지 내부에서 관광객들이 내쉬는 공기, 외부 공기의 유입으로 인한 습기 변화 등이 오랜 시간 복합 작용하여 유적지의 벽에 소금이 결정의 형태로 맺히면서 벽화를 훼손하는 경우가 발생한다. 이런 상황에 반응하여 이집트학자들은 두 가지로 반응했다.

첫째는 훼손된 비문이나 그림을 현대 기술을 활용해 물리적으로 복원하고 오염을 늦추거나 방지하는 조처를 취하는 것이다. 대표적인 예가 여왕의 계곡(The Valley of the Queens)에서 발견된 네페르타리(Nefertari)의 무덤 벽화를 이집트 고고학청과 게티 문화재 보전 연구소(Getty Conservation Institute)가 협력하여 복원한 것이다.[138] 둘째는 훼손된 비문이나 그림을 정확하게 기록하여

지적하면서 앞으로는 이집트 고고학자들이 지금까지 잘 조사되지 않는 유적지들에 기록과 발굴할 필요가 있다고 촉구한 바 있다.

[137] 1960년대 아스완 댐의 건설로 나세르 호수가 만들어졌을 때 신왕국 람세스 2세가 바위를 깎아 만든 아부심벨 신전이 물속에 잠길 위험에 처했다. 이때 아부심벨을 높은 곳으로 이전하는 사업이 유네스코에 의해 제안되었고 이 일을 위한 다국적 팀이 꾸려졌다. 아부심벨 신전은 해체되어 나세르 호수가로 운반된 후 그곳에서 다시 조립되었다. 아부심벨은 오늘날 이집트에서 가장 많은 관광객이 찾는 명소이다.

[138] 네페르타리는 람세스 2세가 선호한 아내로 그녀가 살아있을 때 아부

영구 보존하는 것이다. 시카고 대학 오리엔탈 인스티튜트(Oriental Institute)의 금석학 조사 사업(Epigraphy Survey Project)이 바로 그 목적으로 운영되었다. 이 사업을 제안하고 시작한 사람은 에르만의 제자인 제임스 헨리 브리스테드(James Henry Breasted, 1865-1935)이다. 1924년에 시작된 이 사업은 2차 세계대전 시기를 제외하고 매년 이집트로 탐사단을 보내어, 테베 지역의 건축 유적, 비문, 벽부조 등을 사진과 삽화로 기록하여 2절판 크기의 책(Folio version)으로 출판하는 일을 했다. 이들은 사진작가 1명, 화가 1명, 문헌학자 2명, 현장 감독 1명, 총 5명의 전문가들이 한 팀으로 협업하였다. 1974년에는 룩소르의 신전 주랑을 기록하는 일에 집중했는데, 여기에는 투탄카문이 이집트 종교를 아텐 종교에서 다시 전통의 아문 종교로 회복시킨 사실을 증언하는 비문뿐만 아니라, 카르낙 신전의 아문-레 신상이 룩소르 신전까지 이동

심벨에 그녀를 위한 신전을 건설하였고, 죽었을 때에는 테베에서 가장 아름다운 무덤을 만들어 주었다. 1904년에 이탈리아 고고학자 에르네스토 치아파렐리(Ernesto Chiaparelli, 1856-1928)가 네페르타리의 무덤을 처음 발견했을 때도 비록 도굴되어 석관밖에 남지 않았지만 벽화의 예술성에 감탄했다는 말이 전해진다. 문제는 그 후 대중에게 공개된 후 벽화가 빠르게 훼손된 점이다. 이에 1986년에 게티 문화재 복원 연구소가 훼손의 원인을 조사하기 시작하여 소금 결정에 의한 것임을 확인하고 6년에 걸쳐 신중히 복원하였으며, 이집트 고고학청은 제한된 인원의 관광객들만이 네페르타리의 무덤에 입장시켜 벽화를 보존하려는 노력에 힘쓰고 있다. 게티 문화재 복원 연구소의 복원에 대한 자세한 이야기는 다음을 참고하라. Jeffery Levin, "Nefertari: Saving the Queen," The Getty Conservation Institute Newsletter, Fall, 1992. https://www.getty.edu/conservation/publications_resources/newsletters/7_3/nefertari.html

하는 종교 축제인 오페트 축제(Opet Festival)의 그림도 담겨 있다. 이 기둥은 전에 정확히 탁본된 적이 없었기 때문에, 시카고 대학의 자료는 투탄카문의 논쟁적인 통치에 대해 새로운 통찰을 제공할 것이다. '금석학 조사 사업'은 필요한 경우 유적의 복원과 보전도 동시에 진행하였다.[139] 이처럼 현대 이집트 고고학은 후손을 위해 문화재를 보존하는 일에도 큰 관심을 기울인다.

2) 언어학적 문헌학

베를린 학파의 창시자 아돌프 에르만과 그의 제자들은 고대 이집트어의 문법과 어휘에 대한 연구를 지속적으로 발전시켰다. 최근의 문헌학 연구 역시 문법과 어휘의 두 분야로 나누어 살펴볼 필요가 있다.

알랜 가디너(Alan H. Gardiner, 1879-1963 [도판 1.15])는 1927년 중왕국 이집트어 문법서를 펴냈다. 교수법에 대한 예리한 감각과 복잡한 언어 현상에 대한 상세한 관찰 능력으로 저술된 가디너의 『이집트 문법』(*Egyptian Grammar: Being an Introduction*

---

139 예를 들어, 룩소르 신전 벽의 상단 부분 중 일부가 로마 시대에 해체되어 다른 건축물에 재활용되었는데, 금석학 비문 조사팀은 450여 개의 파편을 조합하여 벽의 상단 부조를 복원하는데 성공했다. 또한 투탄카문 시대의 부조를 담고 있는 룩소르 신전 벽의 표면을 고무진으로 경화하여 소금에 의한 훼손을 줄이기도 했다. 이때 학자들은 벽화가 덜 훼손된 시절(1935년)의 사진을 근거로 염화로 훼손된 부조를 복원했다고 한다. Ann Killebrew, "Development and Archaeology," Erik M. Meyer, ed., *The Oxford Encyclopedia of Archaeology in Ancient Near East*, Oxford, Oxford University Press, 1997; *Egyptology at the Oriental Institute of the University of Chicago*, Chicago, Chicago University Press, 1980, pp.16-18.

to the Study of Hieroglyphs, 1957년, 제3판)은 아직까지 중왕국 이집트 문법을 공부하는 학생들에게 없어서는 안 될 참고서이다. 가디너의 문법책이 그의 독자적인 연구에 기반한 수많은 통찰을 가지지만, 동사 체계에 대한 서술은 베를린 학파의 그것을 계승한 것이었다.[140] 당시 이집트 문법에 대한 연구와 발전은 가장 복잡하고 어려운 동사 체계에 집중되었다.

도판 1.15. **알랜 가디너**
https://commons.wikimedia.org

1960년대까지 대부분의 이집트 학자들은 베를린 학파의 영향으로 이집트 동사를 상(Aspect)을 기본으로 한 체계로 이해했다. 즉 세뎀에프(sdm.f, 이집트 동사 활용)를 상에 따라 완료형와 미완료형으로 나누었다. 가디너가 그의 문법 3판에서는 완료 세뎀에프에 두 개의 동사 형태(완료와 가정)이 숨어 있을 가능성을 인정했지만[141] 이집트 동사는 상(aspect)을 기본으로 하는 체계라는 합의가

---

140 James P.Allen, *Middle Egyptian: An Introduction to the Language and Culture of Hieroglyphs*, Cambridge, Cambridge University Press, 2010, p.416; Sami Uljas, "Grammar," Ian Shaw and Elizabeth Bloxam, eds., *The Oxford Handbook of Egyptology*, Oxford, Oxford University Press, 2020, p.917.

141 Alan H. Gardiner, *Egyptian Grammar: Being an Introduction to the Study of Hieroglyphs*, 3rd Edition, Oxford, Ashmolean Museum,

1960년대까지 이집트 학계를 지배했다.

하지만 그후 세뎀에프의 활용형이 최소 6개임이 밝혀짐에 따라,[142] 다양한 동사형들을 이원적 상(binary aspect)을 기준으로 나누는 것에 대한 의심이 생겨났다. 다시 말해, 상은 완료, 미완료 둘로 나뉘고 세뎀에프의 형태 수가 6개로 확인된 지금, 완료와 미완료를 나타내는 세뎀에프의 형태들이 하나가 아니라 여럿 존재한다고 말할 수밖에 없다. 이때 필연적으로 제기되는 질문은 동일한 상(aspect)을 나타내는 서로 다른 동사형들 사이에 어떤 의미적 차이가 있을까라는 질문이다. 실은 비슷한 논쟁이 콥트어 문법에도 존재했다. 예를 들어 콥트 동사 체계에서 제1완료와 제2완료로 불리는 서로 다른 두 동사 활용형이 있는데, 콥트어 학자들 사이에 그 두 '완료'에 어떤 의미 차이가 있는지 밝혀지지 않았다.[143] 이런 문맥에서 한스 야콥 폴로츠키(Hans Jakob Polotsky)가 발표한 논문(Études des syntaxe copte)은 매우 중요한 것이었다. 그의 논문은 방금 언급한 콥트어 문법 문제를 해결했을 뿐 아니라 파라오 시대의 이집트어 특히 중왕국 이집트어의 동사 체계에 대해서도 새로운 통찰을 제공했다. 폴로츠키에 따르면, 중왕국 시대 이집트어 동사 체계의 특징은 '유한 동사

1957, p.363.

142 먼저 가디너 자신이 3판 문법서에서 세뎀에프가 완료, 미완료, 가정형, 즉 세 형태일 가능성을 제시했다. 그 후 능동 프로스펙티브(prospective), 수동 프로스펙티드, 명령법 등이 추가되어 6개의 세뎀에프가 존재함이 발견졌다. Allen, *Middle Egyptian*, p.417.

143 Ibid., p.417.

(세넴에프)'가 부사구 문장(adverbial sentence)에서 '추상적 명사절 (absolute relative forms or that-forms)'로 사용되어 구문의 주어 역할(logical subject)을 한다는 것이다.[144] 반면에 부사구는 강조적 용법으로 서술어 기능을 한다. 이것을 이집트학자들은 '의미이항'(transposition)이라 부른다.[145] 이 이론에 따르면 이집트 동사 체계는 "比동사 품사들의 의미이항의 체계"(a set of transpositions of non-verbal parts of speech)로 환원된다.[146] 1980년이 되면 폴로츠키의 이론이 대부분의 학자들에게 받아들여져, 이집트 동사에 관한 표준 이론으로 불리게 된다. 중왕국 이집트어의 다른 문법 주제들은 물론, 중왕국 시대의 서신들, 비문들이 모두 폴로츠키의 문법이론으로 분석되었다.[147]

---

[144] Sami Uljas, "Grammar", p.918. 사미 울랴스는 폴로츠키의 표준 이론을 구조주의 언어학과도 연결시킨다.

[145] 이것을 제임스 알렌의 예를 빌어 설명하면 다음과 같다: ḫʿʿ rʿ m pt. 첫 단어(ḫʿʿ)는 미완료 세뎀에프이다. 두 번째 단어(rʿ)는 그것의 주어이다. 세 번째(m)와 네 번째 단어(pt)는 전치사 부사구이다. 폴로츠키의 의미이항 (transposition) 개념에 따르면 첫 두 단어(ḫʿʿ rʿ)는 그 문장의 서술어가 아니다, 의미적으로 주어의 역할을 하는 추상적 관계문(that-form)이다: "태양이 떠오르는 깃(that Re appears)." 나머지 두 난어 m pt "하늘에(in the sky)"는 그 문장의 서술어(adverbial predicate)이다. 따라서 그것은 "태양이 떠오른 곳이 다름 아닌 하늘이다(It is in the sky that Re appears)"로 번역된다. Allen, *Middle Egyptian*, p.417.

[146] Sami Uljas, "Grammar", p.919.

[147] 최근에 표준 이론에 대항해 '비표준 이론'(Non-Standard Theory)가 대두되었다. 이것은 "의미 상의 차이는 형태에 차이에 기인한 것이다"와 "자음 중복은 어휘적 특징이 아니라 활용적 특징이다"라는 표준 이론의 두 가지 가

2000년 이후 이집트어 문법 연구는 다시 한번 큰 변화를 맞는다. 이집트어 연구에 일반 언어학의 방법론이 사용되기 시작한 것이다. 이집트학을 진지하게 공부하는 학생들은 일반 언어학의 이론과 방법을 몸에 익혀야 했다. 이때부터 언어 체계에 대한 제왕적 표준 이론을 찾아내는 노력보다 특정 문법 요소나 언어 현상에 현미경적으로 집중하는 연구가 행해진다.[148] 또한 특정 시대의 특정 문서에 반영된 문법 연구들이 유행한다. 예를 들어, 로버트 디아즈 헤르난데스(Roberto Díaz hernadez)는 제1중간기 시대와 12왕조 시대의 비문과 문학에 반영된 문법에 집중했고, 제임스 알렌(James P.Allen)은 고왕국의 왕 우니스의 피라미드 문서에 나타난 문법을 연구했다.[149] 이런 문헌학의 새로운 경향은 〈이집트 언어〉 *Lingua Aegyptia*와 〈이집트 언어와 고고학 저널〉 *Zeitschrift für Ägyptische Sprache und Altertumskunde* 에 2000년 이후에 기고된 논문들에서 잘 드러난다.[150]

어휘 연구와 사전 편찬의 현황에 대해 몇 마디 덧붙이겠다. 베를린 학파가 출판한 이집트어 사전(*Wörterbuch der Aegyptischen Sprache*, 이하 *Wörterbuch*)는 약 16,000개의 표제어를 수록했지만, 그 후 많은 새로운 어휘들이 연구되어 현재 약 24,000개의 고대 이집트 어휘가 알려졌다.[151] 분명 *Wörterbuch*의 증편을 시도

정에 도전한다(유성환과 개인 소통[Personal Communication]).

148 Ibid., pp.921-922.
149 Ibid., p.922.
150 Ibid., p.921.
151 Julie Stauder-Porchet, "Lexicography," Ian Shaw and Elizabeth

한 노력들이 있었지만, 실제 출판으로 이어지지 않았다.[152] Wörterbuch 이후 출판된 사전들은 특정 시대나 특정 문서 집단에 국한된 사전들이다. 예를 들어, 요아킴 칼(Joachim Karl)은 『古 이집트어 사전』(Dictionary of Archaic Egyptian)을, 레스코 부부(Leonard and barbara Lesko)는 『후기 이집트어 사전』을, 폰 데인스와 그랍포(von Deines and Grapow)는 의학 문서에 사용된 어휘 사전을, 밴 더 몰렌(van der Molen)은 중왕국 관문서(Coffin Texts) 사전을, 베커(B. Backes)는 신왕국 『사자의 서』에 사용된 어휘 사전을 출판하거나 출판 준비 중이다.[153] 하지만 무엇보다도 에르만의 베를린 사전 편찬 사업 이후 가장 주목할 만한 기관에 의한 사전 편찬 사업은 시카고 대학의 민중 문자어 사전 사업(The Chicago Demotic Dictionary Project)이다. 민중 문자어(Demotic)는 이집트 후기 왕조 시대(Late Period, 715-332)에 사용된 문자 언어를 가리킨다. 1954년 에릭센(Wolja Erichsen, 1890-1966)이 출판한 『민중문자 어휘집』(Demotisches Glossar)를 증보하는 사업으로 시작한 시카고

Bloxam, eds., *The Oxford Handbook of Egyptology*, Oxford, Oxford University Press, 2020, p.900.

152 1970년대에 디미트리 미크스(Dimitri Meeks)는 Wörterbuch를 증보한 사전을 기획했다: Année Lexicographique. 이 사전은 베를린 사전과 비교해 10% 정도 불어난 수의 표제어, 의미, 용례, 참고 문헌 등을 수록했다. 표제어에 대한 저자의 해석이 그 어휘를 처음 번역한 학자와 다를 경우, 그 이유를 설명하고 추가적인 참고 문헌을 제시했다. 하지만 이 사업은 재원 부족으로 중간에 중단되었다. Ibid.

153 Ibid., pp.900-901. 보다 자세한 서지사항은 Ibid., pp.906-911을 참조하라.

대학의 민중 문자어 사전 사업은 1955-1979년 동안 새로 알려진 민중 문자어들을 추가로 수록하고, 그 후에도 계속 재출판, 개정 출판 등을 지속하고 있다.[154]

　　최근 사전 편찬 사업은 문서 데이터베이스 구축으로 대체되는 경향이 있다. '베를린 사전팀'—에르만과 그라포가 편찬한 Wörterbuch의 개정을 위해 베를린 대학에 설치된 연구팀—이 Wörterbuch에 사용된 엄청난 양의 문서 데이터를 공개한 '디지털 데이터 아카이브' Digitaler Zettelarchiv(DZA)와[155] 베를린 대학이 다른 독일 대학과 협업하여 새로 구축한 '이집트어 동의어 사전' Thesaurus Linguae Aegyptiae(TLA)가[156] 대표적 예이다. 이 데이터베이스 구축 사업과 함께 '베를린 사전팀'은 사전의 개정편찬 작업을 잠정 중지하기로 했다.[157] 이 디지털 문서 데이터베이스에는 사전에 포함되는 용례보다 더 많은 용례가 수록되어 있고, 표제어와 의미, 그리고 그것의 맥락도 풍성히 제공된다는 점에서 데이터베이스 구축이 전통적 의미에서의 사전을 실질적으로 대

---

[154] 시카고 대학의 오리엔탈 인스터튜트(Oriental Institute)의 홈페이지에는 민중 문자 사전 사업의 개요에 대한 설명이 있다. 또한 사전의 전자문서를 무료로 제공하고, 사전의 디지털 버전도 제공한다. https://oi.uchicago.edu/research/publications/demotic-dictionary-oriental-institute-university-chicago 2023년 1월 18일 접속.

[155] https://aaew.bbaw.de/digitalisiertes-zettelarchiv 2023년 1월 18일 접속.

[156] https://thesaurus-linguae-aegyptiae.de/home 2023년 1월 18일 접근.

[157] Stauder-Porchet, "Lexicography", p.905.

체했다고 할 수 있다.¹⁵⁸ 하지만 전통적 사전 편찬의 필요성에 대한 주장도 꾸준히 제기된다. 가장 큰 이유는 고대 이집트어의 어휘에 대한 지식이 잠정적이기 때문이다. 사전에 제시된 표제어와 그 의미는 사전 편찬자의 제안이다. 그렇다고 일반 이집트학자들이 문서를 통해 표제어와 그 의미를 일일이 재구성하는 것은 힘들다. 결국 데이터베이스가 제공하는 표제어와 의미를 따라야 하는데, Wörterbuch의 표제어를 그대로 제공하는 데이터베이스는 기존의 연구를 대중화 시킬 뿐이다. 새로운 사전 편찬 작업은 기존의 표제어 설정과 그 의미를 비판적으로 검토할 기회를 제공할 것이다.¹⁵⁹

---

158 Ibid.

159 고대 이집트어 사전을 편찬하는 일은 현대어 사전을 편찬하는 것보다 훨씬 어렵다. 먼저 사전의 자료가 되는 문서가 왕의 금석문이 대부분이고 구어를 반영한 서신이나 문학은 적다. 또한 존재하는 문서 자료도 시대적 분포가 균일하지 않다. 둘째, 언어에 대한 이해는 문화에 대한 이해를 전제하는데, 고대 이집트 문화에 대한 이해가 충분하지 않다. 셋째, 성각문자 체계가 복수의 철자를 허용하기 때문에 문법적 분석에 모호함이 있다. 넷째, 지금까지 알려진 2만 5천개의 어휘 중 대부분이 10회 미만 사용된 것이다. 용례가 충분하지 않아, 의미를 파악하기 힘들고, 파악된 의미도 파생 의미인지, 기본 의미인지 알기 어렵다. 즉 의미 영역을 알기 어렵다. 또한 셈어 어휘들과의 비교도 쉽지 않은데 그 이유는 음성학적으로 상응하는 소리나 문자를 확정할 수 없기 때문이다. 아프리카 언어도 대부분 후대의 자료에서 온 것임으로 셈어보다 더 도움이 되지 않는다. 이런 문맥에서 현 이집트어 사전에 수록된 표제어와 그 의미는 '잠정적'인 성격을 가진다는 말을 이해해야 한다. 그리고 사전 편자 작업은 바로 기존의 판단을 비판적으로 검토하는 작업이라는 점에서 '학문적' 활동이라 할 수 있다. 단순히 문서 데이터베이스를 기존의 사전과 연계하는 사업과는 다르다 할 수 있다. Ibid., pp.903-904.

지금까지 우리는 이집트 문법과 어휘 연구의 최근 경향들을 살폈다. 연구의 경향이 일반 언어학의 이론과 방법론을 따라 전문화되고 세분화되어 감을 확인했다. 같은 이집트학자라도 문헌학적 훈련이 약한 사람은 문헌학 논문을 이해하기 힘들게 되었다. 동시에 최근 유럽과 미국 대학에서 고대 이집트어를 공부하는 학생들이 늘고, 빌 맨리(Bill Manley)가 대중들을 위해 출판한 고대 이집트어 해설서가 1998년 베스트셀러가 되는 현상은 이집트학에서 언어가 가지는 중요성을 잘 보여준다.[160] 고대 성각문자에 대한 해독 능력이 '이집트학자'의 자격을 가름하는 기준이 되는 것도 이 때문일 것이다.

3) 역사학

이집트 역사 서술의 기초는 기원전 3세기 프톨레마이오스 2세(Ptolemy II Philadelphus 309-246BCE)의 명령에 따라 이집트 사제 마네토(Manetho)가 그리스인들을 위한 이집트 역사를 저술했을 때 이미 마련되었다. 후대의 저술가들(요세푸스, 아프리카누스, 유세비우스 등)에 의해 전해지는 이야기에 따르면, 마네토는 자신의 책에서 이집트 왕들의 목록(Kinglist)을 작성하고 왕들을 30개의 왕조로 나누었다고 한다.[161] 19세기에 근대학문으로 이집트학 연구가 본격적으로 시작되면서 마네토가 제공한 왕명록과 왕조들

---

160 Bill Manley, *Egyptian Hieroglyphs for Complete Beginners*, New York, Thames & Hudson, 2012. Sami Uljas, "Grammar", p.923.

161 John Baines, "Ancient Egypt", Andrew Feldherr, ed., *The Oxford History of History Writing*, Oxford, Oxford University Press, 2011, p.53.

은 약간의 수정을 거쳐 현대 이집트 역사 서술의 틀을 제공하였다.[162]

하지만 이집트 역사를 서술하려는 학자들은 독특한 어려움에 직면해 있다. 도널드 레드포드(Donald Redford)에 따르면 그 어려움은 크게 두 가지다. 첫째, 역사 서술의 '전통'이 존재하지 않는다. 그리스-로마 역사가들은 시대 구분과 해석에 대한 오랜 전통을 가지며 그 전통 안에서 역사를 저술한다.[163] 하지만 고대 이집트 역사에는 그런 "결정적인" 역사 서술의 전통이 없다. 이집트 역사 서술이 시작된 지는 고작 200년에 불과하다. 둘째, 문서 자료의 성격이 균일하지 않고 고전적 의미에서 '사료'에 해당하는 것들은 그 수가 매우 적다. 대부분이 예술이나 종교와 관련된다. 따라서 초창기 이집트 역사는 대부분 미술 도감의 형식을 취했다. 즉 시대별로 유물을 소개하면서 간헐적으로 금석문 자료의

---

162 레프시우스(Richard Lepsius)는 마네토의 왕명록과 왕조에 고왕국, 중왕국, 신왕국의 구분을 더하였고, 이후의 조정과 확장을 거쳐서 지금은 전왕조(Predynastic Period), 고왕국(Old Kingdom), 제1중간기, 중왕국(Middle Kingdom), 제2중간기, 신왕국(New Kingdom), 제3중간기, 후기 왕조 시대(Late Period)로 이집트 역사를 크게 나눈다. Jason Tompson, *Wonderful Things: A History of Ancient Egypt*, Vol.3, p.380.

163 예를 들어, 그리스 역사가들에게 "암흑 시대"와 "고대 그리스(Archaeic Greece)"는 부정적으로 그려진다. 로마 역사가들에게 "공화정 시대"는 가장 이상적인 시대이다. 고전 역사가들이 오래된 전통에 반하다면, 그것 자체가 역사가의 자격을 의심받게 한다. Donald B. Redford, "History and Egyptology" *Egyptology Today,* Cambridge, Cambridge University Press, 2008, p.23.

번역을 제공하는 것이다.[164]

그럼에도 불구하고 지속적인 고고학 발굴로 유물과 문서들의 수가 늘어나면서 이집트학자들은 그것들을 마네토에서 유래한 시대 구분의 틀에 넣어 왕들의 이야기적 역대기(narrative royal chronicle)를 구성하였다.[165] 고대 이집트를 세 개의 강력한 '왕국(Kingdom)'과 그 사이의 세 번의 '중간기(Intermediate Period)'로 나누는 일은 역사 서술의 편리한 출발점을 제공하지만, 이미 그 안에 가치 판단—'왕국'은 질서와 번영의 시대, '중간기'는 혼돈과 어둠의 시대—을 담고 있다는 점에서 공정한 역사 서술을 방해하기 쉽다. 그럼에도 불구하고 대안의 부재로 이집트 역사 서술은 20세기 중반까지 마네토의 왕조 구분에 근거한 왕들의 역대기적 성격을 가지게 된다. 19세기 말 중요한 역사 서술의 예로 하인리히 브룩쉬(Heinrich Brugsch)의 『이집트 존재의 처음 때부터 우리 시대까지의 역사』(Histoire d'Egypte d'es les premiers Temps de son Existence jusqu''a nos jours, 1859)를 언급할 수 있다. 브룩쉬는 마네토의 저술, 신왕국 시대의 다양한 왕명록들, 그리고 금석문 자료를 활용해 당시 가장 완벽한 왕명록을 완성하고 그것을 서술의 틀로 삼아 왕들의 연대기적 이야기를 재구성했다. 20세기 초에는 이집트 역사 서술의 황금기를 이룬 네 명의 역사가들—가스통 마스페로(Gaston Maspero), 에두아르도 마이어(Eduardo Meyer), 제임스 브리스테드(James H. Breasted [도판 1.16]), 그리고 H.R.H. 홀(H.R.H. Hall)—이

---

164 Ibid., pp.23-24.

165 Thompson, *Wonderful Things: A History of Ancient Egypt*, vol.3, p.381.

활동했다. 이중 에두아르도 마이어는 이집트 역사의 연대 이해(chronology)에 크게 기여했다. 이집트뿐만 아니라 고대 근동 역사에 해박했던 마이어는 고대 근동 역사에도 적용될 수 있는 이집트 역사 연대를 최초로 제안하였다. 특히 그는 고왕국의 시작을 기원전 4056년에서 3315년으로 낮추었는데, 이렇게 낮춘 연대는 여전히 역사학자들에 의해 사용된

도판 1.16. 제임스 브리스테드
https://commons.wikimedia.org

다.[166] 브리스테드는 고대 이집트의 역사를 저술하기 위한 준비 작업으로 사료들은 모아 주석을 덧붙여 번역하였다: 〈고대 이집트의 기록물들: 초기부터 페르시아 정복까지〉 *Ancient Records of Egypt: Historical Documents from the Earliest Times to the Persian Conquest*, 1906. 그의 어머니에게 보낸 편지에 따르면 브리스테드는 기존의 사료 번역에 큰 문제점들을 인식하고 자신이 저술할 이집트 역사는 자신이 직접 확인한 원문에 근거한 것이라 말했다.[167] 그리고 그는 1905년에 『초기부터 페르시아 정

---

166 Erick Hornung, *History of Ancient Egypt*, Edinburgh, Edinburgh University Press, 1999, p.7.

167 Thompson, *Wonderful Things: A History of Egyptology*, vol.2, p.223.

복까지의 이집트 역사』(A History of Egypt from Earliest Times to the Persian Conquest)를 출판하였다.[168] 이 역사서는 저자의 사료에 대한 독자적인 이해에 근거하지만 문체는 대중적이어서 한 서평가는 소설처럼 읽힌다고 말했을 정도이다.[169] 현재 브리스테드의 책은 이집트 역사 서술의 고전으로 인정된다.[170] 20세기 초 앞서 언급한 네 명의 역사학자의 노력으로 오늘날 일반 대중들이 알고 있는 이집트 역사가 확립된다.

20세기 중반에 주목할 만한 역사 연구는 헐버트 윈로크(Herbert Winlock, 1884-1950 [도판 1.17])의 중왕국 이집트에 대한 연구이다. 그때까지만 해도 고왕국과 신왕국에 비해 중왕국의 역사는 이집트학자들과

도판 1.17. **헐버트 윈로크**
https://commons.wikimedia.org

---

168 사료집의 출판이 1년 늦은 것은 기술적인 문제일 가능성이 높으며, 브리스테드가 금석문에 대한 자신의 직접적 연구에 의해 역사서를 저술했다는 사실에는 변함이 없다.

169 Thompson, *Wonderful Things: A History of Egyptology*, vol.2, p.223.

170 Thompson, *Wonderful Things: A History of Egyptology*, vol.3, p.382. 브리스테드의 역사책은 『고대 이집트의 역사』라는 제목으로 한국문화사를 통해 2020년 한글로도 번역되었다.

대중들에게 큰 관심을 얻지 못했다. 그 이유는 중왕국과 관련된 유적이 고왕국이나 신왕국의 그것에 비해 많지도 화려하지도 않았기 때문이다. 중왕국의 피라미드는 파괴된 채 전해지며, 중왕국의 수도 이티타위(Itjtawy)는 알-리쉬트(al-Lisht)의 근처 충적토 속에 묻혀 발굴되지 않았다.[171] 심지어 브리스테드도 중왕국의 이집트를 유럽의 봉건 시대—왕의 권력이 강력하지 않아 귀족의 협력에 의존해야 했던 시대—에 비유했을 정도이다.[172] 이런 중왕국에 대한 오해를 바로 잡은 사람이 바로 윈로크이다. 그는 데르 엘 바흐리(Deir el-Bahri)에 있는 중왕국의 창시자 멘투호텝 2세(Mentuhotep II, 2055-2004BCE)의 장례전을 발굴했을 뿐 아니라 중왕국의 수도 근처 묘지 유적 알-리쉬트에서도 작업했다. 그의 발견 중 가장 흥미로운 것은 1923년, 멘투호텝2세의 장례전 근처에서 나온 젊은 병사들의 집단 무덤(the Tomb of the Warriors)이다. 이들은 모두 폭력적인 방식으로 죽음에 이르렀다. 왜 20대 초반의 병사들이 중왕국을 통일한 멘투호텝 2세의 무덤 근처에 묻혔을까? 윈로크에 따르면 이들은 멘투호텝의 통일 전쟁에 참여했다 전사한 병사들로 그들이 이룩한 업적에 대한 예우로 왕이 자신의 장례전 근처에 집단으로 매장해 주었다는 것이다.[173] 그의 해석이 옳다면 젊은 병사들의 집단 무덤은 멘투호텝의 통일 전쟁에 대한 물질적 증거가 되는 것이다. 중왕국의 왕들은 활발한 해외 원정

---

171 Thompson, *Wonderful Things: A History of Egyptology*, vol.3, p.385.

172 Ibid.

173 Ibid., p.383.

을 했으며 왕조의 안정을 이루었을 뿐 아니라 수준 높은 서기 문화도 이룩했다. 중왕국 시대의 언어와 문학은 이집트 문화사에서 고전(classics)의 지위를 획득한다. 이런 점에서 1947년에 출판된 윈로크의 『이집트 중왕국의 성쇠』(The Rise and Fall of the Middle Kingdom in Egypt)는 그때까지 소홀히 다루어진 중왕국 역사에 대한 중요한 저술이다.

1960년대 이후 이집트학은 새로운 전기를 마련한다. 고고학과 문헌학이 신고고학과 언어학의 영향을 받아 연구에 있어 전문화되고 세분화된 것처럼 이집트 역사학도 일반 역사학의 영향을 받게 된다. 이 때문에 20세기 후반 이후 역사 서술은 다음과 같은 세 가지 특징을 가지게 된다. 첫째, 역사 연구가 전문화 세분화되면서 한 사람이 이집트의 통사를 저술하기보다 여러 저자들이 협업한 역사서가 출판된다. 대표적인 예가 이안 셔(Ian Shaw)의 『옥스포드의 고대 이집트 역사』이다.[174] 이 책은 선사시대부터 로마 시대 이집트까지의 역사를 시대별 전문가들의 글을 통해 상세히 분석한다. 둘째, 마네토의 왕명록에 근거한 역사 서술의 틀과 그 틀에 내재된 선입견을 부수는 연구들이 수행된다. 특히 제3중간기(The Third Intermediate Period, 1069-715BCE)와 후기 왕조 시대(Late Period, 715-332BCE)에 대한 재평가가 흥미롭다. 약 천 년 지속된 이 기간은 이집트 역사의 내리막길로 이해되었었다. 존 윌슨(John A. Wilson)은 이 시절의 이집트를 성경의 표현을 빌어 "부

---

174 Ian Shaw ed., *The Oxford History of Ancient Egypt*, Oxford, Oxford University Press, 2000.

러진 갈대(이사야 36:6)"로 평가 절하했었다.¹⁷⁵ 하지만 최근의 역사가들은 이 시대에 대한 보다 공정한 평가를 시도한다. 키친(K. A. Kitchen)의 제3중간기에 대한 연구,¹⁷⁶ 버나드 보트머(Bernard V. Bothmer)의 후기 왕조 시대의 예술에 대한 연구,¹⁷⁷ 카롤 미슐리베츠(Karol Myśliwiec)의 제1천년기 이집트에 대한 연구,¹⁷⁸ 최근에 개정판이 출판된 미에룹(Marc van de Mieroop)의 고대 이집트 역사에서 모두 신왕국 이후의 천 년의 이집트 역사를 보다 긍정적으로 보려고 한다.¹⁷⁹ 셋째, 이집트 역사학자들은 왕조 역사 중심의 서술을 지양하고 고대 이집트인들의 생활사에 관심을 가지기 시작했다. 즉 일반 역사학에서 사회사(Social History)에 대한 관심이 증대된 것이 이집트 역사 서술에도 영향을 미친 것이다. 사회사의 관점에서 저술된 이집트 역사의 예는 베리 켐프(Barry J. Kemp)의 『고대 이집트: 문명의 해부도』(*Ancient Egypt: Anatomy of*

---

175 Thompson, *Wonderful Things: A History of Egyptology*, vol.3, p.387.

176 K. A. Kitchen, *The Third Intermediate Period in Egypt, 1100-650 BC*, Westminster, Aris & Phillips, 1996.

177 Bernard V. Bothmer, *Egyptian Art: Selected Writtings of Bernard V. Bothmer*, Oxford, Oxford University Press, 2004.

178 Karol Myśliwiec, *The Twilight of Ancient Egypt: First Millennium B.C.E.*, David Lorton, trans., New York, Cornell University Press, 2000.

179 Thompson, *Wonderful Things: A History of Egyptology*, Vol.3, pp.387-388; van de Mieroop, *The History of Ancient Egypt*, 2nd Edition, pp.250-251.

A Civilization, 1989)이다. 이 책에서 켐프는 왕들의 연대기적 역사(narrative royal chronicles)를 의도적으로 거부하고 있다.

III. 결론: 인류 문명 연구의 일부로서 이집트학

18세기까지 고대 이집트에 대한 탐구는 '호기심'이라는 엔진으로부터 동력을 얻었다. 호기심 많은 서양인들에게 고대 이집트 문화는 이국적이며 신비한 것이었다. 하지만 이집트학이 대학을 중심으로 진지하게 연구되면서 고대 이집트의 언어, 문화, 종교는 더 이상 신비의 영역이 아니라 지식의 영역으로 진입한다. 『나일강을 따라 천 마일』[도판 1.18]이라는 책으로 영국과 미국에서 이집트학에 대한 대중적 관심과 재원을 얻은 아멜리아 에즈워드(Amelia Ann Edwards, 1831-1892)는 19세기 말 미국의 한 대학의 강연에서 다음과 같이 말했다: "스핑크스는 더 이상 비밀을 품고 있지 않습니다. 오직 무지한 사람들만이 스핑크스의 비밀을 말합니다."[180] 물론 여기서 "스핑크스"는 고대 이집트 문화에 대한 환유법이다.

에즈워드가 더 이상 비밀은 없다고 말한 고대 이집트 문화는 무엇일까? 그것은 이집트 왕들이 남긴 유물, 유적, 금석문에

---

180 Schneider, "Egyptology Past, Present, and Future—A Refelction", p.57.

의해 대표된 문화였다. 1798년 나폴레옹의 이집트 침공 이래 한 세기가 채 안 되는 기간 발생한 이집트학의 발전을 고려하면 에즈워드가 미국의 대중들에게 고대 이집트와 관련한 비밀은 더 이상 없다고 말한 것이 전혀 놀랄 일이 아니다. 하지만 에드워즈가 모르던 것이 있다. 그것은 고대 이집트는 절대로 파라오들이 남긴 신전, 무덤, 금석문들

도판 1.18. 에즈워드의 여행 견문록 〈나일 강을 따라 천마일〉

로 대표되지도 소진되지도 않는다는 것이다. 그리고 20세기 중후반 이후의 인류학적 연구들은 이집트의 문화가 절대 독특하거나 유일무이한 것이 아님을 보여주었다. 이집트 문화도 고대 문명의 일부이며 그 기원과 발달에 있어 다른 고대 문명과 비슷한 양상을 보인다. 궁극적으로 고대 이집트에 대한 연구는 왕실의 담 너머 일반 이집트인들의 삶의 자리에 대한 것이어야 한다. 이렇게 새롭게 정의된 고대 이집트는 아직도 우리에게 많은 비밀을 가지고 있을지 모른다.

최근 50년의 이집트학은 자연, 인문, 사회 과학의 이론과 방법론에 영향을 받아 전문화, 세분화, 다양화되었다. 왕실 유적과 유물보다는 일반 이집트 민중들의 흔적이 학자들의 더 큰 관심을 받았고, 이집트 성각문자도 더 이상 신비의 언어가 아닌 인간 언어로서 일반 언어학적으로 접근된다. 그리고 21세기 학자들이

서술하는 고대 이집트는 대중들에게 알려진 고대 이집트의 모습과 다를 수 있다. 다시 말해 학자들의 이집트는 투탄카문의 매장실을 최초로 연 고고학자가 횡사했다는 이야기나 피라미드의 측량값과 구조에 어떤 신적 메시지가 숨어 있다는 이야기로 대표되는 "신비주의 이집트", 그리고 람세스 2세의 신전들, 왕가의 계곡 무덤들, 기자의 피라미드들로 대표되는 "관광객들의 이집트"와는 매우 다를 수 있다.

　이 모든 것은 고대 이집트를 연구하는 일에 수반되는 다양한 도전을 상기시킨다. 특히 한국에서 이집트학을 연구한다는 것의 의미도 생각하게 한다. 한국은 이집트학의 불모지이다. 한국의 대학에 이집트학자는 물론 고대 근동 학자들을 위한 자리도 없다. 이 때문에 한국의 이집트 연구가들은 대중의 관심을 끌 수 있는 형태의 이집트학을 수행하게 된다. 극단적으로는 이집트 관광지 유물들에 대한 해설자의 역할에 머물 위험도 있다. 이런 환경에도 불구하고 이집트학자들은 자신의 전문 분야에 대한 연구에 힘쓸 필요가 있다. 학문적 진리는 그 자체로 추구할 가치가 있기 때문이다. 또한 이집트학 길드 내 학제적 협력이 불가능한 한국의 상황에서는 다른 고대 문명을 연구하는 학자들과의 학제적 협력 추구가 현실적인 대안이 될 수 있을 것이다. 특히 중국, 인도, 아나톨리아, 시리아-팔레스타인, 메소포타미아 등 다른 지역의 고대 문명 연구자들과 학제적 협력을 통해 인류 문명의 기원과 발전에 대한 보편적 이론의 구성에 노력할 필요가 있어 보인다.

참고자료

Aldred, Cyri. *Akhenaten. King of Egypt.* New York: Metropolitan Museum of Art, 1988.

Allen, James P.*Middle Egyptian: An Introduction to the Language and Culture of Hieroglyphs.* Cambridge: Cambridge Univeristy Press, 2010.

Assmann, Jan. *From Akhenaten to Moses: Ancient Egypt and Religious Change.* Cairo: American University in Cairo Press, 2014.

Baines, John. "Ancient Egypt." In *The Oxford History of History Writing*, edited by Andrew Feldherr, 53-75. Oxford: Oxford University Press, 2011.

Bard, Kathryn A. *An Introduction to the Archaeology of Ancient Egypt.* Malden: Blackwell, 2007.

Bednarski, Andrew. "Egyptology and Cognate Disciplines." In *The Oxford Handbook of Egyptology*, ed. Ian Shaw and Elizabeth Bloxam, 33-47. Oxford: Oxford University Press, 2020.

Bednarski, Andrew. "Building a Disciplinary History: The Challenge of Egyptology." In *Towards a History of Egyptology*, edited by Bednarski et al, 15-28. Münster: Zaphon, 2018.

Bednarski, Andrew. "The Nature and History of Egyptology." In *The Oxford Handbook of Egyptology*, edited by Ian Shaw and Elizabeth Bloxam, 33-47. Oxford: Oxford University Press, 2020.

Bednarski, Andrew, Aidan Dodson, and Salima Ikram, eds. *A History of World Egyptology.* Cambridge: Cambridge University Press, 2020.

Bednarski, Andrew, Aidan Dodson, and Salima Ikram, eds. "Introduction." In *A History of World Egyptology*, edited by Andrew Bednarski, Aidan Dodson, and Salima Ikram, 1-8. Cambridge: Cambridge University Press, 2020.

Bednarski, Andrew, Aidan Dodson, and Salima Ikram, eds. "The Prehistory of Egyptolopgy." In *A History of World Egyptology*, edited Andrew Bednarski, Aidan Dodson, and Salima Ikram, 8-24. Cambridge: Cambridge University Press, 2020), 8.

Baines and Malek, *Cultural Atlas of Ancient Egypt*. New York: Checkmarks Books, 1980.

Bierbrier, M. L. ed. *Who Was Who in Egyptology*. London: The Egypt Exploration Society, 2012.

Bothmer, Bernard V. *Egyptian Art: Selected Writings of Bernard V. Bothmer*. Oxford: Oxford University Press, 2004.

Bryan, Betty M. "Amarna, Tell el-." In *The Oxford Encylopedia of Archaeology in the Near East*, vol 1, 81-85. Oxford: Oxford University Press, 1997.

Brier, Bob. *The Murder of Tutankhamen: A True Story*. New York: Berkely Books, 1998.

Brunner, Hellmut and Dorman, Peter. "Hieroglyphic Writing," in *Encyclopedia Britannica*, 2 Nov. 2022, https://www.britannica.com/topic/hieroglyphic-writing. Accessed 31 January 2023.

Carruthers, Williams. "Introduction: Thinking about Histories of Egyptology." In *Histories of Egyptology: Interdisciplinary Measures*, edited by William Carruthers, 1-18. New York: Routledge, 2015.

Ceram, C. W. *Gods Graves & Scholars, the Story of Archaeology*. London: Readers Union, 1954.

Colla, Elliott. *Conflicted An.iquities: Egyptology, Egytomania, Egyptian Modernity*. Durham: Duke University Press, 2007.

Dodson, Aidan. "Egyptology: A British Model." In *Towards a History of Egyptology*, edited by Bednarski et al, 147-156. Münster: Zaphon, 2018.

Drower, Margaret S. *Flinders Petrie: A Life in Archaeology*. Wisconsin: The University of Wisconsin Press, 1995.

Edwards, I. E. S. *From the Pyramids to Tutankhamun: Memoirs of an*

Egyptologist. Oxford: Oxbow, 2000.

Elshakry, Marwa. "Histories of Egyptology in Egypt: Some Thoughts." In *Histories of Egyptology: Interdisciplinary Measures*, edited by William Carruthers, 185-200. New York: Routledge, 2015.

Gardiner, Alan H. *Egyptian Grammar: Being an Introduction to the Study of Hieroglyphs*, 3rd Edition Oxford: Ashmolean Museum, 1957.

Gange, David. "Interdisciplinary Measures: Beyond Disciplinary Histories of Egyptology." In *Histories of Egyptology: Interdisciplinary Measures*, edited by William Carruthers, 64-80. New York: Routledge, 2015.

Geertz, Clifford. *The Interpretation of Cultures*. New York: Basic Books, 1973.

Georg, M. "The Living Surrounding the Dead: European Archaeologists in Egypt and their Relations with the Local Inhabitants, 1798-1898." In *Towards a History of Egyptology*, edited by Bednarski et al, 91-124. Münster: Zaphon, 2018.

Gertzen, Thomas L. "The Anglo-Saxon Branch of the Berlin School: The Interwar Correspondence of Adof Erman and Alan Gardiner and the Loss of the German Concession at Amarna." In *Histories of Egyptology: Interdisciplinary Measures*, edited William Carruthers, 34-49. New York: Routledge, 2015.

Gertzen, Thomas L. "Germanic Egyptology? Scholarship and Politics as Resources for Each Other and Their Alleged Binary Relationship." In *Towards a History of Egyptology,* edited by Hana Navratilova, , 211-230. Münster: Zaphon, 2019.

Gertzen, Thomas L. Voss, Susanne., and Georg, Maxilliam. "Prussia and Germany." In *Towards a History of Egyptology*, edited by Bednarski et al, 210-258. Münster: Zaphon, 2018.

Gillam, Sarah. "Thomas "Young and the Decipherment of the Hieroglyphics." In https://history.rcplondon.ac.uk/blog/thomas-young-and-decipherment-hieroglyphics. 2023년 2월 6일 접근.

Greener, L. *The Discovery of Egypt.* London: Cassel & Company Ltd., 1966.

Güterbock, Hans G. "The Deeds of Suppiluliuma as Told by His Son, Mursili II." *Journal of Cuneiform Studies* 10/3 (1956), 75-98.

Haikal, Fayza, and Omar, Amr. "Egyptology in Egypt: the founding institutions." In *Towards a History of Egyptology*, edited by Bednarski et al, 73-87. Münster: Zaphon, 2018..

Harland, Philip A. "Egyptians: Diodoros on the origins of civilization and on Egyptian views (mid-first centuryBCE)." Last modified January 15, 2023, http://philipharland.com/Blog/?p=6993.

Hoffmeier, James K. *Akhenaten and the Origins of Monotheism.* Oxford: Oxford University Press, 2015.

Hornung, Erik. *The Secret Lore of Ancient Egypt: Its Impact on the West.* New York: Cornell University Press, 2001.

Hornung, Erik. *Akhenaten and the Religion of Light*, trans. David Lorton. Ithaca: Cornell University Press, 1999.

Hornung, Erik. *History of Ancient Egypt.* Edinburgh: Edinburgh University Press, 1999.

Ikram, Salima and Omar, Amr. "Egypt." In *A History of World Egyptology*, edited by Andrew Bednarski, Aidan Dodson, and Salima Ikram. Cambridge: Cambridge University Press, 2020.

James, T.G.H. *Excavating in Egypt: the Egypt Exploration Society 1882-1982.* Chicago: The University of Chicago Press, 1982.

James, T.G.H. *Howard Carter: the Path to Tutankhmun.* New York: Tauris Parke Paperbacks, 2000.

Killebrew, Ann. "Development and Archaeology." In *The Oxford Encyclopedia of Archaeology in Ancient Near East,* edited by Erik M. Meyers. Oxford: Oxford University Press, 1997,

Kemp, Barry J. "In the Shadow of Texts: Archaeology in Egypt." *Archae-

ological Review from Cambridge 3/2 (984), 19-28.

Kitchen, K. A. *The Third Intermediate Period in Egypt, 1100-650* bc. Warminster: Aris & Phillips, 1996.

Levin, Jeffery. "Nefertari: Saving the Queen." *The Getty Conservation Institute Newsletter* (Fall, 1992).

McDowell, Andrea G. *Village Life in Ancient Egypt: Laundry Lists and Love Songs*. Oxford: Clarendon Press,, 2002.

Mainterot, Philippe. "France." In *A History of World Egyptology*, edited by Andrew Bednarski, Aidan Dodson, and Salima Ikram. Cambridge: Cambridge University Press, 2020.

Manley, Bill. *Egyptian Hieroglyphs for Complete Beginners*. New York, NY: Thames & Hudson, 2012.

Midant-Reynes, Béatrix. "The Naqada Period (c. 4000-3200)." In *The Oxford History of Ancient Egypt*, ed. Ian Shaw. Oxford: Oxford University Press, 2000).

Myśliwiec, Karol. *The Twilight of Ancient Egypt: First Millennium B.C.E.*, trans. David Lorton. New York: Cornell University Press, 2000.

Parcak, Sarah H. "Site Survey in Egyptology." In *Egyptology Today*, edited by Richard H. Wilkinson, 57-76, Cambridge: Cambridge University Press, 2008.

Quirke, Stephen. *Hidden Hands: Egyptian Workforces in Petrie Excavation Archives, 1880-1924*. London: Duckworth, 2010.

Reid, Donald M. *Whose Pharaohs?: Archaeology, Museums, and Egyptian National Identity from Napoleon to World War I*. Berkeley: The University of California Press, 2002.

Redford, Donald B. "History and Egyptology." In *Egyptology Today*, edited by Richard H. Wilkinson, 23-35. Cambridge: Cambridge University Prerss, 2008.

Shaw, Ian., ed. *The Oxford History of Ancient Egypt*. Oxford: Oxford University Press, 2000.

Shaw, Ian and Bloxam, Elizabeth eds. *The Oxford handbook of Egyptology.* Oxford: Oxford University Press, 2020.

Schneider, Thomas. "Ägyptologen im Dritten Reich: Biographische Notzen anhand der sogenannten 'Steindorff-Liste.'" *Journal of Egyptian History* 5 (2012): 120-147.

Schneider, Thomas. "Egyptology Past, Present, and Future—A Refelction." *Near Eastern Archaeology* 75:1 (2012), 56-59.

Silberman, Neil Asher. "Petrie, William Matthew Flinders." In *The Oxford Encyclopedia of Archaeology in Ancient Near East,* edited by Erik M. Meyers. Oxford: Oxford University Press, 1997,

Stauder-Porchet, Julie. "Lexicography." In *The Oxford Handbook of Egyptology,* edited by Ian Shaw and Elizabeth Bloxam, 897-911. Oxford: Oxford University Press, 2020.

The Oriental Institute, *Egyptology at the Oriental Institute of the University of Chicago.* Chicago: the University of Chicago Printing Department, 1980.

Thompson, Jason. *Wonderful Things: A History of Egyptology,* vol 3. Cairo: American University in Cairo Press, 2018.

Trigger, Bruce G. "Settlement Archaeology. Its Goals and Promise." *American Antiquity* 32/2 (967), 49-160.

Uljas, Sami. "Grammar." In *The Oxford Handbook of Egyptology,* edited by Ian Shaw and Elizabeth Bloxam, 912-929. Oxford: Oxford University Press, 2020.

Week, Kent. "Archaeology." In *The Oxford Encylopedia of Archaeology in the Near East,* vol 1. Oxford: Oxford University Press, 1997.

Wilkinson, Richard H. "The Past in the Present: Egyptology Today." In *Egyptology Today,* edited by Richard H. Wilkinson, 1-6. Cambridge: Cambridge University Prerss, 2008.

Wilson, John A. *Sings and Wonders Upon Pharaoh: The History of American Egyptology.* Chicago: The University of Chicago

Press, 1964.

Wortham, J. D. *British Egyptology 1549-1906*. Newton Abbot: David & Charles, 1971.

Van de Mieroop, Marc. *A History of Ancient Egypt*. Blackwell, 2012.

Van der Spek, Kees. *The Modern Neighbors of Tutankhamun: History, Life, Work in the Villages of the Theban West Bank*. Cairo: The American Univeristy in Cairo Press, 2011.

Yamauchi, Edwin M. "Herodotus (Person)." In *The Anchor Yale Bible Dictionary*, ed. David Noel Freedman. New York: Doubleday, 1992.

유성환, "현대 이집트학의 역사"

목차

I. 머리말

II. 성서학과 연관된 고대 근동학
　　1. 초기의 고고학 발굴들
　　2. 고대 근동학의 태동 : 쐐기문자의 해독
　　3. 성서와 고대 근동의 역사, 신화, 족장시대
　　4. 성서와 관련된 논쟁들
　　　　1) 바벨과 비블 논쟁
　　　　2) 범 바빌로니아 학파(Panbabylonian school)

III. 스스로의 문화에 초점을 둔 고대 근동 연구

IV. 1980년대의 다양한 변화
　　1. 주제의 다변화 : 사회사와 문화사의 대두
　　2. 신앗시리아 시대 연구의 부활
　　3. 데이터베이스 서비스와 학술관련 웹서비스의 발달

V. 맺음말

· · · · ·

제2장
200년 고대 근동 연구사, 세 번의 거대한 변화

김아리(단국대)

I. 머리말

고대 중동의 역사 시기는 문명의 시점인 기원전 3500년부터 마케도니아의 알렉산더 대왕이 바빌로니아 지역을 정복하여 새로운 헬레니즘의 문화가 바빌로니아 지역에 들어오게 되는 기원전 331년까지로 규정된다.[1] 이 시기의 역사는 대체로 고대 근동사로 불리는데, 여기서 사용된 근동이라는 명칭은 지금의 중동지역을 지칭하는 용어이다. 원래 러시아 사람들이 중동지역을 자신들과 가까운 동쪽이라는 의미로 근동이라 불렀던 것이 유럽으로 넘어

---

1 동일한 시대 구분 기준을 고대 근동 역사 개론서인 마르크 반 드 미에룹의 고대 근동 역사에서도 찾아 볼 수 있다. 마르크 반 드 미에룹 지음, 김구원 옮김, 『고대 근동 역사 – B.C. 3000년경-B.C. 323년』, CLC, 2010, 27쪽.

가서 학문적인 용어로 정착했다고² 전해진다. 이 용어 이외에도 초기에는 고대 근동을 연구하는 학문을 부르는 몇 가지 다른 용어들이 존재했다.

우선 한때 그리고 지금도 가끔 고대 근동학은 앗시리올로지(Assyriology)라고 불렸고 불리고 있다. 이는 고대 근동의 역사에 존재했던 나라 중에 신앗시리아 제국이 가장 먼저 사람들에게 알려지고 연구되었기 때문이다. 지금은 더 이상 이러한 명칭이 잘 사용되지는 않지만, 이 용어를 찾아볼 수 있는 예들은 아직 남아있다. 유럽을 중심으로 한 고대 근동학회의 명칭이 국제 앗시리올로지 학회인 것이 바로 그 대표적인 예이다.³

이 이외에도 고대 근동 역사를 메소포타미아 문명이라고 칭하기도 한다. 현행 고등학교 세계사 교과서에서 바로 메소포타미아 문명이라는 용어가 고대 근동 역사를 지칭하는데 사용되고 있다. 이 외에도 고대 서아시아 역사라는 용어가 사용되기도 한다. 이 용어의 사용을 통해서 근동이라는 단어가 서구 중심적인 시각에서 나온 용어라는 비판에서 벗어날 수 있다는 장점이 있지만, 고대 근동사의 중요한 일부분인 이집트가 북부 아프리카에 존재하기 때문에 서아시아사라는 지리적 위치지정이 이집트의 역사를 포함하지 못한다는 한계를 가지고 있다.

이 글에서 고대 근동사라는 용어를 사용하는 이유는 앞서 언급한 바와 같이 이 용어가 서구 중심적인 시각을 반영하고 있

---

2   D. C. Snell, *Religions of the Ancient Near East*, Cambridge University Press, 2010, p.5.

3   https://iaassyriology.com/

기는 하나 이 용어를 대체할 만한 적절한 다른 용어들이 존재하지 않고, 고대 근동이라는 단어가 오랜 세월 학계에서 사용되어서 이미 전문용어로 정착되었기 때문이다. 많은 유럽과 미국 대학에서 고대 근동 역사를 가르치는 학과의 명칭이 고대 근동학과라는 사실이 이를 잘 대변한다.

    200년이라는 길지 않은 기간에도 고대 근동에 대한 연구의 역사는 역동적이었다. 새로운 토판이 발굴되면 고대 근동의 역사가 새롭게 서술되었다. 이 때문에 짧은 기간에도 연구사에 변화가 많았고, 그 복잡성 때문인지 연구사 자체가 연구의 주제로 다루어진 적도 그리 많지 않았다. 1904년에 포세이(C. Fossey)의 앗시리올로지 마뉴엘(Manuel d'assyriologie)에서 고대 근동 초기 연구사를 정리한 내용을 찾아볼 수 있다. 또한 1925년에 버지(E. A. W. Budge)가 앗시리올로지의 발흥과 전개(The Rise and Progress of Assyriology)라는 연구서를 발표하여, 쐐기문자의 해독 과정과 이후 각국에서 전개된 앗시리올로지 학문의 양상을 소개했다.[4] 1986년에 수메르 연구사와 히타이트 연구사 그리고 다양한 고대 근동 연구 주제와 이와 관련된 다양한 연구사 논문들이 타드모르와 바인펠트(H. Tadmor and M. Weinfeld)가 편집한 책에 수록, 발표되었다.[5] 1989년에 발간된 카레나(O. Carena)의 연구서는 고대

---

[4] E. A. W. Budge, *The Rise and Progress of Assyriology*, London, 1925.

[5] H. Tadmor and M. Weinfeld, *History Historiography and Interpretation Studies in biblical and cuneiform literatures*, Brill, Leiden, 1986.

근동 역사의 연구사와 그 문제점들에 대해서 심도 있게 다루며 그때까지의 다양한 연구서들도 소개했다.[6] 1994년에 발간된 앗시리아 정복(The Conquest of Assyria)이라고 하는, 고대 근동학 초기에 발굴이 어떻게 이루어졌는지를 상세히 소개하는 연구서 또한 존재한다.[7] 2001년 바움가르텐(J. Baumgarten)이 줄 오페르트와 앗시리올로지 즉 고대 근동학의 태동에 대한 소개 논문을 발표했고, 2020년에 베르데라메(L. Verderame)와 가르시아 벤투라(A. Garcia-Ventura)의 주도하에 고대 근동 연구사 논문집이 나오기도 했다.[8]

지난 200년 동안 고대 근동 연구의 흐름에서 나타난 변화는 다양했다. 때로는 연구의 주요 주제가 변하였고, 어떤 경우는 연구의 방법이, 그리고 연구의 대상이 되는 사료의 성격이 변하기도 했다. 이러한 고대 근동 연구사의 다양한 변화들은 크게 세 번의 변혁기로 나뉜다. 이 글에서는 고대 근동 연구사의 세 차례 변혁기를 중심으로, 그 안에서 논의되었던 연구의 주제들과 빛나는 연구자들, 그리고 그 연구의 결과들을 통해서 200년 고대 근동

---

6   O. Carena, *History of the Near Eastern Historiography and its Problems: 1852-1985, Part One: 1852-1945*, Verlag Butzon and Bercker Kevelaer, 1989.

7   M. T. Larsen, *The Conquest of Assyria Excavations in an antique land 1840-1860*, London and New York, 1994.

8   J. Baumgarten, "Jules Oppert et la naissance de l'assyriologie", *Histoire Epistemologie Langage tome 23*, 2001, pp.77-99. L. Verderame and A. Garcia-Ventura, *Perspectives on the History of Ancient Near Eastern Studies: an Introduction*, Pennsylvania: Eisenbrauns, 2020.

연구사를 조망해 보고자 한다.

II. 성서학과 연관된 고대 근동학

1. 초기의 고고학 발굴들

아랍인들에게 고대 근동에 대한 기억은 거의 사라졌었다. 반면에 성서와 고대 유럽 여행가들을 통해 고대 근동의 역사에 관한 몇몇 단어들이 유럽 사람들의 기억에 남아 있었다. 예를 들어 에덴동산이나, 니느베(Ninive), 칼후(Kalhu) 그리고 바빌론 탑 등을 들 수 있다.[9] 이것들은 플라비우스 요세푸스(Flavius Josephus, 기원후 37-100년경)나 알렉산더 폴리이히스토르(Alexander Polyhistor, 기원전 1세기 전반)가 쓴 앗시리아와 바빌로니아의 역사 등을 통해서 유럽에 알려졌다.[10] 이렇게 사람들의 기억 속에 단어로만 남아 있던 고대 근동의 역사가 다시 사람들의 눈길을 끌기 시작한 것은 고대 근동 유물의 발굴과 함께였다. 1842-1854년에 많은 고

---

9   B. Lion et C. Michel, *Les ecritures cuneiformes et leur dechiffrement*, Editions Kheops, 2016, p.12.

10   그 외에도 누미디아(*Numidia*)의 유바 2세(Juba II)가 적은 앗시리아 인들에 대한 저작이 남아 있지만, 앞서 언급한 저작과 마찬가지로 이 작품들도 전체가 아닌 일부만이 남아 있다.

고학적 발굴이 이루어졌고 특히 앗시리아의 수도 중 하나인 니느베(Ninive, 기원전 4천년기-이슬람 지배시기 초기)[11]와 사르곤왕의 치세에 세워진 두르-사루킨(Dur-Sharrukin, 717-612BCE)[12]에서 발굴된 유물들이 유럽으로 넘어왔다. 그 아름다움이 많은 유럽인을 매료시키며[13] 유럽에서 고대 근동에 대한 관심이 증대되기 시작했다. 고대 근동학자로 유명한 장-클로드 마르규롱(Jean-Claude Margueron, 1934-2023)이 이 시점을 고대 근동학의 시작점으로 보는 것은 바로 이러한 이유 때문으로, 그때 처음으로 이라크에서 정식 고고학적 발굴이 이루어졌다.[14] 아름다운 신앗시리아의 궁

---

[11]   니니브의 발굴에 대한 정보는 다음 번역서를 참고할 것. 아놀드 C. 블랙만 지음/안경숙 옮김, 『니네베 발굴기』, 대원동서문화총서, 대원사, 2017. 니느베는 가장 유명한 앗시리아 수도 중 하나이고 현재 모술(Mossul)의 반대편 티그리스강 강변에 위치하고 있다. 성서의 다양한 이야기에 등장하기도 해서 유럽사람들에게는 잘 알려진 도시로, 특히 예언자 요나의 모험과 관련하여 유명하다. Lion, B. and L. Battini and P.Villard, "Ninive", *Dictionnaire de la Civilisation Mésopotamienne*, 2000, pp.574-577.

[12]   1843년에 보타(P.E. Botta)에 의해서 처음으로 발굴되었다. 두르-사루킨이라는 이름은 사르곤의 도시라는 의미를 지닌다. 이 도시는 만들어진 새로운 도시로 사르곤 2세 치세에 건설되었고 니니브에서 약 16 킬로미터 떨어진 위치에 있다. L. Battini and P.Villard, "Dur-Šarrukin", *Dictionnaire de la Civilisation Mésopotamienne*, 2000, pp.248-251.

[13]   O. Carena, *History of the Near Eastern Historiography and its Problems: 1852-1985 Part One : 1852-1945*, Verlag Butzon and Bercker Kevelaer, 1989, p.82.

[14]   G. Frame, "A History of Research on the Neo-Assyrian Empire", *Writing Neo-Assyrian History : Sources, Problems and Approaches, Proceeding of an International Conference Held at the University of*

궐 부조들이 파리의 루브르박물관과 런던의 영국박물관으로 옮겨진 것도 이때쯤이다.[15] 이 유물들의 전시로 유럽에서 고대 근동에 대한 사람들의 관심은 더욱 높아져 갔다.

다른 한편으로 고대 근동학이 그 연구의 시초부터 성서학과 깊은 관계를 지니고 있었다는 사실도 중요하다. 그때 발견되어 연구 대상이 된 고대 근동의 문헌 중 다수는 구약성서의 이야기와 맞닿아 있었기 때문에, 많은 성서학자와 종교인이 고대 근동학에 관심을 가졌다.

2. 고대 근동학의 태동 : 쐐기문자의 해독

고대 근동에 대한 관심이 고조되면서 학자들은 유물들에 적혀있는 쐐기문자 해독에 박차를 가하기 시작했다. 최초로 쐐기문자로 표현된 언어인 수메르어는 기원전 제 3천년기에 고대 근동에서 사용된 언어이다. 어느 시점까지 수메르어가 실생활에 사용된 언어인지는 명확하지 않아서 지금도 학술적 연구주제 중 하나이다.

Helsinki on September, 2014, p.3. 레이야드(Layard, A. H.)는 님후드(Nimrud)에서 발굴을 진행했다. 1880년대에 미국의 동양학회의 지원으로 사르제크(Sarzec)가 텔로(Tello)를 발굴하기도 했다. M. W. Chavalas, "Assyriology and Biblical Studies", in Mesopotamia and the Bible (ed. Mark W. Chavalas and K. Lawson Younger, Jr. Sheffield: Sheffield Academic), 2002, p.31.

15 루브르박물관의 고대 근동관을 가면 사르곤 2세의 두르-사루킨의 왕궁의 일부를 볼 수 있고, 영국박물관에서는 2018년 11월 8일부터 2019년 2월 24일까지 앗수르바니팔 왕궁의 일부를 전시하기도 했다.

수메르어는 후에 문화적 언어로 살아남아 중세와 근대 유럽에서 라틴어가 차지한 자리와 같은 자리를 차지하고 있었다.

그렇지만 쐐기문자는 고대 근동 사람들이 기원후 1세기 이후 더 이상 사용하지 않았기 때문에, 이미 그 의미가 사람들의 기억 속에서 오랫동안 잊힌 상태였다. 3중 문자로 적혀진 이집트의 로제타석이 이집트 상형문자 해독의 열쇠가 되었듯이, 쐐기문자의 해독에 열쇠가 된 문헌 역시 다중 문자로 적힌 다리우스왕(550-486BCE)의 베이스툰 비문[도판 2.1]이다.

베이스툰 비문은 니부르(C. Niebuhr)에 의해서 처음으로 필사되었는데, 그는 그 비문이 세 가지 문자(페르시아어[16], 엘람어[17], 바빌로니아어)로 적혀있다는 사실을 밝혀냈다. 니부르는 이 문자들을 왼쪽에서 오른쪽으로 읽을 수 있으리라 추정했다. 나아가 이 세 가지의 다른 문자열 중 하나는 40개의 쐐기문자로 이루어져 있어서, 그 글자체계가 알파벳 문자를 기반으로 했을 것이라고 주장했다.[18]

---

16 현재 고대 페르시아어는 잘 알려져 있다. 이 언어는 인도 유럽어의 일종이다. J. Bottero, "Decipherments in the Ancient Near East", *Mesopotamia Writing, Reasoning, and the Gods*, 1995, p.58.

17 엘람어는 고대 페르시아어나 아카드어에 비해서 적은 양이 베이스툰 비문에 적혀있다. 약 110개의 문자로 이루어진 이 언어에 대해서는 1838년과 1851년 사이에 노리스(Norris)가 연구했다. 다만 그 이후 많은 학자들이 이 언어에 매달리고 있어도, 그에 대한 이해가 증가한 것은 아니다. J. Bottero, "Decipherments in the Ancient Near East", *Mesopotamia Writing, Reasoning, and the Gods*, 1995, pp.58-59.

18 B. Lion et C. Michel, *Les ecritures cuneiformes et leur dechiffrement*, Editions Kheops, 2016, p.16.

도판 2.1. 베이스툰 비문
https://en.wikipedia.org/wiki/Behistun_Inscription#/media/
File:Behistun_inscription_reliefs.jpg

니부르에 뒤이어 다수의 학자가 베이스툰 비문에 적힌 문자를 점진적으로 해독하기 시작했다. 특히 19세기에 활동했던 영국인 해독학자 세 명, 힌크스(E. Hincks, 1792-1866), 탈보트(H. W. F. Talbot, 1800-1877), 로우린슨(Sir Henry C. Rawlinson, 1810-1895)의 결정적인 활약으로 쐐기문자에 대한 이해의 폭이 대거 확장되었다. 그중 한 명인 탈보트가 1857년 3월 대영제국과 아일랜드 왕립아시아학회(Royal Asiatic Society of Great Britain and Ireland)에 그동안의 쐐기문자 해독이 얼마나 정확한지 테스트를 하는 것이 어떠냐는 제안서를 보냈다. 인장으로 봉해진 그 편지의 요청을 학회가 수락함으로써, 마침내 1857년 5월 25일 세 명의 저명한 앗시리아 학자인 로우린슨, 힝크스, 오퍼트(Dr. Oppert, 1825-1905)에게 똑같은 문헌을 보내 해독을 의뢰했다. 이 세 학자는 자신만의 해독작업 결과물을 학회에 보냈고, 학회 당국은 그 결과물을 비교하여 이들의 해독에 상당한 유사성이 있다는 결론을 내렸다.[19] 이렇게 쐐기문자에 대한 이해가 깊어지면서 많은 학자가 고대 근동 문명의 다양한 양상들을 연구했고, 그 결과 역시 유럽 사회에 큰 여파를 미치기 시작했다.[20]

3. 성서와 고대 근동의 역사, 신화, 족장시대

19세기에 발견된 쐐기문자의 해독에는 성서가 상당한 도움이 되었다. 성서를 통해서 신앗시리아 시대 왕들의 이름을 확인할 수 있었기 때문이다.[21] 하지만 성서학자들의 고대 근동 유물에 대한 본격적인 관심은 힌크스와 로우린슨(E. Hincks and H. C. Rawlinson)의 1852년 연구에서 비롯된다. 이들은 신앗시리아 시대 (1075-722BCE)의 왕이었던 세나케립(Sennacherib, 705-681BCE 재위))[22]시대의 문헌을 발표하였는데, 유대의 침공과 관련 있는 이

---

[19] W. H. Milman and Geo. Grote, "Comparative Translations", *Journal of the royal asiatic society of Great Britain and Ireland 18*, 1861, pp.150-152.

[20] L. Battini, "Sumérien", *Dictionnaire de la Civilisation Mésopotamienne*, 2000, pp.799-801. 오른쪽 이미지의 출처는 다음과 같다. https://en.wikipedia.org/wiki/Epic_of_Gilgamesh

[21] M. W. Chavalas, "Assyriology and Biblical Studies: A Century and A Half of Tension", in *Mesopotamia and the Bible*, 2003, p.22.

[22] 성서에서는 산헤립으로 언급한다.

문헌의 내용이 열왕기하 18장 13절부터 16절에 나오는 내용과 일치했다. 이스라엘과 신앗시리아 제국 역사의 교차점이 확인되면서, 많은 성서학자가 환호했다. 실제로 신앗시리아 시기의 많은 문헌이 구약성서의 구절들을 이해하는 데 도움을 주었다.[23] 그 후 50년 동안 성서에 나오는 50여 명의 이름을 신앗시리아 시대의 문헌에서도 찾을 수 있었다. 이러한 연결고리 때문에 1870년 영국에서는 앗시리아의 역사와 고고학, 그리고 성서적 세계를 연구하는 공동의 목적을 가진 학회가 설립되기도 했다.[24]

고대 근동의 역사에 대한 관심이 어느 정도 형성된 상황에서, 1872년에 고대 근동학의 연구사에 한 획을 긋는 사건이 발생했다. 영국의 고대 근동 학자인 조지 스미스(G. Smith, 1840~1876)가 영국박물관에 소장되어 있던 그 이전까지 알려지지 않은 쐐기문자 토판을 번역하여 그 내용을 공개한 것이다. 칼데아인의 홍수설화(Chaldean account of deluge)와 관련된 그 내용으로 그는 일약 세계적으로 주목받는 학자가 되었다. 논의의 중심이 된 토판은 니느베(Ninive)에서 발굴된 것으로, 그 내용이 성서에 나오는 노아의 방주 이야기와 유사성이 많아서 사람들의 관심을 끌어모았다.[25] 이 이야기는 나중에 인류 최초의 서사시인 길가메쉬 서사시[도판 2.2]의 일부 분임이 밝혀졌다. 물론, 이 홍수설화가 고대 근동의 신화가 이야기하는 유일한 홍수설화는 아니다. 바빌로

---

23 M. W. Chavalas, *ibid*, p.27.

24 M. W. Chavalas, *ibid*, p.28.

25 B. Hoberman, "BA Portrait George Smith (1840-1876) Pioneer Assyriologist", *The Biblical Arcaheologist 46*, 1983, pp.41-42.

도판 2.2. 길가메쉬 서사시
https://en.wikipedia.org/wiki/Epic_of_Gilgamesh

니아의 홍수설화는 수메르어로 된 홍수설화, 길가메쉬 서사시의 일부, 아트라하시스 설화의 세 종류로 나뉘지만,[26] 모든 고대 근동의 홍수설화는 근본적으로 성서의 홍수설화와 아주 많은 유사점을 가지고 있다. 스미스의 발표는 이러한 고대 근동의 홍수설화를 처음으로 유럽에 소개했다는 면에서 큰 의미를 지닌다. 고대 근동의 홍수설화 역시 성서와 마찬가지로 인간을 멸하고자 신이 홍수를 내리는 내용을 골자로 한다. 하지만 다신교 전통의 고대 근동에서는 지혜의 신인 에아(Ea)신이 자신이 아끼는 인물에게 이를 알려주었고, 그 인물은 성서의 노아가 한 것과 같이 방주를 만들어서 다음 세대까지 신의 도움으로 살아남는 인물이 나온다. 성서와의 이러한 유사성으로 인해서 스미스의 홍수설화 발표가 고대 근동 문화와 역사에 대한 관심을 증폭시킨 것이다.

스미스는 홍수설화 뿐만이 아니라 성서와 관련된 다수의 고

---

[26] R. Fraymer-Kensky, "The Atrahasis Epic and Its Significance for our understanding of Genesis 1-9", *The Biblical Archaeologist 40*, 1977, p.147. 한국의 문자박물관에도 홍수설화와 관련된 원형배토판이 소장되어 있다. 이에 대해서는 고대문명연구소 유튜브 채널의 윤성덕 박사 강연 참조(https://www.youtube.com/watch?v=HOPoX2g2DKk&t=72s)

대 번역하고 연구하여 그 내용을 발표하였다. 그가 발표한 사르곤 왕의 탄생설화 역시 고대 근동 연구사에서 주목되어야 할 중요한 업적 중 하나이다. 이 주제 역시 홍수설화 만큼이나 성서와 연관되어 주목을 끌었다. 세계 최초로 아카드라는 제국을 세웠던 사르곤 왕의 탄생설화는 독특하다. 그는 엔투(Entu) 여사제의 아들이었고 아버지는 알려지지 않았다. 당시 엔투 여사제는 아이를 낳는 것이 금지된 여사제였던 것으로 보인다.[27] 이에 그의 어머니는 그를 역청을 바른 바구니에 넣어서 강으로 흘려보낸다. 이렇게 물 위를 부유하던 사르곤을 정원사였던 악키(Akki)가 구조한다. 그는 자라서 당시 수메르 시대에 가장 강력한 힘을 발휘하던 도시국가 중에 하나인 키귀의 왕 아래에서 일을 했다. 뒤에 반란을 일으켜 왕위에 오른다. 왕으로 등극한 이후 수메르 전 지역을 정복하고 아카드 제국을 세운 그의 치세에 대해서 수메르 왕명록(La Liste royale sumérienne)은 그가 약 55년이라는 상당히 긴 시간 동안 나라를 다스렸다고 주장한다.[28]

사르곤이 물에 버려지는 내용을 골자로 한 탄생설화는 모세를 살리고자 그를 강에 띄워 보냈던 그의 어머니 요게벳의 이야기와 맞닿아 있다. 스미스의 연구 이후 이 전설은 1872년에 탈보트에 의해서 두 번째 번역되었다. 탈보트는 단순 번역을 넘어

---

[27] 고대 근동의 여사제들은 자신이 속해 있는 여사제의 범주에 따라서 결혼을 할 수 있는 여사제와 그렇지 못한 여사제로 나뉘어 있었다. D. Charpin, "Prêtres, Prêtresses", *Dictionnaire de la Civilisation Mésopotamienne*, 2000, pp.681-683.

[28] F. Joannès, "SARGON Ier (d'Akkad)", *Dictionnaire de la Civilisation Mésopotamienne*, 2000, pp.754-756.

서서 사르곤 대왕의 탄생설화를 모세의 이야기와 비교 분석하였다.²⁹ 하지만 이 이야기가 본격적으로 사람들의 관심을 끌기 시작한 것은 번역이 소개되고 한참 후인 20세기 초반의 일이었다. 특히 킹(L. W. King, 1869-1919)의 다양한 쐐기문자 문헌의 번역이 소개되었고, 그 뒤를 이어서 많은 학자가 탄생한 지 얼마 되지 않아 버려진 아이들에 대한 연구를 진행했다. 제 1차 세계대전이 끝난 후 사르곤 대왕의 전설 연구는 그 전설을 낳은 사회적 상황이나 초기 역사 시대의 문화 등으로 확장되었다.³⁰ 이 외에도 성서와 비교연구들이 활발히 진행되었음은 물론이다. 이 비교연구들은 창조, 에덴동산, 인간의 추락, 카인과 아벨 그리고 바벨탑 등 다양한 주제를 다루었다.³¹ 역사적 측면에서도 많은 연구가 이루어졌는데, 로우린슨의 경우 앗시리아 역사의 연대기를 성서의 이야기와 비교하는 작업을 했고, 특히 그가 연구한 살마네제르 3세(858-824BCE)의 이스라엘과의 전쟁에 대한 서사는 영국에서 많은 관심을 낳기도 했다.³²

새로운 발굴의 결과들 또한 성서에 대한 이해를 돕는 문헌

---

29   J.-J. Glassner, "Le Récit Autobiographique de Sargon", *RA 82*, 1988, p.1.

30   J.-J. Glassner, *ibid*, p.2.

31   M. W. Chavalas, ibid, p.29. Smith, M. *The Chaldean Account of Genesis containing the Description of the Creation, Fall of Man, the Deluge, the Tower of Babel, the Times of the Patriarchs and Nimrod: Babylonian Fables and Legends of the Gods: from the Cuneiform Inscription*, 1876.

32   M. W. Chavalas, *ibid*, p.27.

들을 제공하기도 했다. 이 경우 신화가 아니라 실생활에서 사용된 문헌들이 그 원천이 되기도 하였다. 먼저, 20세기 초에 수사(Suse)에서 함무라비 법전이 발굴되었는데, 이는 고대 근동의 법전 중 가장 잘 보존되어 있어서 고대 근동의 법 정신을 잘 알려준다.[33] 그 이후 이를 바탕으로 성서에 나오는 수많은 법과의 비교연구가 이루어졌다. 또한 1925년에 미국 동방연구학회(American Schools of Oriental Research)와 이라크박물관(Iraq Museum)이, 1928~1931년에는 하버드 셈어 박물관과 바그다드 대학교가 누지(Nuzi)와 키르쿡(Kirkuk)을 발굴하여, 그 결과로 1200개의 토판이 발표되었다. 아직도 이때 발굴한 수 천 개의 토판이 음역과 번역되기를 기다리고 있다. 누지의 거주민들은 비록 아카드어(Akkadian)를 사용하기는 하였지만 후리언(Hurrian)이었던 것으로 보인다.[34] 누지의 문헌이 학자들의 눈길을 끈 것은 그 문헌에서 나오는 가족관계에 관한 관행들이나 목축 생활의 묘사들이 성서의 족장 시대 관행들을 닮아 있었기 때문이었다.[35] 이 문헌들을 연구한 올브라이트(W. F. Albright, 1891-1971)는 구약의 창세기 첫 11장에 해당하는 이야기들이 기원전 제 2 천년기 중반 메소포타미아 북서부의 관행이었음을 이를 통해 알게 되었다고 이야기했

---

33   M. W. Chavalas, *ibid*, p.31.

34   R. T. O'Callahan, "Historical Parallels to Patriarchal Social Custom", *The Catholic Biblical Quarterly n. 4*, 1944, pp.394-395.

35   R. T. O'Callahan, ibid, p.397. M. W. Chavalas, *ibid*, p.36. X. Faivre and B. Lion, "Nuzi", *Dictionnaire de la Civilisation Mésopotamienne*, 2000, pp.595-596. T. Frymer-Kensky, "Patriarchal Family Relationships and Near Eastern Law", *The Biblical Archaeologist 44*, 1981, p.210.

다.³⁶

4. 성서와 관련된 논쟁들³⁷

1) 바벨과 비블 논쟁

1902년 독일에서 고대 근동학 역사상 가장 뜨거운 논쟁을 불러 일으켰던 발표가 이루어진다. 이름하여 바벨과 비블(Babel und Bible) 논쟁의 서막이었다. 이 논쟁의 중심에 서 있던 인물은 델리츠(F. Delitzsch, 1850-1922)였다. 그는 당시 독일의 황제였던 빌헬름 2세(Wilhelm II, 1859-1941)가 있는 자리에서 총 3회에 걸쳐서 고대 근동학 연구사에 길이 남는 강의를 했다. 첫 번째와 두 번째는 1902년과 1903년에 바벨론과 성서를 놓고서 강의를 진행하였다. 세 번째 강의는 1904년 10월 27일과 28일에 진행했다.³⁸ 그

36　R. T. O'Callahan, *ibid*, p.398.

37　첫 번째 변혁의 시기에 단지 성서와의 비교연구만이 이루어진 것은 아니다. 고대 근동의 중심지와 직접적으로 관련이 있던 수메르 문제도 이때 학자들에 의해서 논의되었다. 현재 수메르어로 불리는 언어는 19세기의 이름은 아카드어였고 현재의 아카드어는 아시로-바빌로니아어로 인식되었다. 이러던 중에 할레비(J. Halévy)가 수메르어가 사실은 사제들에 의해서 만들어진 일종의 코드같은 언어로 인공언어라고 주장했다. 하지만 그의 주장은 더 이상 학자들에게 받아들여지지 않고 있다. J. Halevy, *Précis d'allographie Assyro-Babylonienne*, Paris, Ernest Leroux, 1912. N. Anor, "Josepph Halévy, Racial Scholarship and the Sumerian Problem", *Philological Encounters* 2, 2017, p.329.

38　B. T. Arnold and D. B. Weisberg, "A Centennial Review of Fried-

는 당시 셈족 연구의 선구자였고 그의 제자들은 현대 고대 근동학의 '토대를 놓은 사람'이라고 불리게 되었다. 때문에 그가 살아 있을 당시 많은 미국인이 그와 함께 고대 근동학을 공부하기 위해서 독일로 향했다.[39] 그의 발표는 흥미로웠으나 이 발표를 들었던 사람들은 성서의 연구나 종교적인 이유로 실망할 여지도 있었다. 왜냐하면 그의 주된 발표 내용이 성서보다 바벨론이 우위에 있다는 내용을 골자로 하고 있었기 때문이다.[40] 그의 연설에 반-셈족정서와 반-유대주의가 섞여 있었는데 그 이유는 당시 유럽에서 이러한 정서가 팽배해 있었고 그는 그가 살던 시대 정신에 많은 영향을 받은 상태였기 때문이었다. 그의 주장에는 바빌로니아인들이 순전한 셈족이 아니라 아리아인(Aryan)의 후손이었다는 내용이 포함되어 있었고, 세 번째 발표에서는 바빌로니아의 민족주의와 도덕관념이 이스라엘의 것보다 우위에 있다는 내용까지 들어있었다.[41]

델리츠의 이러한 주장은 전례를 찾을 수 없는 것으로, 당시 유럽을 이끌던 엘리트 집단과 독일의 황제에게 정치적으로 사회적으로 영향을 미쳤다.[42] 그의 발표가 있고 난 이후에 황제는 1902년 11월 29일 연설에서 좀 더 발달한 종교를 위한 과거 종교

---

rich Delitzsh's Babel und Bibel lectures", *Journal of Biblical Literature 121*, 2002, pp.441-442.

39   M. W. Chavalas, *ibid*, p.30.
40   M. W. Chavalas, *ibid*, p.21.
41   B. T. Arnold and D. B. Weisberg, *ibid*, p.448.
42   B. T. Arnold and D. B. Weisberg, *ibid*, p.442.

로부터의 해방이라는 주제의 연설을 하기도 했다.[43] 이렇게 독일 황제가 관심을 보이면서 앗슈르나 바빌로니아 지역에서 황제의 지원을 받은 고고학 발굴을 새로 시작하기도 했다.[44] 후에 델리츠의 강의 내용에 포함된 반-셈족정서와 반-유대주의는 비판의 대상이 된다.[45]

2) 범 바빌로니아 학파(Panbabylonian school)

20세기 초에 학자들 사이에서는 소위 "범-바빌로니아주의(Pan Babylonianism)"라는 사조가 생겨났다. 이 주장의 중심에 있던 학자들로 빙클러(H. Winckler, 1863-1913)와 예레미아스(A. Jeremias, 1864-1935)를 들 수 있다.[46] 이 사조의 영향으로 빙클러의 경우 모든 세계의 신화는 기원전 3000년경에 발달한 바빌로니아의 신화를 기반으로 한다고 주장했다. 심지어 침머른(H. Zimmern, 1862-1931)은 한 걸음 더 나아가 바빌론의 창조 서사시가 신약의 오래된 버전이고, 이스라엘의 역사나 예수님의 이야기는 단지 길가메쉬 서사시의 반복에 지나지 않는다고 주장하기까지 했다.[47] 하지만 얼마 안 있어 이러한 극단적인 생각들은 성서학자와 고대 근동학을 공부하는 학자들에 의해서 폐기되었다. "범-바빌로니

---

43 B. T. Arnold and D. B. Weisberg, *ibid*, p.453.
44 B. T. Arnold and D. B. Weisberg, *ibid*, p.444.
45 B. T. Arnold and D. B. Weisberg, *ibid*, p.454.
46 C. H. Toy, "Panbabylonianism", *The Harvard Theological Review 3*, 1910, p.50.
47 M. W. Chavalas, *ibid*, p.34.

아니즘"이 물론 부정적인 역할만 한 것은 아니다. 이로 인해서 궁 켈(H. Gunkel, 1862-1932)이나 예레미아스(A. Jeremias, 1864-1935) 같은 성서학자가 구약성서를 메소포타미아의 문학 작품 안에서 이해하려고 시도하는 계기를 마련하였기 때문이다.[48]

III. 스스로의 문화에 초점을 둔 고대 근동 연구

1920년대에 고대 근동학자들 사이에서 이전과는 판이하게 다른 새로운 주장이 제기되기 시작하였다. 과거 고대 근동학의 시작부터 고대 근동학의 연구주제들은 앞서 보았듯이 성서와 관련된 것들이 다수를 이루었다. 당시 연구 경향은 고대 근동학을 성서에 종속시키는 모양새를 만들었다.[49] 이러한 상황에서 고대 근동 학자들이 느꼈던 새로운 연구 방향의 필요성을 벤노 란드스버거(B. Landsberger, 1890-1968 [도판 2.3])의 1926년 라이프치히(Leipzig) 연설에서 찾아볼 수 있다. 그는 자신의 연설에서 고대 근동의 역사가 자신의 용어로 즉, 오로지 쐐기문자로 써진 문헌 증거에 의해서만 연구되어야 한다고 주장했다.[50] 연구의 변화는 단지 주제

---

48   M. W. Chavalas, *ibid*, p.34.
49   그렇다고 성서와 고대 근동학의 비교연구 경향성이 없어지는 것은 아니었다. 그 비중은 이전보다 줄었지만 비교연구는 계속되었다.
50   M. W. Chavalas, *ibid*, p.35. 그의 연설은 고대 근동학의 역사상 가장

도판 2.3. **벤노 란드스버거**
https://en.wikipedia.org/wiki/Benno_Landsberger

에 의해서만 이루어지지는 않았다. 연구의 도구에 대한 고민 역시 새로운 연구의 장을 여는 계기가 되었다.

좀 더 시간이 흐른 뒤에 고대 근동학 연구의 중심 이동이 일어났다. 초기 고대 근동학은 주로 유럽 대륙에 위치한 주요 국가들 영국, 프랑스, 독일 등을 중심으로 이루어졌다. 그런데 2차 세계 대전이 유럽에서 발발한 전후에 유럽의 많은 인재가 미국행을 택할 수밖에 없었다. 때문에 미국 학계는 유럽의 학자들, 특히 많은 독일 출신 학자를 자신의 지식층에 흡수했다. 1930-1960년 사이에 이루어진 일이었다.[51]

시카고 대학이 중심이 되어서 만든 아카드어 사전(Chicago Assyrian Dictionnary, CAD)이 바로 유럽의 인재 유입으로 인한 가장 뛰어난 성과였다. 이 사전의 필요성은 20세기 초에 대두되었다. 이집트학자였던 제임스 브리스테드(J. H. Breasted, 1865-1935

중요한 연설 중 하나로 여겨져서, 그 내용이 영문으로 번역되어 소개되었다. B. Landsberger, "The Conceptual Autonomy of the Babylonian World", translated by T. Jacobsen, B. Foster, *MANE 1*, 1976, pp.59-71.

51   B. R. Foster, "Yale and the Study of Near Eastern Languages in America, 1770-1930", p.2.

[도판 1.16])가 처음으로 이러한 사전을 편찬하는 꿈을 꾸었고 [52] 그의 바람이 한참 후에야 이루어진 셈이다. 알파벳순으로 가장 처음에 출판된 제 1권(A)은 1964년에, 마지막 권인 (U/W)는 2010년에야 발간되었다. 총 26권에 달하는 이 아카드어 사전은 현재까지 고대 근동학의 연구자들에게는 없어서는 안 되는 공구서이다. 이 사전은 각각의 단어 아래에 단어의 의미뿐만 아니라 단어가 나온 모든 용례들을 포함하고 있어서 모든 고대 근동 학자들에게 연구를 시작하는 단계에서 문헌을 수집할 때 필수적인 연구 도구가 되었다.

고대 근동 문화에 대한 깊은 이해는 단지 연구주제의 변화나 혹은 시카고 앗슈르어 사전의 개발에만 있지 않았다. 이 시기에는 고대 근동학의 주목할 만한 고고학적 발견이 이루어지고 그 발견으로 인해서 고대 근동 역사문화에 대한 이해가 깊어지기도 했다. 그 좋은 사례가 에블라(Ebla)의 발견일 것이다. 에블라는 1968년에 발굴되었는데, 이 도시는 시리아의 할라브(알레포) 남쪽 55km 지점에서 번성했던 고대 도시이다. 여기서 이전에는 알려지지 않았던 에블라(eblaït)어라는 언어가 발견되었다.[53] 이 발견은 결국 메소포타미아 중심부가 아닌 외곽지역에서 어떠한 방식으로 쐐기문자가 사용되었는지를 알려주는 귀중한 자료가 되었

52　E. Reiner and McC. Adams, "An Adventure of Great Dimension: The Launching of the Chicago Assyrian Dictionary", *Transactions of the Aemrican Philosophical Society 92*, 2002, p.xiv.

53　M. Bonechi, "Ebla", *Dictionnaire de la Civilisation Mesopotamienne*, 2000, pp.261-263.

다.⁵⁴

한편 이 시기에도 고대 근동 연구에서 성서와의 연관 관계가 완전히 배제된 것은 아니었다. 제2차 세계대전 이후에 고대 근동 연구의 흐름이 고대 근동 문화 그 자체를 중심으로 이루어진 것은 사실이지만, 성서와의 비교연구도 여전히 중요했다. 특히 마리 왕궁에서 발견된 문서가 지속적으로 음역과 번역을 거쳐 발표되었다. 이 연구 성과들은 마리 왕궁 문서고(Archives royales de Mari) 연구시리즈로 출간되어, 고대 근동 학자뿐만이 아니라 성서학자들도 큰 관심을 가졌다. 화제(火祭) 관행이나 성서에 나오는 족장 시대의 관행들이 누지 문헌(기원전 2천년기)보다는 중기 청동기의 마리 문헌(기원전 2천년기 전반)에 나온 관행들과 더 닮았다는 견해가 존재했다. 이 연구들은 그 이후 1980-90년을 거쳐서 지금까지 이어지고 있다.⁵⁵

---

54 C. Fossey, *Manuel d'assyriologie : fouilles, ecriture, langues, litterature, geographie, histoire, religion, institution s, Art, t. 1. explorations et fouilles, déchffrement des cuneiformes origine et histoire de l'écriture*, 1904. / Wallis Budge, E. A., *Rise and Progress of the Assyriology*, 1925.

55 J. M. Sasson, "Comparative Bible Research and the Mari Archives. Comments and Reflections", *Claroscuro 18*, n. 2, 2019, p.12, 15. 마리와 초기 이스라엘의 역사에 대한 연구 특히 족장시대 전통에 대한 연구는 다음 연구서들을 참고할 것. A. Malamat, *Mari and the Early Israelite Experience, The Schweich Lectures*, Oxford University Press, 1984. J. C. De Moor, *Ugarit and Israelite Origins, Supplements to Vetus Testamentum 61*, 1995, pp.205-238.

IV. 1980년대의 다양한 변화

고대 근동 연구사에서 1980년대는 다양한 변화들이 일어난 중요한 시기였다. 그 변화들은 주제의 변화부터 연구 도구의 다양화까지 그 양상이 다양하다. 이제 이러한 다양한 변화들에 대해서 알아보도록 하겠다.[56]

1. 주제의 다변화 : 사회사와 문화사의 대두

첫 번째로 언급할 수 있는 가장 주된 변화는 바로 주요 연구 주제의 변화와 다양화이다. 이전까지 고대 근동의 연구들은 왕가 문헌, 신화나 문학 문헌이 주요 대상이었다. 하지만 이 시기부터 법률 문헌과 행정 문헌 등 실제적으로 사람들의 삶에서 사용된 문헌들을 중심으로 연구의 초점이 변하였다. 덕분에 이전과 다른 다채로운 고대 근동 사회의 여러 면모를 드러내고 재발견하는 기회가 되었다. 예컨대 이러한 다양한 연구의 결과 중 하나로 폴 코사길(P.Koschaker, 1879 1951)의 매매혼 가설에 대해서, 웨스트브

---

[56] 고대 근동의 학문에 경향이 바뀐 것과 마찬가지로 성서의 학자들은 1970년대부터 성서를 연구함에 있어서 역사로부터 벗어난 식의 학문적 접근(ahistocial or anti-historical in approach)를 했다. Bill T. Arnold, "Assyriology and Biblical Studies: Time for Reassessment?", [https://bibleinterp.arizona.edu/articles/assyriology-and-biblical-studies-time-reassessment]

록(R. Westbrook, 1946- 2009)이 고대 바빌론 시대의 결혼계약서[57]를 토대로 반박한 것을 들 수 있다. 웨스트브룩은 신부의 가족에게 지불된 테르하툼(terhatum)이 코샤컬의 주장처럼 여성의 가격이 아니라 여성에 대한 부모 권리의 양도에 대한 가격이라고 주장했다.[58] 또한 1998년 아산트(J. Assante)가 시작한 고대 바빌론 시대 성창(Sacred Prostitution)의 존재 유무를 둘러싼 논쟁도 중요하다. 그는 바빌로니아에서 성창이라는 것이 존재하지 않았다고 주장했다. 이는 당시에 번역된 법률문헌과 행정문헌들 그리고 편지들을 기반으로 이루진 것이다. 이에 대해 고대 바빌론 시대 전문가인 샤르팡(D. Charpin, 1954-)은 1차 문헌을 오역한 데서 오는 잘못된 주장이라고 반박했다.[59]

    1980년대의 또 다른 중요한 변화로 젠더 연구를 들 수 있다. 1960-1970년대에 시작한 초기 연구는 젠더 관련 문헌들의 번역과 분석에 초점을 맞추어서 이루어졌다. 그러다가 1970-1980년대부터 여성의 정체성과 사회구조에 대한 여러 방면의 연구들이 이전에 이루어진 문헌 연구를 바탕으로 이루어졌다. 마지막 가장 중요한 단계로 볼 수 있는 1980-1990년대에 이루어진 젠더 연구는 사회적 관행과 관련된 것이다. 물론 젠더 연구사의 이러한 경향 안에서도 그러한 경향과 반대되는 다른 경향들이 존재하기도

---

57   R. Westbrook, *Old Babylonian Marriage, Archive fur Orientforschung, Beiheft 23*, Horn: Verlag Ferdinand Berger and Sohne, 1988.

58   M. Van de Mieroop, "Review of Westbrook's Old Babylonian Marriage Law", *Bibliotheca Orientalis XLVIII n. 3/4*, 1991, p.569.

59   D. Charpin, *La vie meconnue du temple mesopotamienne*, 2000, pp.135-161.

했다.[60]

2. 신앗시리아 시대 연구의 부활

두 번째로 언급할 수 있는 것이 신앗시리아학의 부흥이다. 신앗시리아 역사에서 중요한 위치를 차지하는 신앗시리아 시기의 왕가 문헌에 대한 번역은 고대 근동학 초기에 이미 존재하였다.[61] 신앗시리아 시대는 서양 고전과 성서에 이미 잘 알려져 있었고 그렇기 때문에 고대 근동학 초기에서부터 사람들의 이목을 집중시켰다.[62] 하지만 신앗시리아 시기에 대한 왕성한 연구는 1970년

---

60 F. Joannès, "Historiography on Studies Dedicated to Women and Economy during the Neo-Babylonian Period", *The Role of Women in Work and Society in the Ancient Near East*, De Gruyter, 2016, p.459.

61 1880-1890년 사이에 다수의 학자들이 제국시기의 지배자들의 공식적인 비문에 관심을 가지면서 연구를 했고 가장 대표적인 학자로는 쉬라딜(E. Schrader)의 저작과 비르치(S. Birch) 그리고 핀치(T. G. Pinches)와 레이온(D. G. Lyon) 알덴(S. Alden) 윈클러(H. Winckler) 그리고 폴(Paul)의 연구서가 있다. E. Schrader, *Zur Kritik der Inscriften Tiglath-Pileser's II, des Asarhaddon und des Asurbanipal*, 1880. E. Schrader, *Die Sargonsstele*, 1882. Birch, S and T. G. Pinches, *Bronze Ornaments of the Palace Gates of Balawat*, 1880-1902. D. G. Lyon, *Keilschrifttexte Sargon's*, 1883. S. Alden, *Keilschrifttexte Asurbanipals*, 1887-1889.

62 E. Frahm, "Images of Assyria in Nineteenth- and Twentieth-Century Western Scholarhip", *Orientalism, Assyriology and The Bible*, 2006, Sheffield Phoenix Press, p.78.

대부터 활성화되어 1980년대에 그 꽃이 만개한다.[63] 이전에 번역되었던 신앗시리아 시대의 공식 문헌들이 시대에 맞추어 새롭게 번역되었고, 1986년 시몬 파르포라(S. Parpola, 1943 ~)가 헬싱키에서 신앗시리아 시대 문헌 프로젝트[64]를 시작했다. 이 프로젝트는 당시까지 신앗시리아 시대의 연구 상황을 진단하고, 편지와 함께 법률, 행정, 문학, 계약, 종교, 점술 문헌들을 새로 편집 발간하는데 그 목적이 있었다.[65]

1990년대 독일에서는 독일학술협회(Deutsche Forschungs-

---

[63] 좀 더 이르게 앗시리아 역사의 관심을 보기도 한다. 진정한 메소포타미아 역사의 다른 시기와 구별되게 앗시리아 역사를 보기 시작한 것은 그레이슨에 따르면 1950년대의 산물이다. 이 시기에 앗시리아 역사가 다른 근동의 시기와 확연하게 구분되기 시작하였다. G. Frame, "A History of Research on the Neo-Assyrian Empire", *Writing Neo-Assyrian History: Sources Problems and Approaches, Proceeding of an International Coference Held at the University of Helsinki on September* 2014, p.8. 하지만 프레임(G. Frame)은 같은 연구논문에서 자신도 역시 그레이슨의 말에 어느 정도 동의하지만 진정으로 발달된 앗시리아 역사에 대한 연구의 태동은 1980년대라고 주장하였고 필자 역시도 그의 견해에 동의한다.

[64] http://www.helsinki.fi/science/saa/, http://oracc.museum.upenn.edu/saao/

[65] A. Garcia-Ventura and S. Svard, "Studying Gender in the Ancient Near East: First Steps and Future Prospects", *Near Eastern Archaeology* 79, 2016, pp.8-9. 시리즈의 이름은 State Archives of Assyria이다. 약 20여개의 책이 출간되었고 다양한 학자들이 이 프로젝트에 참여했다. Simo Parpola, Manfred Dietrich, Frederick Mario Fales, Alsdair Livingstone, Mikko Luuk-ko, J. N. Postgate, Ivan Starr and Greta Van Buylaere. G. Frame, *ibid*, p.9.

gemeinschaft)의 지원으로 앗수르 프로젝트(Assur Project)가 착수되었다. 1994년부터 요하네스 렌게르(Johannes Renger, 1934-2023)가 이 프로젝트를 담당하며, 30명의 고고학자 및 고대 근동 학자와 함께 독일 발굴단이 앗수르에서 발굴한 유적들에 대해서 연구를 진행했다. 이탈리아에서도 마리오 팔레스(F. Mario Fales)와 지오바니 란프란치(Giovanni B. Lanfranchi)를 중심으로 신앗시리아 제국에 대한 연구가 여러 방면에서 이루어졌다.[66] 캐나다 토론토에서는 앗시리아 왕가 문헌을 재발간하는 사업을 진행하였고 그 결과물들은 1980년부터 2006년까지 시리즈로 나왔다.[67] 더불어 컴퓨터의 보급과 발달로 신앗시리아 시대를 배경으로 많은 학술 데이터베이스들이 만들어졌다.[68]

3. 데이터베이스 서비스와 학술관련 웹서비스의 발달

세 번째로 주목할 만한 것은 컴퓨터를 사용한 많은 데이터베이스

---

[66] A. Garcia-Ventura and S. Svard, "Studying Gender in the Ancient Near East: First Steps and Future Prospects", *Near Eastern Archaeology* 79, 2016, pp.222-223.

[67] G. Frame, "A History of Research on the Neo-Assyrian Empire", *Writing Neo-Assyrian History : Sources, Problems and Approaches, Proceeding of an International Conference Held at the University of Helsinkin on September*, 2014, pp.8-9.

[68] A. Garcia-Ventura and S. Svard, "Studying Gender in the Ancient Near East: First Steps and Future Prospects", *Near Eastern Archaeology* 79, 2016, p.223.

서비스와 학술관련 웹서비스의 발달이다. 최근에 이 분야를 연구한 샤르팡(D. Charpin)은 고대 근동학 관련 인터넷 사이트를 세 가지 범주로 분류했다. 1) 인터넷을 통한 잡지나 책 발간 2) 사전과 참고 문헌등과 같은 공구서 3) 1차 문헌이나 이미지 등과 같은 연구의 원천이 되는 정보들을 다루는 웹사이트이다.[69] 인터넷을 통한 책이나 잡지 발간을 하는 대표적인 사이트로는 ETA-NA(http://www.etana.org/)를 들 수 있다. 이 사이트에서는 고전으로 남은 많은 고대 근동학의 서적들을 PDF 형식으로 만날 수 있다. 이 외에도 학술잡지들이 다양한 방식으로 인터넷에 소개되어 있다. 어떠한 경우는 잡지를 구독하는 사람에게, 혹은 그 잡지가 포함된 데이터베이스(JSTOR or CAIRN)를 구독하는 사람에게, 혹은 모든 사람에게도 다양한 방식으로 이 학술잡지들은 열려있다.[70] 로스앤젤레스에 있는 캘리포니아 대학(UCLA)은 CDLI(Cuneiform Digital Library Initiative)를 만들어 참고문헌과 많은 쐐기문자 문헌의 토판 이미지를 제공하고, 스톤(E. Stone)은 AMAR(Archive of Mesopotamia Archaeological Site Reports)를 통해서 수많은 고고학 발굴지에 대한 정보를 제공한다.[71]

---

69 D. Charpin, "Ressources Assyriologiques sur Internet", *Bibliotheca Orientalis LXXI n. 3-4*, 2014, p.331.

70 각각의 잡지 소개와 그 잡지의 인터넷 주소 그리고 구독의 방식은 다음의 연구논문 페이지를 참고할 것. D. Charpin, "Ressources Assyriologiques sur Internet", *Bibliotheca Orientalis LXXI n. 3-4*, 2014, p.333.

71 G. Frame, "A History of Research on the Neo-Assyrian Empire", *Writing Neo-Assyrian History: Sources Problems and Approaches, Proceeding of an International Conference Held at the University of*

V. 맺음말

이 글에서는 총 3단계로 나누어서 200년 동안 이루어진 고대 근동 연구사를 조망해 보았다. 고대 근동 연구사는 최초의 공식적인 발굴 시점에서 시작되었다고 여겨진다. 하지만 의미 있는 문헌 연구의 시작은 역사 문헌의 내용을 알게 해준 쐐기문자의 해독에서 시작되었다고 볼 수 있다. 쐐기문자가 해독되고 유럽으로 넘어온 많은 고대 근동의 유물들이 그 의미를 드러내기 시작했다.

초기에 고대 근동의 유물들은 성서와 관련이 있는 부분들이 주로 연구되었다. 성서에 나오는 노아의 홍수 이야기의 원형을 고대 근동 신화 중에서 찾아볼 수 있어서 지대한 관심을 이끌었다. 모세 이야기와 유사한 사르곤 왕의 탄생설화 역시 성서의 서사와 관련이 있었고, 동시에 영웅 탄생설화가 가지는 세계적인 공통분모 역시 잘 보여주었다. 이러한 이유에서 초기의 고대 근동학은 성서와의 깊은 연관성 안에서 그 연구주제가 선택되었다.

그런데 20세기 초부터 고대 근동 학자들 사이에서 이러한 경향과 다른 새로운 방향성을 지닐 필요가 있다는 주장이 제기되었다. 이들은 고대 근동의 역사와 문화는 그 자신 스스로의 역사와 문화 안에서 연구되고 이해되어야 한다고 주장했다. 이러한 새로운 연구 경향으로 아카드어 사전 편찬 필요성이 대두되어 결국 장기간에 걸친 방대한 프로젝트에 착수했다. 문헌에 대한 깊은 이해는 그 언어에 대한 이해 없이 이루어질 수 없기 때문이었

Helsinkin on September 2014, p.13.

다. 이 길고 위대한 여정이 미국에 있는 시카고 대학을 중심으로 진행되었다. 이를 주도한 인재들은 2차 세계대전 때문에 미국으로 넘어온 유럽의 고대 근동 학자들이었다. 20세기 중반부터 발간되기 시작한 시카고 대학 아카드어 사전(CAD)은 50여 년에 걸쳐서 완성되었고, 이 사전작업을 통해서 고대 근동학의 연구는 더 아름다운 꽃을 피울 수 있었다. 이 시기 동안 성서와의 비교연구에 초점을 두었던 이전 시기와는 다르게 고대 근동문화 자체와 관련된 주제들이 연구의 주종을 이루었다.

그러다 1970-80년대부터 세 번째 변혁이 일어나기 시작했다. 이전 고대 근동 문헌에 대한 연구는 문학이나 왕가 문서와 같이 정치사나 문화사를 중심으로 이루어졌다. 때문에 법률 문헌이나 사회상을 반영하는 일상생활에 사용된 문헌들은 관심을 받지 못하는 실정이었다. 하지만 이 시기부터 실생활에 사용되어 사회상을 반영하는 문헌들이 사람들의 주목을 받기 시작했고 이를 기반으로 다양한 연구들이 이루어졌다. 이뿐만이 아니라 이 시기에 신앗시리아 시기에 대한 연구 역시 꽃을 피웠는데, 빈(Wien)대학을 중심으로 한 연구단체가 구심점이 되어서 과거 이루어진 번역들을 새롭게 점검하였고 이를 기반으로 다양한 신앗시리아 시대의 연구들이 이루어졌다. 이와 더불어 젠더 연구 역시 활발하게 이루어졌는데 시기에 따라서 그 연구의 방향성이 조금씩 바뀌었다. 즉 마지막 세 번째 변혁의 시기에 연구의 대상이 되는 문헌의 성격이 바뀌었고, 이에 따라 연구의 주제 역시 대폭 다양화되는 경향을 보였다는 사실을 알 수 있다.

참고자료

마르크 반 드 미에롭 지음, 김구원 옮김, 「고대 근동 역사 -B.C. 3000년 경-B.C. 323년」, CLC, 2010.

Alden, S., *Keilschrifttexte Asurbanipals*, 1887-1889.

Anor, N., "Joseph Halévy, Racial Scholarship and the Sumerian Problem", *Philological Encounters 2*, 2017, pp.321-345.

Arnold, B. T. and D. B. Weisberg, "A Centennial Review of Friedrich Delitzsch's Babel und Bibel Lectures", *Journal of Biblical Literature 121*, 2002, pp.441-457.

Arnold, Bill T. "Assyriology and Biblical Studies: Time for Reassessment?", [https://bibleinterp.arizona.edu/articles/assyriology-and-biblical-studies-time-reassessment]

Battini, L. and P.Villard, "Dur-Šarrukin", *Dictionnaire de la Civilisation Mésopotamienne*, 2000, pp.248-251.

Battini, L., "Sumérien", *Dictionnaire de la Civilisation Mésopotamienne*, 2000, pp.799-801.

Birch, S. and T. G. Pinches, *Bronze Ornaments of the Palace Gates of Balawat*, 1880-1902.

Bonechi, M., "Ebla", Dictionnaire de la Civilisation Mesopotamienne, 2000, pp.261-263.

Bottero, J., "Decipherments in the Ancient Near East", *Mesopotamia Writing, Reasoning, and the Gods*, 1995, pp.55-66.

Brigitte, L. and C. Michel, *Les ecritures cuneiformes et leur dechiffrement, Travaux de la MAE 4*, Paris: Edition de Boccard, 2008.

Budge, W. E. A., *Rise and Progress of the Assyriology*, 1925.

Carena, O., *History of the Near Eastern Historiography and its Problems: 1852-1985, Part One : 1852-1945*, Verlag Butzon and Becker Kevelaer, 1989.

Charpin, D., "Pretres, Pretresses", *Dictionnaire de la Civilisation Mésopotamienne, 2000, pp.681-683.

Charpin, D., *La vie meconnue du temple mesopotamienne*, 2000.

Charpin, D., "Ressources Assyriologiques sur Internet", *Bibliotheca Orientalis LXXI n. 3-4*, 2014, pp.331-358.

Chavalas, M. W. "Assyriology and Biblical Studies: A Century and a half of Tension", in *Mesopotamia and the Bible* (ed. Mark W. Chavalas and K. Lawson Younger, Jr.; Sheffield: Sheffield Academic), 2003, pp.1-47.

Faivre, X. and B. Lion, "Nuzi", *Dictionnaire de la Civilisation Mésopotamienne*, 2000, pp.595-596.

Fossey, C., *Manuel d'assyriologie : fouilles, écriture, langues, litterature, geographie, histoire, religion, institutions, art. t. l. explorations et fouilles, déchiffrement des cuneiformes origine et histoire de l'écriture*, 1904.

Foster, B. R., "Yale and the Study of Near Eastern Languages in America, 1770-1930", pp.1-56.

Frahm, E. "Images of Assyria in Nineteenth- and Twentieth-Century Western Scholarhip", *Orientalism, Assyriology and The Bible*, 2006, Sheffield Phoenix Press, pp.74-94.

Frame, G., "A History of Research on the Neo-Assyrian Empire", *Writing Neo-Assyrian History : Sources, Problems and Approaches, Proceeding of an International Conference Held at the University of Helsinki on September,* 2014, pp.22-25.

Frymer-Kensky, T., "Patriarchal Family Relationships and Near Eastern Law", *The Biblical Archaeologist 44*, 1981, pp.209-214.

Fraymer-Kensky, T. "The Atrahasis Epic and Its Significance for our understanding of Genesis 1-9", *The Biblical Archaeologist 40*, 1977, pp.147-155.

Glassner, J.-J., "Le Récit Autobiographique de Sargon", *RA 82*, 1988, pp.1-11.

Garcia-Ventura, A. and S. Svard, "Studying Gender in the Ancient Near

East: First Steps and Future Prospects", *Near Eastern Archaeology 79*, 2016, pp.222-223.

Halevy, J., *Précis d'allographie Assyro-Babylonienne*, Paris, Ernest Leroux, 1912.

Hoberman, B., "BA Portrait George Smith (1840-1876) Pioneer Assyriologist", *The Biblical Archaeologist 46*, 1983, pp.41-42.

Joannès, F., "SARGON 1er (d'Akkad)", *Dictionnaire de la Civilisation Mésopotamienne*, 2000, pp.754-756.

Joannès, F. "Historiography on Studies Dedicated to Women and Economy during the Neo-Babylonian Period", *The Role of Women in Work and Society in the Ancient Near East*, De Gruyter, 2016, pp.459-472.

Landsberger, B., "The Conceptual Autonomy of the Babylonian World", translated by T. Jacobsen, B. Foster, *MANE 1*, 1976, pp.59-71.

Larsen, M. T. *The Conquest of Assyria Excavations in an antique land 1840-1860*, London and New York, 1994.

Larsen, M. T., "The Babel/Bible Controversy and its Aftermath", CANE 1, 1995, pp.85-106.

Lion, B. and C. Michel, *Les ecritures cuneiformes et leur dechiffrement*, Editions Kheops, 2016.

Lion, B. and L. Battini and P.Villard, "Ninive", *Dictionnaire de la Civilisation Mésopotamienne*, 2000, pp.574-577.

Lyon, D. G., *Keilschrifttexte Sargon's*, 1883.

Malamat, A., *Mari and the Early Israelite Experience,* The Schweich Lectures, Oxford University Press, 1984.

Milman, W. H. and Geo. Grote, "Comparative Translations", *Journal of the royal asiatic society of Great Britain and Ireland 18,* 1861, pp.150-154.

Moor de J. C., *Ugarit and Israelite Origins, Supplements to Vetus Testamentum 61*, 1995, pp.205-238.

O'Callahan, R. T., "Historical Parallels to Patriaarchal Social Custom", *The Catholic Biblical Quarterly* n. 4, 1944, pp.391-405.

Parpola, S., "Back to Delitzsch and Jeremias: The Relevance of the Pan-Babylonian School to the Melammu Project", in A. Panaino-Piras (eds), *Melammu Symposia 4*, 2004, pp.237-247.

Reiner, E. and McC. Adams, "An Adventure of Great Dimension: The Launching of the Chicago Assyrian Dictionary", *Transactions of the Aemrican Philosophical Society 92*, 2002, pp.i-140.

Sasson, J. M., "Comparative Bible Research and the Mari Archives. Comments and Reflections", *Claroscuro 18*, n. 2, 2019, pp.1-35.

Schrader, E., *Zur Kritik der Inscriften Tiglath-Pileser's II, des Asarhaddon und des Asurbanipal*, 1880.

Schrader, E., *Die Sargonsstele*, 1882.

Smith, G., The Chaldean Account of Genesis, Cambridge: Cambridge University Press, 1975.

Snell, D. C., *Religions of the Ancient Near East*, Cambridge University Press, 2010.

Tadmor, H. and M. Weinfeld, *History, Historiogaphy and Interpretation Studies in Biblical and Cuneiform Literatures*, Brill, Leiden, 1986.

Toy, C. H., "Panbabylonianism", *The Harvard Theological Review 3*, 1910, pp.47-84.

Van de Mieroop, M., "Review of Westbook's Old Babylonian Marriage", *Bibliotheca Orientalis XLVIII* n. 3/4, 1991, pp.567-574.

Verderame, L. and A. Gracia-Ventura, Perspective on the history of Ancient Near Eastern Studies: An Introduction, Pennsylvania: Eisenbrauns, 2020.

Westbrook, R., Old Babylonian Marriage, Archive fur Orientforschung, Beiheft 23, Horn : Verlag Ferdinand Berger and sohne, 1988.

Zaccagnini, C., "Nuzi", *A History of Ancient Near Eastern Law, Handbook of Oriental Studies*, Leiden: Brill, 2003, pp.565-617.

목차

I. 서론
　　1. 용어논쟁
　　2. 연구의 범위와 한계

II. 이스라엘/팔레스틴 고고학사
　　1. 태동기(1890년대 이전)- 성지탐사와 성서 지명 확인
　　2. 성장기(1890-1910년대)- 층위학과 토기 형태학의 등장
　　3. 발전기(1920-1940년대)- 성서고고학 전성시대
　　4. 내적 성장기(1948년-1970년대)
　　5. 혼란기(1970년대 말-1990년대 초)
　　6. 논쟁기(1990년대 중반-2000년대 중반)
　　7. 성숙기(2000년대 초/중반 이후-현재)

III. 이스라엘/팔레스틴 고고학적 연구의 의미와 논점들
　　1. 인류의 정착 변화 역사와 문화/문명 변화 역사
　　　　1) 인류의 정착
　　　　2) 농경 생활과 토기
　　　　3) 도시 생활과 요새화
　　　　4) 문자 생활
　　2. 이스라엘/팔레스틴 지역의 외부 고대문명 세력
　　　　1) 이집트 문명
　　　　2) 메소포타미아 문명
　　　　3) 히타이트 문명
　　　　4) 그리스/로마 문명
　　3. 최대주의자/최소주의자 논쟁
　　4. 위조품 논쟁

IV. 결론

제3장
이스라엘/팔레스틴 고고학 역사: 정치적 종교적 문화적 논쟁들

강후구(서울장신대)

I. 서론

이스라엘/팔레스틴 지역의 지난 200여 년간의 고고학적 연구는 선사 시대부터 오토만 시대에 이르기까지 괄목할 만한 성과와 발전을 가져왔다. 방대한 연구 결과는 정리하기도 힘들 정도이며, 현세에도 활발한 연구가 진행되고 있다.

  이 지역의 물질문화와 문명 연구 결과는 단순히 과거사 연구에 그치지 않고 현대 사회의 정치적, 종교적, 문화적 논의와 연관되어 있기에 현대적 의의를 지닌다. 더욱이 이 지역은 고대문명 세력들의 충돌 지역이었기에 다양한 문명의 영향력까지 파악할 수 있다. 본 연구는 이러한 의미를 지니는 이 지역의 고고학사를 정리하는 시도이다.

본 연구에서 먼저, 이 지역을 일컫는 용어에 관한 다양한 의견과 논쟁을 살펴본 뒤(제 I장), 이 지역의 고고학사를 총 일곱 시기로 나누어 각 기간에 이루어진 고고학 연구사 측면에서 의미 있는 연구와 결과들을 살펴볼 것이다(제 II장). 이후 지난 200년간 이 지역의 고고학사에서 밝혀진 보편적 문명사 측면에서의 의미와 논쟁들을 다룰 것이다(제 III장).

본 연구가 이 지역을 고고학적으로 연구하는 데 기초석이 되리라 기대한다.

1. 용어논쟁

이스라엘/팔레스틴 지역의 고고학적 연구가 이루어지면서 이 지역의 고고학에 대한 명칭이 다양하게 사용되었다. 대표적인 용어 사용을 학자들 중심으로 살펴본다면, 우선 미국에서 큰 영향을 끼친 올브라이트(W.F. Albright)는 이 지역의 고고학을 '고대 팔레스틴 고고학'[1]이라 칭하였고, 그의 제자 라이트(G.E. Wright)는 '성서 고고학'[2]이라는 용어를 사용하였다. 이는 종교적 의미를 가미한 것으로서 오늘날까지 여전히 광범위하게 사용된다. 영국 여

---

[1] W.F. Albright, *The Archaeology of Palestine: A Survey of the Ancient Peoples and Cultures of the Holy Land*, Harmondsworth, Middlesex, Penguin Books, 1949.

[2] G.E. Wright, *Biblical Archaeology*, Philadelphia, Westminster Press, 1957.

류 고고학자인 케년(K.M. Kenyon)은 '성지 고고학'[3]라는 용어를, 이스라엘 고고학자인 아하로니(Y. Aharoni)는 '이스라엘 지역 고고학'[4], 마자르(A. Mazar)는 '성서 지역 고고학'[5], 벤-토르(A. Ben-Tor)는 '고대 이스라엘 고고학'[6]라는 용어를 사용하여 성서 지역 특히, 이스라엘 지역을 강조한 것을 볼 수 있다. 최근 은퇴 전까지 활발히 활동하였던 미국 고고학자 디버(W.G. Dever)는 종교적 의미를 배제한 '시리아-팔레스틴 고고학'[7]이라는 용어를 사용하자고 주장하였다. 이 용어들은 오늘날까지 혼재된 형태로 사용되고 있다.

통일되지 않은 이 명칭들은 학자들이 어떤 것을 강조할 것인지 그 경향과 생각을 드러낸 것이라 할 수 있는데, 주지하였듯이 정치적, 종교적 사상이 용어 사용에 개입된 것이다. 정치적 의

---

[3] K.M. Kenyon, *Archaeology in the Holy Land*, London, E. Benn, 1979.

[4] Y. Aharoni, *The Archaeology of the Land of Israel : From the Prehistoric Beginnings to the End of the First Temple Period*, Philadelphia, Westminster Press, 1982.

[5] A. Mazar, *Archaeology of the Land of the Bible*, New York, Doubleday, 1990.

[6] A. Ben-Tor, *Archaeology of Ancient Israel*, New Haven, Yale University Press/Open University of Israel, 1992.

[7] W.G. Dever, "The Impact of the "New Archaeology" on Syro-Palestine Archaeology", *Bulletin of Americal Schools of Oriental Research*, Vol.242, American Schools of Oriental Research, 1981, pp.14-29; idem., "Archaeology, Syro-Palestinian and Biblical", Freedman, ed. *Anchor Bible Dictionary*, Vol.1. 1992, pp.354-367.

미로, 저자의 의도와 상관없이, 이 지역을 이스라엘 지역으로 지칭할 것인지 아니면 팔레스틴 지역으로 명명할 것인지 용어 사용이 구분된다. 이는 이스라엘 학자들 가운데 팔레스틴 고고학이라고 지칭하는 이가 없고, 이 용어를 사용하는 이들 대부분이 이스라엘 이외의 학자들이라는 사실에서 분명히 드러난다. 이 지역의 고고학을 종교적 측면에서 성서와 관련하여 의미를 부여할 것인지[8] 아니면 종교적 의미를 배제하여 용어를 지역적으로만 한정시킬 것인지에 따라서도 선택적 구분이 일어난다.

용어 사용의 흐름에서 뚜렷한 한 가지 추이는 초기에는 성서와 관련된 용어를 사용하려 하였으나 지금은 고고학적 연구가 지역별로 이루어져 지역을 바탕으로 한 용어가 수용되고 있다는 점이다. 이는 본 연구에서도 취할 입장인데, 고고학적 연구가 지역의 역사와 문화를 알 수 있는 방편이고, 더욱이 연구가 심화될수록 지역적 특성이 구분되기에, 지역과 연관된 용어가 합리적이라고 할 수 있다.[9]

---

[8] 성서를 더욱 세분하여 구약성서와 고고학을 연결시키거나(Alfred J. Hoerth, *Archaeology and the Old Testament*, Baker Academic, 2009), 신약성서와 고고학적 내용을 연결시키는 연구(John McRay, *Archaeology and the New Testament*, Baker Academic, 2008)도 출판되었다.

[9] 이는 지역 지상주의에 빠지는 위험이 있으나 이는 다른 지역과의 교차적 연구를 통하여 극복할 수 있을 것이다.

2. 연구의 범위와 한계

이스라엘/팔레스틴 지역의 고고학은 선사 시대부터 나폴레옹 이전 시대까지 포함하지만,[10] 본 연구에서 모두 다루기에 너무 광범위하다. 따라서, 본 연구는 이 지역에서 인류 문명이 시작된 선사 시대부터 시작하여 고대의 문명과 관련된 시대 즉, 로마 시대까지의 연구를 다룰 것이다. 따라서 로마 시대 이후의 고고학적 시대(비잔틴 시대, 아랍 시대, 십자군 시대, 마믈룩 시대, 오스만-터키 시대)의 고고학적 연구는 제외된다. 지역적으로 본 연구는 제목에서 명시하듯이 이스라엘/팔레스틴 지역 중심으로 고고학사를 살펴볼 것이다. 그러나 이 지역의 고고학적 연구 결과들은 이 지역 주변 지역과 밀접한 연관이 있기에, 이집트, 아라비아, 요르단, 시리아, 레바논으로 둘러싸인 지역까지 포괄하여 그 연구사를 살펴보고자 한다.[11]

---

[10] 아비-요나는 중세 시대 말까지 그 범위를 지적한 바 있지만(M. Avi-Yonah et al, *Archaeology*, Jerusalem, Keter Books, 1974, p.1), 본 연구에서는 고고학적 연구가 태동하는 시기까지 범위를 설정한다.

[11] 따라서 이 지역 바깥의 고고학 연구사는 따로 이루어져야 하며, 로마 시대 이후의 연구사 또한 살펴보아야 할 과제이다.

II. 이스라엘/팔레스틴 고고학사

이스라엘/팔레스틴 지역의 고고학적 활동은 이 지역이 성서의 주 배경이어서 적지 않은 관심을 받았으나, 고고학사 자체는 지금까지 거의 주목을 받지 못하였다. 일부 학자들에 의하여 시도되었고,[12] 비교적 최근 클라인에 의하여 간략하게나마 6장[13]에 걸쳐 2000년대 초반까지의 흐름을 소개하였다. 본 연구에서는 태동기(1890년 이전)부터 오늘날까지를 일곱 시기로 세분하여 고고학사를 살펴볼 것이다.

1. 태동기(1890년대 이전)-성지탐사와 성서지명 확인

이스라엘/팔레스틴에 과학적인 고고학이 본격적으로 도입되기 전에 두 가지 큰 흐름이 있었다. 하나는 성서가 역사비평연구 방법론의 도전을 받아 성서에 대한 비판적 경향이 일어나기

---

[12] A. Mazar, 앞 책, pp.16-20; P.R.S. Moorey, *A Century of Biblical Archaeology*, Westminster, Jonh Knox Press, 1992.

[13] 1장- 19세기: 초창기의 탐험가들; 2장- 제 1차 세계대전 이전: 신학에서 층서학에 이르기까지; 3장- 양 대전 사이의 시기: 둥근 텔에서 발견한 직각의 구덩이; 4장- 1948년 이후 성서의 진실과 국가주의; 5장- 6일 전쟁 이후: 새로운 조사와 계획; 6장- 1990년대와 그 이후: 허무주의에서 현재에 이르기까지. 에릭 H. 클라인, 『성서고고학』, 류광현 옮김, 서울, CLC, 2013, 31-104쪽.

시작한 것이고,[14] 다른 하나는 서구인들에 의한 고대 근동 지역의 탐사와 발굴로, 다음과 같은 중요한 일들이 이루어졌다. 로제타 스톤의 발견(1799), 이집트 내 페트리의 지표조사(1880)와 과학적 발굴 개시(1883),[15] 메소포타미아 지역의 니느웨 발굴(1842, 1847-1849), 마르둑 신화 발견과 님루드 발굴(1845-1879), 수사 발굴 (1851, 1885-1886).[16] 이 외에도 비히스툰 비문 발견과 쐐기문자 해독(1835-1843), 그리고 1868년의 메사비문이 세상에 알려진 사건 역시 고대 근동 지역에 대한 서구인들의 관심을 끌기에 충분했다. 그러나 여기서 한 가지 지적할 수 있는 것은 고대 근동의 고고학적 활동은 성서의 관심에서 출발하였다고 할 수 있으나, 정작 먼저 발굴 조사된 지역은 성서의 주무대인 이스라엘/팔레스틴이 아닌 다른 지역들이었다는 점이다. 성서에 대한 관심을 기본으로 하지만, 르네상스 시대부터 시작된 고대 유물에 대한 관심, 즉 호고주의(antiquarianism)의 발로에서 이러한 탐사 활동이 이루어졌음을 짐작케 한다.

한편, 이 시기 이스라엘/팔레스틴 지역에서 본격적인 고고학적 발굴은 이루어지지 않았지만, 고고학에서 중요한 출발점인 성서지명 확인 작업과 지리적 관찰이 이루어졌다. 신학자들, 성

---

14 로날드 E. 클레멘츠, 『구약성서 해석사: 벨하우젠 이후 100년』, 강성열, 문동학 옮김, 서울, 나눔사, 1994.

15 T.G.H. James, *The Archaeology of Ancient Egypt*, London, The Bodley Head, 1972, pp.21-22.

16 바벨론 발굴은 19세기 말경에 시작하여 20세기 초까지 이루어졌다 (1899-1914년).

서학자들, 기술자들에 의하여 이 작업이 이루어졌는데, 이들은 주요한 업적을 남겨놓았다. 19세기 상반기에 미국인 목사 에드워드 로빈슨(E. Robinson)은 고대 히브리어 지명을 현대 아랍어 지명과 견주어서 성서의 주요 장소들(시내산, 가데스바네아, 벧엘, 기럇여아림, 아나돗 등)과 산과 광야와 계곡과 하천 등을 확인하고, 저술을 통하여 그 결과를 알렸다.[17] 그 이후 19세기 중반 빅토르 괴랭(V. Guérin)은 이 지역에 와서 현지 지표조사와 함께 고대 유적지를 성서의 지명으로 확인하는 작업을 하였다.[18]

성서에 대한 이러한 관심과 달리, 19세기 하반기에 유럽 세력은 제국주의의 흐름 속에 군인들 위주로 팔레스틴 지역을 탐사하였다. 팔레스틴탐사기금을 통하여 파견된 영국군 장교였던 워렌(C. Warren)은 예루살렘의 수직갱을 비롯한 급수시설 등 고대 유적을 조사하였고, 이후 1870년대에 역시 영국군 장교였던 윌슨(C. Wilson), 콘더(C.R. Conder), 키치너(H.H.K.E. Kitchener)가 팔레스틴 지역의 지형, 지리, 동식물, 건축구조, 고대 유적지 등을 조사한 후, 그 방대한 결과를 26권의 책에 담아 세상에 내놓았다.[19] 이 자료에는 지도와 함께 고대 유적지의 지명과 위치, 그

---

17 E. Robinson, *Biblical Researches in Palestine, Mt. Sinai and Arabia Petraea* Vols. I-III., London, 1841.

18 V. Guérin, *Description géographie, historique et archéologique de la Palestine,* Paris, Imprimé par autorisation de l'empereur à l'Impr, 1968.

19 C.R. Conder and H.H.K.E. Kitchener. *Memoirs of the Survey of Western Palestine,* London, Palestine Exploration Fund. 1881-1883; C.R. Conder and H.H.K.E. Kitchener. *The Survey of Western Palestine*:

당시 수준으로 이해된 성서의 지명 확인 작업 등이 담겨 있다.

프랑스 영사관 직원이었던 클레몽-걍노(C. Clermont-Ganneau)는 비문을 통하여 게셀의 지명을 확인하는 등 성서의 지명 확인 또는 성지탐사 활동에 관여하였지만, 그보다 고문서학에 더 관심을 두었다. 그는 요르단 동쪽 지역에서 알려진 모압 비문/메사 비문의 탁본을 떠서 이 비문이 파손되기 이전의 형태를 알려 주었고,[20] 히스기야 비문으로 알려진 실로암 비문을 해독하는 데 앞장섰다. 그가 프랑스 고문서학의 첫발을 내디딘 것으로 평가할 수 있다.

이들과 함께 19세기 말경 성지탐사와 성서의 지명 확인 작업에 주요한 업적을 남긴 이는 스코틀랜드 출신의 신학자인 조지 아담 스미스(G.A. Smith)였다. 그는 이스라엘/팔레스틴 지역뿐만 아니라 시리아 지역까지 널리 직접 여행하여 자신의 의견을 담아 저술하였다. 그는 이전에 알려지지 않았던 장소들을 성서의 지명으로 확인하였는데, 예를 들어 로빈슨은 전혀 인식하지 못했던 텔 엘-무테셀림을 성서의 므깃도라고 처음으로 주장하였다.

Memoirs of the Topography, Orography, Hydrography, and Archaeology. Vol. III., London, Palestine Exploration Fund, 1883.

20 모압비문 또는 메사비문으로 불리는 이 비문의 발견 경위와 그 의미에 대해서는 J.A. Dearman, *Studies in the Mesha inscription and Moab*, Atlanta, GA, Scholars Press, 1989, pp.47-75; 에릭 H. 클라인, 앞 책, 35-37쪽.

2. 성장기(1890-1910년대)- 층위학과 토기 형태학의 등장

1890년대가 첫 번째 시대 구분의 경계선이 되는 이유는 신학자, 군인 등에 의하여 이루어진 활동이 있었던 이전 시대와는 달리, 이 시기에 처음으로 고고학을 전공한 학자들이 이스라엘/팔레스틴 지역 내에서 발굴 활동을 개시했기 때문이다.

김구원이 저술한 제1장 이집트 연구사에서도 소개된 고고학자 플린더스 페트리(William Matthew Flinders Petrie, 1853-1942[도판 1.7])가 앞서 언급하였던 19세기 중반에 설립된 팔레스틴탐사기금에 고용되어 이스라엘/팔레스틴 남서쪽에 위치한 텔 엘-헤시(Tell el-Hesi)를 과학적-고고학적으로 발굴하였다(1890-1892년). 페트리는 한 고고학적 장소의 고대 거주층 위에 이후 시대의 도시가 누적되어 층을 이룬 인공적인 거주 언덕이 형성되었음을 인지하고 발굴한 최초의 인물이다. 따라서 위에서부터 아래로 발굴하면서 후대의 거주층부터 고대 거주층까지 거주 모습을 역으로 파악할 수 있게 되었다. 비록 그는 텔 엘-헤시를 성서의 라기스로 동일시하는 지명 확인의 오류를 범하였지만, 고대 유적지의 층위학적 형성 과정 이해를 바탕으로 각 지층의 거주 모습과 각 층에서 출토된 유물이 서로 다른 시대적 모습을 지닌다는 역사적 이해를 가져왔다. 이전과는 달리 텔 엘-헤시 지층 1, 지층 2, 지층 3 등의 층위학적 구분이 이루어졌고, 이를 통해 각 지층이 어느 시대에 속하는지 역사적 구분이 이루어졌다. 이러한 결과는 그의 발굴보고서에 고스란히 담겨 있다.[21]

---

21   W.M.F. Petrie, *Tell el-Hesy*(*Lachish*), London, Palestine Exploration

층위학적 이해는 고고학적 발굴에 따라 층위별로 출토되는 토기 형태가 변화된다는 사실도 확인시켜 주었다. 층위별로 출토된 토기 조각을 형태별로 배열함으로 층위별 토기 형태가 변화함을 인지케 한 것이다. 이는 성서고고학 발전에 크게 공헌했는데, 왜냐하면 고고학적 발굴에서 가장 많이 발견되는 것이 토기이기 때문이다. 발굴된 유적이 어느 시대의 것인지를 파악하는 기본적인 고고학적 초석이 이때 마련된 것으로 평가할 수 있다.

이와 함께 성서의 주요 도시들이 발굴되었는데 주요 발굴지와 그 의의를 다음과 같이 간략히 정리할 수 있을 것이다:

1) 1898-1900년, 프레드릭 존스 블리스와 로버트 알렉산더 스튜어트 메칼리스터의 쉐펠라(Shephelah) 지역 발굴-발굴 방법이 체계적이지 아니함, 모호한 연대 설정.[22]
2) 1903-1905년 고트리브 슈마허의 므깃도 발굴-트렌치 발굴-발굴 방법이 발전하지 아니함, 시대별 도시 윤곽을 발견.[23]

Fund, 1891.

22 F.J. Bliss, *Excavations in Palestine : during the years 1898-1900*, London, Palestine Exploration Fund, 1902.

23 G. Schumacher, *Tell el-Mutesellim : Bericht über die 1903 bis 1905 mit Unterstuetzung Sr. Majestaet des deutschen Kaisers und der deutschen Orient-Gesellschaft vom deutschen Verein zur Erforschung Palaestinas veranstalteten Ausgrabungen*, Vol. 1, Leipzig, J. C. Hinrichsche Buchhandlung, 1908; G. Scumacher, *Tell el-Mutesellim : Bericht über die 1903 bis 1905 mit Unterstuetzung Sr. Majestaet*

3) 1902-1909년 로버트 알렉산더 스튜어트 매칼리스터의 게셀/게제르 발굴—트렌치 발굴—발굴 방법이 발전하지 아니함, 넓은 폭의 시대 구별, 가나안인들의 무덤, 가나안인들의 주상과 산당 시설, 게셀 월력/농사력 발견.[24]
4) 1907-1909년 - 여리고(텔 에스-술판) 발굴
5) 1908-1910년 조지 라이스너—사마리아 발굴—훌륭한 일꾼 통제, 유적지의 형성 과정 이해를 바탕으로 유적의 복잡한 구조와 다양한 지층을 구분, 사진과 도면 그리고 자세한 설명을 통하여 발굴 결과를 소개.[25]

위 발굴은 다음의 몇 가지 특징이 있다. 첫째, 대규모 발굴이었고, 둘째, 트렌치 발굴이었으며, 셋째, 성서 즉, 구약성서의 중심도시 중심으로 발굴되었다. 넷째, 아직 고고학적 구분은 분명치 않아 성서 역사 중심으로 층위를 구분하였고, 다섯째, 제국주의적 경향 아래 탐사가 이루어졌다. 앞서 소개한 발굴 이외에, 이전에 실행하던 탐사가 이 시기에도 계속 이어졌는데, 이는 오스만 터키 제국의 붕괴 이후 팔레스틴 지역에 발을 들여놓은 유

---

des deutschen Kaisers und der deutschen Orient-Gesellschaft vom deutschen Verein zur Erforschung Palaestinas veranstalteten Ausgrabungen, Vol. 2, Carl Watzinger, ed. Leipzig, Rudolf Haupt, 1929.

24 R.A.S. Macalister, *The Excavation of Gezer: 1902 - 1905 and 1907 - 1909*, London, John Murray, 1912.

25 G.A. Reisner, C.S. Fisher and D.G. Lyon, *Havard Excavations at Samaria, 1908-1910*, Cambridge, Mass., Havard University Press, 1924.

럽 국가들이 이 지역을 차지할 가능성이 크기에, 정치적 배경을 바탕으로 탐사와 발굴 조사가 유럽 국가 출신 고고학자 중심으로 이루어진 것이다. 이 탐사와 발굴이 제국의 왕실 또는 준-국가 협회의 후원으로 이루어진 것은 이 같은 사실을 뒷받침한다.[26] 마지막으로, 광야 지역에 대한 연구가 이루어졌다. 로렌스와 울리는 신광야 지역, 네게브 지역, 아라바 광야 지역의 고고학 유물을 기록하였다.[27] 이는 앞서 언급한 것처럼 제국주의적 의도가 있었음에도 학술적으로 가치가 있어 이 지역을 연구하는 이들에게 중요한 자료를 제공하고 있다.

한편 이 시기 이스라엘/팔레스틴 이외의 지역에서 알려진 중요한 발견물, 즉 메렌프타 비문이 이집트에서 발견되었다[도판 3.1]. 소위 이스라엘 비문으로 알려진 이 비문을 1896년 2월에 페트리가 룩소의 한 신전 발굴에서 발견하였다. 이것은 이집트 신왕조 람세스 2세의 아들 메렌프타에 의하여 세워진 전쟁 승리 비문이다. 비문의 내용은 메렌프타가 그의 집권 초기 시행한 리비아와 가나안 등 이집트 주변 지역을 복속시키고자 원정 전쟁하여 거둔 승리를 기념하는 내용을 담고 있다. 이 비문이 중요한 것은 성서에서 여러 번 기록된 지명 또는 민족명인 가나안과 아스글론, 게셀 등이 기록되었을 뿐만 아니라 성서 외적인 자료에서 처음으로 이스라엘을 언급하고 있다는 점이다. 이스라엘 이름

---

26 에릭 H. 클라인, 앞 책, 47, 53쪽.

27 T.E. Lawrence, *The Essential T.E. Lawrence: Selected with a Preface by David Garnett,* Harmondsworth, Middlesex, Penguin Books, 1956, pp.60-65.

도판 3.1. 메렌프타 비문
이집트 카이로 박물관 소장, 사진 제공: 이윤규 박사

뒤에 기록된 한정사는 사람들의 무리, 즉 민족 또는 백성을 지시하기에 고대 근동의 역사와 이스라엘 역사를 연결시키는 중요한 자료이다.[28]

3. 발전기(1920-1940년대)-성서고고학 전성시대(1차 세계대전 이후부터 2차 세계대전 이전까지)

이 시기는 성서고고학의 전성시대라고 할 수 있다. 그 이유는 첫째, 이전과는 달리 성서의 장소들에 대한 활발한 발굴이 곳곳에서 이루어졌기 때문이며, 둘째, 지금까지도 쓰고 있는 톰센의 삼시대 구분법(석기, 청동기, 철기)[29] 즉, 고고학적 시대 구분법을 이 시기에 처음으로 사용하기 시작하여 고고학적 기틀을 마련하였기 때문이다. 이전의 층위학적 기틀과 토기형태학적 기틀 위에 고고학적 시대 구분으로 층위들을 구분하게 된 것이다. 이전에는 셈족 시대, 유대인 시대 등 민족을 중심으로 인위적으로 구분한 것[30]을 이제는 고고학적 시대 구분으로 세계 고고학계와 그 맥을

---

28 강후구, 『성서와 고고학: 이스라엘 정착부터 시삭 침공까지』, 서울장신대학교출판부, 2014, 52-54쪽.

29 최성락, "제2장 톰센(Thomsen)과 삼시대법", 『인물로 본 고고학사』, 최몽룡, 최성락. 한울아카데미, 1997, 29-49쪽.

30 텔 엘-헤시의 발굴보고서에 연대 구분을 민족에 따라서 행하였고, 토기 또한 아모리인 토기, 페니키아인 토기, 유대인 토기, 에게인 토기, 그리스인 토기, 로마인 토기 등으로 나누었다(W.M.F. Petrie, *Tell el Hesy*(*Lachish*), London, The Committee of the Palestine Exploration Fund, 1891, pp.14-17,

같이하게 되었다. 전성시대라 불리는 마지막 이유는 발굴을 통하여 성서 사건/기술과 고고학적 결과물을 연결시키는 작업이 활발히 이루어졌기 때문이다.

이러한 전성시대는 연구 주체의 변화와 함께 도래했다. 즉 이전에는 외교관, 군인, 성직자들의 탐사 활동이 주류였다면, 이 시기에는 학자들이 발굴하기 시작하여 이전의 제국주의적 접근은 점차 사라지고 학술적인 접근으로 발전하였다고 평가된다. 국가/준국가 협회에서 지원을 받아 이루어지던 탐사 및 발굴 활동은 사라지고 이제 대학들의 후원을 받아 학자들이 발굴함으로써 연속적인 후학양성이 필드에서 이루어졌다. 발굴 시기 역시 대체로 학기를 피해서 여름 방학 기간에 집중됨으로써, 일부 구제 발굴 등을 제외하고 오늘날까지 이어지는 발굴 전통으로 확립되었다. 그 결과 학자들을 통한 체계적인 발굴보고서가 출판됨으로써 [31] 발굴 내용에 대한 이해가 심화되었다.

이 시기 중요한 학자로 존스 홉킨스 대학교의 올브라이트 (W.F. Albright, 1891-1971)를 꼽을 수 있다. 성서학자이자, 언어학

40-50; 게셀에서는 셈족 이전 시기, 셈족 시기(1차: 기원전 2500-1800년, 2차: 기원전 1800-1400년, 3차: 기원전 1400-1000년, 4차: 기원전 1000-550년), 헬라 시기(기원전 550-100년)로 구분하였다(R.A.S. Macalister, *The Excavation of Gezer 1902-1905 and 1907-1909,* London, Published for the Commitee of the Palestine Exploration Fund by J. Murray, 1912.

31 R.S. Lamon and G.M. Shipton, *Megiddo I: Seasons of 1925-34, Stratu I-V,* Chicago, The University of Chicago Press, 1939; G. Loud, *Megiddo II: Seasons of 1935-39,* Chicago, IL, The University of Chicago Press, 1948.

도판 3.2. 텔 베이트 미르심 유적지
사진: 강후구

자이자 고고학자로 활동하였던 그는 텔 베이트 미르심(Tell Beit Mirsim, [도판 3.2])을 발굴하면서 삼시대 구분(석기 시대, 청동기 시대, 철기 시대)을 기초로 고고학적 시대 구분을 처음으로 시도하였고, 체계적인 발굴보고서를 남겼다.[32] 또한 그는 발굴에서 출토된 자료들을 성서 본문과 성서 외적 자료와 연관시켜, 비교하고 결론을 도출하는 학술적 업적을 남겼으며, 일반 대중을 위해서 성서

---

[32] W.F. Albright, *The Excavation at Tell Beit Mirsim, Vol. I. The Pottery of the First Three Campaigns*, New Haven, American Schools of Oriental Research, 1930; W.F. Albright, *The Excavation at Tell Beit Mirsim, Vol. II. The Bronze Age*, New Haven, American Schools of Oriental Research, 1938; W.F. Albright, *The Excavation at Tell Beit Mirsim, Vol. III. The Iron Age*, New Haven, American Schools of Oriental Research, 1943.

고고학에 관한 저술 활동을 펼쳤다.³³ 올브라이트가 미국의 개신교에 속한 학자라고 한다면, 이 시대에 활동한 대표적 유대인 성서고고학자는 넬슨 글룩(N. Glueck, 1900-1971)이었다. 올브라이트의 제자였던 그는 요르단 동쪽 지역과 네게브 지역에서 개척자적 연구를 실행하였다. 그 지역을 여러 차례 탐사하여 성서의 암몬, 모압, 에돔, 미디안 지역의 유적지를 확인하였다.

이 시기 이스라엘/팔레스틴 고고학사에서 중요한 연구방법론의 획기적인 전환을 가져온 또 다른 인물로 캐슬린 케년(K.M. Kenyon, 1906-1978)이 있다. 영국 여류 고고학자인 그는 영국에서 함께 발굴하던 모터머 휠러(M. Wheeler)와 함께 지금까지도 사용되고 있는 정방형 발굴 방법(square excavation method)을 개발하여 사마리아 발굴 시 처음으로 적용하였다. 이 지역의 고고학적 발굴 방법에 과학적인 접근을 가능케 한 것으로, 위에서부터 발굴할 시 변화되는 토양의 성분과 색, 출토되는 유적과 유물의 변화 등을 보다 객관적으로 관찰, 기록할 수 있게 되었다. 이러한 변화에 따라 출토되는 토기와 유물을 다른 양동이(버킷)에 담아 발굴 이후 분석할 수 있었다.

이 시기 활발한 발굴이 이루어졌는데(아래 참조), 세 장소에서 이루어진 발굴이 주목할 만하다. 먼저, 시카고대학교에서 록펠러 가문의 재정적 지원을 받아 시행한 므깃도 발굴로, 1925년부터 1939년까지 행해진 이 발굴은 몇 가지 면에서 성서고고학 역사에 큰 의의를 지닌다.

---

33 W.F. Albright, *From the Stone Age to Christianity*, Baltimore, Johns Hopkins Press, 1940. 에릭 H. 클라인, 앞 책, 57쪽 참조.

첫째, 충분한 재정적 지원과 인력을 바탕으로 므깃도를 수평적으로 발굴하여 위층부터 아래층으로 도시의 전체 역사를 역순으로 밝히려는 시도였다. 가장 위층의 가장 최후의 므깃도 도시 즉, 초기 헬라 시대의 므깃도의 모습 한 층을 수평적으로 모두 발굴하고 그 아래의 도시(지층 II- 페르시아 시대)를 발굴하였다. 세 번째 지층(신앗시리아 시대)까지 이러한 발굴이 계속 행해졌으나, 이후 재정적인 문제에 부딪혀 네 지역(AA 지역, BB 지역, CC 지역, DD 지역)으로 나누어 수직적인 발굴을 진행하였다. 므깃도의 수평적 발굴을 통하여 세 번째 지층까지 각 시대의 므깃도 도시 전체의 모습을 가늠할 수 있게 되었다.

둘째, 수직적 발굴을 통하여 므깃도 층위 전체가 20개 이상 있었다는 점을 드러내었다. 이는 후대 시대의 모습이기는 하지만 한 시대 전체의 수평적인 모습을 파악하는 동시에 수직적인 모습 즉, 약 3천 년 동안의 도시 역사를 파악 가능케 하였다.

셋째, 거대한 발굴 프로젝트인 만큼, 므깃도의 발굴 결과는 성서의 역사 및 내용과의 연결이 가능하게 되었다. 이전의 다른 장소들에서도 이러한 결과를 내었지만, 이 시기 므깃도 발굴은 다른 장소들과 달리 고고학적 논쟁을 불러일으켰다는 점에서 특징적이다. 예를 들이, 시카고대학 발굴단은 지층 4에서 발견된 마구간[34]을 성서 본문(열왕기상 10장 26절)과 연결시켜 솔로몬의

---

34 지층 4에서 발견된 것이 마구간인지 아니면 다른 용도(창고, 막사, 시장 건물 등)의 것인지 논쟁이 있었으나 최근 캔트랠에 의하여 이것이 마구간이라는 것이 확증되었다(D.O. Cantrell, *The Horsemen of Israel: Horses and Chariotry in Monarchic Israel*, Winona Lake, IN, Eisenbrauns, 2011.

병거성으로 규정하였는데[35] 이 마구간은 이후 이스라엘/팔레스틴 고고학 역사에서 핵심 논쟁(층위학적, 연대적, 역사적 논쟁) 중의 한 주제가 되었다.[36]

두 번째로 중요한 발굴은 사마리아에서 행해졌다. 이곳의 발굴은 앞서 언급한 정방형 발굴 방법을 처음으로 적용하여 발굴한 의미도 지니지만, 한 장소 발굴을 위하여 국제적인 협력을 통

---

[35] R.S. Lamon and G.M. Shipton, G.M. 앞 책; G. Loud, 앞 책.

[36] 앞서 언급한 마구간 규정에 대한 논쟁뿐만 아니라 이 마구간의 층위학적, 연대적, 역사적 논쟁이 지금까지도 계속되고 있는데 다음의 글들은 그 논쟁의 역사를 보여준다: J.W. Crawfoot, "Megiddo-A Review", Palestine Exploration Quarterly, Vol.72/4, 1940, pp.132-147; Y. Yadin, "Solomon's City Wall and Gate at Gezer", Israel Exploration Journal, Vol.8, 1958. pp.8-18; idem., *Hazor: The Head of All Those Kingdoms, Joshua 11:10,* London, The Oxford University Press, 1972, pp.150-154; Y. Yadin, *Hazor: The Rediscovery of a Great Citadel of the Bible*, New York, Random House, 1975, pp.187-232; idem., "Megiddo of the King of Israel", Biblcial Archaeologist, Vol.33, 1970, pp.66-96; Y. Aharoni, "The Stratification of Israelite Megiddo", Journal of Near Eastern Studies, Vol.31, 1972, pp.302-311; D. Ussishkin, "Was the "Solomonic" City Gate at Megiddo Built by King Solomon?", Bulletin of American Schools of Oriental Research, Vol.239, 1980, pp.1-18; I. Finkelstein, "The Archaeology of the United Monarchy: An Alternative View", Levant, Vol.28, 1996, pp.177-188; A. Mazar, "Iron Age Chronology: A Reply to I. Finkelstein", Levant, Vol.29, 1997, pp.157-167; L.E. Stager, "The Patrimonial Kingdom of Solomon", Dever and Gitin, ed. *Symbiosis, Symbolism, and the Power of the Past: Canaan, ancient Israel, and their Neighbors from the Late Bronze Age through Roman Palaestina*, Winona Lake, Ind., Eisenbrauns, 2003, pp.63-74; 강후구, 앞 책, 114-128쪽.

하여 발굴된 특징을 지니고 있다. 영국 고고학학교, 팔레스틴탐사기금, 예루살렘 히브리대학교가 컨소시움을 이루어 1931년부터 1935년까지 발굴하였다. 오늘날 이스라엘/팔레스틴 지역에서 이루어지는 학술 발굴은 대체적으로 국제적 협력을 이루고 있는데, 그 효시라고 할 수 있다.

마지막으로 1932년부터 1938년까지 영국인 스타키에 의한 라기스 발굴이다. 비록 발굴자인 스타키의 갑작스런 죽음으로 발굴이 멈추어졌지만, 이후의 발굴보고서를 통하여 이 발굴의 결과들이 자세히 알려졌다. 해자 지역에서 발견된 가나안 신전들이 3개의 층위에서 각각 발견되었는데, 각 지층에서 출토된 가나안 토기, 이집트 토기, 미케네 토기, 사이프러스 토기가 한꺼번에 발견되었다. 특히 통치 시기를 알 수 있는 이집트 인장이 함께 발견되어, 토기 형태들의 연대를 가늠할 수 있게 되었다. 즉 토기 형태를 역사 시대와 연결할 수 있게 된 것으로, 가장 위쪽이 기원전 13세기, 그 아래는 기원전 14세기, 가장 밑쪽은 기원전 15세기의 것으로 연대가 확인되었다. 고고학적 결과물들을 역사 시대와 연관시킬 수 있는 그 첫 단추가 끼워진 것이라 할 수 있다. 이 시기의 주요한 발굴은 다음과 같다:

1929년-라스 샴라(우가릿) 발굴
1930-1936년-가르스탕 여리고 발굴
1925-1939년-시카고대학 므깃도 발굴
1931-1936년-하버드대학 사마리아 발굴
1932-1838년-스타키 라기스 발굴
1934년-올브라이트 벧엘 발굴 (cf. 1954, 1957, 1960)
1926, 1928, 1930, 1932년-올브라이트 텔 베이트 미르심

발굴

4. 내적 성장기(1948년-1970년대)

이 시기 이스라엘/팔레스틴 지역에는 두 개의 중요한 정치적 사건이 발생하였다. 하나는 1948년도에 이스라엘이 정치적으로 독립한 것이고 또 다른 하나는 1967년도에 일어난 6일 전쟁이다. 이스라엘이 전쟁에서 승리함으로써, 이 결과는 이후 이 지역의 고고학 연구에도 영향을 미치게 된다.

먼저, 이스라엘의 정치적 독립으로 한편으로는 이스라엘/팔레스틴 지역의 고고학적 장소들에 대한 발굴 권한이 이스라엘로 점차 넘어가게 되었고, 또 다른 한편으로는 이스라엘 학자들의 활동이 활발하게 이루어졌다. 이전의 서구 중심을 벗어나 이스라엘 학자들 중심으로 이스라엘/팔레스틴 현지 발굴이 이루어지기 시작한 것이다. 이로 인해 고고학적 발굴 결과들이 이스라엘의 민족주의와 결합하여 자신들의 민족적 기원을 밝히려는 노력으로 이어진다. 즉 고대 이스라엘인과 현대 이스라엘인을 연결하는 고리로서 고고학적 발굴과 연구가 이루어진 것이다. 이는 자연적으로 구약성서 본문에 쓰인 내용의 정확성과 진실성을 밝히는데 주력하는 모습으로 구현되었다.

이스라엘 독립 이후 이루어진 주요한 발굴로 이갈 야딘(Y. Yadin, 1917-1984)의 감독하에 이루어진 하솔 발굴이 대표적이다. 이스라엘의 초대 수상이었던 벤-구리온 수상의 전폭적인 행정적 지지와 로스챠일드 가문의 재정적 후원하에 1955-1958년간 하솔 발굴이 이루어졌다. 야딘은 이 발굴을 통하여 이전까지 알려지지 않은 청동기 시대의 가나안 도시 하솔의 진상을 드러내었고, 기원전 13세기 하반기에 화재로 파괴된 흔적을 구약성서에 언급된 구절(여호수아 11:10-13)과 연계시켰다.[37] 이는 가나안성을 파괴시키고 정착하였던 고대 이스라엘인들의 모습을, 새롭게 정착을 시작한 현대 이스라엘인들의 모습과 중첩시켜 그들의 정착 정당성의 기원을 성서에서 찾게 하는 결과를 낳았다. 앞서 유럽의 제국주의의 정치적 관계가 고고학과 연관되는 모습과는 다른 양상이기는 하지만, 정치와 고고학 간의 상호연관성을 보여준다.

　야딘은 민족주의적 경향에도 불구하고 고고학사에서 주목할 만한 업적을 남겨놓았다. 하솔 발굴과 이후 행한 므깃도와 마사다 발굴을 통하여 이스라엘/팔레스틴 고고학을 세계적 수준으로 올려놓았다. 그는 마사다 발굴을 통하여 요세푸스가 기록한 유대인들의 역사를 고고학적으로 생생히 복원하려 했다. 문서 즉, 역사기록과 고고학적 자료를 비교하여 서로의 특성을 발견하고, 이 둘의 상호 조합을 통한 역사 재구성이라는 새로운 방향을 제시한 것이다. 더욱이 그는 므깃도 발굴을 통해서, 이스라엘/팔레스틴 지역의 고고학적 내용을 성서의 내용과 연관시킨 데서 한 걸음 더 나아가, 이전의 발굴 결과를 다시 분석하여 재해석하기도 했다. 이후의 발굴에 통해 그의 수정된 해석이 옳았음이 확인되었다. 그의 분석과 재해석은 고고학 유적들의 최초 발굴자들이 해석한 결과들이 이후의 다른 발굴자들에 의하여 재해석될 수 있음을 각인시켜 줌으로써, 간접적으로 더욱 객관적이고 과학적인

37　Y. Yadin, 앞 책(1972), p.198; idem., 앞 책(1975), p.145.

발굴을 추구하도록 독려했다.

1967년에 일어난 6일 전쟁은 그 이전에 일어났던 전쟁과는 달리 이스라엘이 세 나라로부터 중요한 영토, 세 지역을 차지하게 해주었다. 시리아로부터 바산 골란 지역, 요르단으로부터 예루살렘을 포함한 중앙 산악지역, 그리고 이집트로부터 시내 반도 지역을 군사적으로 정복하였다. 영토를 차지한다는 것은 해당 지역에 대한 고고학적 탐사와 발굴 주도권을 얻게 되었음을 의미하고, 실제로 이스라엘 학자들은 이후 이들 지역에 대한 활발한 고고학적 연구를 실행하였다. 이스라엘탐사협회는 곧바로 모쉐 코카비(M. Kochavi)로 하여금 유다, 사마리아, 골란 지역을 지표조사하게 하였다.

6일 전쟁 이후 네게브 지역과 시내 반도 지역에도 탐사단을 파견하여 지표조사를 실시하였고, 필요에 따라서 발굴을 시행하였다. 이전에는 연구지역에서 소외되었던 시내반도 지역에 대한 발굴이 이루어졌고, 네게브 지역에 대한 발굴과 지표조사가 행해졌다. 1960-70년대에 텔 마소스, 텔 에스다르, 텔 아로에르 등과 함께 네게브 고산지에 있는 고고학 유적들이 발굴되었고, 즈엡 메쉘(Z. Meshel)은 쿤틸렛 아즈루드를 발굴했다(1975-1976). 루돌프 코헨(R. Cohen)도 가데스바네아를 발굴했고(1975-1982), 그 와중에 80년대 말까지 네게브 지역에 대한 지표조사를 행하였다. 이러한 지표조사는 새로운 지역에 대한 조사뿐만 아니라 그 결과를 통해서 시대의 흐름에 따른 그 지역의 정착 형태 변화까지 파악할 수 있게 해준다는 점에서 의미를 지닌다.

이 시기에 새롭게 조사된 지역으로 가장 큰 의미를 지니는 곳은 바로 예루살렘이다. 성전산 남쪽과 서쪽 부분이 대규모로

도판 3.3. 예루살렘 유대인 구역에서 발견된 성벽
사진 제공: 유택수

발굴되었으며, 특히 나흐만 아비가드(N. Avigad)가 유대인 구역을 발굴하여 이전에 알려지지 않았던 구약시대의 예루살렘 도시의 확장과 요새화의 모습[도판 3.3]뿐만 아니라 바벨론에 의한 파괴의 모습도 고고학적으로 드러났다. 성서의 구절과 역사서술에 기록된 내용의 실상이 고고학적으로 확인된 것이다.

이스라엘 학자들이 자신들의 지역이라는 주체성을 가지기 시작하면서, 이 지역의 일반 역사를 이해하는 움직임이 일어났는데, 곧 구석기 시대의 유적도 발굴하는 사례를 낳게 하였다. 이는 기존의 성서에 대한 관심이 이 지역 고고학적 연구의 발전을 꾀한 것을 넘어서, 지역 주민의 전반적 지역 역사 이해에 기반을 둔 연구이기에 의미를 지닌다. 이러한 대표적 발굴로 우베이디야 발굴(스테켈리스[M. Stekelis], 1960-1966; 바르-요세프[O. Bar-Yosef]와 체르노프[E. Tchernov], 1967-1974)을 들 수 있다.

이 시기에 빼놓을 수 없는 두 가지 중요한 연구 업적이 있다. 첫째, 토기형태학을 집대성한 책이 출판된 것이다.[38] 아라드를 발굴하였던 루스 아미란이 신석기 시대부터 철기 시대까지의 토기를 시대와 지역별로 형태를 나누고 분석하여 집대성한 것이다. 이는 그 시기까지 이스라엘/팔레스틴 지역의 발굴을 통하여 출토된 토기의 형태별 집적과 층서학과 토기형태학의 발전을 토대로 한 것으로, 시대별 토기의 특징과 형태를 파악할 수 있는 연구물로서 최근의 출판물[39]과 함께 오늘날 유용하게 활용되고 있다. 이 저작을 통하여 발굴자들이 발굴 과정에서 토기 형태를 바탕으로 각 층위의 시대를 구분할 수 있게 되었다.

둘째, 로렌스 툼스(L.E. Toombs)가 과학적인 발굴 방법을 개발한 것이다. 그는 유적 발굴이 이루어지는 지역의 계획도를 매일 작성하여 발굴로 변형되는 유물과 유적을 기록으로 남겼다. 그는 또한 오늘날까지 현장에서 사용되는 가장 작은 고고학적 단위인 로커스 개념을 처음으로 도입하였는데, 이는 파괴의 학문인 고고학을 과학적인 기록의 학문으로 변모케 기여한 것으로 평가된다. 이러한 방법론의 발전은 1960년대 후반부터 세계적 학풍을 일으킨 신고고학의 흐름 속에 고고학을 과학으로 접근케 한 영향력의 산물이라 할 수 있다.

---

38 R. Amiran, *Ancient Pottery of the Holy Land: From Its Beginning in the Neolithic Period to the End of the Iron Age,* Jerusalem, The Massada Press, 1969.

39 S. Gitin, ed., *The Ancient Pottery of Israel and Its Neighbors from the Iron Age through the Hellenistic Period.* Vols. I-II, Jerusalem, Israel Exploration Society, 2015.

이 시기에 주요한 발견물들이 많이 있지만, 이 지역의 고고학사에서 의미 있는 두 가지를 언급할 수 있다. 하나는 이 시기 직전(1947)에 발견되었던 쿰란 사본이 이때 지속적으로 행해진 탐사(1948-1956)에서도 발견된 사실이다. 11개의 동굴에서 발견된 쿰란 사본은 이전까지 알려진 히브리 성서 사본의 연대를 약 일 천년 앞당겼고, 당연히 성서학자들의 관심을 불러일으켰다. 이는 이스라엘/팔레스틴 지역의 고고학적 연구가 단지 성서의 배경 또는 지엽적인 성서 구절과 연관된 논의의 자료를 제공하는 것이 아닌 성서 사본 이해 전체를 뒤바꾸는 결과를 가져온 것이다.

다른 하나는 1962년에서 1966년간 행해진 아라드 발굴을 통하여 가나안 지층(지층 IV)에서 출토된 것으로, 이집트를 통일시킨 바로 나메르(Narmer)의 세레크(serekh)이다. 이 세레크는 이후 텔 에라니 등 다른 장소에서도 발견되었는데, 이것을 통하여 초기 청동기 시대의 가나안 지층이 나메르 시대의 것임을 확인시키는 결과를 낳았다. 그 아래 지층에서는 석동기 시대의 지층이, 그 위쪽에서는 초기 청동기 시대 중기의 지층이 발견됨에 따라 나메르 시기는 초기 청동기 시대 초기의 것으로 역사적 시대와 고고학적 시대를 서로 연관시키는 결과를 낳게 되었다. 이는 구약성서 시대에 의존하였던 중기 청동기 시대부터 후기 철기 시대까지의 고고학적 시대에 훨씬 앞선 시기의 연대를 결정짓는 의미를 지닌다.

5. 혼란기(1970년대 말-1990년대 초)

1970년대 말부터 1990년대 초까지 이른바 수정주의자들 또는 부정주의자들의 연구가 전 세계 학계에 영향을 주었다.[40] 이들은 이스라엘/팔레스틴 지역의 고고학적 연구 결과와 함께 구약성서의 역사비평적 분석 연구 결과를 바탕으로 구약성서는 페르시아 시대 또는 헬라 시대에 저술된 것이며, 역사성을 지닌 것이 아닌 후대의 산물이라고 결론지었다. 그 가운데 논란의 쟁점이 되었던 시대는 지금까지도 열띤 논쟁을 벌이고 있는 다윗과 솔로몬이 속한 이른바 통일왕국시대에 대한 논의다.

영국 쉐필드 대학교의 데이비스(P.Davis)와 화이트램(K.W. Whitelam) 및 네델란드 라이덴 대학교의 렘케(N.P.Lemche)와 톰슨(T.L. Thompson)이 고고학적 발굴을 통하여 출토된 결과물들은 기록된 문서이자 경전인 구약성서에 쓰인 그대로 받아들여서는 안 되며, 기존에 알고 있던 고대 이스라엘 역사를 부정 또는 수정해야 할 것을 주장했다.[41] 이는 이스라엘/팔레스틴 지역의 고고학

---

40 N.P.Lemche, *Early Israel,* Leiden, Netherlands, E.J. Brill, 1985; idem., *Ancient Israel: A New History of Israelite Society,* Sheffield, ISOT Press, 1988; G.J. Wightman, "The Myth of Solomon", Bulletin of American Schools of Oriental Research, Vol.277-278, 1990, pp.5-12; D.W. Jamieson-Drake, *Scribes and Schools in Monarchic Judah,* Sheffield, Sheffield University Press, 1991; T.L. Thompson, *Early History of the Israelite People: From the Written and Archaeological Sources,* Leiden, Netherland, Brill, 1992.

41 이 주장에 대한 반론과 고고학적 논쟁은 이후 뜨겁게 진행되었다. 수정

사에서 전환점을 가져온 것으로, 이전까지 성서에서 출발하여 고고학적 활동의 원동력을 얻고, 발굴과 조사의 결과를 성서 중심으로 또는 성서와 연관시켜 해석했던 것을 지양하고, 이제는 고고학적 결과물들을 바탕으로 성서의 내용에 대한 이해를 부정하거나 수정해야 한다는 해석을 제시한 것이다.

이는 우리에게 남겨진 고고학적 유적과 유물의 의미를 어떻게 이해해야 하는가? 이를 통해 성서/기록된 경전의 역사적 의미를 어떻게 바라보아야 하는가? 같은 본질적인 의문을 던지는 결과를 낳았다. 결국 성서에 나오는 내용을 최대한의 역사적 의미로 바라보아야 하는가, 아니면 최소한도의 입장에서 역사적 의미로 바라보아야 하는가 하는 이른바 최대주의자(Maximalist)와 최소주의자(Minimalist)간의 논쟁으로 수렴된다. 성서에 대한 입장 차이로 학자들의 견해를 가를 수 있는 구분 경계가 발생한 것이다.

이와 함께 이 시기 고고학사에서 중요한 연구 한 가지를 더 지적할 수 있다. 그것은 도탄 부부(모쉐 도탄, 트루데 도탄)가 진행한 블레셋 연구이다. 비록 이전 시대부터 행해진 성서에 기반을 둔 연구이기는 하지만, 가나안 지역에 정착한 이방 민족을 심도 있게 연구함으로써 이전 유대인 학자들이 민족주의적으로 고대 이스라엘 백성의 역사를 언구하는 경향에서 벗어난 점에서 의의를 지닌다. 트루데 도탄은 블레셋 정착 장소를 발굴하면서 블레셋에

주의자들의 주장은 아이러니하게도 고고학적 유물에 의하여 설득력을 잃게 된다. 1993년과 1994년도에 텔 단 발굴에서 발견된 '텔 단 비문'에서 성서 외적 자료로서 처음으로 다윗을 기록한 문구가 알려졌다. 에릭 H. 클라인, 앞 책, 93-99쪽 참조.

관한 연구 주제를 집대성하였다.[42]

6. 논쟁기(1990년대 중반- 2000년대 중반)

이전 시기를 수정주의자들에 의해 촉발된 고대 이스라엘의 역사성에 대한 논쟁의 시기라고 한다면, 1990년대 중반부터는 이 지역 고고학사의 새로운 패러다임 논쟁, 즉 오늘날까지 이어지고 있는 이른바 "저연대" 논쟁이 시작되었다.

필자는 이미 다른 글에서 이 논쟁에 대해서 다룬 바 있다.[43] 이를 간략히 정리하자면, 우선 텔아비브 대학교 고고학과에 재직하였던 핀켈쉬타인이 1995년과 1996년에 두 편의 글을 발표하면서 기존에 알려졌던 층위별 연대 설정을 흔들어 놓았다.[44] 그는 기존의 블레셋 정착 연대를 기원전 12세기 상반기에서 하반기로 설정하여야 하고, 기존의 기원전 10세기로 연대 설정된 통일

---

42 T. Dothan, *The Philistines and Their Material Culture*, Jerusalem, Israel Exploration Society, 1982. 한편 도탄 부부의 블레셋 연구와 함께 미국인들(하버드 대학교)도 아쉬켈론을 발굴하면서 그곳을 중심으로 블레셋 연구를 심화시켰다.

43 강후구, 「이스라엘 핀켈쉬타인(Israel Finkelstein)의 '저연대(Low Chronology)' 주장에 대한 고고학적 고찰」, 『구약논단』 65, 한국구약학회, 2017, 172-209쪽.

44 I. Finkelstein, "The Date of the Settlement of the Philistines in Canaan", Tel Aviv, Vol.22, 1995, pp.213-239; I. Finkelstein, 앞 글(1996), pp.177-187.

왕국 시대의 지층들을 기원전 9세기로 끌어내려야 함을 고고학적으로 논하였다. 핀켈쉬타인은 기원전 12세기 상반기는 기원전 12세기 하반기로, 기원전 11세기로 연대 설정된 지층들은 모두 기원전 10세기의 것으로, 10세기는 9세기, 9세기의 것은 8세기의 것으로 연대가 내려져야 함을 주장하였는데, 이후 그의 주장을 발굴된 장소들에 적용하여 논쟁의 장을 확대해 나갔다. 그는 게셀, 하솔, 아스돗, 텔 레호브 등지의 발굴자들이 설정해 놓은 층위별 연대를 모두 그의 저연대 주장에 근거하여 재설정하였고, 이는 곧 발굴자들과 논쟁을 불러일으켰다.[45] 2000년대 초반에는 이 연대 논쟁을 절대 연대법인 방사성동위원소 탄소 14의 결과로 해결하려 했으나 그마저도 해결점을 찾지 못하였다.[46]

한편, 이 시기 고고학사에서 의미 있는 연구가 두 가지 방향에서 이루어졌는데, 하나는 앞서 언급한 방사성동위원소 탄소 14를 비롯한 자연과학의 활용이 두드러진 것이다. GPR, 페트로그라피 분석, 화분 분석, 화학 분석 등이 시행되었다. 또 다른 하나는 고고학적 주제가 좀 더 세분화, 전문화되었는데 그 한 예로, 고대 뼈 분석, 식물 분석 연구가 이루어져 발굴보고서에 등장하게 되었다.

이 시기 이 지역의 고고학적 연구에서 또 다른 중요한 기초

---

[45] H.-G. Kang, *Pottery Assemblage of Khirbet Qeiyafa and Its Implications for Understanding the Early 10th century*BCE *in Judah*. Unpublished Ph.D. diss. The Hebrew Univeristy of Jerusalem, 2012, pp.7-8.

[46] T. Levy and T. Higham, ed., *The Bible and Radiocarbon Dating: Archaeology, Text and Science*, London, Equinox, 2005.

가 세워지게 되는데, 발굴 이후의 유적 보존이 중요한 문제로 부각한 것이다. 이스라엘 문화재청은 유적의 보존과 복원 지침을 마련하여 이 시기에 발굴된 하솔, 라기스 등 유적지에 적용하였다.

7. 성숙기(2000년대 초/중반 이후- 현재)

2000년대 초 이전에는 없었던 큰 논쟁이 일어났다. 하나의 납골함으로 인하여 위조품 논쟁이 일어난 것이다(그 내용은 아래 III.5.에서 자세하게 다룰 것이다). 골동품 수집가였던 오데드 골란이 고문서학자 앙드레 르메흐에게 납골함을 보여주면서 연구를 촉발했고, 르메흐의 연구 결과가 고고학 잡지에 출판되었다. 학계에 알려진 후 위조품 논쟁이 불거졌고, 이 납골함의 진위 문제는 종국에 소송까지 이어졌다. 이 과정 중에 이스라엘 박물관에서 유일한 솔로몬 성전 기물로 오랫동안 전시된 석류 모양의 상아 제품이 위조품이라는 논의 역시 진행되었다(아래 III.6 참조).[47]
    이러한 과정은 이스라엘/팔레스틴 고고학사에서 두 가지 의미를 지닌다. 하나는 성서고고학계에서 고고학적 발굴로 출토되지 않은 유물에 대해서 학술적 가치를 인정하지 않는 방향으로 가닥을 잡고 있음이 드러난 것이다. 또 다른 하나는 이로 인해 고

---

[47] Y. Goren, S. Ahituv et al. "A Re-examination of the Inscribed Pomegranate from the Israel Museum", *Israel Exploration Journal* 55, 2005, pp.3-20, A. Lemaire, "A Re-examination of the Inscribed Pomeganate: A Rejoinder", *Israel Exploration Journal* 56, 2006, pp.167-177.

고학적 발굴 허가권을 수여하는 이스라엘 문화재청의 존재감이 더욱 커진 것이라 할 수 있다.[48]

이 기간 동안 위조품 논쟁에도 불구하고 중요한 발굴과 그 연구 결과가 출판되었다. 먼저 에일랏 마자르(E. Mazar)에 의하여 예루살렘의 다윗성 G 지역 산등성이 위쪽이 2005년 이후 발굴되었다.[49] 이 발굴은 두 가지 측면에서 의미를 지닌다. G 지역을 발굴하였던 이전 학자들은 G 지역의 27개 계단으로 구성된 구조물(Stepped Stone Structure)이 산등성이 위쪽에 거대한 건물을 건설하기 위한 건축 구조물이었으리라고 가정했는데, 마자르가 대형 계단 구조물(Large Stone Structure)로 명명한 건물의 발굴로 이 가정이 고고학적으로 확인되었다. 또 다른 하나는 이 건물이 마자르에 의하여 계단 구조물과 동시대 즉 통일왕국 시대의 것으로 해석되었으나, 다른 학자들은 헬라 시대로 편년하며 달리 해석한 점이다. 이는 21세기에 접어들어서도 최대주의자와 최소주의자

---

48 이와 같은 경향은 앞으로도 지속될 전망이다. 이스라엘/팔레스틴 지역의 고고학적 연구 결과는 학자들에 의하여 알려지고, 그 의미가 부각되지만 1990년대 이후 이스라엘/팔레스틴 지역에서 이루어진 고고학적 발굴 및 지표조사는 이스라엘 문화재청에 의하여 이루어진 것이 압도적으로 많다. 연구기관(대학교 또는 연구소)의 주도하여 이루어진 지표조사는 314건, 발굴은 1423건인 반면, 이스라엘 문화재청에 의하여 이루어진 지표조사는 943건, 발굴은 4573건으로 3배에 가깝다. 특히 코로나 기간 연구기관에 의한 고고학적 연구활동은 멈추데 반하여 이스라엘 문화재청 주도하에 이루어진 고고학적 발굴은 정체되지 않았고 400건이 넘는 발굴이 시행되었다.

49 E. Mazar, *The Palace of King David: Excavations at the Summit of the City of David; Preliminary Report of Seasons 2005-2007*, Jerusalem, Shoham Academic Research and Publication, 2009.

간의 논쟁이 이어졌음을 의미한다.

이 논쟁은 예루살렘에 이어 2007년부터 2013년까지 발굴된 키르벳 케이야파 발굴 결과[도판 3.4]를 둘러싸고도 동일하게 일어났다. 쉐펠라 지역 엘라 골짜기에 위치한 이 곳에서 고고학적 발굴을 통하여, 두 개의 성문(Area B, Area C)과 포곽 성벽으로 이루어진 요새화된 도시, 관청(Area A)과 공공 저장고(Area F) 등의 공공 건물, 계획적인 도시 건설, 두 개의 비문(Area B, Area C) 등이 발견되었고, 토기 형태학 비교 등 상대 연대와 방사성동위원소 탄소 14를 통한 절대 연대 등을 통하여 이 유적들은 기원전 10세기 초 즉, 다윗 시대의 것으로 편년되었다.[50] 그러나 최소주의자들은 키르벳 케이야파는 다윗 시대의 것이 아닌 기원전 1050년부터 시작하여 920년에 이르는 매우 긴 기간에 존재하였던 곳이며, 다윗과 상관없는 것으로 블레셋 아니면 가나안의 것이거나, 아니면 사울 왕국의 것으로 주장하였다. 최근에는 이곳이 군사 방어 거점이었다는 해석[51]을 배제하고 제의를 위한 장소로 해

---

50   Y. Garfinkel and S. Ganor, ed., *Khirbet Qeiyafa I: Excavation Report 2007-2008*, Jerusalem, Israel Exploration Society, 2009; Y. Garfinkel, I. Kreimerman and P.Zilberg, *Debating Khirbet Qeiyafa : A Fortified City in Judah From the Time of King David*, Jerusalem, Israel Exploration Society, 2016.

51   H.-G. Kang, *Pottery Assemblage of Khirbet Qeiyafa and Its Implications for Understanding the Early 10th century BCE in Judah*, Unpublished Ph.D. diss. The Hebrew University of Jerusalem, 2012, pp.158-159.

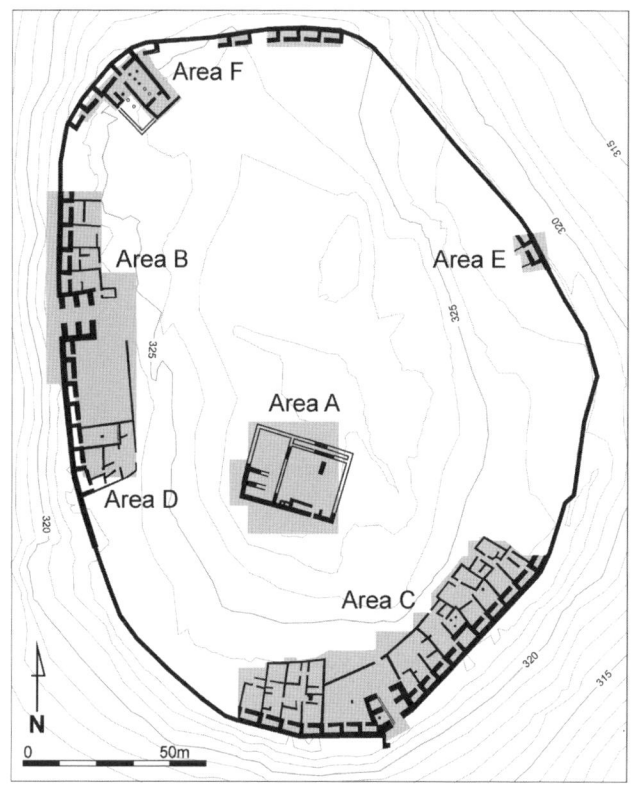

도판 3.4. **키르벳 케이야파 발굴 결과 도면**
도면 제공: Yosef Garfinkel 교수

석하기도 한다.[52]

    이 시기에는 고고학사에서 주목할 만한 발굴보고서가 출판되었다. 이것들은 비발굴자들로 하여금 발굴 내용을 파악하고 비판할 수 있도록 발굴 내용을 체계적, 객관적, 과학적으로 정리하여 보고하고, 전문가의 연구 내용까지 포함하여 학술적으로 큰 의미가 있다. 언급할 만한 보고서로 다음과 같은 것들이 있다:

---

52 D. Ussishkin, "The Function of the Iron Age Site of Khirbet Qeiyafa", *Israel Exploration Journal*, Vol.72, 2022, pp.49-55.

텔 라기스 발굴 보고서(텔아비브대학교 발굴):

D. Ussishkin, (ed.) *The Renewed Archaeological Excavations at Lachish (1973-1994)* Vols. I-V (Tel Aviv: Emery and Claire Yass Publications in Archaeology, 2004)).

텔 에츠-차피 발굴 보고서:

A. Maeir, (ed.) *Tell es-Safi/Gath: the 1996-2005 seasons* (Wiesbaden: Harrassowit, 2012).

A. Maeir, (ed.) Tell es-Safi/ Gath II. *Excavations and studies* (Münster: Zaphon, 2020).

텔 레호브 발굴 보고서: A. Mazar, (ed.) *Tel Reḥov: a Bronze and Iron Age city in the Beth-Shean Valley* (Jerusalem: Institute of Archaeology, Hebrew University of Jerusalem, 2020).

키르벳 케이야파 발굴 보고서:

Y. Garfinkel and S. Ganor, (eds.) *Khirbet Qeiyafa: Excavation Report 2007-2008 Vol. 1.* (Jerusalem: Israel Exploration Society, 2009).

Y. Garfinkel, S. Ganor and M.G. Hasel, *Khirbet Qeiyafa Vol. 2: Excavation Report 2009-2013: Stratigraphy and Architecture (Areas B, C, D, E)* (Jerusalem: Israel Exploration Society, 2014).

Y. Farhi, *Khirbet Qeiyafa Vol. 4: Excavation Report*

2007-2013: *The Numismatic Finds*: *Coins and Related Objects* (Jerusalem: Israel Exploration Society, 2016).

H.-G. Kang and Y. Garfinkel, *Khirbet Qeiyafa Vol. 6*: *The Iron Age Pottery* (Jerusalem: Israel Exploration Society, 2018).

III. 이스라엘/팔레스틴 고고학적 연구의 의미와 논쟁점들

1. 인류의 정착 변화 역사와 문화/문명 변화 역사

이스라엘/팔레스틴 지역의 고고학적 연구 결과를 바탕으로 인류문화사를 살펴보는 것은 두 가지 측면에서 의미를 지닌다. 하나는 인류 보편사적 측면에서 이 지역의 인류문화사가 가지는 의미를 살펴본다는 것을 의미하고, 또 다른 하나는 이 지역의 정치-문화-지리적(polio-cultural geographical) 특성이 있기에, 이를 바탕으로 인류문화사의 흐름 속에서 이 지역의 특수한 의미를 살펴본다는 점이다. 인류가 남겨놓은 문화 전체를 고고학적으로 살피는 것은 불가능하기에 인류문화의 보편적 주제 네 가지를 중심으로 살피고자 한다.

1) 인류의 정착

이스라엘/팔레스틴 지역에서 인류의 정착은 구석기 시대부터 시작되었다. 이 지역은 풍부한 수원자원을 바탕으로 식생대가 이루어져 수렵채집 사회에 적합한 환경이 형성되었다. 처음으로 정착한 인류는 고대 아슐리안 시대에 속하며 가장 이른 올두바이 문화를 이루었다. 대표적 도구로 덩어리 도끼(core chopper), 다면체들, 구형도구들, 손도끼, 찍개, 파편들이 발견되었다.[53]

아울러 다양한 동물들의 뼈가 발견되었는데 이들은 대부분 유라시아 계열의 것이지만, 소수의 아프리카에서 기원한 것도 있다. 그 연대는 약 1백50만-1백만년 전으로 추정되며, 일부 인골은 고고학적 문맥에서 발견된 것은 아니지만 호모 에렉투스 종으로 알려져 있다. 특히 우베이디야의 구석기 유적 발굴 결과는 풍부한 구석기 시대 초기의 물질문화를 보여주고 있어, 아프리카에서 호모 에렉투스가 나왔다는 주장의 증거가 된다.[54]

최초의 정착은 갈릴리 호수 남쪽 지역에서 이루어졌지만 이후 정착은 갈릴리 호수 북쪽, 요르단 강 연안에서 발견된다. 더 이후에는 지중해 연안 갈멜 산지에서 발견되는데 이들 정착지의 공통적인 특징은 수원지 부근에서 이루어졌다는 점이다.

---

53 Patricia Smith, "People of the Holy Land from Prehistory to the Recent Past," in *The Archaeology of Society in the Holy Land*, ed. by T.E. Levy (London : Leicester University Press, 1995), pp.58-74.

54 O. Bar-Yosef, "Ubeidiya", Stern, ed. *The New Encyclopedia of Archaeological Excavations in the Holy Land,* Vol.4, Jerusalem, Israel Exploration Society, 1993, pp.1487-1488. 이곳의 발굴 역사에 대해서는 O. Bar-Yosef and N. Goren-Inbar, *The Lithic Assemblages of `Ubeidiya*: *A Lower Palaeolithic Site in the Jordan Valley*. Qedem 34, Jerusalem, Hebrew University of Jerusalem, 1993, pp.5-12.

2) 농경 생활과 토기

이 지역의 농경 생활은 슈크카 동굴의 고고학적 발굴 결과로 일명 나투피안 문화(Natufian Culture)를 통해 처음으로 알려졌다. 수렵-채집 생활에서 농경 생활로의 삶의 패러다임이 변경된 나투피안 문화에서는 농경 생활을 알려주는 석기들이 발견되었고, 그 연대도 토기가 발견되는 신석기 시대보다 무려 800년이나 앞서서 특징적이다.[55] 약 12,500년 전에 이 지역에서 시작된 농경 생활과 함께 토기 제작으로 인한 저장이 바로 이루어진 것이 아니라, 석기를 써서 곡식을 거두는 농경 생활이 선행했고, 이후 저장의 필요성에 따라 토기가 제작되었음을 알 수 있다.[56]

이 지역에서 토기는 신석기 시대 내 두 단계의 시기를 지나 (Pre-Pottery Neolithic B, Pre-Pottery Neolithic A), 기원전 6천년대에 와서야 제작되기 시작하였다. 신석기 시대에 제작된 토기는 다음의 몇 가지 특징을 지닌다. 첫째, 토기 제작이 한 지역에서 시작하여 점차 확산한 것이 아니라 서로 다른 지역에서 지역의 특성과 기술에 따라 이루어졌다. 둘째, 토기는 모두 손으로 제작되었으며, 이 제작 방법이 이후 석동기 시대까지 계속되다, 초기 청동기 시대에 와서야 회전판으로 제작되었다(아래 참조). 셋째, 토

---

[55] O. Bar-Yosef and F. Valla, "The Natufian Culture- An Introduction", Bar-Yosef and Valla, ed., *The Natufian Culture in the Levant*, Ann Arbor, MI., International Monographs in Prehistory, 1991, p.1.

[56] 신석기 시대에서도 토기가 없는 신석기 시대의 층위가 발견된다. D.O. Henry, *From Foraging to Agriculture: The Levant at the End of the Ice Age*, Philadelphia, University of Pennsylvania Press, 1989, pp.224-226; A. Mazar, 앞 책, pp.38-49.

기는 비록 제한적이기는 하지만, 크기와 형태와 장식이 다양하게 나타난다. 숟가락, 접시, 작은 대접, 큰 대접, 저장용 항아리, 단지 등의 형태가 제작되었으며, 지그재그 문양, 삼각형 문양, 띠 모양, 비늘 모양 등의 새겨진 장식이 등장하였다. 장식은 모든 형태에 적용된 것은 아니었으며, 주로 큰 그릇보다는 작은 그릇에, 개방 그릇보다는 닫힌 그릇에서 장식이 발견된다.[57]

석동기 시대에는 좀 더 다양한 형태의 토기가 제작되었다. 연대에 따라 변화가 있었으나, 초기 청동기 시대에 접어 들면서 이전과는 다른 두 가지 특징을 보여준다. 첫째, 초기 청동기 시대 초기[58]에는 토기 형태에 지역적 구분이 나타난다. 이전 시대에도 이러한 특징이 보고되고 있으나[59] 미약하며, 특정 형태가 특정 지역에서만 발견되는 뚜렷한 지역적 구분이 나타나기 시작하여[60] 이후(초기 청동기 시대 2-3기, 중기 청동기 시대 초기, 후기 철기 시대 초기와 중기 등)에도 지속적으로 지역적 특성이 나타난다.

둘째, 초기 청동기 시대 중기 이후부터 회전판을 이용하여

---

57 Y. Garfinkel, *Neolithic and Chalcolithic Pottery of the Southern Levant*. Qedem 39, Jerusalem, Hebrew University of Jerusalem, 1999, pp.16-103.

58 이스라엘/팔레스틴 지역의 고고학적 시기 구분과 그 연대에 대해서는 고고학 사전(E. Stern, ed., *The New Encyclopedia of Archaeological Excavations in the Holy Land*, Vol.4, p.1529), A. Mazar, 앞 책, p.30. Table 2, 이 글의 참고자료 1. 이스라엘/팔레스틴 고고학 연대표를 보라.

59 예를 들어, 석동기 시대에 갓술 문화의 특징을 지닌 토기 형태와 브엘세바 문화의 토기 형태가 차이점을 이룬다(R. Amiran, 앞 책, pp.22-32).

60 A. Mazar, 앞 책, pp.100-103; R. Amiran, 앞 책, pp.41-54.

토기를 제작하기 시작했다. 이 시기에 모든 토기가 회전판으로 제작된 것은 아니며, 후대 시대에도 여전히 손으로 제작된 토기가 발견되지만[61], 중기부터 점차 회전판으로 제작된 토기가 주를 이루었다. 초기 청동기 시대 중기 때부터 요새화된 도시가 등장하게 된 것을 감안할 때 이 시기 사회 조직의 변화와 물질문화의 변화 상호관련성을 생각해 볼 수 있다.

중기 청동기 시대의 특징으로 전언한 중기 청동기 시대 초기 때의 특징(지역적 구분과 수제작 토기) 외에도 중기 청동기 시대 중기와 말기에 나타난 정교한 장식을 들 수 있다. 이 전통은 후기 청동기 시대까지 계속되는데 중기 청동기 시대에는 적색 손마름질 또는 구멍의 특징을 지닌 반면, 후기 청동기 시대에는 채색 장식의 특징을 지닌다.[62] 전자는 겉표면에 광택 또는 구멍 장식을 내어 정교함을 드러낸 반면, 후자는 채색을 통한 독특한 장면 묘사가 특징적이다. 한편, 후기 청동기 시대의 저장용 항아리는 울루부룬의 지중해 연안에서 발견된 파손된 배를 통하여 알려진 바와 같이, 역삼각형의 몸체와 둥근 저부 형태를 지닌 것으로 파도에 파손되지 않고, 배에 적재하기에 적합한 것으로 무역에 사용된 것이다. 이는 토기 형태와 쓰임새와의 관련성을 보여주는 좋

---

61 예를 들어, 초기 청동기 시대 말기의 키르벳 케락 토기, 중기 청동기 시대 초기의 몇 가지 토기 형태들(A. Mazar, 앞 책, pp.132-134, 162-164), 후기 철기 시대의 작은 토기들(E. Liraz and H.-G. Kang, "Ch. 6. Small- to- Miniature Handmade Vessels", H.-G. Kang and Y. Garfinkel, *Khirbet Qeiyafa Vol. 6. Excavation Report 2007- 2013: The Iron Age Pottery*, Jerusalem, Israel Exploration Society, 2018, pp.67-77)등이 있다.

62 A. Mazar, 앞 책, pp.182, 215-216, 259.

은 예라 할 수 있다. 이 시기 가나안이 국제적인 관계를 지닌 것은 역으로 이 지역에서 발견된 여러 지역(이집트, 사이프러스, 미케네, 힛타이트)에서 수입된 토기들을 통하여 알 수 있다. 이는 아마도 이 시기에 가나안을 통치하였던 이집트 제국[63]의 국제 정책으로 인한 것으로 볼 수 있다.

초기 철기 시대에는 이 지역에 거주하였던 민족들을 배경으로 토기 형태가 구분된다. 블레셋 지역에 거주하였던 블레셋 토기[도판 3.5][64], 계곡과 골짜기 지역에 거주하며 후기 청동기 시대로의 연속성을 보여주는 가나안인들의 토기와 중앙 산악 지역에 거주하며 가나안의 채색 전통과 불연속성을 보여주는 이스라엘의 토기[65], 미디안 지역에 기원을 두는 미디안 토기(쿠라이야 토기, Qurrayah Ware)[66] 등이다. 후기 철기 시대 토기의 가장 큰 특징은 토기에 행정 표시 즉, 세금과 관련된 인장들이 등장하는 점이다. 이전 시대에도 조세를 거두거나 공납의 증거가 발견되지만, 이 시대에는 저장용 항아리 손잡이에 특정 인장을 찍어, 그

---

63 마자르는 이 시기를 이집트 지배의 그림자에 있었던 시대로 칭하고 있다. A. Mazar, 같은 책, pp.232-294, 특별히 pp.232-238를 보라.

64 T. Dothan, *The Philistines and Their Material Culture,* Jerusalem, Israel Exploration Society, 1982, 94-218.

65 A. Mazar, 앞 책, pp.345-348.

66 B. Rothenberg and J. Glass, "The Midianite Pottery", Sawyer and Clines, ed. *Midian, Moab and Edom*: *The History and Archaeology of Late Bronze and Iron Age Jordan and North-West Arabia,* Journal for the Study of the Old Testament Supplement Series, Vol.24, Sheffield, 1983, pp.65-124.

도판 3.5. **이스라엘/팔레스틴 지역에서 발견된 블레셋 토기**
사진 제공: 양세원

안의 내용물을 세금으로 구분하였으며, 어떤 경우에는 그곳에 왕정 인장을 찍어 구분하기도 했다. 이는 왕정 국가에 대한 물질문화의 증거라 할 수 있는데, 조세를 위한 인장의 사용은 이후 시대에도 지속적으로 발견된다.[67]

3) 도시 생활과 요새화

이스라엘/팔레스틴 지역에서 요새를 갖춘 도시의 등장은 기원전 3천년대에 와서야 이루어졌다. 초기 청동기 시대 중기(EB II)와

---

[67] H.-G. Kang and Y. Garfinkel, "Finger-impressed jar handles at Khirbet Qeiyafa: new light on administration in the Kingdom of Judah", *Levant*, Vol.7, 2015, pp.186-205.

말기(EB III)의 지층들에서 성벽과 성문을 갖춘 도시들(벧-예라흐, 므깃도, 텔 알-파라, 키르벳 마흐룩, 타아낙, 아이, 여리고, 야르뭇, 텔 엘-헤시, 텔 할리프, 아라드)이 발견되었다. 중기에 간략한 형태로 성벽과 망대를 갖춘 것과 달리, 말기에 와서는 성벽이 더 두꺼워지고, 미끄럼벽과 성채가 성벽을 따라 건설되었으며, 성의 크기도 최대 20헥타르에 이른다.[68]

초기 청동기 시대의 도시들이 이 시기 말기에 이르러 버려지거나 멸망하였다. 어떤 도시들은 이미 이전에 경제적 또는 다른 이유로 버려졌지만, 대부분의 도시들에서 초기 청동기 시대 말경 한꺼번에 도시 문화가 종결되고 완전히 다른 유목 문화가 등장했다. 이는 아마도 외부적 요인, 즉 이집트 또는 아모리인들의 공격으로 인한 변화일 것이다.[69]

약 300년간의 공백 이후 기원전 제 2천년기부터 이 지역에 도시들이 다시 등장하기 시작하였다. 이 시기의 도시의 모습은 성문과 성벽 등 요새 형태를 갖추며 이른바 도시-국가 체제를 이루게 되는데, 이러한 모습은 이전 초기 청동기 시대의 것과 다음 몇 가지 점에서 차이점을 지니고 있다.

첫째, 초기 청동기 시대에 요새화되지 않았던 장소들이 이 시대에 도시들로 등장하였다. 이는 300년에 가까운 공백 기간과

---

[68] 한때 여리고의 신석기 시대 거대한 구조물(둥근 망대와 벽)이 요새화의 증거라고 해석되었지만, 이는 침식을 막기 위한 것이라고 해석되고 있다 (A. Mazar, "The Fortification of Cities in the Ancient Near East", Sasson, Baines, Beckman and Rubinson, ed., *Civilizations of the Ancient Near East* Vol. III, New York, Charles Scribner's Son, 1995, pp.1523-1525.

[69] A. Mazar, 앞 책, pp.141-143.

함께 초기 청동기 시대에 요새화되었던 도시들이 중기 청동기 시대에는 도시의 모습을 보여주고 있지 않다는 사실을 고려해 볼 때, 중기의 도시와 요새화의 기원은 초기 청동기 시대의 연속성에서 찾는 것보다 다른 요인에서 찾는 것이 합리적일 것이다.[70]

둘째, 초기 청동기 시대에는 드물게 도시의 모습이 발견되던 중앙 산악지역의 여러 장소-세겜, 실로, 벧엘, 기브온, 예루살렘, 벤-추르/벧술, 헤브론, 키르벳 라부드/드빌 등-에 요새화된 도시의 모습이 나타난다. 이 도시들은 동시다발적으로 발생한 것이 아니라 중기 청동기 시대의 중기부터 말기까지 점차 확대 건설되었다.[71]

마지막으로, 이 시기의 요새화 모습은 이전이나 어떤 경우 심지어 이후 시대(페르시아 시대까지)의 것과 비교해 보았을 때도, 가장 거대하고 견고한 건축물을 포함한다. 거석으로 이루어진 성문과 함께 거대한 양의 흙으로 둘러싸인(어떤 곳은 그 너비가 40미터에 이르는) 방어벽이 텔 하솔, 악고, 텔 부르가, 텔 즈로르 등지에서 발견되었다. 이 방어벽 또는 성벽에서 적군의 공격을 방해하는 목적으로 축조된 미끄럼 벽이 발견되기도 하는데, 이는 상당

---

70 초기 청동기 시대에 요새화되었던 므깃도 같은 경우는 중기 청동기 시대에도 요새화된 도시의 모습(지층 XIII-XII)을 보여준다. 그러나 이전에 요새화 되지 않았던 장소들 예를 들어, 텔 단, 텔 하솔, 텔 카브리, 텔 부르가, 텔 즈로르, 아펙/아벡, 텔 야브네-얌, 키르벳 주레이키예, 텔 바타쉬, 텔 엘-아줄 등 대부분은 중기 청동기 시대에 새롭게 도시로 탄생하였다. 즉 이전 시대와 다른 정착 형태를 보여준다(A. Mazar, 앞 책, pp.175-179.

71 A. Mazar, 앞 글(1995), pp.1536-1529; idem., 앞 책(1990), pp.180-181.

한 노동력을 요하는 것으로, 이 시기 사회구조의 변화를 짐작케 한다. 이집트의 저주문서 같은 이 시기의 역사자료 역시 이를 입증한다. 이 문서에 따르면 이 시기 가나안은 각 도시마다 둘 또는 셋의 통치자들이 있었고, 이후에는 한 명의 통치자가 다스렸다고 기술한다.[72]

이집트 통치하에 있었던 후기 청동기 시대에는 가나안에서 하솔 같은 소수의 사례를 제외하고 요새화된 도시들을 찾기 어렵다. 이는 아마도 가나안을 지배하며 그 저항을 억제한 이집트 신왕조 제국의 정책과 연관되어 있을 것이다.[73]

초기 철기 시대(기원전 약 1200-1000년)에는 블레셋 지역의 몇 장소들(아쉬도드/아스돗, 아쉬켈론/아스글론, 에크론/에그론, 가드)을 제외하고, 대부분은 요새화되지 않은 정착 형태를 띤다.[74] 후기 철기 시대(기원전 1000-586년)에 처음으로 요새화를 보여주는 지점은 비교적 최근에 새롭게 발굴(2007-2013년)된 키르벳 케이야파이다. 기원전 약 1000년경에 건설된 이 장소는 보통 2-3톤, 최대 8톤 무게의 거석으로 건설된 포곽벽(casemate city wall)[75]과 남쪽

---

[72] A.F. Rainey and R.S. Notley, *The Sacred Bridge: Carta's Atlas of the Biblical World*, Jerusalem, Carta, 2006, pp.51-58.

[73] A. Mazar, 앞 글(1995), p.1529.

[74] A. Mazar, 같은 글, p.1532. 키르벳 에드-다와라는 논쟁의 여지가 있으나 예외적 경우로 기원전 11세기부터 요새화의 모습을 갖추고 있다(I. Finkelstein, "Excavations at Khirbet ed-Dawwara: An Iron Age Site Northeast of Jerusalem", *Tel Aviv*, Vol.17, 1990, pp.163-208.

[75] 바깥쪽에는 너비 1.5-2미터에 이르는 성벽을 갖추고, 안쪽에는 너비 1-1.2 미터에 이르는 성벽이 2-3미터의 너비 간격을 두고 나란히 건설된 독

과 서쪽에 각각 건설된 일정한 크기의 4실 성문을 지니고 있다. 약 20만 톤의 돌이 이곳의 요새화를 위하여 사용되었는데 이는 징집된 노동력 즉, 부역의 모습을 보여준다. 따라서 키르벳 케이야파의 요새화된 도시는 이 시기부터 국가가 형성되었음을 알려주는 고고학적 증거라 할 수 있다.[76] 이 도시 이후 하솔, 므깃도, 게셀, 라기스, 텔 베이트 미르심, 벧쉐메쉬/벧세메스, 이스르엘, 텔 레호브, 텔 단, 텔 브엘세바, 예루살렘 등지에서 요새화된 도시가 등장하였다. 이들 중 어떤 곳은 매우 계획화된 모습으로 건설되었다.[77]

야딘에 따르면, 후기 철기 시대에 대체로 포곽 성벽에서 두꺼운 단일 성벽(solid wall)으로 요새의 모습이 바뀌는데, 이는 앗시리아의 공격을 방어하는데 단일 성벽이 용이하기 때문으로 추정한다.[78] 텔 레호브에서 건축된 너비 8미터의 진흙 성벽과 라기스에서 건축된 너비 6미터의 진흙 성벽은 공성퇴 공격에 견디기 용이하다. 공격자의 기술과 전술에 따라 요새화된 도시가 다르게 건축되었음을 보여준다.

비록 짧은 시기이기는 하지만 앗시리아 제국이 이 지역을

특한 양식의 성벽 구조물이다. 이 성벽 사이의 공간은 다시 이 성벽을 잇는 두 개의 벽에 의하여 방이 형성된다. 이 방은 평상시에 보통 저장용 방으로 사용되다가 전쟁 때에는 돌과 흙으로 채워져 최대 5-6미터 너비에 이르는 하나의 성벽을 이룬다.

76　Y. Garfinkel, I. Kreimerman and P.Zilberg, 앞 책, pp.48-71.

77　A. Mazar, 앞 글(1995), p.1532; idem., 앞 책(1990), pp.380-387, 411-455.

78　A. Mazar, 앞 글(1995), p.1537.

다스렸을 때, 새로운 형태의 도시가 건설되었으며, 앗시리아의 스타일을 보여주는 구조물이 알려졌다. 이집트 제국이 가나안인을 다스렸던 시기와 유사하게 앗시리아의 지배하에 이 지역은 같은 이유로 대부분 요새화되지 않았다. 므깃도, 사마리아, 도르만이 이 시기에 성문과 성벽의 요새화된 도시 모습을 지녔는데[79] 이는 아마도 앗시리아 제국의 필요성에 기인하였을 것이다. 이들 가운데 므깃도와 도르는 동일한 도시 계획을 보여준다.[80]

4) 문자 생활

이스라엘/팔레스틴 주변의 두 문명-이집트 문명과 메소포타미아 문명-은 일찍부터 문자를 사용하며 정치 체계를 갖추었던 반면, 가나안에서는 이 두 문명보다 약 천년 늦은 중기 청동기 시대에 와서야 문자를 발명하여 사용하기 시작하였다.[81] 이 문자는 수메

---

[79] 이들 가운데 므깃도와 도르는 동일한 도시 계획을 보여준다는 점은 주목할만 하다. E. Stern, *Archaeology of the Land of the Bible. Vol. II: The Assyrian, Babylonian, and Persian Periods 732-332*BCE., New York, Doubleday, 2001, pp.18-21.

[80] E. Stern, 같은 책, p.19.

[81] K. Lake and R.P.Blake, "The Serâbît Inscriptions: I. The Rediscovery of the Inscriptions", *Havard Theological Review*, Vol.21, 1928, pp.1-8; R.F. Butin, "The Serâbît Inscriptions: II. The Decipherment and Significance of the Inscriptions", *Havard Theological Review*, Vol.21, 1928, pp.9-67; W.F. Albright, "The Early Alphabetic Inscriptions from Sinai and Their Decipherment", *Bulletin of American Schools of Oreiental Research*, Vol.110, 1948, pp.6-22; J.C. Darnell, F.W. Dobbs-Allsopp, M.J. Lundberg P.K. McCarter and B. Zuckerman, "Two Early Alphabetic

르와 아카드의 쐐기문자 및 고대 이집트의 상형문자 또는 신관문자와 달리 알파벳 문자로, 세계에서 가장 오래된 것이다. 달리 말하면, 음절로 표시된 세계 최초의 알파벳 문자가 이 지역에서 발명된 것이다. 이 문자를 발명한 주체는, 일부 학자들이 논의한 바와 같이, 이집트에서 채광하던 인부나 서기관으로 추정한다.[82]

그러나 현재까지 발견된 가나안인들의 초기 문자는 모두 가나안 바깥 지역, 즉 시나이 반도와 이집트 본토에서 각각 발견되어, 가나안 문자로 불리지 않고 원시-시나이 문자로 명명되었다. 가나안 지역의 네 곳(라기스, 텔 나길라, 게제르/게셀, 세겜)에서도 이 원시-가나안 문자가 발견되었는데, 이것들은 중기 청동기 시대 말기 또는 후기 청동기 시대 초기의 것으로,[83] 가나안 바깥 지역에서 발견된 원시-시나이 문자보다 약 300-400년 이상 늦다.[84] 이 문자는 이후 가나안인들에 의하여 계속 사용되었으며, 기원전

Inscriptions from the Wadi el-Hôl", *Annals of American Schools of Oriental Research*, Vol.59, 2005, pp.73-113.

[82] O. Goldwasser, "How the Alphabet Was Born from Hieroglyphs", Biblical Archaeology Review, Vol.36/2, 2010, pp.36-50, 74; A.F. Rainey, "Turquoise Miners Did Not Invent the Alphabet," on web (2010년 8월 25일 작성); https://www.biblicalarchaeology.org/daily/biblical-artifacts/inscriptions/raineys-first-critique/ (2023.1.11. 접속).

[83] B. Sass, *The Genesis of the Alphabet and Its Development in the Second Millenium B.C.* Ägypten und Altes Testament. Band 13, Wiesbaden, Otto Harrssowitz, 1988, pp.8-51, 53-58.

[84] 연대를 낮추어서 보려는 경향이 있으나 최근 라기스 발굴에서 출토된 비문은 그 연대가 더욱 오래된 것으로 여겨진다(F. Höflmayer, H. Misgav, L. Webster and K. Streit, "Early Alphabetic Writing in the Ancient Near East: the 'missing link' from Tel Lachish", Antiquity, Vol.95/381, 2021, pp.705-719 참조).

1200년경 가나안인들의 뒤를 이어 정착하게 된 이스라엘인들에 의하여 차용되었고, 기원전 10세기부터는 블레셋인들도 이 문자를 사용하였다.[85] 이 문자의 형태는 아람, 페니키아, 요단 동편의 모압, 암몬, 에돔 지역 등 이스라엘/팔레스틴 지역 바깥에서도 사용되었다.[86]

2. 이스라엘/팔레스틴 지역의 외부 고대 문명 세력

1) 이집트 문명

지리적 인접성과 육로를 통한 접근 용이성으로 인하여 이집트는 이스라엘/팔레스틴 지역과 밀접한 관계를 이루었다. 이러한 관계는 이집트 문명이 발생하기 전부터 있었을 것으로 본다.[87] 이집

---

[85] 강후구, 앞 책, 141-160쪽. 블레셋인들은 정착 초기에 키프로-미노안 문자를 사용하다가 기원전 10세기에는 더 이상 사용하지 않고 그 시대 이스라엘인들이 사용하였던 문자를 사용하게 되었다. 크로스와 스태거의 의견에 따르면 이 문화의 역전이 일어난 것은 아마도 세력의 판도가 바뀌어 블레셋인들이 이스라엘인들에게 영향을 받은 것으로 이해된다(F.M. Cross and L.E. Stager, "Cypro-Minoan Inscription Found in Ashkelon", *Israel Exploration Journal*, Vol. 56, 2006, pp.129-159).

[86] S. Ahituv, *Echoes from the Past : Hebrew and Cognate Inscriptions from the Biblical Period*, trans. by A.F. Rainey, Jerusalem, Carta, 2008, pp.351-473.

[87] 석동기 시대의 매장지인 나할 카나에서 출토된 금 주괴는 아마도 이집트에서 기원하였을 것이다. T.E. Levy, "Cult, Metallurgy and Rank Societies- Chalcolithic Period (ca. 4500-3500BCE)", Levy, ed., *The Archaeology of Society in the Holy Land*, London, Leicester University Press, 1995,

도판 3.6. 므깃도에서 발견된 이집트 파라오 시삭의 카르투쉬가 새겨진 비문
록펠러 박물관 소장. 사진: 강후구

트 문명이 발전한 이후 그 문명적 요소들이 이스라엘/팔레스틴 지역에서 끊임없이 발견되었다: 이집트 파라오의 세레크[88], 카르투쉬[89] 등 공식적인 왕정 표시들[도판 3.6], 이집트의 정치적, 군

---

pp.233-234. 석동기 시대의 상아 제품은 아마도 아프리카에서 왔을 수 있는데 이집트를 통하여 수입되었을 것이다(A. Mazar, 앞 책(1990), p.77). 이 시기 이집트와의 관계는 토기장이의 기술, 플린트 작업, 예술, 광물질 (철광, 화강암, 설화석고 등) 무역을 통해서 나타난다(같은 책, p.87).

[88] R. Amiran and O. Ilan, "Arad: The Canaanite City", Stern, ed. *The New Encylopedia of Archaeological Excavations in the Holy Land*, Vol.1. Jerusalem, Israel Exploration Society, 1993, p.80.; 아라드 외에도 이집트와의 긴밀한 연관성을 보여주는 텔 에라니를 비롯하여 몇 장소에서 발견되었다(A. Mazar, 앞 책(1990), pp.106-107, 특히 이 책 각주 23 참조).

[89] J.H. Breasted, "Bronze Base of A Statue of Ramses VI Discovered

사적 행동의 결과로 세워진 석비들[90]과 상형문자, 신관문자로 기록된 비문들[91], 풍뎅이 인장을 포함한 수많은 이집트 양식의 인장들[92], 이집트 양식을 보여주는 건축 구조물과 석좌상[93], 지방에서 제작된 이집트 스타일의 입상[94]과 토기들[95], 이집트 매장

---

at Megiddo", G. Loud, 앞 책(1948), pp.135-138.

90 세티 1세의 석비(A. Mazar, "Beth-Shean: Tel Beth-Shean and the Northern Cemetery", E. Stern, 앞 책(1993), pp.217-219)와 비록 깨진 부분이지만 쉐숑크 1세/시삭의 승리 비문(I. Finkelstein and D. Ussishkin, "Back to Megiddo", *Biblical Archaeology Review* Vol.20/1, 1994, p.41)이 그러하다.

91 A. Mazar, 앞 책, pp.217-219; 같은 책, p.289; G. Loud, 앞 책(1948), pl.265. 등.

92 D. Ben-Tor, *Scarabs, Chronology, and Interconnections: Egypt and Palestine in the Second Intermediate Period*, Fribourg, Academic Press, 2007; O. Keel and S. Schroer, *Studien zu den Stempelsiegeln aus Palästina/Israel*, Band I, Freiburg, Universitätsverlag/Göttingen, Vandenhoeck & Ruprecht, 1985; O. Keel, H. Keel-Leu and S. Schroer, *Studien zu den Stempelsiegeln aus Palästina/Israel*, Band II, Freiburg, Universitätsverlag/Göttingen, Vandenhoeck & Ruprecht, 1989; O. Keel, M. Shuval and C. Uehlinger, *Studien zu den Stempelsiegeln aus Palästina/Israel*, Band III, Freiburg, Universitätsverlag/Göttingen, Vandenhoeck & Ruprecht, 1990; O. Keel, *Studien zu den Stempelsiegeln aus Palästina/Israel*, Band IV, Freiburg, Universitätsverlag/Göttingen, Vandenhoeck & Ruprecht, 1994.

93 A. Mazar, 앞 책(1993), pp.220-221.

94 Y. Yadin, *Hazor III-IV: An Account of the Third and Fourth Seasons of Excavations, 1957-1958*, Jerusalem, The Hebrew University, 1961, pl.CCCXXIII: 4-6.

95 M.A.S. Martin, *The Egyptian and Egyptian-style Pottery: A Case*

풍습을 반영하는 인형관[96] 등은 고대 이집트 문화가 가나안 사회까지 침투하였음을 잘 보여준다.[97]

고대 이스라엘인들이 가나안 지역에 정착한 초기 철기 시대 이후에도 이집트 문화의 영향력은 단절되지 않아, 고고학적 발굴을 통하여 지속적으로 발견되었다. 이집트 양식의 인장들이 고대 이스라엘 사회 내에서 사용되었으며[98], 생명의 열쇠(Ankh) 모티프를 포함한 이집트 특성들이 이스라엘 왕국 수도 사마리아의 상아 제품에서 발견되었고[99], 남유다 왕국에서는 공식적인 왕정 인장에 사용되었다.[100]

Study, Wien, Universität Wien, 2005.

[96] E.D. Oren, The Northern Cemetery of Beth Shan, Leiden, E.J. Brill, 1973; T. Dothan, Excavations at the Cemetery of Deir el-Balaḥ, Qedem 10, Jerusalem, The Hebrew University of Jerusalem, 1979, pp.1-12, 28-37, 46-55.

[97] 최근 하솔 발굴에서는 고대 이집트 제 4왕조의 멘카우레의 이름이 기록된 스핑크스 조각상이 발견되었다. 이는 이집트 외부 지역에서 발견된 최초의 왕정 스핑크스 조각상으로 고대 이집트와 가나안 간의 문화적 밀접성이 확인되었다.

(http://www.israelnationalnews.com/news/169753#.Ud6uhfm1GW6. 2023년 1월 12일 접속)

[98] R.S. Lamon and G.M. Shipton, 앞 책, pls.74-76; G. Loud, 앞 책, pls.205-206, 266-267.

[99] J.W. Crowfoot and G.M. Crowfoot, Early Ivories from Samaria, London, Palestine Exploration Fund, 1938, Pls.I-VIII, XIV-XXI.

[100] E. Mazar, The Seal Impressions of King Hezekiah and Isaiah : Amazing Archaeological Discoveries, Jerusalem, Shoham Academic

이 지역에 끼친 고대 이집트 문명의 최대 영향력은 문자일 것이다. 인류 최초의 알파벳 문자가 이 지역의 사람들에 의하여 발명되었지만,[101] 그 기원은 이집트 상형문자이며 따라서 인류 최초의 문자가 인류 최초의 알파벳 문자로 이어졌음을 알 수 있다.

이집트 문명은 역사 연구 자료에도 영향을 끼쳤다. 세레크, 카르투쉬, 인장에 기록된 이름들은 역사적 시대 구분이 가능하여, 이들과 함께 출토된 유물과 유적의 연대를 구분케 하였다. 라기스 해자 지역에서 발견된 세 지층 연속 건설된 신전 건물들에서 각각 연대를 알 수 있는 이집트 인장 즉, 투트모세 3세 때부터 람세스 2세까지의 인장이 발견되었다.[102] 이는 각 지층에서 발견된 가나안 토기, 이집트 토기, 미케네 토기, 사이프러스 토기와 목걸이 등 각종 유물의 연대를 알 수 있도록 해주었다. 즉 가장 위쪽의 것은 기원전 13세기(메르네프타 통치 시대까지), 그 아래의 것은 기원전 14세기(아마르나 시대), 맨 아래쪽 것은 기원전 15세기(투트모세 3세-아멘호텝 3세이전)로 확정할 수 있었다.

2) 메소포타미아 문명

메소포타미아 문명이 이스라엘/팔레스틴 지역에 끼친 영향은 미약하다. 따라서 이를 이 지역의 물질문화를 바탕으로 상호 관계를 이해해야 할 것이다. 물론 메소포타미아의 문명/문화는 이미

Research and Publication, 2019.

101   O. Goldwasser, 앞 글(2010), pp.36-50, 74.

102   O. Tufnell, C.H. Inge and L. Harding, *Lachish II: The Fosse Temple,* London, Oxford University Press, 1940.

고대 가나안 사회에서 나타났다. 초기 청동기 시대의 원통형 도장에 새겨진 문양은 메소포타미아 지역의 영향을 받은 것으로 이해된다.[103] 원통형 도장 외에도 초기 청동기 시대의 도장과 인장에 새겨진 일부 문양과 소위 황소 머리 신상은 메소포타미아에 지역에서도 발견되며 심지어 엘람 지역에서도 발견된다.[104]

아라드의 초기 청동기 시대 지층에서 발견된 돌에 새겨진 문양은 발굴자에 의하여 메소포타미아의 두무지 신과 연관된 것으로 해석되었는데[105] 이는 대체로 수용되고 있다.[106] 이 시대에 이어 중기 청동기 초기(기원전 21세기), 비록 무덤에서 발견된 것이기는 하지만 약 7센티미터 높이의 은잔[도판 3.7]은 돋움 장식에서 알려

도판 3.7. **중기 청동기 시대 무덤에서 발견된 은잔**
이스라엘 박물관 소장. 사진 제공: 양세원

---

103 미지르는 메소포디미이의 젬뎃 니스르와 초기 1왕조의 영향이라고 보고 있다(A. Mazar, 앞 책(1990), p.137).

104 A. Ben-Tor, *Cylinder seals of the Third-Millennium Palestine*, Cambridge, Mass., American Schools of Oriental Research, 1978; A. Ben-Tor, "The Early Bronze Age", Ben-Tor, ed. 앞 책(1992), pp.115-117. A. Mazar, 앞 책(1990), pp.136-137.

105 R. Amiran and O. Ilan, 앞 글, p.75.

106 A. Ben-Tor, 앞 책, pp.117-118; A. Mazar, 앞 책(1990), p.137.

진 묘사로 인하여 이 시기 메소포타미아 신화와의 관련성을 보여준다.[107] 야딘은 묘사된 내용이 메소포타미아의 주신 마르둑이 티아맛과의 전투에 대한 내용을 담고 있는 메소포타미아 창조 신화 '에누마 엘리쉬'와 연관된 것으로 해석하였고[108], 이후 게이츠는 메소포타미아 문화와 지방 문화의 혼합으로 해석하였다.[109]

기원전 2천년대의 고대 바벨론 시대(중기 청동기 시대)부터 기원전 1천년대의 신-앗시리아 시대(철기 시대)까지 이스라엘/팔레스틴 지역에서 약 100개 가까운 쐐기문자 토판이 발견되었다. 메소포타미아 문명의 결정체인 쐐기문자 토판은 행정문서, 왕정문서, 편지, 문학작품 등 다양하다.[110] 북쪽 하솔에서부터 브엘세바에 이르기까지 중앙 산악지역과 쉬펠라 또는 평지 지역에 이르기까지의 지역적 분포를 보여주고 있다.

므깃도에서 발견된 길가메쉬 서사시는 메소포타미아의 유

---

[107] Z. Yeivin, "A Silver Cup from Tomb 204a at 'Ain-Samiya", *Israel Exploration Journal*, Vol.21, 1971, pp.78-81; A. Mazar, 앞 책(1990), pp.167-168.

[108] Y. Yadin, "A Note on the Scenes Depicted on the 'Ain-Samiya Cup", *Israel Exploration Journal*, Vol.21, 1971, pp.82-85.

[109] M.-H.C. Gates, "Casting Tiamat into Another Sphere: Sources for the 'Ain Samiya Goblet", *Levant*, Vol.18, 1986, pp.75-81.

[110] W. Horowitz and T. Oshima, *Cuneiform in Canaan: Cuneiform Sources from the Land of Israel in Ancient Times,* Jerusalem: Israel Exploration Society/The Hebrew University of Jerusalem, 2006; W. Horowitz, T. Oshima and S.L. Sanders, *Cuneiform in Canaan: The Next Generation,* University Park, Pennsylvania, Eisenbrauns, 2018.

명한 문학작품이 가나안에서 발견된 최초의 사례로[111], 가나안 사회에서도 이를 읽었음을 보여주는 직접적인 증거이다. 이 서사시가 기록된 아카드어는 후기 청동기 시대의 것으로, 기원전 15세기 때 가나안을 지배하고 있었던 이집트와의 관계 속에서 메소포타미아의 문학작품의 수입을 이해할 수 있지만, 다른 토판들과 함께 고려해 볼 때, 이 문학작품은 이집트인보다는 가나안인들을 위한 것으로 생각된다. 최근 하솔에서 발견된 토판은 중기 청동기 시대에 함무랍비 법전의 내용을 기록하고 있어, 동시대의 문헌 호환성, 특히 법전 내용이 메소포타미아 지역과 교환되었음을 보여준다.[112]

초기 철기 시대와 후기 철기 시대 초기(기원전 12-9세기)에 이스라엘/팔레스틴 지역은 정치적, 사회적 상황, 특별히 중간의 아람 세력으로 인하여 메소포타미아 지역과 상호교통의 기회가 줄어들었다. 그러나, 기원전 8세기 하반기에 이르러 앗수르 세력이 유입된 이래 바빌로니아를 거쳐 페르시아 제국에 이르기까지 약 500년 동안 이 지역은 다시 메소포타미아의 영향권 아래에 놓이게 된다. 기원전 7세기 말까지, 몇몇 장소들에서 앗수르의 관청,

---

111 A. Kempinski, *Megiddo: The Canaanite City-State and the Israelite Administration Center*, Tel Aviv, The Kibbutz Union, 1993, pp.30-31. (Hebrew); Y. Aharoni, "Megiddo", Stern, ed. *The New Encyclopedia of the Archaeological Excavations in the Holy Land*, Vol.3, 1993, p.1011.

112 W. Horowitz, T. Oshima and F. Vukosavovi, "Hazor 18: Fragments of a Cuneiform Law Collection from Hazor", *Israel Exploration Journal*, 62/2, 2012, pp.158-176.

건축 양식 등이 신앗시리아 제국의 비문, 토기, 진흙관 등과 함께 발견되었다.[113]

앗수르 멸망 이후 패권을 차지하였던 바빌로니아가 이 지역 정복 후 정치적으로 지배하였으나, 문화적으로는 크게 영향을 미치지 못하였다. 이는 아마도 그들의 지배 연한이 그리 길지 않은 것과 아울러, 정치적, 경제적 지배가 주목적이었기에 나타난 현상이라고 이해된다. 이후 등장한 페르시아 제국은 포용 정책을 표방한 것[114]과 별도로, 문화적으로는 이전의 제국 세력에 뒤지지 않는 영향력을 행사했는데,[115] 특히 페르시아 제국에 의하여 화폐의 사용 즉, 동전이 소개되어 처음으로 이 지역에서 사용되었다.[116]

3) 히타이트 문명

세계 문명사에서 크게 취급하지는 않지만, 가나안 지역을 포함한 고대 근동 지역에 끼친 히타이트 문명/제국의 영향력은 결코 무시할 수 없다. 아나톨리아 지역을 중심으로 형성된 히타이트 문명은 하투샤를 수도로 하는 제국을 이루었고(기원전 약 1650년), 이 지역에서 처음으로 철제 무기를 개발하여 사용하였다. 히타이트

---

113 E. Stern, 앞 책(2001), pp.14-41.

114 페르시아의 포용정책은 구약성서뿐만 아니라 고레스의 원통 비문에서도 잘 드러난다: E.M. Yamauchi, *Persia and the Bible*, Grand Rapids, Michigan, Baker Book House, 1990, pp.87-89; 마르쿱,『고대 근동 역사』, 김구원/강후구 옮김, 서울, CLC, 2022, pp.461-462.

115 E. Stern, 앞 책(2001), pp.461-534, 537-539, 543-552.

116 윗 책, pp.555-558.

문명/제국은 기원전 12세기 초, 서쪽으로부터 이동한 해양민족으로 인하여 멸망 당하기까지 약 450년이 넘는 기간 동안 이집트와 함께 고대 근동의 패권을 차지한 세력이었다.[117]

히타이트 문명이 발생한 아나톨리아 지역의 영향력은 제국이 발생하기 이전에 일어났는데 그 지역의 광석, 즉 흑요석에 기인한 것이다. 이 지역으로부터의 흑요석 수입은 일찍부터 일어났는데 지금까지의 고고학적 연구에 따르면, 석동기 시대에도 계속되었다. 광석뿐만 아니라 이 지역은 독특한 기술도 전파했다. 나할 미쉬마르의 석동기 시대 유적에서 발견된 정교한 청동 제품들의 제작 기술은 아나톨리아에서 전수되었을 것으로 여겨진다.[118]

구약성서에서는 히타이트 민족에 대한 구절이 청동기 시대와 후기 철기 시대에 집중하여 나타나는 것과 달리,[119] 이스라엘/팔레스틴 지역 내의 고고학적 연구에 의하여 알려진 이들의 물질문화 증거는 히타이트 제국이 존재하였던 후기 청동기 시대에 집중되어 나타난다.[120] 이는 문명의 영향력이 정치적 영향력과 무관하지 않음을 보여준다.

---

117 H. Shanks, "The Hittites: Between Tradition and History", *Biblical Archaeology Review* Vol.42/2, 2016, pp.28-38; A. Kempinski, "Hittite in the Bible: What does Archaeology say?," *Biblical Archaeology Review*, Vol.5/5, 1979, pp.21-45.

118 A. Mazar, 앞 책(1990), p.72.

119 H. Shanks, 앞 글(2016), p.28.

120 반 드 미에룹, 앞의 책(2022), pp.25-261.

4) 그리스/로마 문명

기원전 4세기 말까지 이스라엘/팔레스틴 지역은 문명사적으로 고대 근동 지역의 영향권 아래 있었다. 달리 말하면 일부 움직임을 제외하고,[121] 지중해 서쪽 세력 즉, 서구 세력은 정치적, 군사적으로 이스라엘/팔레스틴 지역에 영향을 미치지 못하였고, 따라서 그들의 문명과 문화적 영향력은 4세기 말 이후에 와서야 두드러진다.

기원전 4세기 하반기 마케도니아 출신의 알렉산더는 군사력을 바탕으로 그리스 본토의 세력을 진압하고, 이후 그의 군대를 이끌고 동진하여 페르시아가 다스렸던 영토, 즉 이집트, 이스라엘/팔레스틴, 메소포타미아 지역을 포함한 고대 근동 전 지역과 인도까지 이르는 제국을 이루게 되었다.[122] 이후 이스라엘/팔레스틴 지역은 그리스와 로마로 이어지는 문명과 문화의 영향권 아래 놓였다.

---

[121] 예를 들어, 중기 청동기 시대의 프레스코 벽화(B. Niemeier and W-D. Niemeier, "The Frescoes in the Middle Bronze Age Palace", Kempinski, ed., *Tel Kabri: The 1986-1993 Excavation Seasons*, Tel Aviv, Emery and Claire Yass Publications in Archaeology, 2002, pp.254-285), 카마레 수입 토기와 비문(T. Dothan, S. Zuckermann and Y. Goren, "Kamares Ware at Hazor", Israel Exploration Journal Vol.50, 2000, pp.1-15), 후기 청동기 시대의 미케네 토기와 사이프러스 토기(R. Amiran, 앞 책(1969), pp.172-186, 초기 철기 시대 정착한 블레셋 문화(T. Dothan, 앞 책(1982)) 등이다.

[122] A.F. Rainey and R.S. Notley, 앞 책(2006), pp.297-299.

그리스/로마의 문명/문화의 영향은 신전[123], 히포드롬[124], 원형극장[125], 온천[126]과 목욕탕, 연회장(트리클리니움), 수영장[127], 연못[128], 카르도[129], 수로[130] 등 도시 건축물과 항만 시설[131]에

---

[123] K.G. Holum, "The Temple Platform: Progress Report on the Excavations", Holum, Raban and Patrich, ed., *Caesarea Papers 2: Horod's Temple, the Procincial Governor's Praetorium and Granaries, the Later Harbor, A Gold Coin Hoard, and Other Studies*, Portsmouth, Rhode Island, 1999, pp.13-26.

[124] E. Netzer, *The Palaces of the Hasmoneans and Herod the Great,* Jerusalem, Yad Izhak Ben-Zvi Press/Israel Exploration Society, 2001, pp.64-67.

[125] G. Fuks, *Scythopolis-a Greek City in Eretz-Israel,* Jerusalem, Yad Izhak Ben-Zvi Publications, 1983, pp.123-141.(Hebrew); A. Lewin, *The Archaeology of Ancient Judea and Palestine,* Los Angeles, The J. Paul Getty Museum, 2005, p.154.

[126] A. Lewin, 같은 책, pp.88-91.

[127] E. Netzer, 앞 책, pp.21-25.

[128] E. Netzer, 같은 책, pp.108-111.

[129] A. Lewin, 앞 책, pp.80-84, 94-99.

[130] A. Lewin, 같은 책, p.154.

[131] J.P.Oleson & G. Branton, "The Technology of King Herod's Harbour", Vann, ed., *Caesarea Papers: Straton's Tower, Herod's Harbour, and Roman and Byzantine Caesarea,* Ann Arbor, MI, 1992, pp.49-67; A. Raban, "Καισάρεια ἡ πρὸς Σεβστῷ λιμένι: Two Harbours for Two Entities?", Vann, ed., 같은 책, pp.68-74; R.L. Hohlfelder, "The Changing Fortunes of Caesarea's Harbours in the Roman Period", Vann, ed., 같은 책, pp.75-78.

서 두드러지게 나타난다. 이 건축물들의 규모와 크기는 이전 시대와 차이점을 둘뿐만 아니라, 최초로 사용한 콘크리트 등 건축 기술에서도 차별성이 두드러진다. 건축물 안의 프레스코, 스투코, 모자이크 등의 건축 장식[132] 그리고 그리스와 라틴어로 쓰인 비문[133] 등이 이 지역에서 적지 않게 발견되었다.

3. 최대주의자/최소주의자 논쟁

이스라엘/팔레스틴 지역의 고고학적 논쟁 가운데 전세계적으로 영향을 끼친 것은 바로 최대주의자/최소주의자 논쟁이다. 이러한 논쟁이 일어나게 된 것은 이 지역이 성서의 배경이 된 곳이기 때문이며, 성서의 지대한 영향력으로 인해 이 논쟁이 세계 곳곳의 성서학자, 역사학자, 성서고고학자들에게로 확장되었다.

    이 논쟁의 핵심은 고고학적 발굴로 우리에게 알려진 고대 유적과 유물을 어떻게 해석할 것인가에 달려있다. 즉, 현재 우리

---

132 S. Rozenberg, "Appendix 4: Wall Paintings of the Herodian Period in the Land of Israel", E. Netzer, *The Architecture of Herod, the Great Builder,* Mohr Siebeck, 2006, pp.350-376; R. Talgam and O. Peleg, "Appendix 5: Mosaic Pavements in Herod's Day", E. Netzer, 같은 책, pp.377-383.

133 C.M. Lehmann, and K.G. Holum, *The Joint to Caesarea Maritima Excavation Reports: The Greek and Latin Inscriptions of Caesarea Maritima,* Boston, MA, The American Schools of Oriental Research, 2000.

에게 남아 있는 고고학적 잔여물들을 과거의 역사 재구성을 위하여 최대한의 의미를 지닌 것으로 볼 것인지, 아니면 최소한의 의미만 인정할 것인지에 대한 이해 차이다. 이는 고대 문명/고대 문화를 어떻게 이해할 것인지에 대한 해석학적 의미를 지니는 보편적 논쟁이기도 해서, 이미 적지 않은 학자들이 이에 대한 견해를 제시한 바 했다.[134] 여기서는 세 가지 주제를 중심으로 이 논쟁을 살피고자 한다.

첫째, 최대주의자/최소주의자 논쟁이 발발한 이유와 연관된 것으로, 고고학적 발견물을 바탕으로 기록된 문서(구약성서)의 역사성을 어떻게 평가할 것인가에 대한 입장 차이에서 기인한다. 이는 필요불가결하게 기록된 문서와 고고학적 발견물 간의 상호 관계성에 대한 논의와 함께 이루어진다. 이전의 바벨/비벨 논쟁[135]에서 성서의 내용을 고대 근동 문서와 비교함으로써(즉, 문서와 문서와의 비교) 구약성서의 의미 해석에 입장 차이가 드러났다면, 최대주의자/최소주의자 논쟁은 구약성서의 내용과 고고학적 발견물과 비교함으로써 논쟁이 발발한 것이다. 이 논쟁의 기저에는 모두 구약성서에 대한 역사 비평 연구 방법론에 근거한 성서

---

134 I. Finkelstein and A. Mazar, *The Quest for the Historical Israel : Debating Archaeology and the History of Early Israel*, Leiden, Brill. 2007; 에릭 H. 클라인, 앞 책(2015), 93-99쪽; 유윤종, "고대 이스라엘 역사 찾기와 고고학: 수정주의자와 논쟁을 중심으로", 『한국기독교신학논총』 제34집, 2004, 105-127쪽; 강후구, 앞 책, 31-36쪽.

135 B.T. Arnold and D.B. Weisberg, "A Centennial Review of Friedrich Delitzsch's "Babel und Bibel" Lectures", *Journal of Biblical Literature*, Vol.121/2, 2002, pp.441-457.

이해가 깔려 있다. 즉 성서는 각기 다른 저술가에 의하여 각기 다른 시기에 기록되었으며, 성서에서 기술하고 있는 내용보다 훨씬 후대에 편집된 것으로 이해된다. 따라서 우리에게 성서의 내용을 통해 전해진 시대와 저술 및 편집 시대가 각각 다르며, 이를 바탕으로 성서의 사건과 인물은 역사성이 없거나 저술 시대 또는 편집 시대를 반영할 뿐이라는 주장이 대두되었다. 이러한 입장이 당대의 물질문화를 보여주는 고고학적 발견물을 성서의 내용과 최소한도로 연관시키려는 최소주의자적 견해의 기저를 이룬다. 반면, 최대주의자들은 비록 성서를 통해 전해지는 인물과 사건이 후대에 기록되고 편집된 것이라고 해도, 그 내용 자체는 그 시대를 반영하는 것으로 역사성이 있다고 이해한다. 따라서 이를 이스라엘/팔레스틴 지역의 고고학적 발견물들과 연관시킬 수 있다고 주장한다. 이러한 입장의 차이는 자연스럽게 구약성서가 전해주고 있는 내용 가운데 어디까지를 역사적으로 이해할 것인가에 대한 문제로 이어진다.[136]

둘째, 이 논쟁은 흐름이 있다. 크게 세 가지 흐름이 발견되는데, 19세기 상반기의 최대주의자/최소주의자 논쟁은 알트와 노트를 중심으로 한 독일학파와 올브라이트, 라이트를 중심으로 한 미국학파 간의 논쟁으로서, 성서가 전해주는 내용의 역사성에 대한 논쟁이었다. 1970년대 이후의 최대주의자/최소주의자간의 논쟁은 이른바 수정주의자들에 의하여 새로운 국면을 맞이하게 된다. 이들은 고고학적 발견물과 성서 외적 자료에 의존하여 성서의 내용 이해와 고대 이스라엘 역사에 대한 수정이 불가피하

---

136   유윤종, 앞 글(2004), 108-114.

다고 주장한다. 즉 고고학적, 역사학적 자료를 통하여 다른 자료, 즉 성서의 내용과 역사에 수정을 가할 것을 주장한 것으로, 성서 자체를 편찬 시기를 중심으로 이해해야 한다고 강조한 것이다. 수정주의자들의 이러한 주장-성서 외적 자료(역사 자료)의 내용을 바탕으로 성서의 기술된 내용에 수정이 가해져야 한다는 의견-이 고고학적 발견물에 의하여 지지를 받는다고 주장되었다.

고고학적 발견들도 읽어내야 할 문서이고,[137] 발굴자들 또는 발견물에 대한 비평가들의 해석이 그들의 사상적 배경과 무관할 수 없는 점,[138] 구약성서를 비롯한 역사 자료도 역사가의 관점에 의하여 기술된 것이라고 점을 이해한다면, 한 자료를 바탕으로 다른 자료의 적합성을 판단하는 것은 합당치 않은 일인지도 모른다.[139]

1990년대 중반 이후부터 최대주의자/최소주의자 논쟁은 또다시 새로운 국면을 맞이하게 되는데, 이른바 '저연대 논쟁'과 함께 한다.[140] 기존에 설정된 고고학적 유적들의 연대를 내림으로써 고대 이스라엘 역사와 연관시켰던 고고학적 내용들에 대한 이해를 달리했다.[141] 역사에 대한 이해가 관점 또는 해석학적 차이

---

137 I. Hodder, *Reading the Past*, Cambridge University Press, 1986

138 A. Mazar, 앞 책(1990), pp.31-33.

139 강후구, 앞 책, 23-36쪽.

140 1995년과 1996년에 출판된 두 개의 논문이 이 논쟁을 이끌었는데, 모두 핀켈쉬타인에 의하여 저술되었다. I. Finkelstein, 앞 글(1995), pp.213-239; idem., 앞 글(1996), pp.177-187.

141 가장 큰 차이점을 이룬 것은 기원전 10세기 이른바 통일왕국 시대에 관련된 것이다. 강후구, 「이스라엘 핀켈쉬타인(Israel Finkelstein)의 '저연대

에서 기인한 것이 아닌, 연대의 변화를 통하여 이루어진 것이다. 이를 통하여 두 가지 중요한 측면이 대두되었다. 하나는 성서가 전해주는 내용을 후대 역사관의 반영으로 이해한 이전 시대의 주장이 더욱 심화된 것으로, 성서 편집사적 측면에 고고학적 논의까지 더해져 이루어졌다. 즉, 성서의 내용을 고고학적 논의와 연관하여 살펴볼 때, 그 내용이 이전에 인식했던 것보다 후대의 고고학적 지층들에서 발견된 유적 및 유물과 오히려 일치한다는 주장이다. 이는 고대 이스라엘 역사 해석을 신명기 역사서의 중심인물인 요시야 왕으로 귀결시키는 결과를 낳았다.[142] 또 다른 하나는 저연대 논쟁으로 인하여 성서 의존적 연대 설정 및 해석과는 무관한 방향으로 논의가 흘러가 방사성동위원소 탄소14와 같은 절대연대 설정에 대한 논의로 이어진 것이다. 옥스퍼드 대학교에서 이루어진 절대연대 논의조차 그 해결점을 찾지 못하였지만,[143] 저연대 논쟁은 고고학적 유적과 유물의 연대 설정에 대한 중요성을 다시 부각시켰다. 해석에 앞서 기초 자료에 대한 이해로 관심의 초점이 이전한 것이다.

(Low Chronology)' 주장에 대한 고고학적 고찰」,『구약논단』 23/3, 2017, 172-209쪽.

142 I. Finkelstein and N.A. Silberman, *The Bible Unearthed: Archaeology's New Vision of Ancient Israel and the Origin of Its Sacred Texts*, New York, Free Press, 2001.

143 T.E. Levy and T. Higham, ed., *The Bible and Radiocarbon Dating: Archaeology, Text and Science*, Equinox, 2005.

4. 위조품 논쟁

이스라엘/팔레스틴 지역에서도 다른 지역과 마찬가지로[144] 고고학적 위조품 논쟁이 크게 일었다. 이 논쟁에 대상이 된 유물이 몇 가지가 있으나 대표적인 세 가지 논란을 다루고자 한다.

첫째, 2002년 소르본느 대학교의 금석학자 앙드레 르메흐 교수가 이른바 '야고보 납골함'으로 알려진 로마 시대의 한 납골함에 대한 논문을 출간했다.[145] 그의 주장에 따르면 이 납골함은 비록 고고학적 발굴로 획득한 것은 아니지만, 신약성서 시대의 배경이 되는 로마 시대의 것이라고 한다. 납골함의 한 면에 새겨진 비문은 아람어로 "요셉의 아들, 예수의 형제 야고보"로 읽을 수 있으며 이 비문 역시 로마 시대의 것이다. 르메흐 교수의 분석에 따르면, 여기에 기록된 야고보는 신약성서에 기록된 예수의 동생 야고보 사도이며, 따라서 이 납골함은 그의 것이다. 르메르 교수의 글이 출판된 이후 이 납골함은 세계의 학자들의 관심을 받게 되었고 캐나다에서 전시되기도 하였다. 그러나 아래에서 살펴보게 될 요아스 비문과 함께 곧 위조품 논란에 휘말리게 된다.

둘째, '요아스 비문'으로 알려진 남유다 왕국의 왕정 비문이

---

144 예를 들어, 일본의 구석기 유적/유물 위조가 그러하다: https://m.khan.co.kr/national/national-general/article/200011052308101 (2023년 1월 15일 접속)

145 A. Lemaire, "Burial Bone Box of James the Brother of Jesus", *Biblical Archaeology Review* Vol.28/6, 2002, pp.24-33,70.

세상에 알려지게 되었다.¹⁴⁶ 현무암 위에 새겨진 이 비문은 기원전 9세기 남유다의 왕이었던 요아스 왕에 의하여 새겨진 것으로, 구약성서가 전해 준 바와 같이(왕하 12:5-17; 대하 24:4-14) 자발적 기부를 통해 채석된 돌, 나무, 에돔 구리를 구입하여 성전을 수리했다는 내용을 담고 있다. 그러나 이 내용에 대하여 학자들은 하나같이 성서 구절을 바탕으로 위조된 것이며, 구약성서 시대에 사용하지 않은 단어와 구문을 찾아내어 이를 토대로 현대에 만들어진 것이라고 결론지었다.¹⁴⁷

위 두 물품의 위조 사실을 확인하기 위하여 2003년 12명의 학자들로 위원회를 구성했다. 금석학자들과 과학 성분 분석자들이 함께 모여 이 비문들의 진위 여부를 논의하였는데, 요아스 비문과 야고보 납골함 비문 분석을 위하여 각각 네 명의 금석학자, 두 개의 비문이 쓰인 재료의 과학적인 성분 분석을 위하여 네 명의 전문가들이 투입되었다. 금석학자들은 야고보 납골함의 비문 분석을 통하여 글자 형태로 보았을 때, 진위 여부를 파악하기가 힘들지만, 성분의 과학적 분석의 결론을 힘입어서 위조라고 주장하였다.¹⁴⁸

---

146 H. Shanks, "Assessing the Jehoash Inscription: Demonstrably a Forgery", *Biblical Archaeology Review* Vol.29/3, 2003, pp.26-28.

147 하버드 대학교의 금석학자인 F.M. 크로스가 위조라고 결론을 지었고, 그린쉬타인 또한 같은 의견이었다(E.L. Greenstein, "Hebrew Philology Spells Fake", *Biblical Archaeology Review* Vol.29/3, 2003, pp.28-30.

148 A. Ayalon, M. Bar-Matthews and Y. Goren, "Authenticity Examination of the Inscription on the Ossuary Attributed to James, Brother of Jesus", *Journal of Archaeological Science*, Vol.31, 2004, pp.1185-

결국 중요한 것은 과학적인 성분 분석이었는데 이를 시행하였던 전문가들은 분석 결과 납골함 자체는 위조가 아니며, 글자 중에서도 앞부분 '야고보, 요셉의 아들'이라는 쓰인 곳은 진품이지만, 그 뒤에 있는 글자 '예수의 형제'라는 표현은 현대의 위조자에 의하여 쓰인 것이라고 주장하였다. 그곳의 특정 산소 원소의 분포와 양이 기원후 1세기 예루살렘 부근에서 나온 납골함과 다르기 때문에 현대의 것이라고 결론지었다. 위원회의 이러한 결론 이후 곧 오데드 골란은 골동품 위조자로 몰리게 되었고, 경찰은 그의 집에서 위조품 도구들을 발견하여 그를 체포하였다. 이 문제는 결국 법정까지 감으로써, 고고학적 유물의 위조 문제가 법적 공방으로 이어진 사례가 되었다. 2012년 3월 14일, 이스라엘 법정에서 사건 재판을 담당한 아하론 파르카쉬 판사는 납골함과 관련하여 그것은 위조가 아니라고 최종 판결을 내렸다.[149]

야고보 납골함으로 인한 위조품 소용돌이에 휘말린 또 하나의 물품은 상아로 만들어진 석류 모양 홀이다. 이것 역시 고고학적 발굴에서 출토된 것이 아니라 골동품 시장에서 구입된 것으로 이스라엘 박물관에서 구입 당시(1988년) 고가를 지불하고(55만불) 구입하였다. 이스라엘 박물관에서 가장 유명한 전시물 중 하나였던 이 홀은 몸체 어깨 부분에 글자가 새겨졌는데 고대 히브리어로 '야웨의 집(성전)을 위하여, 제사장들에게 성별'이라고 기록되었다. 이는 구약성서 외에 야웨의 성전을 언급한 가장 오래된 비문이며, 문구로 보아 기원전 10세기 솔로몬 성전에서 대제사장에

1189.

149 강후구, 앞 책, 214-215쪽.

의하여 사용된 성전 기물로 여겨졌다.[150]

앞서 언급하였던 2004년의 학자들의 모임에서 이 홀에 대한 진위 여부도 다루어졌는데, 학자들은 글자의 형태와 글자가 새겨진 깊이와 그 공간에 채워진 찌끼 등을 자세히 분석하여 그것 역시 위조품이라는 결론을 내렸다.[151] 이에 반대하는 글[152]과 다시 재반박하는 논쟁[153] 과정 가운데 결국 이 물품은 이스라엘 박물관의 전시장에서 내려졌다.

고고학적 위조품은 경제적 가치가 있기에 앞으로도 이러한 논란은 계속 일어날 수 있다. 이에 대하여 이스라엘 고고학계에서는 고고학적 발굴로 출토되지 않는 유물에 대해서 학계에서 다루지 않는 방향으로 가닥을 잡고 있다. 위에서 언급한 물품들에 관한 결론 이후, 골동품 시장에서 나온 유물은 학술적 가치를 부여하지 않아 더 이상 출판되지 않고 있다. 따라서 학술적인 논쟁의 대상이 되지 않고 있는데, 앞으로도 이 기조가 유지될 전망이

---

[150] https://en.wikipedia.org/wiki/Ivory_pomegranate (2013년 1월 16일 접속)

[151] Y. Goren, S. Ahituv, A. Ayalon, M. Bar-Matthews, U. Dahari, M. Dayagi-Mendels, A. Demsky and N. Levin, "A Re-examination of the Inscribed Pomegranate from the Israel Museum", *Israel Exploration Journal*, Vol.55, 2005, pp.3-20.

[152] A. Lemaire, "A Re-examination of the Inscribed Pomegranate: A Rejoinder", *Israel Exploration Journal*, Vol.56, 2006, pp.167-177.

[153] S. Ahituv, A. Demsky, Y. Goren and A. Lemaire, "The Inscribed Pomegranate from the Israel Museum Examined Again", *Israel Exploration Journal*, Vol.57, 2007, pp.87-95.

다. 아울러, 이는 고고학적 발굴 허가권을 부여하는 이스라엘 문화재청의 유적 및 유물에 대한 주도권이 더 높여지는 결과로 이어질 것이다.

IV. 결론

지금까지 살펴본 이스라엘/팔레스틴 지역의 고고학사와 주요 주제는 다음 몇 가지 사항으로 결론 지을 수 있다.

첫째, 이 지역의 고고학적 연구는 용어에서 볼 수 있듯이 정치적, 종교적 연관성이 있으며 이는 학자들의 정체성과 입장에 따라 달라진다. 따라서 이 지역의 고고학적 연구는 좀 더 중립적인 입장에서 접근해야 할 것이다.

둘째, 19세기부터 시작된 고고학적 활동과 연구는 시대에 따라 발전 과정을 거쳐 오늘날의 모습을 지니게 되었다. 현재까지 이 지역 고고학사의 흐름을 보았을 때, 앞으로의 고고학적 연구는 점점 과학화, 세분화, 전문화, 지역화될 것이다. 그러나 성서의 배경이 되는 이 지역 특성상 성서와의 관련성을 배제한 채 연구가 진행되지는 않겠으나, 양극단적 주장—극단적 세속주의와 극단적 종교주의—을 피하면서, 양 분야, 즉 성서와 고고학의 세심한 연구 결과 이후 그 결과들을 통합하는 시도는 앞으로도 지속적으로 이루어질 것이다.

셋째, 이 지역의 고고학적 연구는 인류 문화사적으로 의미 있는 결과들을 알려줌과 동시에 고대 물질문화에 대한 바른 해석과 이해에 대한 논의를 불러일으켰다. 현재에도 매년 고고학적 지표조사와 발굴을 활발히 진행하고 있기에 이 지역의 심도 있는 물질문화 연구와 활동은 일반 고고학사의 발전에 지속적으로 기여할 것으로 예상된다.

    마지막으로, 양대 고대 문명의 발생지 사이에 위치한 이 지역의 지리적 특성상 고대 문명들의 영향이 컸음을 알 수 있다. 고대 문명은 시대의 흐름에 따라 제국 세력이 되어 정치적, 사회적, 경제적 영향을 미쳤으며, 이는 이스라엘/팔레스틴 지역의 물질문화에 고스란히 담겨 있다. 따라서 이 지역의 고고학적 탐구는 피지배 지역에 끼친 제국 세력의 영향 즉, 물질문화에 끼친 영향력에 대한 통시적, 공시적 연구를 하는데 상당한 가치를 지닌다.

참고자료

강후구, 「이스라엘 핀켈쉬타인(Israel Finkelstein)의 '저연대 (Low Chronology)' 주장에 대한 고고학적 고찰」, 『구약논단』 23/3, 한국구약학회, 2017, 172-209쪽.

강후구, 『성서와 고고학: 이스라엘 정착부터 시삭 침공까지』, 서울장신대학교 출판부, 2014.

유윤종, 2004, 「고대 이스라엘 역사 찾기와 고고학: 수정주의자와 논쟁을 중심으로」, 『한국기독교신학논총』제34집, 한국기독교신학회, 2004, 105-127쪽.

트리거, 브루스, 『브루스 트리거의 고고학사』, 성춘택 옮김, 서울, 사회평론, 2010.

클라인, 에릭. H., 『성서고고학』, 류광현 옮김, 서울, CLC, 2013.

Ahituv, S. *Canaanite Toponyms in Ancient Egyptian Documents,* Jerusalem, The Magness Press, The Hebrew University, 1984.

Ahituv, S. *Echoes From the Past: Hebrew and Cognate Inscriptions from the Biblical Period,* Jerusalem, A Carta Handbook, 2008.

Albright, W.F. *The Excavation at Tell Beit Mirsim, Vol. I. The Pottery of the First Three Campaigns,* New Haven, American Schools of Oriental Research, 1930.

Albright, W.F. *The Excavation at Tell Beit Mirsim, Vol. II. The Bronze Age,* New Haven, American Schools of Oriental Research, 1938.

Albright, W.F. *From the Stone Age to Christianity,* Baltimore, Johns Hopkins Press, 1940.

Albright, W.F. *The Excavation at Tell Beit Mirsim, Vol. III. The Iron Age,* New Haven, American Schools of Oriental Research, 1943.

Albright, W.F. "The Early Alphabetic Inscriptions from Sinai and Their Decipherment", *Bulletin of American Schools of Oriental Re-*

search Vol.110, 1948, pp.6-22.

Amiran, Ruth. *The Ancient Pottery of the Holy Land: From the Beginning in the Neolithic Period to the End of the Iron Age,* Jerusalem, Massada Press, 1969.

Amiran, R. and Ilan, O. "Arad: The Canaanite City", Stern, ed., The New Encyclopedia of the Archaeological Excavations in the Holy Land, Vol.1. Jerusalem, Israel Exploration Society, 1993, pp.75-82.

Bar-Yosef, O. "Ubeidiya", Stern, ed., The New Encyclopedia of the Archaeological Excavations in the Holy Land, Vol.4. Jerusalem, Israel Exploration Society, 1993, pp.1487-1488.

Bar-Yosef, Ofen and Garfinkel, Yosef. *The Prehistory of Israel : Human Cultures before Writing,* Jerusalem, Ariel, 2008. (Hebrew)

Bar-Yosef. O. and Goren-Inbar, N. The Lithic Assemblages of 'Ubeidiya: A Lower Palaeolithic Site in the Jordan Valley. *Qedem* 34, Jerusalem, Hebrew University of Jerusalem, 1993.

Bar-Yosef, O. and Valla, F.R. The Natufian Culture in the Levant, Ann Arbor, MI., International Monographs in Prehistory, 1991.

Ben-Tor, Amnon. *The Archaeology of Ancient Israel,* New Haven, Yale University Press, 1992.

Ben-Tor, Daphna. *Scarabs, Chronology and Interconnections : Egypt and Palestine in the Second Intermediate Period,* Fribourg, Academic Press, 2007.

Borowski, Oded. *Daily Life in Biblical Times,* Atlanta, Society of Biblical Literature, 2003.

Breasted, J.H. "Bronze Base of A Statue of Ramses VI Discovered at Megiddo", Loud, ed. Megiddo II: Seasons of 1935-39, Chicago, IL, The University of Chicago Press, 1948, pp.135-138.

Butin, R.F. 1928, "The Serâbît Inscriptions: II. The Decipherment and Significance of the Inscriptions", *Havard Theological Review*

Vol.21/1, 1928, pp.9-67.

Cantrell, D.O, The Horsemen of Israel: Horses and Chariotry in Monarchic Israel, Winona Lake, IN, Eisenbrauns, 2011.

Conder, C.R. and Kitchener, H.H.K.E. Memoirs of the Survey of Western Palestine, London, Palestine Exploration Fund, 1881-1883.

Conder, C.R. and Kitchener, H.H.K.E. The Survey of Western Palestine: Memoirs of the Topography, Orography, Hydrography, and Archaeology. Vol. III. London : Palestine Exploration Fund, 1883.

Crowfoot, J.W. and Crowfoot, G.M. Early Ivories from Samaria, London, Palestine Exploration Fund, 1938.

Cross, F.M. and Stager, L.E. "Cypro-Minoan Inscription Found in Ashkelon", *Israel Exploration Journal* Vol.56, 2006, pp.129-159.

Darnell, J.C., Dobbs-Allsopp, F.W., Lundberg, M.J., McCarter, P.K, and Zuckerman, B. "Two Early Alphabetic Inscriptions from the Wadi el-Hôl", *Annals of American Schools of Oriental Research* Vol.59, 2005, pp.73-113.

Dever, William G. *What Did the Biblical Writers Know, and When Did They Know It?* : *What Archaeology Can Tell Us About the Reality of Ancient Israel*, Grand Rapids, MI, Eerdmans Publishing Company, 2001.

Dever, William G. and Gitin, Seymour. ed., *Symbiosis, Symbolism, and the Power of the Past* : *Canaan, Ancient Israel, and Their Neighbors from the Late Bronze Age through Roman Palaestina*, Winona Lake, IN, Eisenbrauns, 2003.

Dothan Trude. Excavations at the Cemetery of Deir el-Balaḥ, *Qedem* 10, Jerusalem, The Hebrew University of Jerusalem, 1979.

Dothan Trude. The Philistines and Their Material Culture, Jerusalem, Israel Exploration Society, 1982.

Dothan Trude. People of the Sea : the Search for the Philistines, New York, Macmillian, 1992.

Faust, Avraham. *Israel's Ethnogenesis* : *Settlement, Interaction, Expansion and Resistance*, London, Equinox, 2006.

Faust, Avraham. The Archaeology of Israelite society in Iron Age II, Winona Lake, IN, Eisenbrauns, 2012.

Finkelstein, Israel. "Excavations at Khirbet ed-Dawwara: An Iron Age Site Northeast of Jerusalem", *Tel Aviv* Vol.17/2, 1990, pp.163-208.

Finkelstein, Israel. "The Date of the Settlement of the Philistines in Canaan", *Tel Aviv* Vol.22, 1995, pp.213-239.

Finkelstein, Israel. "The Archaeology of the United Monarchy: an Alternative View", *Levant* Vol.28, 1996, pp.177-187.

Finkelstein, Israel and Mazar, Amihai. *The Quest for the Historical Israel* : *Debating Archaeology and the History of Early Israel*, Leiden, Brill, 2007.

Finkelstein, I. and Silberman, N.A. The Bible Unearthed: Archaeology's New Vision of Ancient Israel and the Origin of Its Sacred Texts New York, Free Press, 2001.

Finkelstein, I. and Ussishkin, D. "Back to Megiddo", *Biblical Archaeology Review*, Vol.20/1, 1994, pp.6-43.

Garfinkel, Yosef. Neolithic and Chalcolithic Pottery of the Southern Levant. *Qedem* 39, Jerusalem, Hebrew University of Jerusalem, 1999.

Garfinkel, Y., Kreimerman, I. and Zilberg, P.*Debating Khirbet Qeiyafa* : *A Fortified City in Judah From the Time of King David*, Jerusalem, Israel Exploration Society, 2016.

Garfinkel, Yosef and Ben-Shlomo, David. *Sha'ar Hagolan 2*: *The Rise of Urban Concepts in the Ancient Near Eas*, Jerusalem, The Hebrew University of Jerusalem, 2009.

Gitin, Seymour. ed., *The Ancient Pottery of Israel and Its Neighbors from the Iron Age*, Jerusalem, Israel Exploration Society, 2015.

Gitin, Seymour, Mazar, Amihai and Stern, Ephraim. ed., *Mediterranean Peoples in Transition. Thirteenth to Early Tenth Centuries-BCE: In Honor of Professor Trude Dothan,* Jerusalem, Israel Exploration Society, 1998.

Goldwasser, O. "How the Alphabet Was Born from Hieroglyphs", *Biblical Archaeology Review* Vol.36/2, 2010, pp.36-50, 74.

Henry, D.O. From Foraging to Agriculture: The Levant at the End of the Ice Age, Philadelphia, University of Pennsylvania Press, 1989.

Herzog, Ze`ev. *Archaeology of the City : Urban Planning in Ancient Israel and Its Social Implications,* Tel Aviv, Institute of Archaeology, Tel Aviv University, 1997.

Hodder, Ian. Reading the Past, Cambridge University Press, 1986.

Höflmayer, F., Misgav, H., Webster, L. and Streit, K. "Early Alphabetic Writing in the Ancient Near East: the 'missing link' from Tel Lachish", *Antiquity* Vol.95/381, 2021, pp.705-719.

Kang, H.-G. and Garfinkel, Y. "Finger-impressed jar handles at Khirbet Qeiyafa: new light on administration in the Kingdom of Judah", *Levant* Vol.47/2, 2015, pp.186-205.

Keel, O. and Schroer, S. Studien zu den Stempelsiegeln aus Palästina/Israel, Band I, Freiburg, Universitätsverlag/Göttingen, Vandenhoeck & Ruprecht, 1985.

Keel, O., Keel-Leu, H. and Schroer, S. Studien zu den Stempelsiegeln aus Palästina/Israel, Band II, Freiburg, Universitätsverlag/Göttingen, Vandenhoeck & Ruprecht, 1989.

Keel, O. Shuval, M. and Uehlinger, C. Studien zu den Stempelsiegeln aus Palästina/Israel, Band III, Freiburg, Universitätsverlag/Göttingen, Vandenhoeck & Ruprecht, 1990.

Keel, O. Studien zu den Stempelsiegeln aus Palästina/Israel, Band IV, Freiburg, Universitätsverlag/Göttingen, Vandenhoeck & Ruprecht, 1994.

Kempinski, Aharon. *The Architecture of Ancient Israel: From the Pre-*

historic to the Persian Period, Jerusalem, Israel Exploration Society, 1992.

Killebrew Ann. E. and Lehmann, Gunnar. ed., *The Philistines and Other "Sea Peoples" in Text and Archaeology,* Atlanta, Society of Biblical Literature, 2013.

Lake, K. and Blake, R.P."The Serâbît Inscriptions: I. The Rediscovery of the Inscriptions", *Havard Theological Review* Vol.21/1, 1928, pp.1-8.

Lamon, R.S. and Shipton, G.M. Megiddo I: Seasons of 1925-34, Stratu I-V, Chicago, The University of Chicago Press, 1939.

Lemche, Niels Peter. *Ancient Israel : A New History of Israel,* London, Bloomsbury T&T Clark, 2015.

Levy, T.E. and Higham, T. ed., The Bible and Radiocarbon Dating: Archaeology, Text and Science, Equinox, 2005.

Levy, Thomas E. "Cult, Metallurgy and Rank Societies- Chalcolithic Period (ca. 4500-3500BCE)", Levy, ed., The Archaeology of Society in the Holy Land, London, Leicester University Press, 1995, pp.226-243.

Levy, Thomas E. The Archaeology of the Society in the Holy Land, London, Leicester University Press. 1995.

Liraz, E. and Kang, H.-G. "Ch. 6. Small- to- Miniature Handmade Vessels", Kang and Garfinkel, Khirbet Qeiyafa Vol. 6. Excavation Report 2007-2013: The Iron Age Pottery, Jerusalem, Israel Exploration Society, 2018, pp.67-77.

Loud, G. Megiddo II: Seasons of 1935-39, Chicago, The University of Chicago Press, 1948.

Martin, M.A.S. The Egyptian and Egyptian-style Pottery: A Case Study, Wien, Universität Wien, 2005.

Mazar, Amihai. *Archaeology of the Land of the Bible: 10,000-586 B.C.E.,* New York, Doubleday, 1990.

Mazar, Amihai. "Beth-Shean: Tel Beth-Shean and the Northern Cemetery", Stern, ed., The New Encyclopedia of the Archaeological Excavations in the Holy Land, Vol.1. Jerusalem, Israel Exploration Society, 1993, pp.214-223.

Mazar, Amihai. "The Fortification of Cities in the Ancient Near East", Sasson, Baines, Beckman and Rubinson, ed., Civilizations of the Ancient Near East, Vol.III., New York, Charles Scribner's Son, 1995, pp.1523-1537.

Mazar, Amihai and Mathias, Ginny. *Studies in the archaeology of the Iron Age in Israel and Jordan*, Sheffield, England, Sheffield Academic Press, 2001.

Mazar, Amihai and Panitz-Cohen, Nava. *Tel Reḥov, A Bronze and Iron Age City in the Beth-Shean Valley*, Vols.I-III., Jerusalem, The Institute of Archaeology, The Hebrew University of Jerusalem, 2020.

Mazar, Eilat. The Seal Impressions of King Hezekiah and Isaiah : Amazing Archaeological Discoveries, Jerusalem, Shoham Academic Research and Publication, 2019.

Moorey, P.R. Stuart. *A Century of Biblical Archaeology,* Westminster, Jonh Knox Press, 1992.

Oren, E.D. The Northern Cemetery of Beth Shan, Leiden, E.J. Brill, 1973.

Petrie, W.M.F. *Tell el-Hesy(Lachish)*, London, Palestine Exploration Fund, 1891.

Rainey, A.F. "Turquoise Miners Did Not Invent the Alphabet", 2010, on web: https://www.biblicalarchaeology.org/daily/biblical-artifacts/inscriptions/raineys-first-critique/ (2023.1.11. 접속).

Rainey, A.F. and Notley, R.S. The Sacred Bridge: Carta's Atlas of the Biblical World, Jerusalem, Carta, 2006.

Reisner, G.A., Fisher, C.S. and Lyon, D.G. Havard Excavations at Samaria, 1908-1910, Cambridge, Mass., Havard University Press, 1924.

Robinson, E. Biblical Researches in Palestine, Mt. Sinai and Arabia Petraea, Vols.I-III., London, 1841.

Rothenberg, B. and Glass, J. "The Midianite Pottery", Sawyer and Clines, ed., Midian, Moab and Edom: The History and Archaeology of Late Bronze and Iron Age Jordan and North-West Arabia, *Journal for the Study of the Old Testament Supplement Series*, 24, Sheffield, 1983, pp.65-124.

Sass, Benjamin. *The Genesis of the Alphabet and its Development in the Second Millennium B.C.*, Ägypten und Altes Testament 13, Wiesbaden, 1988.

Shanks, H. "The Hittites: Between Tradition and History", *Biblical Archaeology Review* Vol.42/2, 2016, pp.28-38.

Stern, Ephraim. ed., *The New Encyclopedia of the Archaeological Excavations in the Holy Land,* Vols. 1-4, erusalem, Israel Exploration Society, 1993.

Stern, Ephraim. Archaeology of the Land of Bible Vol. 2: The Assyrian, Babylonian, and Persian Periods (732-332 B.C.E.), New York, Doubleday, 2001.

Stern, Ephraim. ed., The New Encyclopedia of the Archaeological Excavations in the Holy Land, Supplementary. Vol. 5, Jerusalem, Israel Exploration Society, 2008.

Thompson, Thomas. *The Historicity of the Patriarchal Narratives : The Quest for the Historical Abraham,* Berlin, De Gruyter, 2016.

Tufnell, O., Inge, C.H. and Harding, L. Lachish II: The Fosse Temple, London, Oxford University Press, 1940.

Ussishkin, David. *The Conquest of Lachish by Sennacherib,* Tel Aviv, Tel Aviv University, Institute of Archaeology, 1982.

Ussishkin, David. ed., The Renewed Archaeological Excavations at Lachish (1973-1994), Tel Aviv, Emery and Claire Yass Publications in Archaeology, 2004.

Yadin, Y. *Hazor III-IV: An Account of the Third and Fourth Seasons of Excavations, 1957-1958*, Jerusalem, The Hebrew University, 1961.

Yamauchi, E.M. *Persia and the Bible*, Grand Rapids, Michigan, Baker Book House, 1990.

참고자료 1. 이스라엘/팔레스틴 고고학 연대표

시대 구분	연대	관련 역사
오토만 시대 (Ottoman Period)	기원후 1517-기원후 1917	셀림의 이집트 침공
마믈룩 시대 (Mamluk Period)	기원후 1291-기원후 1516	살라흐딘 침공
십자군 시대 (Crusader Period)	기원후 1099-기원후 1291	십자군 전쟁
아랍 시대 (Arab Period)	기원후 634-기원후 1099	
비잔틴 시대 (Byzantine Period)	기원후 313-기원후 634	
로마 시대 (Roman Period)	기원전 37-기원후 313	헤롯의 등장
하스몬 시대 (Hasmonean Period)	기원전 167-기원전 37	하스몬 왕가 통치
헬라 시대 (Hellenistic Period)	기원전 332-기원전 167	알렉산더 침공
페르시아 시대 (Persian Period)	기원전 587-538/538-332	바벨론 포로/페르시아 지배
후기 철기 시대 제 3기 (Iron Age IIC, IA IIC)	기원전 722/701-587	남유다 멸망
후기 철기 시대 제 2기 (Iron Age IIB, IA IIB)	기원전 830-722/701 기원전 925-722/701	북이스라엘 멸망 앗수르의 남유다 침공
후기 철기 시대 제 1기 (Iron Age IIA, IA IIA)	기원전 1000/980-830 기원전 1000/980-925	아람 하사엘 침공 이집트 시삭의 침공
초기 철기 시대 제 2기 (Iron Age IB, IA IB)	기원전 1150/1135- 1000/980	블레셋의 팽창과 쇠퇴
초기 철기 시대 제 1기 (Iron Age IA, IA IA)	기원전 1200-1150/1130	블레셋의 등장
후기 청동기 시대 제 2기 후반기 (Late Bronze Age IIB, LB IIB)	기원전 1300-1200	이집트 제 19왕조
후기 청동기 시대 제 2기 전반기 (Late Bronze Age IIA, LB IIA)	기원전 1400-1300	이집트 제19왕조, cf. 아마르나 시대
후기 청동기 시대 제 1기 (Late Bronze Age I, LB I)	기원전 1550/1500-1400	아모세, 투트모세 원정
중기 청동기 시대 제 2기 중기-말기 (Middle Bronze Age IIB-C, MB IIB-C)	기원전 1800?-1550/1500	이집트 제14-17왕조, cf. 힉소스 시대

시대 구분	연대	관련 역사
중기 청동기 시대 제 2기 초기 (Middle Bronze Age IIA, MB IIA)	기원전 2000-1800?	이집트 제 11-13왕조 초기, cf. 이집트 저주문서
중기 청동기 시대 제 1기 (Middle Bronze Age I, MB I) cf. 중간기 (Intermediate Bronze Age, IB)	기원전 2300/2200-2000	이집트 제7-10왕조: 제 1중간기
초기 청동기 시대 제 3기 후반기 (Early Bronze Age IIIB, EB IIIB)	기원전 2500?-2300/2200	이집트 제6왕조 cf. 키르벳 케락 토기 시대
초기 청동기 시대 제 3기 전반기 (Early Bronze Age IIIA, EB IIIA)	기원전 2750?-2500?	이집트 제 3-5왕조 cf. 키르벳 케락 토기 이전
초기 청동기 시대 제 2기 (Early Bronze Age II, EB II)	기원전 3000-2750?	이집트 제 1왕조 말-제 2왕조
초기 청동기 시대 제 1기 후반기 (Early Bronze Age IB, EB IB)	기원전 3200-3000?	이집트 왕조 시작 (제1왕조)
초기 청동기 시대 제 1기 전반기 (Early Bronze Age IA, EB IA)	기원전 3300-3200?	이집트 왕조 이전 시대
석동기 시대 말기 (Late Chalcolithic Period)	기원전 4000-3300	
석동기 시대 초기 (Early Chalcolithic Period)	기원전 4500/4300-4000	텔레이랏 갓술 문화
신석기 시대 (토기 시대 후반기) (Neolithic Period- Pottery Neolithic Period B, PNB)	기원전 5000-4500/4300	
신석기 시대(토기 시대 전반기) (Neolithic Period- Pottery Neolithic Period A, PNA)	기원전 6000-5000	토기 제작
신식기 시대(토기 이전 시대 후반기) (Neolithic Period- Pre-Pottery Neolithic Period B, PPNB)	기원전 7500-6000	여리고 성터
신석기 시대(토기 이전 시대 전반기) (Neolithic Period- Pre-Pottery Neolithic Period A, PPNA)	기원전 8500-7500	
나투피안 시대 (Natufian Period)	기원전 10500-8500	

목차

I. 서론

II. 힌두뜨와 기반 사이비 역사학의 인더스문명 왜곡

III. 갠지스강 중류 유역 제2차 도시화와 힌두 신화의 역사화

IV. 맺음말

제4장
인더스문명과 갠지스문명[1]의 정체에 관한 논쟁
: 힌두뜨와(Hindutva) 역사 서술에 대한 비판을 중심으로

이광수(부산외국어대)

I. 서론

'인더스문명[2]'은 소위 '문명의 요람'이라 불리는 주요 문명 가운

---

[1] '갠지스문명'(Gangetic Civilization / Ganges Civilization)이라는 용어는 인도 역사학계에서 널리 사용하지 않는다. 아리야인들이 아프가니스탄과 뻰잡을 지나 기원전 500년경에 도달한 갠지스강 중류 유역에서 철기 도시 문명을 이루었으니, 인더스문명이 사라진 1000년 만에 이루어진 도시 문명을 강조하는 차원에서 제2차 도시화라고 쓰는 것이 대부분이다.

[2] 인더스강 유역에서 발상한 문명이라 해서 '인더스문명'이라는 용어를 쓰는 게 일반적이지만, 인더스강과 직접적 관련이 없는 지역도 그 권역에 속한 데다가, 본문에서 밝히듯, 일부에서는 인더스강과 대비하여 가가르-하끄라 강 유역에서 발전한 문명이기 때문에 '인더스' 문명보다는 '하랍빠' 문명이라고 쓰는 게 더 중립적일 수 있다. 그리고, '문명'이라는 용어가 '미개'와 상대적 의미를 담고 있어서, '문화'라는 용어를 사용하는 것이, 더 가치중립적이

데 유일하게 지상에서 사라진 후 우연히 발굴된 문명이다. 즉 기원전 3300년부터 1700년경 사이에 청동 문명으로 번성했지만, 오랫동안 잊혔다 1920년대에야 확인되었다. 그에 대한 기록도 없고, 출토된 인장에 새겨진 소위 '인더스 문자'도 아직 해독이 이루어지지 않다 보니, 그 기원에서부터 쇠퇴 및 소멸까지의 거의 모든 정체 파악과 성격 규정에 대해 여러 주장이 난립한다.

인더스문명은 19세기 후반부터 영국인 고고학자들을 중심으로 조사된 이후 1924년 청동기시대 도시문명의 존재가 확정되면서 세계 고대문명의 요람 가운데 하나라는 사실이 전 세계에 알려지기 시작하였다. 1877년에 설립된 아리야 사마즈(Arya Samaj)라는 민족주의 계열의 정치결사체는 1925년 민족의용단(Rashtriya Swayamsevak Sangh)으로 발전하였는데, 이 결사체를 중심으로 하는 힌두민족주의 정치세력의 성장에 세계 고대문명의 요람 중 하나인 인더스문명의 발견이 상당한 영향을 끼쳤다. 인더스문명의 발견은 인도 민족의 역사적 자부심을 고취하는 측면도 있었지만, 다른 한편으로는 당시까지 최고(最古)의 문명시대라고 알고 있었던 베다시대의 독보적 위치가 흔들리는 상황을 초래하였다. 더욱이 1980년대부터 활발하게 제기된 베다의 주인공 아리야인이 외부에서 인도아대륙으로 침입 혹은 이주[3]해 들어왔

라는 주장도 있어서, 이 권역의 문화를 의미하는 때에는 그 첫 발굴지인 하랍빠(Harappa) 지명을 따 '하랍빠 문화'로 쓰기도 한다. 이 글에서도 학계의 전반적인 경향을 좇아 문명을 의미할 때는 '인더스문명', 문화를 의미하고자 할 때는 '하랍빠문화'로 쓰기로 한다.

[3] 아리야인이 인도아대륙으로 이동해 들어온 사건을 초기에는 '침입(invasion)'이라는 용어로 기술하였으나 그 용어 사용이 영국의 침략을 정당화하는

다는 소위 '아리야인 침략설 혹은 이주설'로 인해, 베다 아리야인들은 심지어 인도아대륙 최초의 고대문명을 파괴한 집단으로까지 묘사되는 상황이 발생하였다. 이는 무슬림과 서양 세력 등 외부 침입 세력 척결을 최우선 슬로건으로 내세웠던 힌두 민족주의 세력들에게 치명적일 수밖에 없었다.

결국 힌두민족주의 진영에서는 베다 아리야인들이 인더스문명 시대 이전부터 인도 서북부에 이미 정착한 집단으로, 인더스문명의 원래 주도 세력이 베다 아리야인이었다는 주장을 펼치기 시작했다. 아리야인 이주설을 뒤집고, 인도 기원설을 조작해 낸 것이다. 그들은 아리야인들이 인도아대륙에서 외부로 나갔다가, 다시 내부 즉 갠지스강 유역으로 이동했다는 인도기원설을 전개한다. 베다에도 아리야인이 어디에서 어디론가 이동했다는 기록만 있지, 그 장소가 구체적으로 적시되지 않아서, 논란을 부추겼다. 이것이 힌두 민족주의자들이 주장하는 '아리야인 인도기원설'의 역사적 배경이다.

인더스문명을 둘러싼 본격적인 '역사전쟁'은 1977년 비록 짧은 기간이지만 건국 이후 처음으로 정권 교체가 이루어지면서 시작된다. 네루(Jawahar Lal Nehru)부터 인디라 간디(Indira Gandhi)까지의 사회주의적 성향이 짙었던 정권을 선거에서 물리친 힌두 민족주의자들은 하랍빠, 모헨조다로 등의 도시 유적들이 위치한 파키스탄 영토 내 인더스 유역이 아닌 인도 영토 내의 '잃어버린

의도로 연계될 수 있고, 그 행위 자체가 어떤 정치적 의도를 가진 침략으로 해석될 수 있어서 그 용어 대신 '이주'(migration)라는 중립적 용어로 대체하였는데, 지금 학계에서는 후자로 통일되었다고 할 수 있다.

사라스와띠(Saraswati)강'이 인더스문명의 발상지라는 주장을 폈다. 라키가르히(Rakhigarhi), 깔리방간(Kalibangan) 등 인더스문명 시대 주요 도시 및 마을 유적들이 즐비하게 조사된 가그라-하끄라 강을 베다의 성스러운 강 사라스와띠로 비정하고, 이 지역이 인더스문명의 발상지라는 주장을 펼치고 있는 것이다. 이러한 주장의 배경에는 당연히 반(反)파키스탄 프레임이 작용하고 있다.

결국, '아리야인 인도 기원설' 및 '사라스와띠강 문명 기원설'은 무슬림과 적대적 관계를 만들어 정치적 이득을 꾀하는 일단의 힌두민족주의 정치담론의 토대가 되었다. 힌두민족주의 세력들은 끊임없이 무슬림/힌두 대립 프레임을 역사전쟁의 장으로 끌어들였는데, 대표적인 예로 최근 2023년 4월 국립교육연수훈련원(National Council of Educational Research and Training; NCERT)이 향후 12학년 역사 교과서에서 '무갈제국 궁정의 왕과 연대기' 장(章) 등을 삭제하겠다고 발표한 것 등을 들 수 있다.

이 글은 인더스-갠지스 문명의 정체와 관련된 논쟁을 중점적으로 다루려고 한다. 인더스문명이 베다 시대의 아리야인에 의해 건설되었다고 주장하는 사람들을 일반적으로 '수정주의자'(revisionist)라고 부르는데, 사람마다 그 내용과 책정한 연대가 다르다. 하버드대학의 마이클 윗첼(Michael Witzel)은 수정주의자들을 크게 셋으로 나눈다. 첫째, 인도-아리야인의 기원을 인도 뻔잡(Punjab) 지역으로 두는 토착주의자로, 그 뿌리가 영국 식민지배기의 민족주의자인 스리 오로빈도(Sri Aurobindo, 1872-1950)와 다야난다 사라스와띠(Dayananda Saraswati, 1824-1883)로 거슬러 올라간다. 둘째, 아리야인이 인도로부터 아대륙 밖으로 나갔다고 믿는, 그리하여 이란인 심지어는 인도-유럽어인도 인도에서 이주해나갔다고 주장하는 이들이다. 셋째, 세계의 모든 언어가 산스끄리뜨에서 파생되었으니 고대의 모든 문명이 북부 인도에서 기원해나갔다고 믿는 파로, 그 연대가 기원전 10,000년부터 기원전 6,000년경 사이라고 주장한다. 윗첼은 이들 중 둘째 파가 가장 대중적이라고 정리한다.[4]

수정주의자들의 이러한 주장은 모두 고고학, 비교언어학, 역사학적으로 아무 근거가 없는 가설에 불과하다. 그 가설은 대체로 기원전 6,000년, 심지어 기원전 10,000년경부터 기원전 3,000년경까지를 베다 문명 즉 갠지스문명이라고 규정하고, 그 후 기원전 1,900년경까지를 갠지스문명 안에 속한 사라스와띠-인더스문명 시기로 규정한다. 서로의 차이점에도 불구하고 하나의 공통점은 아리야인이 인도에서 서아시아와 유럽과 중앙아시아로 나갔다는 것으로, 인더스문명의 주인공인 아리야인의 고향은 결국 인도 안에 있었다는 주장이다.

이 글은 힌두 민족주의의 근간인 힌두뜨와[5] 이데올로기에

---

4 Michael Witzel, "Rama's Realm: Indocentric Rewritings of Early South Asian Archaeology and History." G.G. Fagan, ed. *Archaeological Fantasies: How Pseudoarchaeology Misrepresents the Past and Misleads the Public*, London, Routledge, 2006. p.217.

5 아리야 사마즈 계열 정당인 힌두대회의(Hindu Mahasabha 힌두大會議)의 의장인 사와르까르(V.D.Savarkar)는 1923년 '힌두'는 아리야인이 전 국토에서 정치적으로 팽창하는 과정에서 중심이 되어 모든 비(非)아리야인들을 포용하면서 형성한 하나의 민족이자 국가이기 때문에 무슬림이나 외국인 등은 현재 인도 국적 소유자는 될 수 있을지는 모르지만, 힌두는 될 수 없다고 주장했다. 그는 힌두 다르마(dharma 법, 도덕, 진리) 안에 존재하는 모든 종류의 이질적인 종파가 공통으로 지닌 민족성을 힌두뜨와(힌두性, 힌두스러움)라고 정

의거한 아리야인 인더스문명 기원론의 내용과 그 논쟁의 양상을 살펴보고, 나아가 기원전 500년경 갠지스 중류 유역에서 발생한 철기 도시 문명의 정체와의 관련성, 그리고 그것이 이후 만들어진 힌두교 기원 신화와 연결되면서 벌어진 역사의 신화화에 둘러싼 논쟁까지 다루고자 한다. 이는 인더스문명이 아리야인에 의해 건설된 것이라는 사이비(pseudo) 역사학의 연장선에서 갠지스 중상류 유역에서 일어난 2차 도시화 시기에 형성되기 시작한 힌두 신화, 즉 구체적인 연대를 알 수 없는 힌두교의 우주 기원 신화를 인더스문명의 시원과 연계하여 그 문명을 갠지스문명의 시원으로 설정하는 사이비 역사학의 허구를 논박하는 작업으로 이어질 것이다. 힌두뜨와에 입각한 수정주의자들의 주장은 엄밀히 말할 때 학문적 연구라 할 수 없는 사이비 역사학과 고고학에 의한 결과이지만, 그 폐해가 날로 심각하여 학문적으로 그 진위를 밝히고자 하는 것이다.

의한다. 이는 식민 시기에 주조된 후 인도-파키스탄 분단 과정에서 독립운동과 무슬림과의 갈등에 큰 영향을 미쳤고, 이후 1990년대부터는 극우 집단인 민족의용단(Rashtriya Swayamsevak Sangh(RSS), 세계힌두협회(Vishva Hindu Parishad(VHP), 인도국민당(Bharatiya Janata Party: BJP) 등으로 구성된 의용단일가(一家)(Sangh Parivar)가 채택한 유사 파시즘 정치 이데올로기다.

II. 힌두뜨와 기반 사이비 역사학의 인더스문명 왜곡

인더스문명의 유적은 1848~49년 영국이 시크왕국과의 전쟁에서 승리하여 이 지역을 합병한 후 물딴(Multan)과 라호르(Lahore) 사이 철도를 건설하는 도중, 하랍빠 지역에서 지하에 묻힌 많은 벽돌이 인부들에 의해 대거 꺼내져 갱도 건설에 사용되면서 드러났다. 초대 인도고고조사국(Archaeological Survey of India)의 국장 알렉산더 커닝햄(Alexander Cunningham, 1814-1893)은 이를 불교 유적으로 보고 조사하다 우연히 인장을 발굴했다. 그 인장이 이 지역 것이 아닌 외국에서 들어온 것으로 파악함으로써 새로운 전기가 마련되었다. 하지만 그때까지도 이 지역에 고대 청동기 문명이 묻혀 있다는 사실을 간파하지는 못했다.

1902~1928년에 고고조사국의 국장을 역임한 존 마샬(John Marshall, 1876-1958[도판 4.1])은 1924년 런던에서 불교보다 더 오래된 하랍빼 유적이 고고학자 슐리만(Heinrich Schliemann)이 발굴한 미케네 문명 같은 인더스강 유역의 잃어버린 문명이라고 발표했다. 이후 본격적인 조사에 들어가 모헨조다로에서 하랍빠

도판 4.1. 존 마샬
https://www.harappa.com/content/john-marshall

와 달리 전혀 훼손되지 않은 고대 청동기 문명을 발견했다. 식민 치하의 민족운동에 심취한 인도인들이 열광했다. 1944년에 인도 고고학 조사국장에 임명된 모티머 휠러(Mortimer Wheeler, 1890-1976)는 분단 이후 이 고대문명을 인도 문명이 아닌 인도와 파키스탄의 문명이라고 기술함으로써, 고대 청동기 문명이 분단된 두 국가 사이 역사 분쟁의 불씨로 작동할 여지를 남겼다. 1947년 분단 이후 인도고고학 조사국은 파키스탄으로 넘어간 대부분의 유적지를 조사할 수 없게 되자, 인더스강 지류이면서 인도 영토 내에 있는 말라버린 가가르-하끄라(Ghaggar-Hakra)강[도판 4.3] 흔적을 따라 발굴 조사했다. 파키스탄의 상대적인 무관심한 태도와는 달리 인도에서는 국가적 차원에서 열성을 보였다. 이는 두 나라 모두 이 문명이 힌두 문화의 원천이라고 인식하였다는 사실과 관계가 깊다.

지금까지 발굴된 유적을 기준으로 살펴볼 때, 대략 기원전 3300년부터 시작된 이 문명이 청동기 도시 문명이라는 사실에 대해서는 인도 역사학계와 고고학계에서 아무런 이견이 없다. 발굴된 유적의 규모로 볼 때, 소위 4대 문명의 발상지로 여겨지는 지역 가운데 그 영역이 가장 넓고, 도시라고 규정할 수 있는 유적도 하랍빠, 모헨조다로, 라키가르히, 가네리왈라(Ganeriwala), 돌라위라(Dholavira)의 다섯 군데에 달한다. 도시는 계획에 따라 구운 벽돌을 사용해 건축물을 세웠고, 정교한 배수와 하수 체계를 갖추었으며, 다양한 수공업이 발달했다. 다만 피라미드나 지구라트 같은 거대한 규모의 건축물이 존재하지 않는 사실을 통해 제국을 유지할만한 정치권력은 존재하지 않았던 것으로 본다. 각 지역과 메소포타미아를 잇는 교역이 발달했고, 후대 힌두교의 뿌리가 되는 여러 종교의 양상들이 이곳에서 기원했다는 정도가 논증될 뿐이다.

발굴된 유적이 고대 청동기 문명에 속한 것으로 알려진 당시 인도에서는 힌두 민족주의자 사와르까르 (Vinayak Damodar Savarkar, 1883-1966[도판 4.2])가 저항 민족주의 이데올로기로 힌두뜨와 개념 안에서 인도

도판 4.2. **사와르까르**
https://elibrary.thearyasamaj.
org/author/vinayak-damo-
dar-savarkar

를 힌두의 나라로 규정하고, 힌두교를 기반으로 힌디를 모국어로 하는 하나의 민족이라고 주장하였다. 나아가 그들 힌두교 신화의 모태가 되는 베다를 만든 아리야인이 인더스문명을 건설했고, 인더스문명 몰락 이후 아리야인이 중앙아시아에서 아프가니스탄을 거쳐 인도아대륙으로 들어왔다는 기존 역사학자들의 주장은 식민주의자가 만든 허구라고 주장했다. 인도아대륙에 침입해 들어온 것은 오로지 후대의 이슬람과 영국 세력뿐이고, 그래서 그 이민족들은 모두 그 땅에서 나가야 한다고 외쳤다. 식민 통치자인 영국에 저항하기 위해 힌두교를 근간으로 하는 민족주의를 고양하려다 보니, 힌두가 아닌 무슬림이나 기독교인을 배제해야 하는 배타적 이데올로기가 되어버린 것이다. 그것을 완성하기 위해서 인더스문명을 건설한 사람은 외래 침입자 혹은 이주자로서 아리야인이 아닌 토착민 아리야인이어야 했다.

이러한 힌두뜨와 이데올로기에 근거한 역사 왜곡은 1930년

대 처음 제기된 이래, 그 주체가 처음으로 정권을 잡는 1977년까지 국민에게 거의 지지받지 못하고, 반향도 일으키지 못하였다. 1977년 힌두 민족주의 정당인 인도국민단(Bharatiya Jana Sangh. 현재 집권당인 인도국민당Bharatya Janata Party의 전신)이 중심이 된 정권이 성립된 후 상황이 달라졌다. 이전의 네루와 간디 두 수상이 이끌던 사회주의 성향 정권 시기에 역사를 주도해 온 마르크스주의 역사학에 대한 비판이 기존의 식민주의 역사 비판에 덧붙여지면서 본격화하였다. 이후 10여 년만인 1990년대에 들어와 네루 중심의 인도국민회의 정권의 일당 지배가 40년 만에 무너지고, 힌두 민족주의의 인도국민당이 양대 정당의 하나로 국민의 지지를 얻으면서, 힌두 민족주의 정권이 역사 교과서를 다시 집필하여 구체적인 역사전쟁 양상으로 비화하였다. 인더스문명이 언제인지 불분명한 시기에 시야에서 사라져버렸고, 발굴된 후 문명에 관한 기록도 없고, 그 문자마저 해독되지 않는 등 여러 이유로 인해 아직 그 정체가 확실히 밝혀지지 않아서 심각한 왜곡이 가능해진 것이다.

힌두 민족주의자들의 민족 찬양은 1930년대 청동기 문명으로서 인더스문명이 밝혀지기 전에는 단순한 식민주의에 저항하는 차원에서 힌두 신화를 통한 민족의식의 앙양 차원에 멈추어 있었다. 그러나 갑자기 인더스문명이 세계 최고 문명으로 발굴된 후, 그 힌두 신화를 실제 역사적 사실로 만들어 인더스문명과 통째로 연결하려는 시도가 벌어진 것이다. 그들이 이러한 주장을 하게 된 데에는 반(反)파키스탄이라는 정치 문제가 크게 작동하였다. 파키스탄 편에 선 모티머 휠러는 인더스문명의 기원을 메소포타미아 지역 수메르 문명의 영향에 두고[6], 아리야인의 침입으로 몰락했다고 주장하여[7], 힌두 민족주의 진영이 크게 반발하였다.

몰락 원인에 대한 논쟁 또한 정치적 맥락에서 벗어나 있지 않다. 이 문제와 관련된 학계의 논쟁은 다양하게 전개되었다. 문명의 도시들이 어떻게 갑자기 사라졌는지, 그 몰락이 동시다발적으로 진행된 것인지, 아리야인의 침입이 그것을 추동했는지, 《리그베다》에 나오는 신화 속의 종족들 간 싸움이 몰락과 관련되어 있는지, 홍수나 지진 혹은 사막의 확장과 같은 기후 변화 역시 영향을 미쳤는지 등이다. 많은 연구가 진행되면서, 문명의 몰락은 어느 하나의 원인이 아닌 기후 변화 같은 여러 요소가 연쇄적으로 나타나 발생한 것으로 본다. 문명이 몰락한 후에도 인더스문명의 주인공들은 문명권 바깥으로 이동했고, 그로 인해 문화의 단절은 이루어지지 않았다고 보는 것이 현재까지의 대체적인 중론이다.[8] 문명의 몰락은 적어도 휠러가 주장하듯 아리야인의 침입에 의한 것은 아니라는 점에 거의 의견 일치를 본 상태고, 몰락 원인 가운데 가장 주된 요소로 폭넓게 받아들여지는 기후 변화 역시 대부분 학자가 인정하고 있다.

이러한 기후와 지형의 변화는 문명 쇠퇴 이후 이주해 들어

---

[6] Motimer Wheeler, *Early India and Pakistan,* London, Thames & Hudson, 1959, revised edn. p.104.

[7] *ibid.*, p.113

[8] 더 자세한 논의는 Nayanjot Lahiri, ed. *The Decline and Fall of the Indus Civilization,* New Delhi, Permanent Black, 2000, 참조.

온 아리야인이 남긴 《리그베다》에 나타나는 강이 말라 사라져버리는 모습과 연계되면서 논쟁의 중심에 선다. 힌두 민족주의자들이 《리그베다》의 강이 메말라 사라져버린 사건을 사라진 문명의 원천 개념으로 삼기 때문이다. 아리야인이 메말라 사라진 사라스와띠강에서 인더스문명의 원형을 건설하였는데, 지금은 강이 사라져버려 그 흔적을 찾기가 어렵다는 주장이다. 그리고 사라스와띠강이 마르게 된 기원전 1900년경 이전에 아리야인이 이미 이동을 시작하였는데, 그 가운데 일부가 인도아대륙으로 들어가 베다 문명을 발전시켰다고 주장하는 것이다.[9] 그런데 《리그베다》에 나오는 사라스와띠는 지금의 아프가니스탄-파키스탄-인도 서북부 어딘가에서 실제 존재한 강일 것으로 추측만 할 뿐, 그 정확한 위치를 현재로서는 알 수 없다. 힌두 민족주의자들이 주장하는 가가르-하끄라 강인지 아닌지는 확실히 단정할 수 없다. 사라스와띠강의 정확한 위치를 찾을 수 없는 학문적 상황에서, 지금의 인더스와 가그라-하끄라 강계 유역에서 오래전에 강이 메말라 사라져버린 일이 발생했고, 그 가운데 대표적인 것이 인더스강 남쪽에 위치하고 영토상으로 볼 때 지금의 인도 영토 안에 속한 가가르-하끄라 강이다[도판 4.3].

저명한 인도 고고학자인 굽따(Swaraj Prakash Gupta, 1931-2007)는 1995년에 인더스문명은 지금까지 알려진 바와 같이 파키스탄에 속한 인더스강 유역에서 발생한 것은 아니고, 인도에 속하는 지금의 가가르-하끄라강 상류 유역의 메말라 사라져 버

---

9 B. B. Lal, *India 1947-1997: New Light on the Indus Civilization*, New Delhi, Aryan Books International, 1998. p.121

도판 4.3. 가가르-하끄라강

린 강과 여러 인더스강 지류 유역에서 발생한 것이라고 주장했다.[10] 이후 프롤리(David Frawley)와 라자람(Navaratna S. Rajaram)은 이 지역이 사막의 확장으로 인해 황폐화되었으니, 그러한 기후 변화가 시작되면서 아리야인들이 이 지역에서 중앙아시아와 유럽으로 그리고 인도아대륙 내 갠지스강 방향으로 이주하였다고 호응했다.[11] 이렇게 실체가 불분명한 '사라스와띠'를 인더스문

---

[10] S. P.Gupta, "The Indus-Sarasvati Civilization: Some New Developments", S. P.Gupta, ed. *The 'Lost' Sarasvati and the Indus Civilization*, Kusumanjali Publishers, Jodhpur, 1995. p.183.

[11] N. Rajaram & D. Frawley, *Vedic Aryans and the Origins of Civili-*

도판 4.4. 굽따
https://en.wikipedia.org/
wiki/Swaraj_Prakash_Gupta

명의 시원으로 주장하는 것은 결국, 현재 인더스강이 파키스탄 안에 위치하기 때문이다 [도판 4.3]. 그리고 그 기후 변화가 심한 지역에서 어떤 강이 인더스강 지류로 존재했다가, 언젠가 메말라 사라져버렸는데, 그 강의 위치는 현재 인도 영토 내이기 때문이다. 그래서 지금은 메말라 사라져버린 가가르-하끄라강을 《리그베다》에 나오는 그 사라스와띠로 비정함으로써, 이러한 '잃어버린 사라스와띠' 문명 기원론에 대해 생태과학자들의 반론까지 줄을 잇고, 그에 대한 재반론이 지속되는 중이다.[12]

과학자들 간의 논쟁이 벌어지는 사실과 관계없이 역사학적으로 분명히 묻고 답해야 하는 역사적 맥락에 대한 논증의 문제가 있다. 설사 《리그베다》에 나오는 사라스와띠의 위치를 지금의 가가르-하끄라강으로 비정할 수 있을지라도 말이다. 가장 결정적인 문제 중 하나는 '왜 이 문명의 핵심 지역이라고 하는 가

---

zation. *A Literary and Scientific Perspective,* Delhi, Voice of India, 1995. 제3 증보판 2001. p.241.

[12] 더 자세한 내용은 Yash Pal, Baldev Sahai, R.K.Sood and D. P.Agrawal, "Remote Sensing of the 'Lost' Sarasvati River", Nayanjot Lahiri ed., *op.cit.*, pp.213~25. 참조하기 바람.

가르-하끄라/사라스와띠 유역에서는 인더스 유역의 모헨조다로나 하랍빠 같은 규모의 도시가 세워지지 않았을까'라는 의문이다. 파키스탄의 인더스 유역보다 인도 내 가가르-하끄라 유역의 발굴지가 훨씬 많긴 하지만, 그것은 두 나라 정부가 발굴 작업에 얼마나 더 열의를 보였는지에 따라 판단될 일이다. 인도 고고학자인 라뜨나가르(Shereen Ratnagar)가 주장하듯, 중요한 것은 인도 내의 유적지는 모두 촌락 수준으로 단지 모헨조다로-하랍빠와 접촉을 해왔을 뿐이라는 점이다.[13] 이 주장에 대한 역사학적 응답이 이뤄지지 않는다면, 가가르-하끄라/사라스와띠가 인더스보다 문명의 시원으로서 더 중요한 역사적 의미를 지닌다는 주장에 동의하기 어려울 것이다. 설사 앞으로 가가르-하끄라 강 유역에서 몇몇 유적이 발굴된다고 해도 그것을 인더스문명의 시원이라고 규정할 논리적 근거로 삼을 수도 없다. 그것은 단순히 인더스문명의 유적지 분포가 확장된 것일 뿐, 사라스와띠강이 인더스문명과 대립적으로 존재하는 독자 문명이라 해석할 수 있는 근거가 되기는 불충분하다.

더욱이 인더스문명의 핵심이 도시 문명이라는 점은 누구나 부인하지 않는데, 아리야인이 이주민이 아닌 토착민으로서 인더스문명을 건설한 주체라면, 왜 그 도시 문명을 건설한 아리야인이 갠지스-야무나강 사이의 인도 북부 평원으로 이주해 농경을 정착하고 그 위에서 도시를 건설하지 못한 채 1,000년이 지난 다음에서야 갠지스강 중류 유역에서 도시 문명을 건설했는지에 대

---

13   Ratnagar, Shereen, *Understanding Harappa: Civilization in the Greater Indus Valley*. New Delhi, Tulika Books. 2006. pp.7~8.

해서도 답을 해야 한다. 인더스문명이 성숙기로 접어들면서 그 주인공들은 성벽으로 둘러싸인 정착지를 대규모로 건설하였고, 도시와 촌락 간에 육로로 그리고 때로는 강을 통한 수로로 교역했다. 모헨조다로와 같은 도시 유적에서는 강 가까이에 큰 규모의 곡물창고를 사용하였다. 전체적으로 1,000개 이상의 정착지가 주로 인더스강과 가가르-하끄라 강을 포함한 그 지류 유역에서 발굴되었다. 인더스문명의 도시는 여러 특징이 있지만, 격자로 이루어진 도시 계획과 하수구 시설이 잘 정비된 도시라는 성격이 다른 문명과 비교할 때 매우 두드러진다. 메소포타미아 지역에서 출토된 하랍빠 문화의 수많은 인장을 통해서도 양쪽의 교역이 있었다는 사실은 분명하다[도판 4.5].

그런데 그들이 이주한 곳에서 1,000년 동안 이러한 특징들과 관련된 그 어떤 것을 갖춘 도시의 모습을 전혀 찾아볼 수 없다. 도시와 촌락의 각 공동체는 도자기, 장신구, 인장, 무게를 다

도판 4.5. 메소포타미아 지역 출토 인더스 인장, 기원전 2250년 이전
https://en.wikipedia.org/wiki/Indus%E2%80%93Mesopotamia_relations#/media/File:Indus_seal_found_in_Kish_by_Langdon_1931.jpg

는 추 등에서 표준화를 이루어냈고 그 위에서 물질 문화의 통합이 이루어지고 그 위에서 교역이 발달했다. 그러한 교역 네트워크를 갖춘 하랍빠 문화는 이후의 인더스문명의 주인공이 그곳으로 이동하여 건설했다는 후기 베다 시대에는 전혀 나타나지 않는다. 유물이 발굴되지 않았을 뿐만 아니라, 그 시기 어떤 문헌에서도 교역이나 상업을 지시하거나 최소 유추할 수 있는 그 어떤 표현도 나타나지 않는다. 이를 어떻게 설명할 것인가?

이러한 가장 기본적인 두 가지 역사학적 맥락의 질문 외에 고고학적 유물에 대한 기초 질문에 대해서도 답을 해야 한다. 인더스문명의 주인공이 아리야인이라는 주장을 받아들인다면, 그 베다 시대의 아리야인들은 아프가니스탄(Afghanistan)을 거쳐 뻰잡 지역으로, 그리고 다시 지금의 웃따르 쁘라데시(Uttar Pradesh) 서부로 이동하여 그곳에서부터 정착 생활을 시작했을 것이다. 그러나 그때 그들이 남긴 회채색토기(Painted Gray Ware)나 갠지스강 중류 유역에서 제2의 도시 문명을 이루면서 남긴 북부흑색연마토기(Northern Black Polished Ware)가 왜 인더스문명 유적지에서는 전혀 발견되지 않는 것인지, 답해야 한다. 그 둘이 끊어지지 않고 연속된 문명이라면, 이러한 고고학적 유물의 부재는 어떻게 설명할 수 있는가?

인더스 시대와 베다 시대가 동일한 주인공에 의해 건설되지 않았다는 또 하나의 근거로 소위 말하는 인더스 문자를 들 수도 있다[도판 4.6]. 400개에서 600개에 이르는 여러 상징이 여러 재료로 만들어진 여러 모양의 인장에서 발견되었다. 대부분의 명문(銘文)은 그것이 문자이든 기호이든, 그 수가 너무 적어 언어로서 해독이 현재로서는 불가한 상태지만, 그것들이 하랍빠 권역

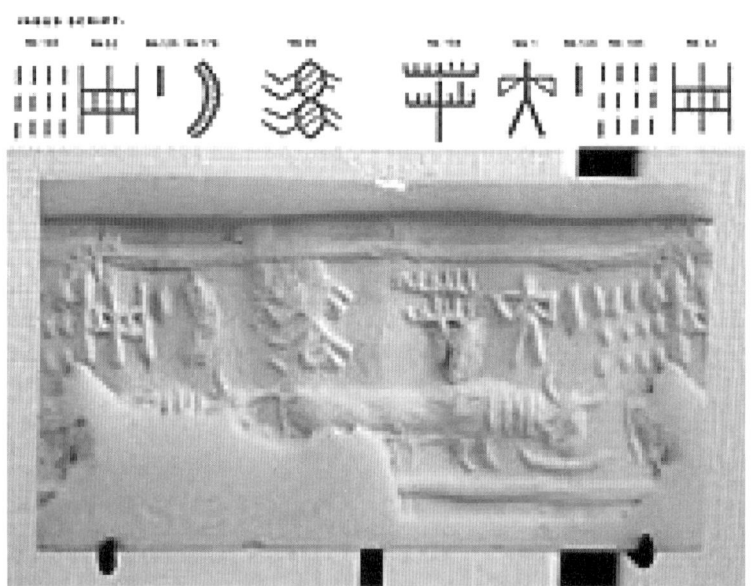

도판 4.6. 이란 수사(Susa) 지역에서 발견된 인더스 원통형 인장의 명문 (기원전 2600–1700)

https://en.wikipedia.org/wiki/Indus%E2%80%93Mesopotamia_relations#/media/File:Susa_seal_with_Indus_signs.jpg

을 넘어 메소포타미아에서까지 다수 발굴될 정도인데, 리그베다 시대는 물론 후기 베다 시대에도 그 어떤 것도 출토되지 않고 있다. 말(馬)의 존재 역시 이 문제에서 매우 중요한 단서가 된다. 베다 시대 사람들 즉 그들의 주장을 받아들여서 인도에서 인더스문명을 건설한 직후 그곳에서 갠지스-야무나 평원 쪽으로 이주해 온 아리야인들이 존재했다 하더라도, 그들은 《리그베다》에 아주 많이 그리고 자세히 언급되었다시피, 말을 널리 사용하였다. 그런데 그 말의 흔적을 인더스문명 유적 어디에서도 찾아볼 수 없다.[14]

---

14 인더스문명에서 말(馬) 사용에 대한 논쟁은 이광수, 「아리아인 인도기

이러한 역사학-고고학적 맥락에서 나오는 여러 의문 제기에 어떤 유효한 답을 하지 못한다면, 인더스문명을 토착민 아리야인이 지금의 인도 땅에서 건설하고, 그들이 중앙아시아로 이주해갔다가 다시 인도 땅으로 들어왔다는 힌두 민족주의자들의 주장은 더 이상 학문적으로 유효한 논의 대상이 될 수 없을 것이다.

III. 갠지스강 중류 유역 제2차 도시화와 힌두 신화의 역사화

인더스문명이 사라진 지 약 1,000년 만에 인도아대륙에서 다시 도시 문명이 발생한다. 그 위치는 갠지스강 중류 유역이고, 그 시기는 불교가 발생한 기원전 6세기부터 마우리야 제국이 성립하는 기원전 4세기 사이다. 인더스문명이 몰락한 후 아리야인은 아프가니스탄과 뻔잡을 지나 동진(東進), 지금의 델리 지역과 갠지스강 상류 유역에 정착하기 시작했는데, 회채색 토기를 주로 사용한 소규모 촌락 상태를 유지하다가 점차 비교적 큰 취락으로 발전하고, 기원전 6세기경이 되면서 북부흑색연마토기를 주로 사용하는 사람들에 의해 많은 도시와 영역국가(마하자나빠다 mahajanapada)가 출현한다[도판 4.7]. 이 제2차 도시화는 철제 농기구가 본격적으로 사용되면서 일어난 것이다. 이로 인해 잉여생산이

원설과 힌두 민족주의」, 『역사비평』 61집, 2002. 12. 겨울호, 329~30쪽 참조하기 바람.

도판 4.7. 갠지스문명

크게 발생하고 교역이 활성화되어 시장이 커지면서 북부 인도 전역에 나타난 영역국가가 열여섯 개나 되었다. 그들 간의 정복 전쟁이 지속되고, 결국 갠지스강 중류의 마가다(Magadha)의 마우리야왕조가 제국으로 성장한다. 그리고 계급(바르나varna, 즉 카스트) 간의 대립이 첨예해지고, 제사와 의례 그리고 물질 중심의 도시문명이 확대되면서 이에 반발하는 반(反)제사 의례의 우빠니샤드(Upanishad) 사상과 불교 및 자이나교가 형성된다.

  제2차 도시화 즉 갠지스문명에 대한 학문적 논쟁은 주로 철기 사용이 도시화에 어떤 영향을 끼쳤는가에 대한 문제를 중심으로 전개되어왔다. 1960년대에 학계에서 처음으로 이 문제가 제기된 이래, 기원전 10세기경 철기 제작 기술이 인도아대륙의 토착민들에 의해 여러 곳에서 발전하고, 기원전 500년경 갠지스강 중류 유역에서 도시 문명이 획기적으로 일어난 사실에 대해서는 큰 이견이 없다.[15] 논쟁은 갠지스강 중상류 유역에 울창한 삼림이 존재했고, 그것을 제거하는 데 철제 도구가 결정적 역할을 하면서 도시화가 촉진되었다고 주장한 꼬삼비(D.D. Kosambi)의 주장으로부터 촉발된다.[16] 이어 샤르마(R.S. Sharma)는 기원전 6세기에 갠지스강 중상류 유역에서 쟁기와 같은 철기 농기구가 널리 사용되면서 농업 생산량이 크게 늘고, 인구가 증가하여 도시화가 갠지스강 중상류 유역에서 이루어졌음을 문헌 사료와 고고학적 근거를 토대로 폭넓게 논증했다. 그는 알라하바드(Allahabad)의 동쪽과 라즈마할(Rajmahal) 구릉의 서쪽 지역에 몬순기에 내린 많은 양의 비로 인해 삼림이 우거졌고, 이를 제거하고 충적토 농지를 확보하는 작업에서 철제 도끼가 큰 역할을 하였으니, 철제 쟁기, 낫, 삽 등을 이용한 농업은 전대와는 차원이 다른 수준으로 전개되었고, 이 빠른 속도의 기술 혁신이 대규모의 잉여 생산을 이루었다고 주장하였다.[17] 샤르마는 또, 갠지스강 중류 유역에서 쌀농사가 이앙법의 확산으로 1년 이모작 수준으로 발전하였고, 그러한 기술의 발전 아래에서 철기 생산 도구를 더 많이 소유하고 경작지를 더 많이 확보한 부유한 계층이 발생하였으니, 그것

---

15   B.P.Sahu, "Introduction," *Iron and Social Change in Early India*, 2006. Delhi, Oxford University Press. p.1.

16   D.D.Kosambi, *The Culture and Civilization of Ancient India in Historical Outline*, London, Routledge and Kegan Paul, 1965. 7th edn, 1982. pp.89~91

17   R.S.Sharma, *Material Culture and Social Formations in Ancient India,* 1983, Delhi, MacMillan, pp.162~6

이 바르나(varna 카스트) 간의 첨예한 갈등으로 이어졌다고 본다. 부유한 권력층이 성곽을 구축하여, 그곳을 군대의 본부로 사용하였으며, 그것이 점차 커지면서 국가의 발전으로 이어진다고 주장한다.[18] 이들의 주장은 생산 도구의 기술 혁신이 사회 변화를 가져온다는 전형적인 마르크스주의 역사관에 입각한 이론인데, 고든 차일드(Gordon Childe)가 철제 도구가 이동 수단을 크게 변화시켰고, 그로 인해 지중해 유역에서 도시 혁명이 일어났다고 주장한 이론을 원용한 것이다.

꼬삼비와 샤르마의 철기 프레임에 처음으로 의문을 던진 이는 고고학자 고쉬(A. Ghosh)다. 고쉬는 1973년에 철제 도구가 삼림 제거에 결정적인 역할을 하지 않았으니, 삼림은 주로 불을 질러 태움으로써 해결했는데, 철기가 아직 널리 사용되지 않은 곳에서는, 동기와 청동기가 팽창에 상당한 역할을 했으며, 느리게 이동하는 사회에서는 철의 영향 또한 느리게 일어나기 때문에, 철로 인해 물질적 번영이 급하게 일어났다고 할 수 없다고 주장한다.[19] 고쉬의 문제 제기를 이어받아 고고학자 짜끄라바르띠(D.K.Chakrabarti)도 철기의 절대적 역할보다는 정치적 역할이 도시화에 훨씬 중요한 요소로 작동했다고 주장하는데, 갠지스강 유역에 철이 처음 나타난 시기에서 도시 문명이 나타난 시기까지

---

18 R.S.Sharma, *The State and Varna Formation in the Mid-Ganga Plains: An Ethnoarchaeological View,* 1996, New Delhi, Manohar, pp.82-7

19 A. Ghosh, *The City in Early Historical India*, Shimla, The Indian Institute of Advances Study, 1973. in B.P.Sahu, *Iron and Social Change in Early India, op.cit.*, pp.104~5.

400년이 걸렸고, 철기를 널리 사용했다 해서 그것으로만 문명을 발전시키는 것은 아니고, 인도 남부의 예를 들며, 남부에서도 신석기-금석병용기 시대 사람들에 의해 철기가 널리 사용되었지만 어떠한 농경지 팽창도 이루어지지 않았고, 그 지역이 역사 시대로 들어가게 된 것은 마우리야 제국 정부와 당시의 사회 제도의 영향에 의해서라고 주장한다.[20] 이에 대해, 타빠르(Romila Thapar)는 갠지스강 중류 유역에서 기원전 6세기에 발생한 도시 문명은 잉여 생산과 인구 증가, 쌀농사, 새로운 토지 필요에 따른 이주, 성채 주거지, 교역, 주화, 문자, 새로운 종교 등에 따른 국가의 발생과 사회 체제 완비를 통해 이루어진 것으로 본다. 이러한 일련의 발전이 모두 철제 도구의 광범위한 사용에 따른 연속된 결과이기 때문에, 철기가 차지하는 도시화에 대한 절대적인 영향은 변함이 없다고 반박한다.[21]

이러한 논쟁은 인도아대륙에서 철기가 언제 사용되기 시작하여 언제부터 본격적으로 확산하였는지의 문제로 이어진다. 고고학자 아그라왈(D.P.Agrawal)은 철기가 처음 사용된 것은 기원전 1,000년대 후반부, 갠지스-야무나강 사이 평원에서 회채색토기 사용하던 사람들에 의해서였지만, 철기의 양이 충분하지 않아 널리 보급되지 못했고, 그 지역은 여전히 촌락 경제 상태에 놓여 있었을 뿐이라고 본다. 그들이 동진하여 갠지스강 중류 유역에서

---

20 D.K.Chakrabarti, "Beginning of Iron and Social Change in India." B.P.Sahu, *Iron and Social Change in Early India,* op.cit., 119-20.

21 Romila Thapar, *From Lineage to State,* Delhi, Oxford University Press, 1984. pp.73~83.

북부흑색연마토기를 본격적으로 사용하였으니, 300개가 넘는 회채색토기 유적지가 보고된 걸로 보아, 촌락 수준을 넘어 인구 밀도가 높은 도시를 이룬 것을 알 수 있고, 실제로 이 지역에서 제련한 철제 화살촉, 창촉, 낫, 못 등이 고고학적으로 발굴되었다고 주장한다.[22] 이에 반해, 짜끄라바르띠는 인도에서 철기 제작이 시작된 것은 회채색토기 시기가 아니고, 그 이전인 흑적토기(Black-and-Red Ware) 시기로, 말와르(Malwar)에서 기원전 1,800년에 이미 사용되었을 것으로 본다. 이때 철제 보습까지 사용되었음이 고고학 조사로 보고되었으니, 아그라왈이 주장하고, 샤르마가 따르는 철제 도구 기술 혁신이 갠지스 평원에 도시 문명을 가져온 것은 인정하기 어렵다고 주장한다.[23]

꼬삼비, 샤르마, 아그라왈이 제기한 갠지스강 중류 유역에서 철기가 광범위하게 사용되었다는 주장의 전제는 갠지스강 유역에 울창한 숲이 존재했다는 사실에 기초한다. 이에 대해 고고학자 막칸 랄(Makkhan Lal)은 이 주장을 하나의 확인되지 않은 신화로 간주하면서 철기의 광범위한 사용에 의문을 던진다. 그는 당시 거주지 간의 거리와 거주 인구 그리고 필요한 토지 등을 고고학적 근거로 볼 때, 기원전 6세기경에 광범위한 철기 도구로 그 숲을 제거할 필요가 없었다고 주장한다.[24] 그런데, 막칸 랄

---

[22] D.P.Agrawal, *The Archaeology of India,* London, Curzon Press 1982, Indian edn. New Delhi, Select Book Service, 1984. pp.255~6.

[23] D.K.Chakrabarti, *The Battle for Ancient India: An Essay in the Sociopolitics of Indian Archaeology,* New Delhi, Aryan Books International, 2008. pp.113~4.

[24] Makkhan Lal, "Iron Tools, Forest Clearance and Urbanization in

은 힌두뜨와 색채가 강한 역사 교과서를 집필한 인도국민당 정부에서 인도 고대사를 집필한 역사학자로, 이전의 샤르마를 비롯한 마르크스주의자의 역사학을 크게 비판한 대표적인 인물이라는 사실에 주목할 필요가 있다. 샤르마는 1993년에 랄이 주장한 바와 같이 강가나 호숫가에 주거지를 형성하는 것은 철기 시대에도 분명히 존재한 것과 별개로 갠지스 중류 유역에는 연강우량이 1,600mm에서 1,000mm 정도나 되고, 그로 인해 매우 울창한 삼림이 존재했다는 것, 그리고 충적토가 이 지역에서는 매우 강하여 철기를 통한 삼림 제거 없이는 농경이 불가했다고 주장했다.[25] 샤르마는 아리야인이 1,000년 경에 도착한 갠지스강 상류 유역에서는 철기를 주로 목축이나 부족 간 전쟁용 무기로 사용했으나, 중류 유역에 도달한 기원전 500년경에서야 대규모로 농경에 사용되었다고 주장한다. 많은 문헌 근거가 있음에도 불구하고, 당시 사용한 철제 농기구가 고고학적 유물로 대거 발굴되지 않는 것은 그 지역은 몬순 때 많은 비가 와 습도가 높고, 충적토가 산성이 높아 쌀농사에는 적합하지만, 유물을 쉽게 부식시켜서라고 보는 것이다.[26]

이러한 논쟁이 오간 후 최근 고고학자 띠와리(Rakesh Tewari)

---

the Gangetic Plains" *Man and Environment* vol. 10, 1986. pp.86~8.

25 R.S.Sharma, "Material Background of the Genesis of the State and Complex Society in the Middle Gangetic Plains" B.P.Sahu, *Iron and Social Change*, op.cit, pp.152~3.

26 R.S.Sharma, *Material Culture and Social Formations in Ancient India*, op.cit, pp.93.

는 화분학(花粉學)과 식물학 연구를 기반으로 하여 야무나강 동쪽의 갠지스강 유역에 도시화 이전에 울창한 숲이 그 지역에 존재했고, 철제 도구의 광범위한 사용이 그 지역을 개간하여 대규모 정착지를 형성시켰다는 주장은 받아들이기 어렵고, 곳곳에 울창한 숲이 있긴 했으나 전체적으로는 풀이 많은 사바나 초원에 가까우며, 그래서 농경의 발달은 철기의 도입 이전에 이미 갠지스 중류 유역에 확산한 상태라고 주장한다.[27] 그런데, 띠와리의 화분학이나 식물학의 방법론 기반 주장은 기존의 역사학과 고고학에 의한 연구가 보여주는 여러 가지 맥락을 함께 검토하지 않아 전적으로 신뢰하기는 어렵고, 논문이 발간된 지 20년이 지난 지금까지 역사학 맥락 밖에서 주장하는 소위 과학적 방법론의 유효성은 현재로서는 대체로 판단을 유보한 상태다. 고고학이란 소설과 같은 창작 문학도 아니지만, 그렇다고 그것이 언제나 과학적 정밀성을 보증하는 것도 아니다. 고고학이 누구도 부인할 수 없는 유물을 토대로 역사학적 맥락에서 과거 재구성을 논증해야 함은 필수적인 일이다. 그런데도 기존의 역사학이나 고고학의 연구에서 널리 통용되는 방법론은 무시하고 전혀 검증되지 않은 어떤 방법론을 통해 자신들이 세운 가설을 설명할 수 있는 부분만을 적용해 결과를 도출하고, 그것을 매우 폭넓게 적용하고 독자가 새로운 의미를 상상할 수 있도록 현혹하는 것은 사이비 고고학이다.[28] 라자람, 프롤리 등이 사용한 천문학이라는 방법론은 전형

---

27 Rakesh Tewari "The Myth of Dense Forest and Human Occupation in the Ganga Plains", *Man and Environment*, vol. 29. No. 2. 2004. p.113.

28 Mary Lefkowitz, "Archaeology and the Politics of Origins: The Search for Pyramids in Greece." G.G. Fagan ed., *Archaeological Fanta-*

적인 사이비 역사학에 포함될 것이고, 기존의 역사학 연구의 성과와 그 맥락을 전혀 고려하지 않은 띠와리의 화분학 방법론 또한 그렇게 사용될 가능성을 완전히 배제할 수는 없다.

삼림의 존재와 그것을 제거하는 데 철기가 어느 정도의 역할을 했는지와 관계없이, 기원전 500년경부터 본격화한 갠지스강 중류 유역에서의 도시화 문명이 복합 사회를 가져왔다는 사실은 학계에서 이론의 여지가 없다. 이러한 사회 변화 속에서 베다 경전의 편찬이 끝나고 베다 전통을 이어받은 새로운 경전 편찬이 이어졌는데, 그 가운데 하나가 힌두 고유의 신화로서의 역사라 할 수 있는 이띠하사(itihasa, '그렇게 있었던 것')의 발전이다. 이띠하사는 실재를 기록하는 대신 신화로 역사를 서술하는 것이다. 『라마야나(Ramayana)』와 『마하바라따(Mahābhārata)』 두 서사시가 바로 이 장르에 속하는데, 이 시기 이전부터 전해오는 이야기가 이 시기를 지나 기원후 5세기경까지 걸쳐 편집되고, 여러 사람에 의해 구전되었다. 그리고 이 시기 이후 이띠히사보다 더 오랜 기간에 더 방대하고 정밀하게 편찬된 뿌라나(Purana, 古談)에 의해 힌두 신화의 우주적 시간 개념이 완성된다. 그 신화에 의하면, 우주는 네 개의 유가(yuga 紀)로 나뉘어 순환한다. 완전 시대인 끄리따(Krita)기, 끄리따기로부터 조금 타락한 뜨레따(Treta)기, 그로부터 더 타락한 드와빠라(Dvapara)기, 그리고 마지막 기인 완전히 타락한 말세 깔리(Kali)기가 계속된다.

이러한 신화의 우주적 시간을 구체적인 역사로 환원하려는

---

sies: *How Pseudoarchaeology Misrepresents the Past and Misleads the Public*, London, Routledge, 2006. pp.180~1.

시도가 아리야인 인도 기원설이 제기되면서 본격화되었다. 그 대부분은 역사학을 전문적으로 연구하지 않은 일부 과학자와 전통 종교인에 의해 이루어졌다. 그 대표적인 사람으로, 전자공학자이자 수학자인 라자람과 베다 신학자인 프롤리는 천문학을 기반으로 현생 인류의 조상인 마누(Manu)의 통치는 기원전 7,000년경으로 거슬러 올라가고, 리그베다 시대가 끝나가는 것은 기원전 3,800년 경이며, 그 후 기원전 3,100년경에 베다 시대가 끝나고, 꾸루끄셰뜨라 전쟁이 일어나면서 마하바라따 시대가 시작되고, 이어 기원전 3,000년경에 사라스와띠-인더스문명이 일어나고, 이어 후기 베다인 브라흐마나 등 힌두 경전이 편찬되고, 기원전 1,900년 경에 사라스와띠강이 메말라 사라지고, 하랍빠가 몰락한다고 주장한다.[29] 컴퓨터공학자인 수바시 깍(Subhash Kak), 힌두교 영성주의자 저술가 딸라게리(Shrikant G. Talageri), 요가학자인 포어스타인(Georg Feurstein) 등도 거의 비슷한 의견으로[30],

---

29 Navaratna S. Rajaram & David Frawley, *Vedic Aryans and the Origins of Civilization*, New Delhi, Voice of India, 1995. Third edn. 2001, pp.174~204.

30 Navaratna S. Rajaram, *Secularism. The New Mask of Fundamentalism. Religious Subversion of Secular Affairs*, New Delhi, Voice of India, 1995.; Navaratna S. Rajaram & Frawley, David, *Vedic Aryans and the Origins of Civilization. A Literary and Scientific Perspective*, Delhi, Voice of India, 제3 증보판, 2001.; Georg Feurstein, Subhash Kak, David Frawley, *In Search of the Cradle of Civilization*, 2000, 정광식 역, 『최초의 문명은 고대 인도에서 시작되었다.』 서울: 사군자, 2000.; Talageri, Shrikant G., *Aryan Invasion Theory and Indian Nationalism*, New Delhi, Voice of India, 1993. 이에 대한 더 자세한 논의는 이광수, 2002 참조.

베다 시대는 기존 학계가 말하는 소위 인더스문명 이후가 아니고 그 이전에 있었으며, 따라서 인도 문명은 인더스문명과 갠지스문명이 중간에 외부에서 들어온 아리야인에 의해 단절된 것이 아니라, 토착민인 아리야인이 지금 인더스문명으로 알려진 그 문명을 꽃피웠다고 본다. 그것이 지금 갠지스강 유역의 문명으로 알려진 것이라는 주장이다. 즉, 우리가 지금 말하는 인더스문명과 갠지스문명은 별개가 아니고, 하나의 베다 문명이라는 것이다.

마치 인류에게 가계 족보가 있듯, 문명도 어느 한 곳에서 발생하여 지속적으로 다른 쪽으로 전파되어 그 역사가 끊어지지 않고 이어져 온다는 주장이다. 메리 레프코비츠(Mary Lefkowitz)에 의하면, 이러한 주장은 전형적인 사이비 고고학의 특징이다.[31] 그들이 기초로 삼는 『라마야나』와 『마하바라따』 두 서사시는 후기 베다 시대 즉 기원전 1,000년~500년 사이의 부족 사회의 역사적 사실이나 이후 갠지스강 중류 유역 도시 문명 시기의 역사적 사실을 포함하고 있으며, 이후 마우리야(Maurya)와 최종 편찬 시기인 굽따(Gupta) 시대의 역사적 사실까지도 포함하고 있다. 서사시 신화에는 실제 일어난 과거도 있지만, 있었을 듯한 지어낸 이야기도 섞여 있다. 하지만, 역사학자는 사료 검증을 통해 당시 갠지스 중류 유역의 도시 문명을 구성하는 행정, 계급, 조세, 군대, 가족, 여성, 교육, 커뮤니케이션 등의 모습을 부분적으로나마 파악할 수 있다. 그런데 그 안에서 인간의 행위는 신과 연계되고, 그것이 신비의 세계에 속하는 것으로 기술되어, 구체적인 역사를 파악하기 불가능한 것이 많다. 특히, 시간은 우주적 운명이

---

31 Mary Lefkowitz, *op.cit.*, p.180.

주관하는 영겁 체계 속에서 작동하는 것이라서 그 안에서 분명한 역사적 사실과 전혀 사실에 근거하지 않은 이야기를 분류하는 것은, 거의 불가능하다. 따라서 역사학자는 신화에 나오는 사건을 실제 역사의 사실(fact)로 간주하지 않는다. 그것은 역사학의 일이 아닌, 문학 창작의 영역이다. 이렇듯 고대 인도에서는 사실을 기록한 사서가 없고, 그래서 역사적 사실을 보여주는 사료가 크게 부족하다. 이러한 상황에서 신화에서 역사적 사실을 추출해야 하는 작업은 인도 고대사 연구의 필수 방법론이 되었지만, 그것은 고고학이나 다른 인접 학문과의 협업이 따르지 않은 채, 자칫 잘못 수행하면, 역사학 연구가 신앙에 압도당할 수 있는 위험을 항상 내포하고 있다. 그것이 바로 한국에서도 유행하는 이른바 사이비 역사학이다.

인도에서는 1980년대 후반부터 이러한 사이비 역사학이 팽배해진 민족주의와 어우러지면서, 『라마야나』와 『마하바라따』의 힌두교 신화에 나오는 사건들의 실제 유적을 발굴했다며, 그 신화의 이야기가 역사적 사실로 입증되었다는 주장이 끊이지 않고 있다. 이러한 인식을 주도하는 이들이 두 서사시가 분명히 역사적 사실을 담보한다고 주장하면서 고고학자 슐리만의 미케네 문명이나 인더스문명처럼 신화를 역사로 발굴해낼 수 있다는 주장이 대중적으로 큰 호응을 얻게 된다.

이러한 분위기 속에서 고고학자 랄(B.B.Lal)과 상깔리아(H.D.Sankalia)는 신화 속의 활동 무대를 고고학적으로 발굴하려는 작업을 시도했다. 랄은 『마하바라따』의 주요 무대인 인드라쁘라스타(Indraprastha)라고 전해져 내려온 델리의 뿌라나낄라(Purana Qila) 유적지를 발굴하였고, 상깔리아는 『라마야나』의 주 무대인 아요디야(Ayodhya)라고 믿어지는 현재의 아요디야를 발굴 작업하였다. 여러 차례 발굴 결과, 그 유적지들은 신화의 내용을 반영하는 현장이 아니라, 기존 역사학의 주장과 마찬가지로, 후기 베다 시대 즉 갠지스문명 바로 이전인 기원전 1,000년에서 기원전 500년 사이의 부족 사회에서 영역 국가로 발전해가는 정황을 보여줄 뿐이었다.[32] 그 외에도 라오(S.R. Rao)는 구자라뜨(Gujarat)의 드와르까(Dwarka)에서 신화 속 끄리슈나(Krishna) 신이 거주한 천국 드와르까가 바닷속에 실제로 존재한다며, 발굴 조사를 수행했으나 역사적 사실로 입증할만한 것은 아무것도 건지지 못했다.[33] 따밀나두(Tamil Nadu)에 있는 힌두교 성지 라메쉬와람(Rameshwaram)의 람 세뚜(Ram Setu)가 『라마야나』에서 라마(Rama)가 아내 시따(Sita)를 구하기 위해 마왕의 본거지인 랑까(Lanka)로 건너가기 위해 지은 다리라고 주장한 것도 대표적인 힌두뜨와에 입각한 역사 왜곡 가운데 하나다. 그들이 람세뚜라고 주장한 바닷속 바위는 다리의 잔해가 아닌 자연 퇴적물임이 과학적으로 밝혀졌을 뿐인데도, 사이비 역사학의 선전은 멈추지 않는다. 『라마야나』에 나오는 랑까와 관련하여, 『라마야나』가 기원전 4세기경에 편찬되었고, 그 이야기의 토대는 그보다 더 오래되었기 때문에, 역사 지리상으로 볼 때 당시 북인도 아리야인의 세력이 빈디야(Vindhya) 산맥 이남까지 팽창하지 못했음이 분명한 사실이다.

---

[32] Brajadulal Chattopadhyaya, *Studying Early India*: *Archaeology, Texts and Historical Issues,* New Delhi, Permanent Black, 2003. p.34.

[33] S. R. Rao and A. S. Gaur, "Excavation at Bet Dwarka", in *Marine Archaeology*, vol. 3, July 1992. pp.42~4.

따라서 랑까의 위치는 빈디야 산맥 이남이 될 수 없고, 좀 더 구체적으로 보면 나르마다(Narmada) 강과 빈디야 산맥 사이 어딘가가 될 수밖에 없는데도[34], 그보다 한참 먼 지금의 스리랑까[35]라고 주장하거나, 더 심한 것은 인도네시아나 오스트레일리아라고 주장하는 사이비 역사가 횡행한다.

앞에서 언급했듯이, 인도 고대에는 당시 사건의 실체를 객관적으로 기록한 사서가 존재하지 않고, 인더스문명의 문자 역시 아직 해독되지 않은 상태이다. 따라서 인도 고대사의 정체를 밝히는데 고고학적 유물이 결정적인 역할을 할 수밖에 없고, 그 고고학적 유물이 신화에 나오는 여러 정황과 부합하지 않으면 그것을 역사학적 사실로 규정할 수 없을 것이다. 인도 고대사 연구에서 이는 매우 중요한 일이다. 이러한 측면에서 인도의 고대사학자 로밀라 타빠르는 뿌라나 경전에 포함된 여러 족보는 역사와 연대기에 관한 사실 기록으로 간주할 수 없음이 분명하니, 그 여러 족보는 당시 사람들이 어떻게 이주하고, 정착하면서 살아갔는

---

34 T, Paramasiva Iyer, *Ramayana and Lanka*, Bangalore, Bangalore Press, 1940. p.24.

35 '스리랑까'라는 이름은 기원전 3세기 말 그리스의 대사로 마우리야조(朝)의 짠드라굽따 마우리야(Chandragupta Maurya) 궁정에 파견되어 당시 상황을 기록한 메가스테네스(Megasthenes)의 기록에는 '타프로바나'(Taprobana)라고 나온다. 스리랑카의 가장 오래된 사서(史書)인 기원후 3~4세기에 편찬된 디빠완사(Dipavamsa)에는 '스리랑까'라는 이름이 아직 나오지 않는다. 참조, Romila Thapar, "The Ramayana: Theme and Variation" in S. N. Mukherjee ed. *India: History and Thought*, Calcutta, Subarnarekha, 1982. p.231.

지에 관한 일반적인 패턴으로서 검토되어야 한다고 주장한다.[36] 그런데도, 힌두 경전에 나오는 신화적 사건이 역사적 사실이라고 주장하는 힌두 근본주의의 사이비 역사학적 목소리는 줄어들지 않는다. 힌두뜨와에 기반한 역사 왜곡이 본격화하기 전, 인도 사회에서 힌두 신화는 역사와는 다른 하나의 전통적 시간 개념의 이야기로 널리 받아들여졌다. 같은 민족주의자라고 할지라도, 영국 식민 시기의 민족주의자들 누구도 그것을 역사학 사실로 간주하고 역사를 그 신화로 대체하려고 시도하지 않았다. 1980년대 말부터 성행한 힌두 신화를 역사로 치환하려는 시도는 민족주의의 입장에서 역사를 해석하는 문제를 넘어서, 힌두뜨와가 정치 이데올로기로 작동하면서 신앙이 역사적 사실에 개입하여, 역사를 정쟁의 대상으로 삼는 바람에 생긴 것이다. 그리고 그 정점은 1992년 아요디야에 있는 무갈제국의 시조인 바바르(Babur)의 모스크를 무너뜨리고, 힌두 신 라마(Rama)의 사원을 건축해야 한다는 정치 폭력으로부터 시작된다. 이때 결정적인 역할을 했던 것이 고고학을 정치 문제에 동원해 역사 쟁점으로 삼은 일종의 '역사의 무기화'다.

사이비 역사를 앞세워 정쟁의 도구로 삼는 일은 랄(B. B. Lal)과 같은 힌두뜨와 진영의 고고학자가 고고학을 교묘하게 왜곡하면서 시작되었다. 랄은 1968년부터 1972년까지 인도고고조사국 국장을 역임했다. 그는 조사국의 휘보인 『뿌라땃따와(*Puratatta-*

---

[36] Romila Thapar, "Puranic Lineages and Archaeological Cultures," *Ancient Indian Social History: Some interpretations*. New Delhi, Orient Longman, 1978. p.242.

va)』에 고고학 연구가 아닌 힌두뜨와 사이비 역사학자인 라자람의 글을 싣더니, 한발 더 나아가 그 주장을 검증하기 위한 방사선탄소(C-14) 연대측정을 거부하면서까지 그의 주장에 힘을 실어주며 영향력을 높여가게 하였다.[37] 인도국민당 역시 1977년과 1998년 연방 정부를 장악한 뒤, 기존의 학문적 성과를 학계에서 퇴출하고, 교과서를 수정했다. 정부 간행물이나 정책 성명서 등에서도 관련된 사항을 모두 수정하고, 나아가 언론과 출판 그리고 인터넷을 통해 모든 비학문적 활동으로 국수주의 역사 선동을 본격화했다. 그 주창자 중 힌두뜨와를 공개적으로 지지하지만 않을 뿐, 그들과 똑같은 행보를 하는 역사학자-고고학자가 일부 있지만, 대부분은 천문학자, 컴퓨터공학자, 수학자, 베다·요가 연구자, 힌두교 신학자 등 역사학이나 고고학을 전문적으로 공부하지 않은 저술가들이다.

그들의 주장은 구체적 근거 없이 퍼뜨려진 이야기들까지 합해져 여전히 힌두뜨와 이데올로기의 기본 원칙인 '하나의 영토, 하나의 민족, 하나의 문화'를 위한 선전으로 작동하고 있다. 그 안에서 갠지스문명은 기원전 10,000년에 인도에서 기원하여 인더스문명까지 포함한 인류 최고(最古)의 문명으로 둔갑한다. 가라앉은 땅 혹은 사라진 대륙 혹은 말라 사라져버린 강에 그 기원을 두는 주장은 애국적이고 민족주의적인 것으로 받아들여지고, 이를 기반으로 다시 써야 한다는 역사 서술은 일종의 판타지 서술

---

37 Cynthia Ann Humes, "Hindutva, Mythistory, and Pseudoarchaeology", *Numen*, 59, 2012, pp.193.

로 귀결된다.[38] 이제 그 판타지가 대중문화와 정치 영역의 수준을 넘어 학문 세계에까지 깊이 들어오고, 개인 블로그나 유튜브 등을 통해 역사를 전문으로 연구하지 않은 힌두 민족주의 추종자들에게 주로 전파되면서 역사학에 심각한 오점을 남기고 있다.

IV. 맺음말

1920년대 하랍빠가 처음 발굴되어 아직 그 정체가 모호할 때까지만 해도 많은 고고학자의 관심은 이곳에서 발굴된 진귀한 유물에 집중되었을 뿐이었다. 그 정체에 관해 적극적인 주장을 펼친 고고학자는 모티머 휠러였는데, 그는 이 문명이 메소포타미아 지역에서 수입된 것이라 주장했다. 이는 인도인의 입장에서 전형적인 식민주의 주장이다. 특히 이 주장이 제기된 1950년대 말은 인도가 파키스탄과 분단되면서 대재앙에 휩쓸린 때이면서, 국민국가 건설에 반(反)무슬림의 힌두 민족주의의 풍조가 큰 영향을 끼칠 때였다. 휠러의 인더스 문명 외부 기원설은 곧바로 힌두 민족주의자를 자극했다. 그들은 문명의 토착 발생설을 주장하며, 인더스문명의 소멸 이후 아대륙 외부에서 들어온 아리야인의 이주설까지도 폐기해야 한다는 주장을 펼치기 시작했다. 그러한 주장은 아리야인이 인도에서 기원하여 전 세계로 이주해나갔다는 이

---

38 Michael Witzel, *op.cit.*, p.203..

론으로까지 왜곡 발전한다.

아리야인이 인도에서 기원하여 인더스문명을 건설하고, 외부로 이주해나갔다는 주장은 고고학적으로 확인되지 않는다. 역으로 아리야인이 외부에서 인도로 이주해 들어왔다는 주장의 고고학적 증거는 무수히 많다. 역사학적 맥락에서 봐도, 이주해나갔다는 주장의 논리가 성립할 수 없음은 너무나 자명하다. 그런데도 그러한 사이비 역사학이 횡행하는 것은, 1980년대 이후 힌두 민족주의 세력이 인도 정치에서 막강한 영향력을 행사하기 때문이다. 그들은 우선, 정치에서 경쟁하는 네루와 인디라 간디 중심의 사회주의 세력이 주장하는 마르크스주의 역사학을 신랄하게 비판하면서, 인더스문명 소멸 이후 갠지스 중류 유역에 철기문명이 형성될 때까지 1,000년 동안 문명의 부존재를 부인하고, 바로 그 시기 그 자리에 힌두 신화를 기반으로 한 베다 문명을 집어넣었다. 어떠한 고고학적 근거도 없이 말이다. 그들은 마르크스주의자들에 대한 비판에서 철기가 갠지스 중류 유역의 문명을 형성하는 데 절대적인 역할을 하였다는 사실을 부인하기 위해 그 지역에 펼쳐진 깊은 삼림의 존재 자체를 부인해야 했다.

그렇지만, 고고학적으로나 역사학적으로나 갠지스강 중상류 유역에서 기원전 6세기 도시와 국가가 널리 형성되는 데 철제 도구의 역할을 부정할 수는 없다. 물론 꼬삼비와 샤르마의 주장대로 철제 도구가 과연 결정적인 역할을 하였는지, 짜끄라바르띠의 주장대로 철제 도구가 청동기와 함께 사용되어 서서히 그 역할을 하였는지는 여전히 논쟁의 여지로 남아 있다. 하지만, 그 어떤 경우라도, 철제 도구가 널리 사용되기 이전에 이미 아리야인이 베다 문명을 세웠고, 그것이 힌두 서사시에 나오는 신화의 모습이라는 힌두뜨와 역사학을 정당화해줄 수는 없다. 1980년대 이후 힌두 민족주의의 영향력이 날로 커지면서, 갠지스문명 시기에 형성된 힌두교의 우주적 시간 안에서의 신화가 실제 하는 역사로 큰 주목을 받게 되었고, 그것이 아리야인 인도 기원설과 만나 철제 도구가 널리 사용되기 이전에 이미 힌두 신화가 구체적 역사적 사건이라고 상상하게 된 것에 불과하다. 사이비 역사학의 전형이라고 할 수밖에 없다.

　인더스문명과 갠지스문명을 둘러싼 사이비 역사는 반(反)이슬람적 쇼비니즘을 토대로 권력을 추구하는 정치에 물든 일부 고고학자들이 사이비 고고학을 마치 과학적이고 객관적인 주장인 양 부추기면서 구체화 되어가고 있다. 그러한 사이비 고고학 위에서 힌두교의 영성(靈性)을 광신적으로 숭배하는 일부 종교주의자들이 그들만의 검증되지 않는 가설을 SNS를 비롯한 여러 매체에 아무런 통제 없이 쏟아붓고, 과도한 힌두 민족주의에 물든 지지자들이 학문 밖에서 대중을 선동하면서 나날이 심각해지는 사회 현상으로 자리잡은지 오래다. 결국, 향후 인도 정치가 종교공동체주의(Communalism)로부터 벗어나지 않는 한, 이러한 사이비 역사학과 고고학으로 촉발된 논쟁은 학문 영역을 넘어 학살과 테러로 점철된 정치 문제로 더욱 기승을 부릴 것으로 보인다.

　지금까지 살펴본 인도 고대문명을 둘러싼 사이비 역사학의 전개 과정은 여전히 맹위를 떨치는 한국의 유사/사이비 역사학 문제에도 시사하는 바가 크다.

참고자료

이광수, 「아리아인 인도기원설과 힌두 민족주의」, 『역사비평』 61집, 2002. 12. 겨울호.

Agrawal, D. P., *The Archaeology of India,* London, Curzon Press 1982, Indian edn. New Delhi, Select Book Service, 1984.

Chakrabarti, D. K., "Beginning of Iron and Social Change in India." B.P. Sahu, *Iron and Social Change in Early India,* Delhi, Oxford University Press. 2006.

Chakrabarti, D. K., *The Battle for Ancient India: An Essay in the Sociopolitics of Indian Archaeology,* New Delhi, Aryan Books International, 2008

Chattopadhyaya, Brajadulal, *Studying Early India: Archaeology, Texts and Historical Issues,* New Delhi, Permanent Black, 2003.

Feurstein, Georg, Kak, Subhash, Frawley, David, *In Search of the Cradle of Civilization,* 2000, 정광식 역, 『최초의 문명은 고대 인도에서 시작되었다.』 서울, 사군자, 2000.

Ghosh, A., *The City in Early Historical India,* Shimla, The Indian Institute of Advances Study, 1973. B.P.Sahu, ed., *Iron and Social Change in Early India,* Delhi, Oxford University Press. 2006.

Gupta, S. P., "The Indus-Sarasvati Civilization: Some New Developments", S. P.Gupta, ed. *The 'Lost' Sarasvati and the Indus Civilization,* Kusumanjali Publishers, Jodhpur, 1995.

Humes, Cynthia Ann, "Hindutva, Mythistory, and Pseudoarchaeology", *Numen,* 59, 2012

Kosambi, D. D., *The Culture and Civilization of Ancient India in Historical Outline,* London, Routledge and Kegan Paul, 1965. seventh edn.,1982.

Lahiri, Nayanjot, ed. *The Decline and Fall of the Indus Civilization,* New Delhi, Permanent Black, 2000.

Lal, B. B., *India 1947-1997: New Light on the Indus Civilization,*

New Delhi, Aryan Books International, 1998

Lal, Makkhan, "Iron Tools, Forest Clearance and Urbanization in the Gangetic Plains" *Man and Environment* vol. 10, 1986.

Lefkowitz, Mary, "Archaeology and the Politics of Origins: The Search for Pyramids in Greece." G.G. Fagan ed., *Archaeological Fantasies: How Pseudoarchaeology Misrepresents the Past and Misleads the Public*, London, Routledge, 2006.

Pal, Yash, Sahai, Baldev, Sood, R. K., and Agrawal, D. P., "Remote Sensing of the 'Lost' Sarasvati River", Nayanjot Lahiri ed. *The Decline and Fall of the Indus Civilization*, New Delhi, Permanent Black, 2000.

Iyer, T, Paramasiva, *Ramayana and Lanka*, Bangalore, Bangalore Press, 1940.

Rajaram & David Frawley, *Vedic Aryans and the Origins of Civilization*, New Delhi, Voice of India, 1995. Third edn. 2001,

Rajaram, Navaratna S., *Secularism. The New Mask of Fundamentalism. Religious Subversion of Secular Affairs*, New Delhi, Voice of India, 1995.

Rao, S. R. and Gaur, A. S., "Excavation at Bet Dwarka", in *Marine Archaeology*, vol. 3, July 1992.

Sahu, B. P., "Introduction," *Iron and Social Change in Early India*, 2006. Delhi, Oxford University Press. 2006.

Sharma, R. S., *Material Culture and Social Formations in Ancient India*, Delhi, MacMillan, 1983.

Sharma, R. S., *The State and Varna Formation in the Mid-Ganga Plains: An Ethnoarchaeological View*, New Delhi, Manohar, 1996.

Sharma, R. S., "Material Background of the Genesis of the State and Complex Society in the Middle Gangetic Plains" B.P.Sahu, *Iron and Social Change*, op.cit,

Tewari, Rakeshi, "The Myth of Dense Forest and Human Occupation in the Ganga Plains", *Man and Environment*, vol. 29. No. 2. 2004.

Thapar, Romila, *From Lineage to State,* Delhi, Oxford University Press, 1984.

Thapar, Romila, "The Ramayana: Theme and Variation" in S. N. Mukherjee ed. *India: History and Thought*, Calcutta, Subarnarekha, 1982.

Wheeler, Motimer, *Early India and Pakistan,* London, Thames & Hudson, 1959, revised edn.

Witzel, Michael, "Rama's Realm: Indocentric Rewritings of Early South Asian Archaeology and History." G.G. Fagan ed. *Archaeological Fantasies: How Pseudoarchaeology Misrepresents the Past and Misleads the Public*, London, Routledge, 2006. pp.203~32.

목차

I. 서론

II. 호고주의와 고문자학, 고고학
    1. 중국의 호고주의 전통
    2. 고문자에서 출토문헌으로
    3. 고고학, 전통과 서양 담론의 결합

III. 지역주의
    1. 서양 대 중국의 지역주의
    2. 구계유형론과 지역주의의 진화

IV. 의고와 신고의 길항
    1. 의고의 확산과 "주출의고(走出疑古)"의 반격
    2. 구미 학계의 재편

V. 평가와 전망

∴∴∴∴

제5장
중국 고대문명 연구 100년:
전통과 현대 학문의 충돌 및 재편

심재훈(단국대)

I. 서론

세계 고대문명 연구에서 중국은 어떤 위상을 지닐까? 그 방대한 연구의 역사에서 중국의 사례가 어떤 시사점을 제시할 수 있을까? 이러한 의문에 대한 시론으로 기획된 이 연구는 1900년대 이후 중국 고대문명 연구사의 주요 흐름을 살펴보면서 거기서 두드러진 두 가지 핵심 키워드로 "지역주의"와 "의고(疑古)·신고(信古) 논쟁"에 초점을 맞추려고 한다. 지역주의는 두 가지 측면에서 다루어질 터인데, 1920년대 서방기원설에서 비롯되어 세계 문명사 연구에서 중국 고대문명 연구가 지역화되어 가는 양상과 1981년 출간된 베이징대학 쑤빙치(蘇秉琦, 1909-1997 [도판 5.14])의 신석기시대 구계유형론(區系類型論)에서 비롯된 새로운 지역주의가 그것이다.

흔히 4대 문명¹ 중 하나로 알려진 중국은 고대문명 발전사에서 후발주자에 속한다. 메소포타미아와 이집트는 기원전 3500년쯤 문자를 사용하기 시작하여 기원전 제3천년기부터 연대기 같은 기록물을 남겼다. 반면에 현재까지 고고학적으로 확인된 중국 최초의 문자인 갑골문과 청동기 금문(金文)은 대략 기원전 1200년경부터 나타난다.² 중국학계에서 중국 최초의 고대국가 혹은 왕조, 하나라 유적으로 공인하는 얼리터우(二里頭)도 그 최대 상한 연대가 근동의 고대국가 유적들보다 1천 년 이상 늦은

---

1 동아시아에서만 통용되는 용어로, 그 유래가 분명치 않지만 1900년 梁啓超가 『二十世紀太平洋歌』라는 시에서 고문명의 원조국으로 중국, 인도, 이집트, 소아시아를 든 데서 유래한 것으로 보기도 한다(https://ja.wikipedia.org/wiki/世界四大文明, 2023년 1월 19일 접속).

2 Edward L. Shaughnessy, "History and Inscriptions, China," Andrew Feldherr & Grant Hardy ed., *The Oxford History of Historical Writing Volume 1, Beginning to AD 600*, Oxford: Oxford University Press, 2011, p.371. 물론 갑골문이 상당히 성숙한 문자여서, 내구성이 강한 뼈와 금속을 소재로 한 명문만 남겨졌을 것으로 보아, 갑골문 이전에 문자가 존재했을 것으로 추정한다(Robert Bagley, "Anyang Writing and the Origin of the Chinese Writing System," in *The First Writing: Script Invention as History and Process*, ed. by Stephen D. Houston, Cambridge: Cambridge University Press, 2004, pp.190-249). 신석기 중후기(기원전 3000~2000년) 유적인 大汶口, 良渚, 石家河 등의 陶刻 부호들을 분석하여 그것들이 다른 고대문명의 초기 문자 형태와 마찬가지로 소리나 문법을 다루지는 않지만 단순한 기록 기능을 수행하여 성숙한 문자인 갑골문과 확실한 연결고리를 지니는 것으로 보기도 한다(Paola Demattè, "The Origins of Chinese Writing: the Neolithic Evidence," *Cambridge Archaeological Journal* 20.2, 2010, pp.211-228).

기원전 20세기 정도다.³ 역시 기원전 20세기경으로 추정되는 중국 청동기 시대의 개시 연대도 기원전 제4천년기까지 올라가는 근동 지역보다 상당히 늦다.

그렇지만 고대 중국이 남긴 학술 방면의 자료는 여타 고대 문명과 비교하여 풍부한 편이다. 2011~12년 총 5권으로 완간된 『옥스퍼드 역사서술의 역사』 제1권(시초부터 서기 600년까지)은 전체 24장 중, 메소포타미아에 2장, 이집트에 1장, 이스라엘에 1장, 그리스에 4장, 로마에 6장, 인도에 2장, 중국에 가장 많은 8장을 할애했다.⁴ 상대(商代) 갑골문, 주대(周代) 금문, 전국시대 초간(楚簡), 진한(秦漢) 간독(簡牘) 등 출토문헌과 오경(五經), 제자백가서, 『사기(史記)』와 같은 역사서 등이 그 자료의 주종을 이룬다. 중국의 고고학 발굴 상황 역시 비슷하다. 이집트나 메소포타미아보다 늦게 1920년대 과학적 발굴이 시작되었지만, 전쟁으로 중단되었다가 1950년대부터야 대규모 발굴이 진행되었다. 그럼에도, 여느 고대문명 못지않은 성과를 축적해오고 있다. UCLA의 고고학자 로타 팔켄하우젠은 중국의 고고학을 "오늘날 학문 세계에서 의심의 여지없이 가장 역동적인 분과 중 하나"로 간주한다.⁵

---

3 二里頭 유적과 하의 연관성 및 국가 단계로의 진입 여부에 대해서는 심재훈, 「二里頭 중국 고대국가 기원론의 딜레마」, 『歷史學報』 245, 2020 참조.

4 앞 책, *The Oxford History of Historical Writing Volume 1*에서 중국에 할애된 15장~22장까지의 제목은 다음과 같다: 15. 역사와 명문, 중국, 16. 중국 역사와 철학, 17. 선진 연대기, 18. 역사서술과 제국, 19. 사마천과 『사기』, 20. 한의 역사 저작들, 21. 육조시대의 역사서술, 22. 불교: 불승들의 전기.

5 로타 본 팔켄하우젠 저, 심재훈 역, 『고고학 증거로 본 공자시대 중국 사회』, 세창출판사, 2011, 50, 66쪽.

이러한 역동성은 풍부한 자료 못지않게 후대까지 "장기적 지속성"이라는 중국 문명만의 특징[6]과 함께 고대 이래 유지되어 온 중국의 호고(好古) 혹은 존고(尊古) 전통과도 연관되어 있을 것이다. 다른 어느 지역보다 확고했을 중국의 호고주의 전통[7]은 1899년 갑골문의 발견 및 1920년대부터 시작된 고고학 발굴과 함께 새로운 전기를 맞이한다. 따라서 서두에서 언급한 고대 중국 연구에서의 지역주의와 의고·신고 논쟁을 검토하기 위한 주요 전제로서 현재까지 중국 고대문명 연구를 이끈 호고주의와 고문자학, 고고학의 발전을 우선 개괄할 필요가 있다. 통상 고대 중국의 하한은 진한시대(221BCE-220CE)지만, 지면 관계상 이 글은 대체로 선진시대에 초점을 맞출 것이다.

II. 호고주의와 고문자학, 고고학

1. 중국의 호고주의 전통

호고주의로 번역되는 "antiquarianism"은 원래 유럽적 현상에 맞

---

[6] 위잉스 지음, 이원석 옮김, 『주희의 역사세계: 송대 사대부의 정치문화 연구』, 글항아리, 2015, 15쪽.

[7] Peter N. Miller and François Louis ed., *Antiquarianism and Intellectual Life in Europe and China, 1500-1800*, Ann Arbor: The University of Michigan Press, 2012, p.1.

취 만들어진 유럽의 용어다. "고대를 연구하는 고기물 학자(antiquaries)가 고대의 유물뿐만 아니라 텍스트를 통해서도 수행하는 과거에 대한 조사를 일컫는다."[8] 고대의 부활로서 르네상스의 정의가 바로 고대학(the study of antiquity)의 부활을 의미하는 것으로 보기도 하듯이, 르네상스의 인문주의자들에 의해 본격화된 호고주의가 17세기와 18세기에 문학과 건축 등에 광범위한 영향을 미쳤다. 호고주의 관행의 기원은 로마의 마르쿠스 테렌티우스 바로(Marcus Terrentius Varro, 116-27BCE)나 기원전 5세기의 그리스까지 소급되기도 한다.

위의 정의에 "(유물의) 전승 과정에서 생겨난 파열에 대한 가교" 역할을 추가한 팔켄하우젠은 호고주의와 연관된 중국의 문화적 관행을 다음과 같이 제시한다: 갑골문에서 비롯되어 『사기』에 이르는 도덕적 교훈적 역사서술 전통, 『산해경(山海經)』 및 『수경주(水經注)』 같은 여행용 지리서와 민족지 전통, 유교 경전 연구에 기반한 문헌학 전통, 군주들의 고기물 수집벽, 당송대 서예 전통으로 구현된 과거 모방하기, 11~12세기에 새로운 학술로 부상한 금석학.[9] 나아가 송대 금석학에 선행한 고기물 위주 호고주의의 구체적 사례로 상 후기(기원전 12기경) 은허의 부호묘(婦好墓)에서 출토된 신석기시대(紅山文化와 石家河文化 계열) 옥기, 상주 청동기에 나타나는 의고적(擬古的) 양식, 진 통일 전후의 고풍 서체,

---

[8] 위 책, p.2.

[9] Lothar von Falkenhausen, "Antiquarianism in East Asia: A Preliminary Overview," in *World Antiquarianism: Comparative Perspectives*, edited by Alain Schnapp et al., Los Angeles: Getty Research Institute, 2013, pp.35-45.

『주례(周禮)』를 이상화한 왕망(王莽) 시대의 동전과 부장품 조합에서 나타나는 복고주의,[10] 후한대 화상석에 유교의 도덕적 가치를 반영한 복잡한 도상적 구도에 따라 배열된 신화적 고대의 인물과 에피소드들, 인도의 원형을 추구한 위진남북조시대 불상에 나타나는 시각적 의(擬)고주의, 샨시성(陝西省) 허자촌(何家村)의 당묘(唐墓, 755년에 조성)에서 발견된 동주시대 이래의 시대별 동전 수집, 송의 개국 시점(10세기)에 편찬된 고대 예기(禮器) 도록으로 금석학의 흥기에 영향을 미친 섭숭의(聶崇義)의 『삼례도(三禮圖)』 등을 들고 있다.[11]

이러한 호고주의 양상은 11세기 중엽부터 "과거에 대한 관심 폭발"이라고 표현될 정도로 양적, 질적으로 큰 변혁을 맞이한다.[12] 송나라 황실과 사대부들은 고대의 기물들을 열정적으로 수집하고 연구하기 시작하여 고기물이 출토된 현장으로 달려가 기물들을 통째로 수집하거나 골동품 시장에서 고가에 구매했다. 소장품의 규모가 커지면서 궁정이나 개인의 저택에서 전시했고, 기물의 탁본과 선화(線畫, line drawing) 같은 새로운 기술을 토대로 고기물의 형상을 체계적으로 연구하는 새로운 장르의 저작들이 출현했다.

흔히 포조 브라치올리니(Poggio Bracciolini, 1380 - 1459)나 플

---

10 왕망시대 復古의 예제적, 仿古的, 상상적 특징에 대해서는 李零, 『鑠古鑄今: 考古發現和復古藝術』, 北京: 三聯書店, 2007, 45-64쪽 참조.

11 앞 글, "Antiquarianism in East Asia," pp.46-50.

12 Yunchiahn C. Sena, *Bronze and Stone: The Cult of Antiquity in Song Dynasty China*, Seattle: University of Washington Press, 2019, p.3.

라비오 비온도(Flavio Biondo, 1392‐1463) 같은 르네상스 인문주의자들의 호고주의에 비견되는 송대의 고기물 애호와 연구[13]는 "(하상주) 삼대로 돌아가자"는 슬로건과 함께 요순(堯舜)을 비롯한 상고시대 성왕의 도통 추구를 지상과제로 삼은 송대 도학자들의 염원[14]과도 상통한다. 고대에 대한 이전의 관심은 대체로 경전과 문헌 위주의 경사(經史)에 치우쳐 있었다. 하지만 구양수(歐陽修, 1007-1072), 이공린(李公麟, 1049-1106), 여대림(呂大臨, 1044-1091), 동유(董逌, 1120년경 활동) 등의 고기물 수집과 연구는 기존에 확립된 문헌 전통 속에서 새롭게 발견된 고대 기물 증거에 비추어 고대를 이해하려 했음을 보여준다. 그 핵심에는 주로 상주시대의 청동예기를 통해 고대의 의례를 다루는 "金"과 1~8세기의 비문을 다루는 "石", 즉 금석학이 있었다. 둘은 소재는 달랐어도 명문이라는 공통점을 지녔다. 송대의 고기물 연구자들은 청동기 명문을 통해서 진시황의 분서로 단절된 삼대 황금시대 성왕들의 "진짜" 목소리를 듣고자 했고, 생생한 비문을 통해서 전통 역사서술을 비판적으로 바라보기도 했다. 고기물 속의 명문이 경전에 대한 주석의 집적으로 창출된 이전의 문제의식에 대처하는 새로운 도구를 제공하여 고대의 이해에 변혁을 가져온 것이다.[15]

---

13 송대의 고기물 연구와 르네상스 및 그 이후의 호고주의에 대한 비교는 위 책, pp.15-27 참조.

14 앞 책, 『주희의 역사세계』 서설 제2절의 "도학, 도통, 그리고 '정치문화'"(45-80쪽)과 제1장 '삼대'로 돌아가자: 송대 정치문화의 시작(272-288쪽) 참조.

15 앞 책, *Bronze and Stone*, pp.4-8, 153-158.

이러한 송대의 학문적 성취는 20세기 이후에야 고고학의 원조 격으로 주목되었다. 왕궈웨이(王國維, 1877-1927 [도판 5.1])가 최초로 송대 학자들의 고기물 수집과 저록, 고정(考訂), 응용 등에 주목하여 금석학을 송대의 뛰어난 학술로 자리매김했고,[16] 량치차오(梁啓超, 1873-1929)는 고고학이 북송대의 고기물학에서 비롯되어 중국사에 뿌리 깊은 전통을 지녔음을 강조했다.[17] 하버드대학에서 구미의 중국 고고학 연구를 선도한 장광즈(張光直, 1931-2001 [도판 5.2])도 상에서 한대까지의 청동기 210점과 옥기 13점을 수록한 최초의 본격적 고기물 도록인 여대림의 『고고도(考古圖)』(1092년)를 중국 고고학사의 2대 표지 중 하나로 꼽으며,[18] 정(鼎)이나 도철(饕餮) 같은 고대 청동기 관련 명칭을 제시한 송대 고기물 연구가 일부 착오에도 불구하고 현대 중국의 고고학자들에게 방향을 제시했다고 보았다.[19]

그렇지만 이러한 이해에 대한 반론도 존재한다.[20] 1923년 하버드대학에서 박사학위 취득 후 귀국하여 중국 고고학의 아버

16　王國維,「宋代之金石學」,『國學論叢』1.3, 1927, 45-49쪽.

17　梁啟超.「中國考古之過去及將來」,『飲冰室文集專集』101, 上海: 中華書局, 1936, 1-15쪽.

18　또 다른 표식으로 과학적 고고학 발굴의 길을 연 1920년 석기시대 유적들의 확인을 꼽고 있다.

19　Kwang-Chih Chang, "Archaeology and Chinese Historiography," World Archaeology 13.2 1981, pp.157-161.

20　李濟,「中國古器物學的新基礎」, 張光直 李光謨 編,『李濟考古學論文選集』, 北京: 文物出版社, 1990, 60-62쪽(國立臺灣大學『文史哲學報』1, 1950년).

도판 5.1. 왕궈웨이
https://image.baidu.com/

도판 5.2. 장광즈
https://image.baidu.com/

도판 5.4. 리지
https://image.baidu.com/

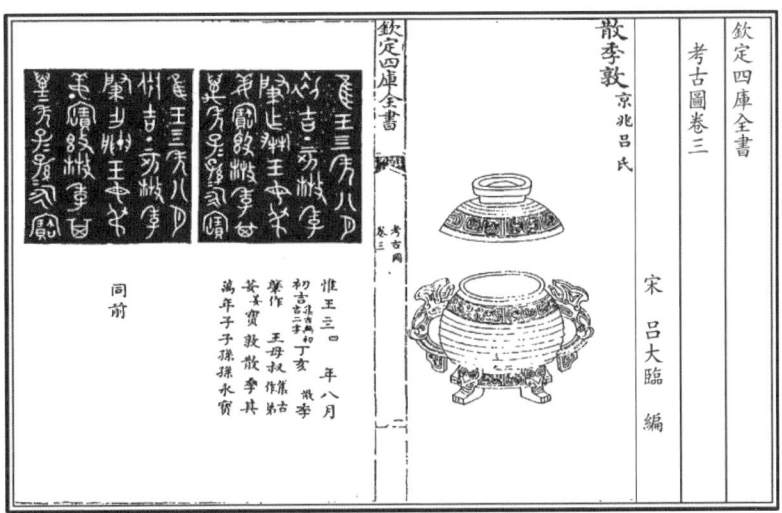

도판 5.3. 고고도: 기물 그림과 명문 탁본에 뒤이어 설명이 이어진다
https://image.baidu.com/https://ourartnet.com/Siku/Zibu/0840/0840_146_003/pages/071_jpg.htm

지로서 56년 동안 길을 연 리지(李濟, 1896-1979 [도판 5.4])[21]는 송

---

21   앞 글, "Archaeology and Chinese Historiography," pp.164-166.

대의 성취에도 불구하고 고기물학이 추구한 감정적 한계에 주목한다. 기물을 수집 대상으로 간주하고, 그것들의 광범위한 다양성이나 출처를 도외시하며 명문을 지닌 기물에 과도하게 초점을 맞추었다고 본다. 이러한 한계가 학술적으로도 주로 역사적, 문헌학적 연구만을 주요 대상으로 삼게 하여, 현대 고고학의 종합적, 맥락적 연구에 상응하는 방법을 발전시키는 데는 실패했다는 것이다.

현대의 관점에서 일리 있는 지적이다. 다만 근대적 과학 발전이 요원했던 송대의 상황에서, 세나(Sena)가 주목한대로,[22] 문헌의 한계를 보완하는 교차 검증 대상으로서 고기물의 중시는 최소한 현대의 역사고고학과 상통하는 지점이 있다. 송대 이후 호고주의 전통이 쇠퇴했다는 주장[23]도 2000년대 이후의 다양한 연구를 통해 반박되고 있다. 이러한 연구들을 종합한 팔켄하우젠[24]

---

22 송대 금석학의 효시로 알려진 歐陽修는 상주시대 청동기에서 五代의 도교 경전에 이르는 중국 전역의 1천여 점에 달하는 명문 탁본을 소장하고 있었다. 세나는 『集古錄跋尾』(1061년) 등을 통해 드러난 구양수의 광범위한 소장품이 시공을 초월한 고대의 포괄적 이미지를 나타냈을 것으로 본다. 실물이 아닌 탁본이라는 중개 매체를 활용했음에도 불구하고 그가 가장 중시한 기준은 신빙성(眞)이었다. 따라서 동일한 실물에 대한 탁본이라도 오래된 것을 "眞本"으로 중시했다. 나아가 이러한 고대 그 당대의 명문이 전승의 과정에서 훼손된 역사 문헌을 보완하고 바로잡을 수 있다고 보았다(앞 책, *Bronze and Stone*, pp.46-53). 구양수의 이러한 역사 인식은 Ⅲ장에서 다룰 의고 역사관의 원조 격인 崔述(1740-1816)의 학문에 영향을 미쳤다(심재훈, 「동아시아를 횡단한 의고의 계보와 학술사적 전망」, 『東洋史學硏究』 161, 2022, 9쪽).

23 앞 글, "Archaeology and Chinese Historiography," p.159.

24 앞 글, "Antiquarianism in East Asia," pp.51-55에 송대의 호고주의가 후대에 끼친 광범위한 영향력을 비교적 상세히 서술하고 있다.

은 금나라의 중원 정복으로 인한 송 황실 소장품의 유실로 청동기 연구에서 일시적 쇠퇴가 있었을 뿐, 송대의 청동기 도록이 후대에 계속 재판될 정도로 금석학은 번성했다고 본다. 이와 함께 송대 이래의 호고주의적 미학이 유교의 영향권에 있던 동아시아 엘리트의 삶을 규정하는 요인이 되었다. 17세기 이후 학문의 중심이 "철학"에서 증거 위주의 "문헌학"으로 전환됨으로써, 고기물학자들의 초보적 발굴을 수반한 활발한 현장 조사가 다시 중시되었고, 금석학의 발전으로 문헌에 치중한 고증학자들의 연구도 신빙성 있는 명문을 통해 보완되었다.[25] 과학적 고고학의 기준에는 미달하더라도, 이를 통해 20세기 현대 고고학을 수용하려는 발판이 마련되고 있었다는 것이다.[26] 팔켄하우젠은 송대 금석학에 맥이 닿아 있는 고증학이 20세기 초 구제강(顧頡剛, 1893-1980 [도판 5.15])의 비판적 의고 학풍(후술)으로 정점에 이르렀다고 본다.

---

25 송대의 호고주의를 이어받은 청대 금석학의 비약적 발전은 그 수집의 규모에서 명확히 드러난다. 송대에 청동기 저록 약 20여 종에 기물 643점이 수록된 반면, 청대에는 500종 이상의 저록에 3,000점 이상의 청동기가 수록되었다(Richard C. Rudolph, "Preliminary Notes on Song Archaeology," *Journal of Asian Studies* 22, 1963, pp.171-172).

26 戴震(1724-1777)과 程瑤田(1725-1814) 등의 초보적인 고고학 증거 활용에 대해서는 벤저민 엘먼 지음, 양휘웅 옮김, 『성리학에서 고증학으로』, 예문서원, 2004, 365-367쪽 참조.

2. 고문자에서 출토문헌으로

송대의 호고주의와 현대의 고고학 혹은 비판적 고대사 인식 사이에는 또 다른 핵심 연결고리가 존재한다. 바로 1899년 갑골문의 발견이 신기원을 연 고문자학이다. 후술할 중국 고고학의 시작이 거의 전적으로 서양의 새로운 학문에 의존했다면, 고문자학은 중국 고유의 학문이다. 전통적으로 고문자는 선진시대의 한자를 지칭했으나, 1970년대 이래로 선진 문자의 특성을 간직한 전한(기원전 2세기경) 초기의 간독과 백서(帛書)가 대량 출토되어, 통일 이후의 진과 전한 초기의 문자까지 고문자의 범주에 포함한다.[27]

푸단대학(復旦大學)의 류자오(劉釗)가 적절하게 개관했듯이,[28] 고문자 해독의 시작은 전한시대(2세기 BC) 공자의 옛집 벽에서 나온 이른바 공벽서(孔壁書)의 "고문"으로 된 『상서(尙書)』를 공안국(孔安國, 156-74 BC)이 당대의 문자로 정리한 데까지 거슬러 올라간다. 비슷한 시기 발견된 서주(1045-771 BC) 청동기 명문에 대한 해독이 비교적 정확했다. 이후 후한시대의 허신(許愼, 대략 58-147)이 『설문해자(說文解字)』라는 자전(字典)에서 선진시대 이래 사용하던 소전(小篆) 9353자를 표제자(중문[重文]으로 표현한 고문과 주문[籒文] 1163자도 아래에 열거)로 540개의 부수 체계와 "육서(六書)"의 이론으로 해설하여, 고문자 해독의 이론적 토대

---

27 全廣鎭 編譯, 『중국문자훈고학사전』, 東文選, 1993, 20쪽.
28 劉釗, 『古文字構形學』, 福州: 福建人民出版社, 2011, 2-5쪽. 중국 고문자학 발전에 대한 더욱 상세한 소개는 위 책, 『중국문자훈고학사전』, 20-41쪽 참조.

를 세웠다. 송원대 정초(鄭樵, 1104-1152)의 『육서략(六書略)』과 대동(戴侗, 1200-1285)의 『육서고(六書故)』 등은 『설문해자』를 보완했다. 청대 금석학자인 오대징(吳大澂, 1835-1902)의 『설문고주보(說文古籒補)』에서 제시된 고문자 해독은 현대 학자들에 필적할 정도고, 손이양(孫詒讓, 1848-1908)의 『고주습유(古籒拾遺)』와 『고주여론(古籒餘論)』은 '편방 분석' 방법을 제시하여, 고문자 해독에 질적인 도약을 가져왔다.[29] 이들의 연구를 바탕으로 탕란(唐蘭, 1901-1979), 위성우(于省吾, 1896-1984), 추시구이(裘錫圭, 1935~), 린윈(林澐, 1939~) 등 현대 학자들의 더욱 체계적인 연구가 나올 수 있었다.

이러한 측면에서 프린스턴대학의 벤저민 엘먼(Benjamin Elman)은 갑골문이 서구 과학적 학문의 영향을 통해서가 아니라 왕의영(王懿榮, 1845-1900)이나 유악(劉鶚, 1857-1909) 같은 금석학에 조예 있는 경학자들에 의해 최초에 인식되었다는 사실에 주목한다.[30] 1799년 로제타석의 발견이 실마리를 제공하기 전까지 오리무중이었던 이집트 상형문자의 해독과 달리, 이미 고문자에 정통한 손이양이 최초의 갑골문 저록인 유악의 『철운장귀(鐵雲藏龜)』(1903)를 토대로 어렵지 않게 초기 갑골문 해독을 주도했다. 갑골학을 비롯한 중국의 고문자학은 19세기까지 이어져 온 금석학과 청대에 경전 연구의 방법으로 성장한 소학, 즉 문자학과 음운학

---

29 孫詒讓은 특히 이전의 청동기 금문 저록집인 송대 薛尙功의 『歷代鐘鼎彛器款識法帖』과 청대 阮元(1764-1849)의 『積古齋鐘鼎彛器款識』, 吳榮光(1773-1843)의 『筠淸館金文』, 吳式芬(1796-1856)의 『捃古錄金文』의 해석상 오류를 바로잡았다(위 책, 165쪽).

30 앞 책, 『성리학에서 고증학으로』, 470-471쪽.

등에 기반한 것이다.

그렇지만 전통 학문의 강한 잔영으로 인해 20세기 초반까지 고문자학도 호고주의적 한계가 뚜렷했다. 18세기 고증학의 부흥으로 문헌과 과거 역사에 대한 비판적 인식이 두드러졌어도, 고증학자들은 엄연히 오경 등의 경전을 절대적 가치로 삼은 유학자로 "경전의 가르침이 훼손되지 않는 세계를 꿈꾸었을 뿐이다."[31] "경전이 모두 역사"라는 당시로서는 선진적인 장학성(章學誠, 1738-1801)의 인식에도 불구하고, 역사는 여전히 상대적인 우발적 공간이기보다 인간 행위와 천명의 변함없는 도를 나타내는 도덕적, 정치적 교훈을 잘 보존한 보고였다.[32] 이러한 상황에서 금석학 자료를 통해 얻은 정보가 그 해당 시대의 사회나 역사를 새롭게 인식하도록 활용될 여지는 별로 없었을 것이다. 대부분 기물이나 탁본 수장가인 청대 금석학자나 소학에 치중한 고증학자 중 역사학자로 분류될 수 있는 이가 드물다는 사실[33]도 20세

---

31 위 책, 469쪽.

32 On-cho Ng, "Private Historiography in the Late Imperial China," in *The Oxford History of Historical Writing Volume 3: 1400-1800*, ed. by José Rabasa, Masayuki Sato, Edoardo Tortarolo, and Daniel Woolf, Oxford: Oxford University Press, 2012, p.76. 만주족 정체성 찾기와도 연관된 건륭제 등 황제와의 의견 차이에 대한 두려움으로 19세기까지도 역사서술 상의 소심성을 벗어나기 어려웠을 것으로 보기도 한다(Achim Mittag, "Chinese Official Historical Writing under the Ming and Qing," *The Oxford History of Historical Writing Volume 3*, pp.39-40).

33 양계초 지음, 전인영 옮김, 『중국 근대의 지식인: 양계초의 『清代學術概論』』, 혜안, 2005, 119-126, 132-134쪽 참조. 양계초는 역사가로 분류되는 顧炎武와 黃宗羲 등의 금석학 연구를 강조하지만, 이들은 대체로 이 글에서 다

기 중국 고문자학의 새로운 길을 예비한다. 그것은 바로 고문자 자료와 역사, 문학, 철학 등 인문학의 결합 혹은 융합이다. 여기에는 왕조 중심 전통 역사학의 한계를 직시하고 서양의 실증주의 역사학을 수용한 1902년 량치차오의 "신사학" 제창 등이 큰 역할을 담당했다.[34]

상 후기(기원전 13~11세기)에 일상적으로 행해진 왕실의 점복을 기록한 갑골문 연구는 1899년 최초 발견 이후 1928년부터 1937년까지 그 발상지인 허난성(河南省) 안양시(安陽市)의 은허(殷墟) 발굴로 전기를 맞이한다. 이때 총 24,918편의 문자가 새겨진 갑골 편을 얻었고, 1973년 은허 샤오툰(小屯) 남지(南地)와 1991년 은허 화웬좡(花園莊) 동지(東地)를 비롯한 몇 차례 굵직한 발굴이 이어졌다. 1978년 당시까지 다양한 저록에 흩어져 있던 갑골문 탁본 41,956편을 모은 『갑골문합집(甲骨文合集)』(中華書局) 13책이 완간되었고, 1999년 출간된 『갑골문합집보편(甲骨文合集補編)』(語文出版社) 7책에는 13,450편이 수록되었다. 최초 발견 이후 100년 이상 여러 저록에 중복 수록되거나 누락된 것도 있어서 정확한 통계가 어렵지만, 20세기 말까지 글자가 새겨진 갑골 6만 5천 편(片) 정도가 공간되었고, 2022년 출간된 『갑골문모본대계(甲骨文摹本大系)』 43책에는 총 7만여 편이 수록되었다.[35] 왕과 관

루는 고대의 범위에 포함되는 자료로 보기 어려운 석각 자료에 치중했다.

34 Axel Schneider and Stefan Tanaka, "The Transformation of History in China and Japan," in *The Oxford History of Historical Writing Volume 4: 1800-1945*, ed. by Stuart Macintyre, Juan Maiguashca, and Attila Pók, Oxford: Oxford University Press, 2011, pp.508-509.

35 왕우신·양승남 외 지음, 하영삼 옮김, 『갑골학 일백 년』 1권, 소명출판,

련된 거의 모든 방면의 다양한 점복―조상 제사, 날씨, 추수, 왕의 순수(巡狩)와 사냥, 전쟁, 농지 개척, 읍 건설, 출산, 질병 등―은 풍부한 역사를 담고 있을 뿐만 아니라, 상 후기에 이미 상당히 발전한 기록 보존 체계가 존재했음을 알게 해준다.[36]

갑골문을 비롯한 중국 고문자 연구의 중요한 한 축은 여전히 『설문해자』 이래로 지속된 글자 하나하나에 대한 정확한 이해다. 그러나 갑골문 연구는 두 가지 측면에서 20세기 중국 고대 문명 연구의 새로운 돌파구를 열었다. 그 첫 번째를 주도한 인물이 왕궈웨이[도판 5.1]로, 기물 수집과 정리에 치중한 이전의 연구자들과 달리 최초로 분석적 연구를 추구한[37] 그는 문헌과 갑골문 등 고문자 자료를 대조하여 역사와 지리 및 예제 등을 연구했다.[38] 그가 「고사신증(古史新證)」(1925)에서 제창한 이른바 기존의 "지상(紙上)" 자료와 새로운 "지하(地下)" 자료의 상호 인증, 즉 전래문헌과 명문을 비롯한 고고학 자료의 "이중증거법"은 오늘날에도 고대 중국 연구의 기본이다. 두 번째는 1928년부터 은허의 발굴에 참여한 동쭤빈(董作賓, 1895-1963)이 「갑골문단대연구례(甲骨文斷代研究例)」(1933)라는 논문에서 200여 년에 걸친 갑골문을 5기

2011, 177-190쪽; 黃天壽 主編, 『甲骨文摹本大系』, 北京: 北京大學出版社, 2022.

36 앞 글, "History and Inscriptions, China," pp.374-379.

37 Edward L. Shaughnessy, *Source of Western Zhou History: Bronze Inscriptions*, Berkeley: University of California Press, 1991, p.14.

38 앞 책, 『중국문자훈고학사전』, 34, 168쪽; 신해혁명 이후 왕국유의 신사학에 대해서는 지관순, 「辛亥革命期 王國維의 史學硏究」, 『中國近現代史硏究』 61, 2014, 1-39쪽 참조.

도판 5.5. 동쭤빈
https://image.baidu.com/

도판 5.6. 궈모뤄
https://image.baidu.com/

도판 5.7. 천멍자
https://image.baidu.com/

로 나눈 것이다. 현재까지도 갑골학의 핵심 논쟁을 유발하는 동쭤빈의 분기는 고문자 자료를 역사 등 분야로 응용하는 토대가 되었다.³⁹

갑골문과 달리 오랜 연구의 역사를 지닌 청동기 금문은 대부분 주대(기원전 11세기~3세기)의 귀족들이 왕실과의 관계 속에서 자신들의 전공(戰功)이나 관직 임명 등 업적과 함께, 제사와 혼인, 가족사, 거래, 소송 등을 기록한 것이다. 기원전 9세기경 서주 후기의 관직 임명을 기념한 모공정(毛公鼎) 명문은 500자에 이른다. 청대까지의 청동기와 금문 연구가 수집과 저록, 문자 해독에 초점이 맞추어졌다면, 20세기 이후에는 갑골문 연구와 유사한 궤적을 보여준다. 청대에 이미 3천 점 이상의 청동기가 다양한 저록에 수록되어 있었고(각주 25), 1950년대 이후의 수집과 발굴로 많은 기물이 추가되어, 1994년 완간된 『은주금문집성(殷周金文集

39　董作賓의 업적과 갑골문 분기에 대한 논쟁은 앞 책, 『갑골학 일백 년』 2권, 17-205쪽 참조.

成)』(中華書局) 18책에는 총 12,113편의 청동기 명문 탁본이 수록되었다. 2012년 2월까지 발견된 것들을 추가한 우전평(吳鎭烽) 편저(編著), 『상주청동기명문기도상집성(商周靑銅器銘文暨圖像集成)』(上海古籍出版社, 2012) 35권에는 총 16,703점이 수록되어, 그 새로운 발견의 추이를 보여준다.

금문에 대한 현대적 연구는 궈모뤄(郭沫若, 1892-1978)가 주도했다. 이미 갑골문에 좋은 연구를 남긴 그는 『양주금문사대계(兩周金文辭大系)』(1935)라는 저작에서 주로 기존의 저록에 수록된 주요 기물(서주 162점, 동주 161점)을 선별하여, 명문의 인명이나 서체, 텍스트 양식, 기물 장식 등을 토대로 정밀한 분기와 함께 금문에 대한 체계적인 분석을 시도했다. 궈모뤄의 분기에 나타나는 많은 오류가 1950년대 천멍자(陳夢家, 1911-1966)에 의해 수정되었지만,[40] 그가 세운 방법론은 후대 연구의 확고한 토대가 되었고,[41] 다음 절에서 논하듯 마르크스주의에 입각한 그의 역사 연구는 고대 중국 연구의 새로운 방향 제시와 함께 교조주의적 왜곡을 초래하기도 했다. 왕궈웨이와 궈모뤄의 초기 연구가 망명지 일본에서 이루어졌듯이, 20세기 중후반까지 시마 구니오(島邦男, 1908-1977)와 시라카와 시즈카(白川靜, 1910-2006) 등 일본 학자들도 갑골문과 금문 연구에서 중요한 역할을 담당했다.

갑골문과 금문이 주도하던 고문자 연구는 20세기 말 이래로 영역을 확대하고 있다. 그 핵심에 전국시대 초나라 지역에서

---

[40] 이 연구는 미완으로 끝났으나, 陳夢家 사후 거의 반세기만에 제자들의 노력으로 출간되었다(陳夢家, 『西周銅器斷代』 2冊, 北京: 中華書局, 2004).

[41] 앞 책, *Source of Western Zhou History*, pp.15-16.

1950년대부터 산발적으로 출토되기 시작한 죽간 문헌인 초간이 자리한다.⁴² 초간은 1990년대까지 갑골문과 금문에 버금갈 정도는 아니었지만⁴³ 2010년대까지 새롭게 추가된 상하이박물관(上海博物館), 칭화대학(淸華大學), 안후이대학(安徽大學) 등의 소장 자료로 인해 고문자학을 넘어서 학술사를 비롯한 고대 중국 연구 전반의 판도를 바꾸고 있다.⁴⁴ 대체로 기원전 430년~250년 사이의 자료인 초간은 대체로 행정과 사법 문서, 점복과 제사 문서(卜筮禱祠), 상장(喪葬) 의례 문서(遣册), 서적류의 네 종류로 대별된다. 이들 중 사상과 역사, 문화, 방술 등을 담고 있는 서적류 문헌만 2022년까지 총 10만여 자, 163종이 정리되었다.⁴⁵ 이들 문헌

---

42 초간의 발견에 대해서는 이승률, 『죽간·목간·백서, 중국 고대 간백자료의 세계1』, 예문서원, 2013, 275-331쪽 참조.

43 沈培는 1996년 작성한 고문자 연구 동향에서 중국의 고문자를 갑골문과 금문, 秦系문자와 전국문자의 네 종류로 대별했다. 진계문자에는 전국시대 秦墓에서 발굴된 법률 등 다양한 죽간 문헌(秦簡) 이외에 역시 진 지역에서 출토된 금문이나 石刻文, 陶文 등이 포함되었다. 전국문자로는 璽印 문자와 화폐 문자, 玉石文(盟書) 이외에 1980년대 이래 전국시대 초나라 지역에서 발견된 사법 문서 위주의 包山楚簡과 사상류 위주의 郭店楚簡 연구가 소개되었다. 아직 초간이 별도의 항목으로 설정될 정도는 아니었다(허가로·왕복상·유윤청 주편, 이홍진·이우철·정영지·배득성 공역, 『중국 언어학 현상과 전망』, 육락, 2011, 143-164쪽).

44 李零은 2000년대 초반까지 발견된 簡帛 문헌이 중국 학술의 원류 이해에 이전과는 질적으로 다른 자료를 제공하고 있다고 한다(李零, 『簡帛古書與學術源流』, 北京: 三聯書店, 2008, 3-9쪽).

45 김석진, 「戰國 楚簡 『繫年』의 史學史적 성격: 先秦 출토·전래 역사류 기록의 문헌학적 고찰을 통해」, 『東洋史學研究』 161, 2022, 57-78쪽.

중 일부는 전래문헌과 같은 계통이지만, 대부분 처음 알려진 것이다.⁴⁶ 갑골문과 금문이 대체로 의례적 성격의 정형화된 텍스트라면, 초간 문서류 163종 각각은 개별적 정보나 지식을 기록하고 전달하려는 목적성 문헌이다. 갑골문이나 금문 연구가 고문자 자체에 치중하며 전래문헌의 내용을 보완하고 수정하는 것을 넘어서, 초간 연구는 1970년대 마왕두이(馬王堆) 한묘 출토 백서『주역(周易)』과『노자(老子)』등이 촉발한 중국 고대 사상과 역사 "다시쓰기"를 가속화하고 있다.⁴⁷ 이와 함께 2000년대 이래 "출토문헌"이라는 용어가 "고문자"를 대체하는 경향이 뚜렷하듯,⁴⁸ 연구의 중심도 문헌학으로 이전하고 있다.

이러한 측면에서 근동과 그리스 등 세계 고대 문헌 발전의

---

46 이는 기원전 213년 진시황의 焚書로 인한 문헌의 파괴와 관련 있다. 초간 문헌들은 분서보다 100~200년 전에 묘에 부장되어 분서를 피했지만, 진시황의 분서가 상당히 철저히 이루어졌음을 알게 해준다.

47 이승률, 「출토문자자료와 중국고대사상사」, 권인한·김경호·이승률 책임편집,『동아시아 자료학의 가능성: 고대 동아시아사의 이해를 중심으로』, 성균관대학교출판부, 2009, 73-124쪽. 특히 유가, 도가, 묵가 등 이른바 제자백가 사상이『사기』등 전래문헌에 언급된 것보다 훨씬 복잡한 착종 과정을 거쳤음과 함께 일원론적 사상을 넘어선 지역성까지 강조한다.

48 대체로 선진시대의 문자를 의미하는 "고문자"와 전래문헌과 상대적인 의미의 "출토문헌"이라는 용어는 고문자를 기본으로 하는 점에서 공유하는 부분이 있으나, 전자가 문자에 후자는 문헌에 방점이 찍혀 있다. 2000년대 이후 세워진 중국의 고문자 연구기관들이 復旦대학의 "出土文獻與古文字研究中心"(2005년), 淸華대학의 "出土文獻研究中心"(2008년), 北京대학의 "出土文獻研究所"(2014), "出土文獻獻與与古代文明研究所"(2021)와 같이 "출토문헌"을 앞세우고 있음은 의미심장하다. 이때 각 기관에서 창간한 학술지들 이름도 비슷하다.

흐름―이집트와 메소포타미아의 초창기 문헌에 나타난 "의례적 일관성"에서 기원전 10세기 전후 다양한 문헌 장르가 나타난 "전통의 물줄기"(stream of tradition) 단계를 거쳐 이스라엘의 성경과 그리스 고전의 "경전화" 같은 마감 단계에서 "문헌적 일관성"으로 전이[49]―에서 중국 역시 예외가 아님을 알 수 있다. 변이가 두드러지지 않은 갑골문과 금문이 "의례적 일관성"의 경향이 뚜렷하다면, 초간은 다양한 문헌의 봇물이 터진 "전통의 물줄기"에 해당한다. 초간 단계에서 이른바 오경의 원류가 대체로 나타나기 시작했고, 한대에 이르러 오경 중심의 경전화가 이루어졌음은 주지의 사실이다.[50] 여느 지역 못지않게 풍부한 전래문헌과 다양한 방식의 교차 검토가 가능한 중국의 출토문헌은 중국뿐만 아니라 세계 문헌학과 학술사 이해에도 귀중한 자료를 추가하고 있다.[51]

---

49 Jan Assmann, *Cultural Memory and Early Civilization: Writing, Remembrance, and Political Imagination*, Cambridge: Cambridge University Press, 2011, pp.76-81; A. Leo Oppenheim, *Ancient Mesopotamia: Portrait of a Dead Civilization*, Chicago: The University of Chicago Press, 1977, pp.11-14.

50 앞 글, 「동아시아를 횡단한 의고의 계보와 학술사적 전망」, 35-36쪽.

51 지면 관계상 이글에서 다루지 못한 전국시대 후기~秦 통일기의 秦簡과 漢 초기의 簡帛 자료도 그 분량이 초간과 비교할 수 없을 정도로 많다. 사법 행정 등 공문서가 주종이고, 역사나 사상 관련 문헌도 풍부하여, 한중일 학자들이 진한제국의 다양한 양상에 대해 활발하게 연구하고 있다(김경호, 「21세기 동아시아 출토문자자료의 연구 현황과 '자료학'의 가능성」, 앞 책, 『동아시아 자료학의 가능성』, 37-57쪽).

3. 고고학, 전통과 서양 담론의 결합

앞 절에서 살펴본 고문자와 출토문헌이 고고학에 큰 빚을 지고 있듯이, 20세기 이후의 중국 고대문명 연구는 고고학이 주도해 오고 있다고 해도 과언이 아니다. 중국에서 현재까지 100여 년에 걸친 그 연구의 일관된 목표는 바로 중화 민족사의 재건이다.[52] 그러나 고고학이라는 학문 자체가 중국의 학문 전통과는 거의 무관한 서양 근대 과학의 산물인 까닭에, 중국의 고고학은 전통의 무거운 짐을 진 채로 다양한 방식으로 서양의 담론에 조응하며 토착화되었다.

특히 고고학의 도입기가 전통 학문에 대한 반성이 고조되면서도 중국 자체의 근대적 학문 역량이 아직 갖춰지지 않은 시점이었다는 사실이 중요하다. 중국 고고학의 시점으로 1928년 리지(李濟[도판 5.4])를 비롯한 중국학자들이 이끈 안양의 은허 발굴을 중시하는 경향과 달리,[53] 신해혁명 이후 중국의 격동기를 몸소 체험한 리지 자신은 은허 발굴을 가능케 한 두 가지 조건으로 갑골문의 발견과 1910년대 중반 이래 서양 지질학자들의 역할을 들었다.[54] 리지는 우선 중국 지질학의 아버지로도 알려진 미국인 아마데우스 윌리엄 그라보(Amadeus William Grabau, 1870-1946)를 위시한 다수의 서양 과학자들이 육체노동을 천시하던 중국 지식

---

52 류리·천싱찬 지음, 김정열 옮김, 『중국고고학: 구석기시대 후기부터 청동기시대 전기까지』, 사회평론아카데미, 2019, 18, 40쪽.

53 위 책, 22-23쪽.

54 Li Chi, *Anyang*, Seattle: University of Washington Press, 1977, p.49.

도판 5.8. 안데르손
https://image.baidu.com/

인들에게 현장 조사의 중요성을 일깨우며 그 방법론을 전수했음에 주목한다. 이러한 흐름 속에서 그라보보다 먼저 중국에 들어와 1914년부터 지질조사에 참여한 스웨덴의 요한 군나르 안데르손(Johan Gunnar Anderson, 1874-1960)이 "현장 방법론"을 효율적으로 적용한 실제 고고학 성과를 도출할 수 있었다. 그의 여러 성과 중에 "최초"라는 타이틀을 부여받아야 마땅한 것은 바로 1921년 허난성 양사오촌(仰韶村)의 발굴이다.[55] 이후 간쑤성(甘肅省)의 발굴과 함께 중국의 최초 문명으로 채도 위주의 양사오문화 설정은 향후 수십 년 동안 중국 고고학의 향방을 좌우했다. 그것은 바로 안데르손이 결론으로 내놓은 중국 문명의 서방기원설과 그에 대한 중국 고고학계의 대응이다(II장 1절에서 상술).

---

[55] 위 책, pp.32-48.

리지와 마찬가지로 안데르손의 지대한 역할을 인정한 장광 즈는 고고학자가 아니라 지질학자이자 고생물학자인 안데르손이 편년이나 역사적 비교를 위해 몇 점 안 되는 토기편 같은 표준화석(index fossils)에 지나치게 의존한 한계를 지적한다. 나아가 안데르손을 넘어 중국에 고고학의 핵심을 소개한 리지의 주도로 1937년까지 15차에 걸쳐 진행된 안양의 은허 발굴이 중국 고고학사에 끼친 후학 양성 등 큰 성과에 주목한다.[56] 하지만 중국 최초의 장기에 걸친 국가적 발굴 사업이 선사 유적이 아닌 역사 유적에서 이루어져 자연과학에 경도된 독립된 고고학보다 호고주의 전통과 결합한 중국사의 하부 분야로서 고고학이 태동하게 되었음을 지적한다.[57]

1930년대에는 안양 이외에도 서부의 양사오문화와 대비되는 산둥성(山東省)의 룽산문화(龍山文化) 등 중요한 발굴이 이어졌다.[58] 그러나 장기간의 전쟁으로 본격적인 고고학 발굴은 공

---

[56] 안양에서는 수 백점의 청동기와 문자가 새겨진 갑골 약 2만5천 편 이외에 궁전구와 청동기 공방, 왕릉을 비롯한 귀족 묘지 등이 발굴되었다. 리지는 은허의 발굴을 망라한 책의 서문에서 그 다양한 성과 중 핵심으로 (1) 갑골문의 발견으로 그 위조에 대한 의혹 불식, (2) 25만 점에 달하는 陶器 편(약 1만5천 점이 완전한 표본)과 층위학을 통해 선사시대인 양사오문화나 룽산문화와의 연결고리 발견, (3) 대량의 도기와 청동기 발굴로 선사시대부터 周代까지 이어진 禮器 계통 확인을 꼽았다(위 책, pp.ix-xi).

[57] 앞 글, "Archaeology and Chinese Historiography," pp.163-166. 최근 국내에서도 중국 고고학 태동기에 證史主義的 경향이 더해져 고고학이 변용되는 과정을 상세히 다룬 연구가 출간되었다(김정열, 「근대 서양 학문의 도입과 메타모포시스-중국 증사주의적 고고학의 성립-」, 『崇實史學』 45, 2020, 367-387쪽).

[58] 앞 책, 『중국고고학』 23-24쪽.

산당이 영도한 1949년 중화인민공화국 성립 이후에야 재개되었다. 중국(사회)과학원 고고연구소를 비롯한 발굴 기관의 설립과 베이징대학 등 대학의 고고학 전공 개설을 기반으로, 전국 각지의 대규모 건설에 따른 선사시대와 역사시대 유적 발굴이 이루어졌다. 장광즈는 1970년대까지 중국 고고학이 겪은 중요한 두 가지 변화로 또 다른 서양 사조인 마르크스의 역사유물주의가 고고학 자료 해석의 이론적 토대가 된 점과 고고학이 국가 주도 사업이 되었음에 주목한다. 중국 고대사의 발전을 마르크스의 사회발전 모식에 적용한 궈모뤄의 『중국고대사회연구(中國古代社會研究)』(1930)를 모델로 생산 관계와 계급 투쟁에 연구의 초점이 맞춰져 고고학 자체가 정치에 활용되는 경향이 뚜렷했다. 다만 여전히 전통 역사학에 경도된 중국 고고학의 독자성 탓에 이데올로기적 용어가 자료 분석과 명확히 분리되어 그 학문 자체에 본질적 영향은 미치지는 않았으리라 본다.[59] 그 이데올로기적 교조성으로 인해 생산 관계를 다룬 연구에서조차 모건(Lewis Henry Morgan, 1818-1881)이나 엥겔스(Friedrich Engels, 1820-1895)의 이론에 만족할 뿐, 중국의 강력한 자료를 활용하여 생활 체계나 취락 형태,

---

59 이러한 인식은 당시를 몸소 겪은 베이징대학 蘇秉琦의 회고와도 상통한다: "(마르크스주의에 근거한)그 어떤 것도 중대한 성과를 얻지 못하고 여전히 답보적 상태를 면치 못하였다. 방법이 잘못됨으로 인해 길이 통하지 않아 곤혹스럽게 되었다. 나도 다른 사람들과 같이 곤혹스러웠으나 반복적인 고찰을 통해 마르크스주의 철학은 중국 고고학의 방법론 문제를 직접적으로 화답할 수 없었고, 역사유물론과 역사과학의 각 전문 분야 이론도 동일한 차원에 속하지 않음을 발견하였다."(蘇秉琦 지음, 朴載福 옮김, 『中國 文明의 起源을 새롭게 탐구한 區系類型論』, 도서출판 考古, 2016, 25-26쪽).

교역 등을 더 깊이 분석하여 일반 사회과학 이론을 도출할 시도조차 할 수 없었음은 아쉬워한다.[60]

그럼에도, 1970년대까지 축적된 다양한 지역의 방대한 고고학 성과가 현재까지 이어지고 있어서, 최근 30년 동안 중국 고고학 연구의 주요 향방을 결정하고 있다. 그 첫 번째가 1981년 발표되어 중국 내 고고학 연구의 강력한 "지역주의"를 낳은 쑤빙치의 "구계유형론"이다. 이 문제는 II장 2절에서 상술할 것이다.

두 번째는 전통 역사학의 시기 구분에 따른 고고학 시기 구분의 확정과 그 내실화다. 중국사회과학원 고고연구소는 1996년 지난 100년 동안 중국 고고학 성과를 정리하기 위해 『중국고고학』 시리즈 총 9권을 기획했다. 현재까지 『중국고고학·신석기권』(2010), 『중국고고학·하상권』(2003), 『중국고고학·양주[兩周]권』(2004), 『중국고고학·진한권』(2010), 『중국고고학·위진남북조권』(2018)의 다섯 권이 방대한 저작이 출간되었다.[61] 총 9권 중 6권이 역사고고학에 속하듯, 사마천의 『사기』 등 전래문헌에 언급된 하, 상, 서주, 동주, 진, 한, 위진남북조 등 시대의 역사를 고고학 성과로 뒷받침하고, 문헌에 나타나지 않은 시대별 내용을 추가해서 더욱 풍성한 역사로 채우고 있다. 신석기시대의 경우 우선 중국 전역의 방대한 성과를 상세히 나열하고, 인골 등 자료에 의존하여 각지의 종족 계통(8장)을 다룬다. 마지막 문명 기원에 대한 탐구(9장)에서 룽산문화에 해당하는 기원전 2600~2000년

---

60 앞 글, "Archaeology and Chinese Historiography," pp.166-168.

61 아직 출간되지 않은 네 권은 『緒論卷』과 『舊石器時代卷』, 『隋唐卷』, 『宋遼金元明卷』이다.

사이에 여러 지역에서 거대 성읍을 중심으로 한 왕권 국가가 출현했고, 기원전 1세기에 완성된 『사기』 「오제본기(五帝本紀)」에 언급된 요순우의 전설이 이에 부합한다고 결론짓는다.[62] 이 문제는 전통 역사학의 잔영이 깊이 배어든 중국 고고학의 역사 지향성[63]을 다시 한번 확인해주는 한편, 서양 학계의 강한 비판을 받은 하상주단대공정[64]이나 2004년부터 최근까지 이어진 중화문명탐원공정을 비롯한 대형 국가 주도 학술사업과도 밀접하게 관련되어 있다.

셋째, 두 번째와도 연관된 중원 중심 단선적 역사관의 문제로 서양학계와 첨예한 논쟁을 촉발하고 있다. 예컨대, 1986년 발굴되어 세계 고고학계의 주목을 받은 쓰촨성(四川省) 싼싱두이(三星堆) 유적은 얼리터우문화 이래로 중원의 영향을 강하게 받은 상왕조의 주변 고고학 문화로 다루어지고 있다.[65] 프린스턴대학의 로버트 베글리는 기원전 제2천년기 후반에 싼싱두이를 비롯하여 중원의 상과는 엄연히 다른 문명들이 오늘날 중국에 존재했음에도 불구하고, 중국학계에서 상만 부각된 전래문헌의 도식에 집

---

62   中國社會科學院考古研究所 編著, 『中國考古學·新石器時代卷』, 北京: 社會科學出版社, 2010, 801쪽.

63   Lothar von Falkenhausen, "On the Historiographical Orientation of Chinese Archaeology," *Antiquity* 67, 1993, pp.839-848.

64   심재훈, 「발을 잘라 신발에 맞추기: 하상주단대공정 서주 기년의 허실」, 김경호 등, 『하상주단대공정: 중국 고대문명 연구의 허와 실』, 동북아역사재단, 2008, 43-50, 78-89쪽.

65   中國社會科學院考古研究所 編著, 『中國考古學·夏商卷』, 北京: 社會科學出版社, 2003, 491-508쪽.

착함을 지적한다.⁶⁶ 이러한 논쟁은 신석기시대까지 소급된다. 특히 2012년 북방지구인 샨시성 동북부 황토고원에서 발굴된 기원전 2300~1800년에 존속했던 중국 신석기시대 최대 규모(400헥타르)의 스마오(石峁) 유적⁶⁷을 둘러싼 논쟁이 그 좋은 사례다. 중국 학계를 중심으로 여타 지역과 비견되기 어려울 정도의 정치 체제와 규모를 갖춘 스마오를 변방이 아닌 중국 역사상 최초의 도시 중심 혹은 국가로 보는 견해가 제시되었다. 거기서 출토된 도기나 옥기를 비롯한 몇 가지 양상이 당시의 다른 중심인 샨시성(山西省) 서남부의 타오쓰(陶寺) 지역이나 뤄양(洛陽) 분지에서도 나타나는 것을 토대로, 스마오의 정치권력이 군사적 팽창으로 먼저 타오쓰를 정복한 이후 얼리터우를 비롯한 중원의 핵심 지역에까지 영향을 미쳤으리라고 본다.⁶⁸ 일각에서는 스마오를 『사기』 등 전래문헌에 중국 최초의 통치자로 등장하는 황제(黃帝)와 연결시키기도 한다. 이츠학 야페(Yitzchak Jaffe) 등은 이러한 시도를 중국 학계의 고질적인 단선적 역사 이해의 산물로 일축한다. 기원

---

66 Robert Bagley, "Shang Archaeology," *The Cambridge History of Ancient China: From the Origins of Civilization to 221 B.C.*, ed. by Michael Loewe and Edward L. Shaughnessy, Cambridge: Cambridge University Press, 1999, pp.134-136.

67 石峁보다 조금 앞선 산서성 서남부의 陶寺 유적과 조금 늦은—중국 학계에서 하나라의 유적으로 보는—二里頭 유적의 규모는 300헥타르 정도다.

68 Li Jaang, Zhouyong Sun, Jing Shao, and Min Li, "When Peripheries were Centers: a Preliminary Study of the Shimao-centred Polity in the Loess Highland, China," *Antiquity* 92 (364), 2018, pp.1008-1022. 저자 중 한 명인 Min Li는 UCLA의 중국계 고고학 교수로, 중미 합작 연구라고도 볼 수 있다.

전 제3천년기 후반에 황하 중하류에 20곳 이상의 대형 성읍들이 공존했고, 스마오의 중원으로 팽창을 주장한 도기 등의 근거가 초보적이어서, 그 유적은 여러 측면에서 중원보다 오르도스나 내몽고 남쪽 지역과 연관성이 강한 별개 지역의 핵심으로 접근하는 것이 더 적절하다는 것이다.[69]

오늘날 도로로 최단 거리가 800km 정도인 스마오와 얼리터우 사이의 정치적 문화적 연계 여부를 둘러싼 논의는 뒤에서 다룰 지역주의나 의고·신고 논쟁과도 연관되어 있지만, 이 논쟁은 두 가지 측면에서 눈길을 끈다. 스마오라는 중국의 사례가 *Current Anthropology*에서 "인류학 이론 포럼(Forum on Theory in Anthropology)"으로 다루어질 정도로 중심 주제가 되었고(후술), 그 논의를 촉발한 중국 학자들의 영문논문(각주 68)이 2019년 *Antiquity*의 고고학 분야 우수 저작에 선정된 점이다.[70]

중국의 고고학을 둘러싼 논의가 이처럼 세계 고고학계의 핵심 이슈로 부각하고 있는 양상은 필자가 네 번째 경향으로 주목하는 중국의 풍부한 고고학 자료를 정량적으로 분석하는 데이터 역사과학의 부상을 통해서도 입증된다.[71] 1949년부터 1990년까지 40년 동안 국제 고고학계로부터 고립된 중국은 특히 통계학

---

69 Yitzchak Jaffe, Roderick Campbell, and Gideon Shelach-Lavi, "Shimao and the Rise of States in China Archaeology, Historiography, and Myth," *Current Anthropology* 63.1, 2022, pp.95-117.

70 http://journal.antiquity.ac.uk/open/prizes (2023년 1월 26일 접속).

71 김광림, 「데이터역사과학: 고대 문명의 보편 질문을 향한 관문」, 『東洋學』 79, 2020, 199-200, 202-203, 205-206, 210쪽.

에 기초한 고고학 연구 방법에 취약성을 지니고 있었다.[72] 그러나 2000년대 이후 국제적 학제간 공동연구 형태를 띤 정량적 연구들이 폭발적으로 증가하여(각주 131 참조), 유적들의 시공간 분포, 고대의 환경과 기후, 농업, 인구, 지리, 국가 등 고대문명 발전에 대한 보편적 질문에 중국의 사례가 점점 더 중시되고 있다. 예컨대 최근 콜린 렌프류(Colin Renfrew)는 량주(良渚) 유적 발굴을 이끄는 류빈(劉斌)과 공동연구를 수행하여 그 유적의 위상을 세계 고고학계에 발표했다. 문자의 부재에도 불구하고, 내성과 외성을 갖춘 대형 도시와 묘지에 반영된 사회 계급, 제단이나 제방 등의 건설에 투여되었을 노동력 등으로 인해, 량주가 규모나 복합성 면에서 추장사회(chiefdom) 단계를 넘어선 동아시아 최초의 국가였다고 본다.[73]

이러한 새로운 추세에도 불구하고 민국 시기부터 분출한 황제나 베이징원인(北京猿人) 중심의 민족 통합과 기원 담론에 이어서 현재까지도 여전히 "공통된 역사와 토양, 혈연 인식에 뿌리를 둔 민족 귀속감이라는 신화 구축"이 중국 학계의 목표 담론[74]이라는 점도 부인하기는 어려울 것이다. 다음 두 장에서 살펴볼 고대 중국 연구에서의 "지역주의"와 "의고·신고" 논쟁은 그러한 일

---

72 앞 책, 『고고학 증거로 본 공자시대 중국 사회』, 54쪽.

73 Colin Renfrew and Bin Liu, "The Emergence of Complex Society in China: The Case of Liangzhu, *Antiquity* 92 (364), 2018, p.987-988.

74 James Leibold, "Competing Narratives of Racial Unity in Republican China: From the Yellow Emperop to Peking Man," *Modern China* 32.2, 2006, p.212.

관된 흐름과 연관된 중국 고대문명 연구의 특이한 현상이다.

III. 지역주의

1. 서양 대 중국의 지역주의

중국 고고학이 전통 학문의 무게에서 벗어나기 어려웠듯이, 안데르손이 양사오문화 발굴을 토대로 내놓은 중국 문명의 서방기원설도 이미 상당한 역사를 지니고 있었다. 17세기 독일 예수회 수사 아타나시우스 키르허(Athanasius Kircher, 1601 혹은 1602-1680)가 이집트 상형문자와 중국 문자의 유사성에 의거하여 중국인의 조상이 이집트인의 한 지파라는 가설을 내놓은 이래, 19세기까지 바빌론과 인도, 중앙아시아 유래설이 추가되었다. 물론 소수의 학자가 중국 본토 유래설도 제기했고, 이러한 모든 주장이 현대의 관점에서 증거가 박약함은 분명하다.[75] 그러나 중국 전설상의 선조인 황제가 원래 카스피해 동쪽에서 기원하여 바빌로니아를 거쳐 간쑤성으로 들어왔다는 프랑스 동양학자 테리앙 드 라쿠페리(Terrien de Lacouperie, 1844-1894)의 주장이 일본 교과서에

75　陳星燦, 『中國史前考古學史研究1895-1949』, 北京: 三聯書店, 1997, 30-35쪽. 한국어 번역본은 陳星燦 著, 趙賢庭 외 옮김, 『中國 史前考古學史硏究 1895~1949』, 도서출판 考古, 2011.

실려 장빙린(章炳麟, 1869-1936) 같은 학자에게도 수용되었다는 사실은 안데르손의 양사오문화 발견 시점까지도 서방기원설이 유럽 학계의 대세였음을 보여준다.[76]

안데르손은 1914년부터 중국 내 다양한 지역의 지질조사와 초보적 고고학 조사에 참여하며 당시 세계 학계의 선사시대 연구 추세에 따라 중국 현생 인류의 기원 및 그 서방과의 관련성에 관심을 가져왔다.[77] 그는 1920년 중국 발굴을 위해 스웨덴 정부에 기금 지원을 요청했고, 이 발굴이 40~50년 전 이집트와 그리스, 로마의 발굴에 버금갈 것으로 예상한 오스카 몬텔리우스(Oscar Montelius, 1843-1921)의 후원에 힘입어 기금을 확보했다.[78] 그해 가을 뤄양 지역으로 파견된 안데르손의 조수 류장산(劉長山)이 허난성 멘츠현(澠池縣) 양사오촌에서 석기 수백 점을 구입한 것이 양사오문화 발굴의 계기가 되었다. 1921년 4월 21일 안데르손은 멘츠에서 양사오촌으로 가는 도중 촌 남쪽의 협곡을 지나다 침식된 언덕의 단면에서 주로 홍도(紅陶)로 구성된 문화층을 발견했

---

76 Frank Dikötter, *The Discourse of Race in Modern China*, Stanford: Stanford University Press, 1992, pp.119–123; Jan Romgard, "From Geosciences to Prehistory: J.G. Andersson's Researches in China 1914–1924," *Bulletin of the Museum of Far Eastern Antiquities* 81 2021, p.42.

77 안데르손의 학문적 배경과 양사오문화 발굴에 이르기까지의 준비 과정에 대해서는 위 글, "From Geosciences to Prehistory," pp.23-39 참조.

78 Magnus Fiskesjo and Chen Xingcan, *China Before China: Johan Gunnar Andersson, Ding Wenjiang, and the Discovery of China's Prehistory*, Stockholm: Museum of Far Eastern Antiquities, 2004, pp.32-33.

다.⁷⁹ 중국 고고학사를 뒤흔든 이 발견은 10월 27일부터 12월 1일까지 정식 발굴로 이어져, 다수의 채도와 함께 도기 편에서 뒤에 벼농사의 흔적으로 확인된 곡물까지 발견했다.⁸⁰

양사오촌과 그 인근에서 동물뼈와 식물 화석도 수습했지만, 유물 중 가장 두드러진 것은 도기 편이었다.⁸¹ 양사오의 유물들에서 신석기 후기의 원형 중국을 예감한 안데르손은 당시 중국에서 비교 대상이 거의 없었기 때문에 해외의 보고서로 눈을 돌렸다. 미국의 지질학자인 라파엘 펌펠리(Raphael Pumpelly, 1837-1923)가 이끈 탐사단이 1904년 중앙아시아 투르크메니스탄의 아나우(Anau) 지역에서 발견한 토기가 안데르손의 눈길을 사로잡았다.⁸² 1922년 1월 24일 베이징에서 거행한 강연에서 그는 양사오와 아나우 채도의 놀랄만한 유사성을 강조하며, 양사오의 채도가 아나우 같은 중앙아시아 지역에서 유입되었을 가능성을 제기했다. 오늘날 우크라이나의 트리폴제(Tripolje) 지역에서 출토된 채도와의 유사성 역시 이를 뒷받침한다고 보았다[도판 5.9와 5.10]. 안데르손은 영국박물관의 근동 도기 전문가인 로버트 홉

---

79 J. G. Andersson, "An Early Chinese Culture," *Bulletin of the Geological Survey of China* 5, 1923, p.17; 앞 글, "From Geosciences to Prehistory," p.40에서 재인용.

80 앞 책, *China Before China*, p.50.

81 이하 안데르손이 서방기원설을 확정해가는 과정은 주로 앞 글, "From Geosciences to Prehistory," pp.41-49 참조.

82 Raphael Pumpelly, *Explorations in Turkestan; Expedition of 1904: The Prehistoric Civilization of Anau*, Washington D.C.: Carnegie institution of Washington, 1908.

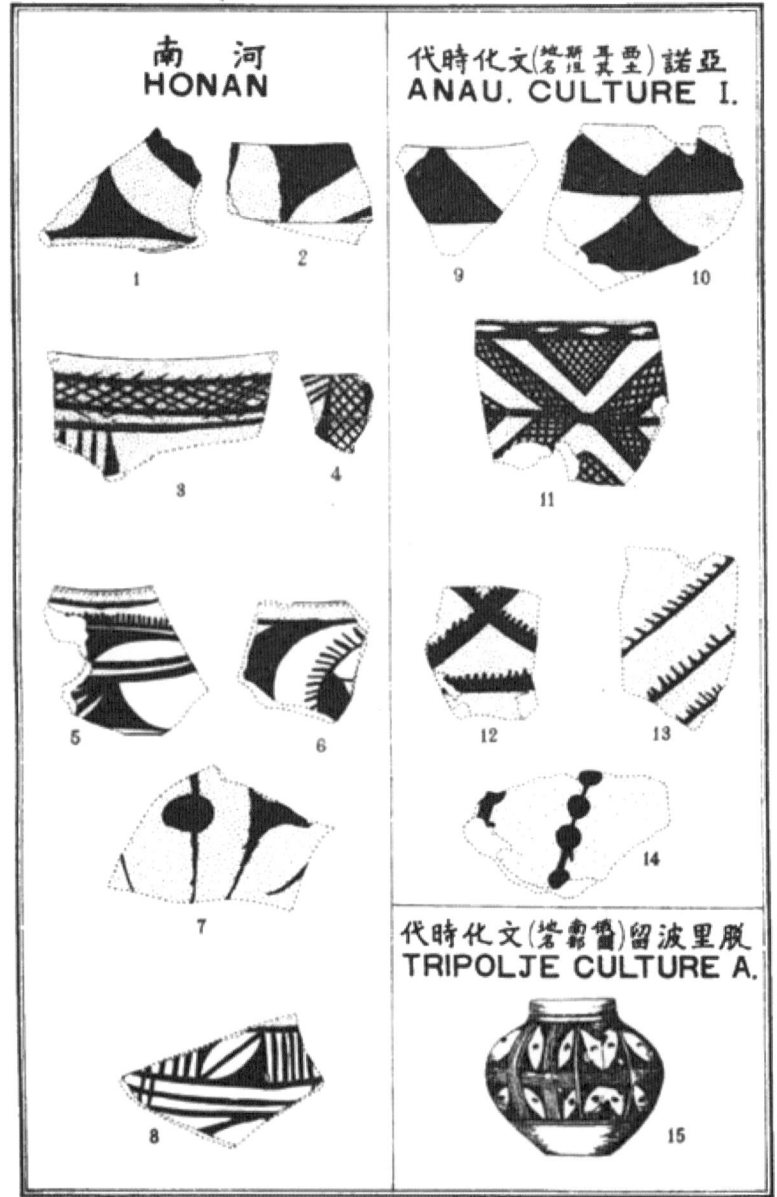

도판 5.9. 안데르손의 양사오와 아나우, 트리폴제 채도 비교(좌)
China Before China, p.47

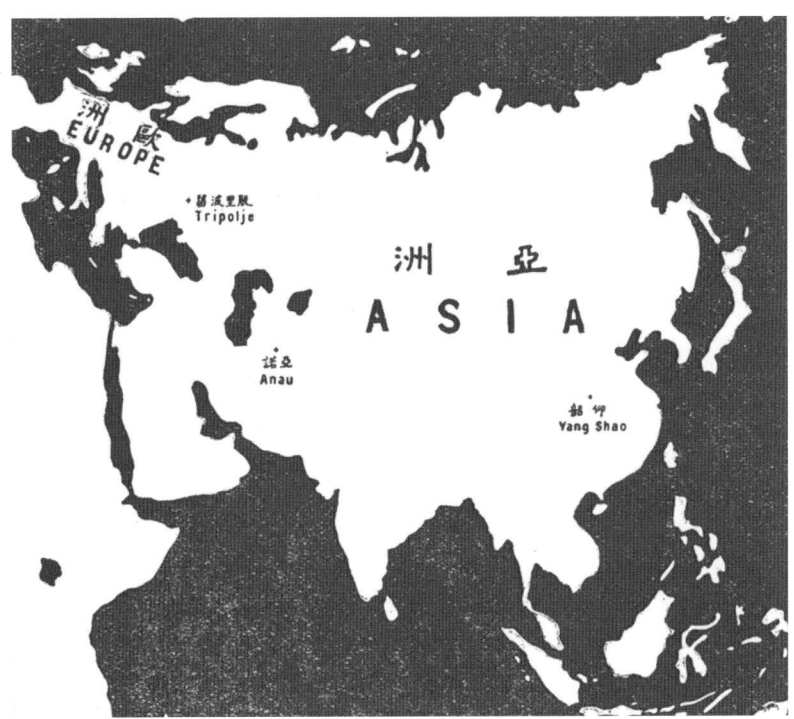

도판 5.10. 양사오, 아나우, 트리폴제 지도(우)
China Before China, p.46

슨(Robert L. Hobson, 1872-1941)에게 양사오의 도기 샘플을 보내 분석을 요청했고, 그것들이 명확히 바빌론에서 페르시아, 소아시아, 트리폴제에 이르는 근동 지역과 그리스의 테살리아(Thessaly) 지역에서도 발견된 도기들과 동일한 장식군에 속한다는 답변을 받았다. 당시 함께 분석을 요청한 독일 고고학자 휴버트 슈미트(Hubert Schmidt, 1864-1933)의 유보적 의견에도 불구하고,[83] 양사

---

83   아나우 유적의 발굴자 중 한 명인 Schmidt는 양사오와 아나우에서 각각 출토된 도기를 비교하기 위해서는 문양 이외에도 제조 기술과 채색, 磨光 정도, 특히 양사오문화의 편년이 필요하다고 보았다(앞 책, 『中國史前考古學史研

오문화를 중국의 왕조시대 직전 문화로 인식한 안데르손은 근동의 신석기 문화들이 중국보다 명백히 빠르므로 근동의 도기가 중앙아시아를 통해 중국으로 전파되었으리라 가정했다. 이제 투르크메니스탄의 아나우와 허난성의 양사오촌 사이에서 그 전파의 연결고리를 찾으면 자신의 가설을 입증할 수 있을 터였다.

1923년 6월부터 1924년 여름까지 두 시즌에 걸친 서북 탐사는 칭하이성(青海省) 시닝(西寧) 인근의 양사오문화 도기 유적 발굴로 시작되었다. 양사오촌과의 상당한 거리에도 불구하고 기대치 않은 유사한 도기 발견에 고무되어 발굴 지역을 확대했다. 주자자이(朱家寨)에서 대형 신석기 유적을 발견했고, 특히 카야오(卡窰)의 묘지에서 양사오 지역과 유사한 석기나 골기뿐만 아니라 소형 동기를 다수 발굴했다. 간쑤성의 하서(河西) 주랑에 위치한 샤징(沙井)에서도 채도와 소형 동기들을 수습했는데, 도기의 문양이 근동의 신석기 도기들과 매우 유사해 보였다. 따라서 1923년 말까지 양사오문화와 훨씬 서쪽의 고전적 신석기 문화 사이의 연결고리를 찾았다고 간주하며 양사오문화가 서북쪽의 간쑤성에서 훨씬 성숙하게 발전했으리라 추정했다. 나아가 서쪽으로부터 이주해온 양사오문화에 뒤이어 청동기 문화 역시 서방에서 유입되었고, 정착 농민인 이들이 원중국인을 구성했을 것으로 보았다.

1924년 간쑤성의 2차 발굴에서는 자신의 원래 이론과 상반되게 양사오문화보다 늦은 초기 청동기시대 유적을 다수 발견했

究』, 120쪽). 그러나 1925년 근동과 극동 동석기시대(Aeneolithic)의 관계가 확실하다는 안데르손의 반론을 접한 슈미트도 안데르손의 의견을 수용했다고 한다(앞 글, "From Geosciences to Prehistory," pp.50-51).

다. 타오하(洮河) 유역의 신뎬(辛店)에서 신석기에서 청동기시대에 이르는 선사 유적들을 발견했다. 특히 타오샤오(洮少) 유적에서 발견된 양사오문화 도기의 문양과 상당이 다른 직선으로 얽힌 문양(rectilinear meander)이 상주 청동기 문양의 원조였을 것으로 추정했다. 그러나 치자핑(齊家坪)에서 발견된 손잡이 달린 대형 항아리(罐)를 양사오기에 앞서 연대가 가장 올라가는 것으로 보았다.[84] 마자야오(馬家窯)에서 동물과 파충류(특히 개구리)를 모티프로 한 상상적 선형 양식이 그려진 채도와, 반산(半山)에서 발견된 묘지를 모두 양사오 시기로 편년했다.

이러한 유적들은 뒤에 중국학자들의 수정을 거쳐 안데르손의 서방기원설을 반증하는 근거로 활용되었지만, 안데르손은 간쑤성의 사전(史前) 문화를 6기로 분류하며 신뎬문화가 양사오문화를 바로 계승한 것으로, 동기가 발견된 시닝 인근이나 샤징의 유적 등이 그 뒤를 잇는 것으로 추정했다. 나아가 1924년 딩원장(丁文江, 1887-1936)[85] 등에게 보낸 현장 서신 보고에서 "서방으로부터의 이주"나 "타오하 유역으로 새로운 종족의 침입", "아직 불분명한 중심지로부터 새로운 도기 제작 기술 도입" 등을 언급했다. 이러한 인식을 바탕으로 같은 해 스웨덴의 저널에서 자신의 연구를 되돌아보며 중국인이 내륙 아시아로부터 신장(新疆)과 간쑤성을 거쳤거나, 신장이나 간쑤성에 위치한 중심지로부터 허

---

84 이는 후술하듯 尹達과 夏鼐 등에 의해 양사오문화보다 확실히 늦은 齊家文化로 확정되었다.

85 영국에서 교육받은 과학자이자 중국지질조사소의 초대 소장으로 안데르손의 연구를 후원한 핵심 인물이다(앞 책, *China Before China*, pp.10-21).

난성으로 이주했으리라는 견해를 제시했다. 베른하르트 칼그랜(Bernhard Karlgren, 1889-1978)이 즉각 이 새로운 유입자들이 황하 유역에서 이미 번성하던 진짜 중국인에 동화되어 도기 제작 기술을 더 정교하고 풍부하게 해주었으리라 반박했고 안데르손 역시 이를 수용했지만, 두 학자 모두 근동으로부터의 영향은 믿어 의심치 않았다.[86] 1930년대 초반까지 안데르손의 "서방기원설"은 굳건한 지위를 유지했다.

이제 공은 중국학자들의 손으로 넘어갔다. 중국 고고학사는 아무리 강한 학술 전통이라도 과학에 기초한 근대 학문의 새로운 파고에 무력할 수밖에 없었음을 잘 보여준다. 안데르손이 종횡무진 양사오문화의 발견을 세계 고고학계에 타전하고 있던 1923년에야 리지(李濟[도판 5.4])가 하버드대학에서 박사학위를 받았다. 리지는 고고학을 공부하기는 했어도 주로 민족학과 형질인류학으로 훈련을 받은 인류학 박사였다.[87] 그를 현장 고고학자로 자리매김한 중국인 최초의 발굴 역시 1925~26년 산시성 샤현(夏縣) 시인촌(西陰村)의 양사오문화 유적이었다. 이 발굴을 통해 그는 양사오 시기의 시인촌에서 제작된 도기가 기술적 측면에서 중앙아시아와 근동의 동류 기물보다 훨씬 낫다고 보아 중국에서 발견된 채도가 확실히 서방에서 기원한 것인지 단정할 수 없다고

---

86   J. G. Andersson, "Arkeologiska fynd i provinsen Kansu [Archaeological discoveries in Kansu Province]," *Ymer* 1924, pp.34–35; 칼크랜의 비평은 Litteris I, No 2 (1924년 12월)에 실렸다; 앞 글, "From Geosciences to Prehistory," p.49에서 재인용.

87   앞 글, "Archaeology and Chinese Historiography," p.165.

했다.[88] 중국인 최초로 서방의 정규 고고학 교육을 받은 량쓰용(梁思永, 1904-1954, [도판 5.11]) 역시 하버드대학 석사학위 취득 전후인 1930년에 쓴 글에서 아나우(Anau)의 채도와 시인촌 및 그 주변의 채도를 비교하여 이른 시기에 유사성이 보이지만 점차 유사성이 현저히 감소함을 지적하면서도, 중국 신석기 채도의 발상지 및 아나우 채도와의 관계는 아직 해결하기 어려운 문제라고 보았다.[89] 중국 고고학의 미래를 짊어진 두 학자 모두 학위 취득 전후에 양사오 채도를 최초의 연구 주제로 삼았다는 사실에서 안데르손의 주장이 끼친 파급력을 짐작할 수 있다. 이들이 안데르손의 서방전래설에 회의를 표명할 뿐 강하게 반박하지는 못했다는 사실[90]은 당시 중국 학계의 현주소를 잘 보여준다.

도판 5.11. 량쓰용
https://image.baidu.com/

1930년대 들어 새로운 돌파구가 열리기 시작한다.[91] 1928년 산둥성의 고고학자들이 룽산전(龍山鎭) 청쯔야(城子崖)의 단층에서 광택이 나는 흑도 위주의 유적을 발견하자, 1930년부터 리

---

88   李濟,「西陰村史前的遺存」,『三晉考古』2, 1996, 282쪽(『淸華學校硏究院叢書第三種』1927년).

89   梁思永,「山西西陰村史前遺址的新石器時代的陶器」,『梁思永考古論文集』, 北京: 科學出版社, 1959, 46-47쪽.

90   앞 책,『中國史前考古學史研究』, 130-131쪽.

91   이어지는 논의는 주로 앞 책, *China Before China*, pp.106-120을 참조했다.

지의 주도로 수차에 걸친 발굴이 이루어졌다. 이 발굴을 통해 주로 서쪽에 분포한 양사오문화와는 다른 동쪽의 룽산문화가 설정되었고, 1933년 푸쓰녠(傅斯年, 1896-1950)이 상은 룽산문화를 토대로 동쪽에서, 하는 양사오문화를 토대로 서쪽에서 발전하여 중국 문명의 토대가 되었다는 이른바 이하동서설(夷夏東西說)을 제기했음은 잘 알려진 사실이다. 이 와중에 1931년 량쓰융이 은허 북쪽의 허우강(後崗)에서 양사오문화와 룽산문화의 층위 관계가 뚜렷한 유적을 발굴했다. 즉, 백도 위주의 상층은 상 문화, 흑도 계통의 중층은 룽산문화, 채도 위주의 하층은 양사오문화로, 양사오문화가 룽산문화보다 선행했음을 최초로 제시했다.[92] 이러한 새로운 인식에도 표본이 많지 않아 안데르손의 설을 체계적으로 반박하기는 시기상조였다. 1934년 당시까지의 주요 발굴을 정리하면서 리지는 우선 중국 채도의 서방기원론과 관련하여 안데르손이 결정적으로 의존한 아나우 유적의 편년이 불확실하여 여전히 미해결 현안으로 남겨져 있음을 언급한다. 나아가 새롭게 발굴된 룽산문화가 양사오문화와 유사성과 차이점이 모두 존재하지만, 룽산문화는 연해안에서 성장한 동방의 문화로, 양사오문화는 "더욱 오래된 서방 문화와 접촉한 서북문화"로 정의했다.[93]

그럼에도, 량쓰융의 층위 구분을 토대로 인다(尹達, 1906-1983, [도판 5.12])가 또 다른 돌파구를 마련했다. 그는 1937년 완

---

92 梁思永,「後崗發掘小記」,『梁思永考古論文集』, 99-106쪽(『安陽發掘報告』 제4기, 1933년).

93 李濟,「中國考古學之過去與將來」,『李濟考古學論文選集』, 47-48쪽(『東方雜誌』 31.7, 1934년).

성한 논문에서 안데르손이 양사오문화로 분류한 유물 중 시대가 더 늦은 룽산문화 유물이 뒤섞여 있었을 수 있다고 보고, 특히 양사오촌 인근에서 발굴되어 양사오문화로 분류된 푸자오자이(不召寨) 유적은 그 유물 특징으로 볼 때 확실히 룽산문화에 속하는 것으로 수정해야 한다고 논증했다. 나아가 이 사례를 안데르손이 발굴하여 양사오 시기보다 앞선 문화로 추정한 간쑤성 치자핑의 유물에도 적용할 수 있으리라 기대했다.[94] 이를 이어받은 샤나이(夏鼐, 1910-1985, [도판 5.13])가 1945년 치자핑 인근의 치자문화 유적인 닝딩(寧定) 양와완(陽洼灣) 묘를 직접 발굴했다. 특히 묘에서 출토된 양사오 채도 편들을 토대로 양사오문화의 지층이 명백히 치자문화 아래층에 중첩되어 있었음을 입증하여 치자문화가 양사오문화보다 빠를 수 없음을 밝혔다.[95] 안데르

도판 5.12. **인다**
https://image.baidu.com/

도판 5.13. **샤나이**
https://image.baidu.com/

---

94 尹達,「龍山文化與仰韶文化的分析: 論安特生在中國新石器時代分期問題中的錯誤」, 中國社會科學院歷史研究所中國史學史研究室 編,『尹達史學論著選集』, 北京: 人民出版社, 1989, 227-253쪽.

95 夏鼐,「齊家期墓葬的新發現其年代的改訂」,『中國考古學報』 3, 1948, 106, 112-114쪽 참조.

손의 차자핑 편년을 반증함으로써 서방전래설의 중요한 연결고리를 흔들 수 있게 된 것이다.[96] 1957년 간쑤성 린타오(臨洮)에서 마자야오문화 지층이 양사오문화보다 상층에, 웨이웬현(渭源縣) 쓰핑(寺坪) 유적에서는 마자야오문화가 치자문화의 아래층에 위치함을 확인했다.[97] 안데르손이 간쑤양사오문화라고 명명한 마자야오문화가 중원의 양사오문화보다 늦은 치자문화의 전신임을 밝혀낸 것이다.

안데르손 역시 1940년대 들어 자신의 서방기원설을 재고했다. 여기에는 위에서 언급한 중국에서의 새로운 발견과 자신의 이론을 토대로 독일 등에서 비롯된 지나친 유럽 중심주의 이외에도, 앞에서 언급한 1921년 양사오촌에서 발견한 곡물이 큰 영향을 미쳤다. 1929년 스웨덴의 식물학자들이 그것을 남방에서 유래했을 가능성이 큰 벼의 껍질로 밝혀냄으로써, 양사오문화의 농업이 근동에서 유래했을 것으로 추정하여 서방기원설의 근거로 삼았던 안데르손은 자신의 논리에 문제가 있음을 인지하기 시작했다. 결국 양사오의 채도 문양이 중국을 통해 서방에 전래되었을 가능성까지 제시하면서도, 청동기 같은 금속 기술의 수입 가능성은 여전히 열어놓았다. 다만 그러한 문화적 자극이 어디서 처음으로 일어났고, 중앙아시아를 거쳐 어떻게 도입되었을지 논

---

96 1948년 臺灣으로 이주한 李濟 역시 1950년 쓴 글에서 근래의 고고학 성과로 인해 안데르손의 감숙 史前문화 6기 분기가 흔들리고 있음을 지적했다(李濟,「中國古器物學的新基礎」,『李濟考古學論文選集』, 62쪽).

97 앞 책,『中國考古學·新石器時代卷』, 314쪽.

하기는 시기상조라고 보았다.⁹⁸

1949년부터 1970년대까지 중국의 학술이 정치성에서 자유롭기 어려웠듯이, 인다나 샤나이의 연구 같은 분석적 주장은 나올 수 없었고, 안데르손 역시 식민주의자나 제국주의의 대리인으로 매도당했다. 1985년에야 허난성 멘츠에서 열린 양사오문화 발견 65주년 학회에서 베이징대학의 옌원밍(嚴文明)이 그동안 쌓인 양사오문화가 동에서 서로 발전해 간 증거를 제시하며 안데르손의 오류를 지적했다. 다만 안데르손이 당시까지의 증거를 통해 서방기원설을 제시한 것은 객관적이었음을 인정하여 중국 고고학의 초창기에 끼친 그의 지대한 영향을 강조했다.⁹⁹ 1997년 안데르손의 이론에 대한 전면적 재분석이 이루어졌고,¹⁰⁰ 2001년 양사오문화 발견 80주년 기념 학회에서 안데르손은 다시 학자로 복귀한다.¹⁰¹ 나아가 그가 1940년대 자신의 설을 수정하면서도

---

98 앞 글, "From Geosciences to Prehistory," pp.51-54.

99 嚴文明,「仰韶文化研究中幾個値得重視的問題」, 河南省考古學會, 澠池縣文物保護管理委員會 編,『論仰韶文化』,《中原文物》1986年 特刊. 18-21쪽.

100 현재 중국 학계에서는 전형 양사오문화 분포지의 연대를 甘肅省 秦安 大地灣文化와 陝西 西安 半坡文化를 가장 이른 기원전 4900-3800년, 河南省 陝縣 廟底溝를 기원전 3900-3600년, 山西省 芮城 西王村을 기원전 3600-2900년으로 보고 있다(앞 책,『中國考古學·新石器時代卷』, 224, 227쪽).

101 안데르손이 중국에서 가져온 유물을 토대로 1926년 세운 스톡홀름의 동아시아박물관(Museum of Far Eastern Antiquities)의 기관지인 *Bulletin of the Museum of Far Eastern Antiquities*는 2021년 양사오문화 발굴 100주년 특집호(82집)를 발간했다. 총 10편의 논문 중 4편이 단독 저작, 6편이 공동 저작으로, 전체 필진의 절반 정도가 중국계 학자들이다. 안데르손의 학문적 업

고수한 금속 기술의 수입 가능성은 2000년대 이후 중국 학계에서도 유라시아 초원 지역과의 관계를 중시하며 긍정적으로 수용되고 있다.[102]

지금까지 살펴본 안데르손과 그의 유산에 대한 중국 학계의 반응이 중국 고고학 발전의 축소판이라고 할 수 있다면,[103] 그것은 유럽 중심주의에서 비롯된 서양의 지역주의에서 중국 자체 학문의 성장으로 촉진된 중국의 지역주의로 전이라고 볼 수 있을 것이다. 현재의 중국의 영토를 하나의 단위로 하는 이 지역주의는 다음 절에서 살펴보듯 또 다른 지역주의를 낳는다. 중국 문명을 둘러싼 서양 대 중국의 지역주의 역시 다른 양상으로 지속되고 있다.

2. 구계유형론과 지역주의의 진화

현재 중국학계에서는 양사오문화에 대한 안데르손의 인식을 훨씬 넘어서 그 문화가 기원전 5000~3000년 사이 샨시성, 허난성, 산시성을 중심으로 분포하여 간쑤성, 칭하이성, 후베이성(湖北省), 허베이성(河北省), 내몽골 등 주변 지역에 폭넓게 영향을 미쳤으

적과 그 중국에서의 수용을 다룬 두 편을 제외하고는, 대체로 간쑤성 칭하이성 등 서북쪽 고고학 유적이나 도기의 내생적 측면에 초점을 맞추고 있다.

102　앞 책, 『중국고고학』, 388-390, 393-395쪽.

103　앞 책, *China Before China*, pp.105-106.

리라 보고 있다.[104] 베이징대학의 쑤빙치[도판 5.14]는 1960년대까지 양사오문화 도기의 유형학에 천착하며 그 문화권 내에서 반포(半坡) 유형이나 먀오디거우(廟底溝) 유형 등 다른 계통이 뚜렷함을 간파하고, 그 양상을 중국 전역으로 확대할 수 있으리라 기대했다. 1949년 이래 전국 각지에서 발견된 고고학 문화들과 함께, 특히 1972년부터 『고고(考古)』에 발표되기 시작한 지역 문화들의 C-14 절대연대 수치가 중원 못지않게 이른 점[105]이 큰 영향을 미쳤다. 20세기 후반 중국 고고학의 새로운 전환점이 된 1981년 발표 논문에서 쑤빙치는 역시 주로 도기 유형학에 근거하여 당시 중국 영토 내의 신석기시대 문화권을 다음의 6개 구계(區系)로 나눌 수 있다고 보았다:[106] ① 샨시성, 허난성, 산시성 지구(중원), ② 산둥성과 그 인근 지구(동방), ③ 후베이성과 그 인근 지구, ④ 창강(長江) 하류 지구(동남), ⑤ 포양호(鄱陽湖)와 주강(珠江) 삼각주 일대를 중축으로 하는 남방지구, ⑥ 만리장성 지대를

도판 5.14. **쑤빙치**
https://image.baidu.com/

---

104 앞 책, 『中國考古學·新石器時代卷』, 207쪽.

105 夏鼐, 「碳-14測定年代和中國史前考古學」, 『考古』 1977-4, 217-232쪽.

106 蘇秉琦, 殷瑋璋, 「關于考古學文化的區系類型問題」, 『文物』 1981-5, 10-17쪽. 구계유형론의 내용과 그 형성 배경에 대해서는 姜仁旭, 「區系類型論과 중국 동북지방 고고학: 중국 동북지방 고고학에 대한 이론적 접근」, 『韓國考古學報』 56, 2005, 5-18쪽 참조.

중심으로 하는 북방지구. 자신의 연구를 총망라한 『중국문명기원신탐(中國文明起源新探)』(1997년)에서는 ⑥의 북방을 맨 앞에 위치시키고, ③에 쓰촨 분지를 추가하여 서남부로 명명했다[도판 5.15].[107]

기존의 황하 유역 중심설을 뒤흔든 이 이론에서 쑤빙치는 문명 시기에 황하 유역이 주도적 역할을 담당했지만, 다른 지구의 고고 문화도 각자의 특점과 경로를 따라 발전하며 중원과 상호적 영향을 주고받았을 것으로 보았다. 장광즈 역시 1986년 『중국 고고학』 제4판에서 기원전 7000년 이래 다수 지역의 신석기

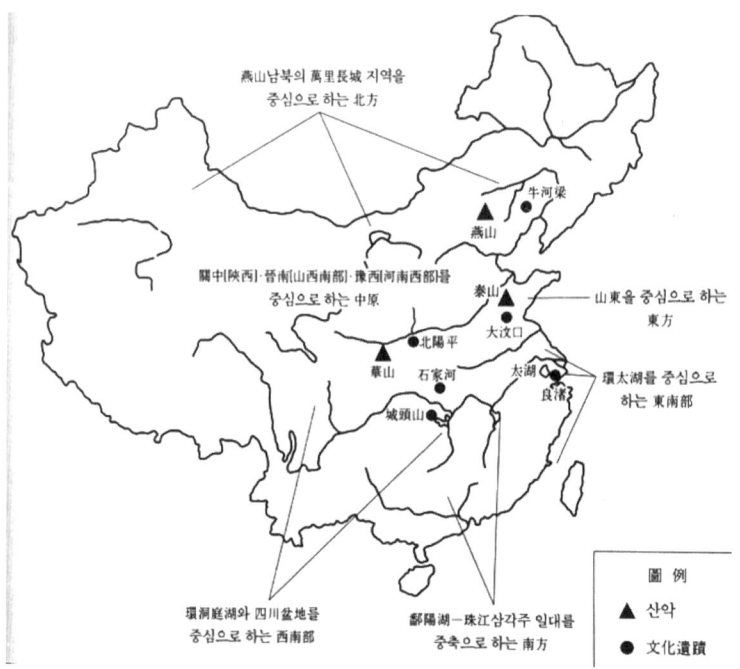

도판 5.15. 6개 고고문화 구계
『中國 文明의 起源을 새롭게 탐구한 區系類型論』, 37쪽

---

107 앞 책, 『中國 文明의 起源을 새롭게 탐구한 區系類型論』, 37쪽.

문화들이 서로 영향을 주고받으며 발전했다는 이른바 중국 문명의 "상호영향권(interaction sphere)" 이론을 제시했다. 기원전 4000년경부터 다양한 지역의 신석기 문화들이 상호 영향을 주고받았고, 룽산문화기에 해당하는 기원전 제3천년기까지 다섯 지역[108]의 신석기 문화들이 각각 사회문화적으로 복합화, 계층화되어 문명의 토대가 마련되었다고 본다. 나아가 이들 지역 사이의 상호작용 역시 강화되어 최초의 역사적 중국 문명을 향한 지리적 장인 상호영향권이 초래되었다는 것이다.[109] 1999년 출간된 『케임브리지 중국고대사』에서는 이때부터 "중국"이라고 지칭되기에 부족함 없는 역사의 단계로 접어들었음을 추가한다.[110]

장광즈는 한 걸음 더 나아가 선진시대의 문헌들이 룽산문화기에 해당하는 상고시대의 윤곽에 대해 대체로 일관된 이야기를 담고 있다고 추정했다. 따라서 삼황오제 등의 전설에 나오는 영웅과 성왕들의 이야기가 대체로 룽산문화에 해당하는 지역 문명들의 발전기에 부합하여, 고고학적으로 확인된 룽산문화기의 무수한 성읍(萬國) 중에서 하상주 삼대의 선조가 나왔을 것으로 보았다.[111] 1977년 출간된 『중국 고고학』 제3판에서 전래문헌에

---

108 쑤빙치의 틀과 비슷하지만 북빙지구 대신 간쑤싱의 지사문화를 중시했고, 남방문화를 포함시키지 않았다(Kwang-chih Chang, *The Archaeology of Ancient China, Fourth Edition*, New Haven: Yale University Press, 1986, pp.244-245).

109 위 책, p.234.

110 Kwang-chih Chang, "China on the Eve of the Historical Period," *The Cambridge History of Ancient China*, pp.58-59.

111 앞 책, *The Archaeology of Ancient China*, pp.302-307. 장광즈는

언급된 상 이전의 전설과 고고학 자료의 결합에 유보적이었던 것[112]과는 상당히 다른 변화를 감지할 수 있다. 1981년 논문에서 각 지역의 고고 문화를 문헌상의 족속과 일치시키려는 시도를 시기상조로 여겼던 쑤빙치[113] 역시 1997년 출간된 책에서는 문헌과 고고학 자료의 결합에 적극적이다. 중국 최초의 문명 발상지로 홍산문화 등 북방을 중시하는 그는 황제로 대표되는 오제시대의 전반부를 북방이 주도했고, 요순우로 대표되는 후반은 홍수나 치수 전설과 함께 중원과 양자강 유역에서 중화민족 조상의 결합과 재결합이 이루어졌다고 본다. 하상주 삼대를 거치며 이(夷)와 하(夏)의 재편이 이루어지고, 진한제국의 성립을 통해 다원일체의 중화민족이 마침내 형성되었다는 것이다.[114]

20세기 후반 중국과 구미의 중국 고고학계를 각각 대표하는 두 석학의 주장은 세부 내용에서 차이가 있으나 다양한 지역의 고고학 성과에 기반한 신석기 문화의 다원성을 전래문헌에 나타

특히 『山海經』이나 『楚辭』, 『淮南子』 등에 나타나는 창조 신화가 하상주 삼대나 혹은 그 이상, 즉 구석기시대 후기까지도 소급될 수 있으리라고 본다. 나아가 『世本』에 언급된 전설상의 영웅들과 그들의 영웅적 행위를 열거하고, 이러한 이야기 역시 구석기/신석기인들로부터 전래된 영웅 신화의 잔편으로 이해한다(위 글, "China on the Eve of the Historical Period," pp.68-71).

112 Kwang-chih Chang, *The Archaeology of Ancient China, Third Edition*, New Haven: Yale University Press, 1977, pp.214-217.

113 앞 글, 「關于考古學文化的區系類型問題」, 11쪽.

114 앞 책, 『中國 文明의 起源을 새롭게 탐구한 區系類型論』, 137-139쪽. 이 책의 초판은 1997년 『中國文明起源新探』이라는 제목으로 홍콩의 商務印書館에서 출간되었다.

나는 통일적 역사관에 꿰맞추려는 점에서는 일치한다. 이러한 시도는 현재 중국 영토 내의 신석기 고고 자료로 표출되는 "원심성"과 전통 역사관으로 자리 잡은 중원 중심의 "구심성"이라는 두 마리 토끼를 최소한 기원전 3000년이나 그 이상까지 소급하여 상정한 "중국"이라는 하나의 그릇에 다 담으려는 것으로,[115] 두 가지 측면의 상호 모순적 연구를 양산한다.

그 첫 번째는 중국 내부의 다양한 지역 지상주의 형태로 나타난다.[116] 이는 구계유형론이 태동한 시기의 정치적 상황과도 연관되어 있다. 1970년대 말 덩샤오핑의 개혁개방으로 인한 중앙의 정치적 통제 약화는 고고학 분야에도 지방 분권화를 가져왔다. 1979년부터 1990년까지 성(省)을 단위로 한 지역의 문물고고연구소들이 독자적 기관 체제를 구축하고 해당 지역의 발굴 등 모든 결정권을 독점했다. 중앙도 지역의 허가 없이 발굴에 참여할 수 없을 정도가 되었다. 구계유형론이나 상호영향권 같은 지역성이 전제된 이론이 지역화 체제에 적절하게 호응했음은 물론이다. 지역의 고고학 저널들이 인근 지역과 자신들을 구분하며 각 지역 특유의 문화적 배열에 집중한 탓에 행정구역에 따른 관

---

115 다른 측면에서 구계유형론을 "중화 중심의 역사관을 최신의 고고학 자료로 보강하여 그 범위를 중국 전역으로 확대한 것"으로 보기도 한다(앞 글, 「區系類型論과 중국 동북지방 고고학」, 18쪽).

116 이하 중국 내부의 다양한 지역주의에 대해서는 주로 Lothar von Falkenhausen, "The Regionalist Paradigm in Chinese Archaeology," in *Nationalism, Politics, and the Practice of Archaeology*, ed. by Philip L. Kohl and Clare Fawcett, Cambridge: Cambridge University Press, 1995, pp.198-217 참조.

할지 이외의 자료는 배제되었다. 팔켄하우젠은 지역 내의 단선적 문화 체제 구축에 치중한 이러한 경향으로 인해, 예컨대 장쑤성(江蘇省) 북쪽의 칭롄강문화(靑蓮崗文化)와 산둥성의 다원커우문화(大汶口文化)는 실상 차이가 없음에도 각각 다른 명칭으로 분류되고 있다고 지적한다.[117] 쓰촨성의 청동기시대 유적인 싼싱두이 역시 "중원의 영향을 강하게 받은 상 왕조의 주변 고고학"이라는 중국을 한 단위로 보는 구심적 경향의 이해에도 불구하고(각주 65 참조), 청동기의 양식적 차이를 통한 지역화를 강조하는 상반된 경향도 뚜렷하다. 기원전 1200년경의 싼싱두이 유적을 문헌기록상 기원전 700년 이후에 태동한 정치체인 촉(蜀)과 일치시키려 하듯이, 산둥=동이, 산시=진(晉), 후베이=초(楚),[118] 장쑤=오(吳), 저장(浙江)=월(越), 푸젠(福建)=민(閩), 쓰촨=파촉(巴蜀), 윈난(雲南)=전(滇) 등의 도식처럼 역사시대의 특정 종족이나 국가 명칭을 선사시대까지도 시대착오적으로 적용하고 있다.

이렇듯 각 지역이 주체가 된 원심적 현상은 황하문명에 버금가는 "창강문명"이나 홍산문화 초기 문명론에서 비롯된 "랴오하문명" 등 광역권 문명론까지 설정하게 했다. 이에 대해서는 국내 학계에서도 이미 적절한 비판이 제기되었다. 창강문명의 경우

---

117 문화적 유사성이 뚜렷한 貴州省과 雲南省 및 甘肅省과 靑海省 등지에서도 비슷한 문제가 나타나고 있고, 특히 重慶이 四川省에서 분리되어 직할시가 됨으로써 巴蜀의 연칭 대신 巴를 강조하는 巴渝 혹은 巴楚라는 용어까지 등장하고 있다(김병준, 「중국의 고대 지역문화 연구와 문제점: 사천 및 주변주 지역의 사례를 중심으로」, 김병준 등, 『중국의 '지역문명 만들기'와 역사·고고학자료 이용 사례 분석』, 동북아역사재단, 2008, 164-167쪽).

118 楚에 대해서는 河南省과 安徽省도 연고권을 주장하고 있다.

김병준이 그 지속성에 대한 부정적 시각 이외에 창강 상중하류 전체에 걸친 문화적 공유의 부재, 황하문명과 구분되는 특징 못지않은 상호 교류와 접촉을 통한 변용 등을 들어 그 타당성을 반증한 바 있다.[119] 김정열은 쑤빙치가 황제까지 끌어들여 중국 초기 문명으로 파악한 홍산문화 역시 그 대표적인 뉴허량(牛河梁) 유적 등에서 문명이나 국가의 요소를 찾기 어려울 뿐만 아니라, 한대 이후에나 인격화되기 시작한 신화적 황제를 이와 연결시키는 것도 어불성설이라고 본다.[120] 장광즈가 홍산문화 등 동북 지역을 주목하면서도 이를 "중국"의 원형에 포함시키지 않은 점(각주 108)도 쑤빙치에서 비롯된 랴오하문명론의 토대가 얼마나 허약한지 잘 보여준다.

지금까지 살펴본 구계유형론과 상호영향권 이론은 그 원심력으로 인해 야기되는 지나친 지역주의 경향 연구 문제뿐만 아니라 컬럼비아대학의 리펑(Li Feng)이 2013년 출간된 책에서 지적한 대로[121] 왜 중원에서만 초기 국가가 출현하여 지속적으로 번성했는지와 같은 본질적인 의문에 대한 설명에도 난점을 지니고 있다. 따라서 20세기 말부터 새롭게 나타나는 지역주의의 두 번째 연구 경향은 리펑의 말을 빌리면 "(그) 족쇄를 풀려는" 노력이고, 이 역시 새로운 고고학 발군에 의존하고 있다. 앞에서 언급한

---

119 김병준, 「中國古代 "長江文明"의 재검토」, 『中國學報』 51, 2005, 179-199쪽.

120 김정열, 「홍산문화론: 牛河梁 유적과 중국 초기 문명론을 중심으로」, 『한국고대사연구』 76, 2014, 5-53쪽.

121 리펑 지음, 이청규 옮김, 『중국고대사』, 사회평론아카데미, 2017, 38-39쪽.

스마오 유적에 대한 중국 학계의 2018년 연구가 이러한 경향을 대표한다. 저자들은 스마오의 다양한 고고학 자료를 분석하여 중국 최초의 국가가 북/중앙아시아와 동아시아의 교환 네트워크의 교접점인 황토고원에서 출현하여 결국 중원의 삼대 문명 혹은 국가 형성에 큰 영향을 미쳤으리라 주장한다.[122]

그 저자 중 한 명인 UCLA의 중국계 고고학자 리민(Li Min)은 같은 해에 출간된 저서에서 중국의 신석기시대에서 상주시대에 이르기까지의 주요 고고학 자료를 망라하여 전설로 치부되던 문헌 기록과 함께 중국 하상주 삼대로 알려진 고대국가의 형성을 사회적 기억의 측면에서 재검토했다.[123] 리펑의 기대에 부응하듯, 그 책의 목표 중에 어떻게 신석기시대의 다수 지역 발전 세계로부터 중원이 현저하게 부상하게 되었을지 및 고고학적 패러다임과 문헌 위주의 역사학적 패러다임 사이의 틈 채우기가 명시되어 있다.[124]

리민이 제시한 중원의 하상주 삼대 전통이 창출된 시나리오는 쑤빙치나 장광즈의 틀을 계승하면서도 지난 20여년 간 추가된 고고학 자료를 토대로 그 내재적 발전의 연계성을 강화한다. 그 핵심 요지는 다음과 같다. 기원전 제3천년기 전반까지 산동성의 다원커우, 창강 하류의 량주(良渚), 중류의 스자허(石家河) 등 연안의 저지대가 정치 사회적 발전의 중심이었다. 특히 량주문

---

122 앞 글, "When Peripheries were Centers," pp.1017-1020.

123 Li Min, *Social Memory and State Formation in Early China*, Cambridge: Cambridge University Press, 2018.

124 위 책, pp.13-14, p.18.

화의 경우 그 항토(夯土) 기단이 제국시대 이전 중국에서 가장 큰 단일 건축일 정도로 그 규모와 복합성 면에서 당시 다른 지역과 비교하기 어려울 정도다. 량주의 의례 및 정치적 중심으로서 역할이나 옥기와 삼족정(三足鼎) 등 기술 혁신이 중원에 영향을 끼쳤겠지만, 수운이나 수로 같은 이질적 특징으로 인해 중원의 삼대 전통에서 역사적 기억으로 수용되기 어려웠을 것으로 본다(3장 중원 이전: 신석기 발전의 정점). 얼리터우와의 격차가 5세기에 달하는 량주 등 창강 중하류 문화의 소멸과 함께, 얼리터우와 시기적, 지리적으로도 가까운 산시성 서남부의 타오쓰문화와 황토고원의 스마오 등 고지대 룽산 사회가 얼리터우에서 비롯된 삼대의 의례 전통에 기반을 제공했다. 예컨대 타오쓰의 석기와 칠기, 도기 조합이 삼대에 청동기로 대체되었고, 특히 타오쓰에서 처음 출현한 종과 석경(石磬) 등 악기 역시 계승되었다는 것이다. 그러나 기원전 2100-2000년쯤 타오쓰 중기 유적의 묘지나 궁전구 등에서 파괴와 훼손 흔적과 함께 새로운 인구 유입 증거가 나타나고, 스마오와 타오쓰 사이의 고고학적 연계가 뚜렷한 만큼, 황토고원의 스마오인들이 타오쓰를 멸망시켰을 것으로 본다.[125] 나아가 그 거대한 규모와 함께 독특한 옥장(玉璋)을 비롯한 무수한 옥

---

125 현재 중국 학계에서 보편적으로 수용되고 있는 주장이다. 2023년 2월 27일 발표된 2022년 山西省의 주요 고고 발견 중 하나로 신징된 呂梁 興縣 碧村의 신석기 후기 石城 유적이 이 주장을 강화해줄 것으로 보인다. 보고자들은 스마오에서 동쪽으로 황하를 가로질러 52km 지점에 내성과 외성의 체계적 방어시설을 갖춘 벽촌 유적(75헥타르)은 스마오와 함께 河套의 석성 문화권이 중원으로 향하는 주요 관문이었을 것으로 본다(https://mp.weixin.qq.com/s/i1CoHalhS9uV5-GlBV7S-w 2023년 3월 1일 접속).

기의 사용으로 스마오가 황토고원 중심의 옥기 의례 경관(ritual landscape)을 창출하여 룽산문화의 다지역 교환 네트워크에서 중요한 역할을 담당했고, 그 후기 단계가 얼리터우와 같은 시기이듯, 삼대 문명의 형성에도 지대한 영향을 미쳤다고 보는 것이다.[126] 룽산문화 말기인 기원전 2000년까지 타오쓰와 스마오 이외에도 허난성의 와뎬(瓦店), 산둥성의 야오왕청(堯王城) 및 량청전(兩城鎭), 쓰촨성의 바오둔(寶墩) 등도 얼리터우에 맞먹는 대형 도시로 번성하며 삼대 문명의 형성에 기여했다. 위에서 언급한 량주문화 등의 붕괴를 홍수 등 자연재해와 연관시키듯, 룽산문화 후기 단계의 중심지들도 지진이나 산사태, 홍수 등 최악의 기후 생태적 조건을 겪으며 붕괴되었다. 이는 홀로세(Holocene) 중기(기원전 6500-1000년)의 근동 등 세계 기후 추세와도 일치한다(각주 131 참조). 이러한 룽산시대의 고고학적 경관이 전래문헌에 사회적 기억으로 반영된 전설로 수렴되었으리라 본다(4장 룽산 과도기: 정치적 실험과 지평선 확장). 기원전 19-18세기부터 낙양 분지에서 얼리터우의 부상은 룽산 중심지들의 붕괴 수 세기 이후에 일어났고, 특히 그 형성에 영향을 끼친 타오쓰와 스마오는 고대의 장소로 전설화되었을 것이다. 규모나 구조 면에서 룽산시대의 중심지들과 큰 차이를 보이지 않는 얼리터우는 룽산 사회의 거대한 붕괴를 배경으로 일어난 일종의 새로운 시작으로 후대에 삼대의 전통 요소로 규정된 청동예기를 비롯한 많은 특성을 보여준다. 이를 통해 최초로 뤄양 분지가 고지대와 저지대로 퍼진 광범위한

---

126 앞에서 언급한 Li Jaang 등의 2018년 논문(각주 122)은 리민의 책에 나온 스마오 관련 내용을 더 정교하게 다듬은 것으로 볼 수 있다.

연결망을 갖춘 중심이 되었고, 얼리터우의 유산과 그에 대한 기억이 중국 역사에서 장기간 지속된 중원 중심 지리 전통의 서막이 되었다고 본다(5장 뤄양 분지의 부상과 청동 정의 최초 생산).

이렇게 짧은 요약으로 리민의 연구를 제대로 전달하기는 어려운 면이 있지만, 어쨌든 이 책은 2018년 출간 이후 구미학계에서 이례적으로 서평이 한 편도 안 나올 정도로 철저히 외면당했다. 앞에서 언급한 *Current Anthropology*의 "인류학 이론 포럼"의 비평논문(각주 69)에서도 리민의 책은 여전히 인용되지 않고 있다. 그럼에도, 그 글은 리민의 연구에 대한 최초이자 본격적인 반론이라고도 할 수 있을 것이다. 스마오와 얼리터우 사이의 연관성을 선험적인 단선적 역사관의 산물로 치부하며 스마오를 오르도스와 내몽고에 인접한 별개의 핵심 지역으로 상정한 야페(Jaffe) 등의 비평논문에 대해서 모두 7명이 토론자로 참여했다. 이들 중 리민의 UCLA 동료 팔켄하우젠과 각주 (68) 논문의 주 저자인 정저우대학(鄭州大學) 장리(張莉, Li Jaang)을 제외한[127] 5인

---

[127] 룽산문화 말기의 재앙적 인구 붕괴에 주목한 팔켄하우젠은 최근의 연구들을 참조하여 기원전 2000년 전후하여 저지대 인구의 75%나 그 이상이 소멸했고, 전체 취락의 규모도 최소한 85% 정도 감소했다고 한다(張莉 [Li Jaang], 「從龍山到二里頭: 以嵩山南北爲中心」, 北京大學博士學位論文, 2012; Pauline Sebillaud, "La distribution spatiale de l'habitat en Chine dans la plaine Centrale à la transition entre le Néolithique et l'âge du Bronze (env. 2500 – 1050 av. n. è.)," PhD dissertation, École Pratique des Hautes Études, 2014; 吉林大學 농시 수여). 얼리터우가 위치한 낙양 분지만 이러한 상황에서 벗어났던 것 같아서, 고고학적으로 연계성이 입증되는 스마오가 얼리터우 청동기 시대로의 개시에 큰 영향을 미쳤다는 것이다. Jaang은 Zhouyong Sun과 공동으로 작성한 토론문에서 스마오의 타오쓰 및 얼리터우로의 팽창뿐만 아니라 북방이

(Francis Allard, Gary M. Feinman, Rowan Flad, Anke Hein, Christian E. Peterson)은 스마오인의 얼리터우로의 군사적 팽창 같은 중원 중심 단선적 발전에 단호하게 부정적이면서도 지역 중심지 중 하나로서 스마오 혹은 룽산 시대 후기의 다수 발전 궤적은 자연스럽게 수용한다.[128] 마찬가지로 야페 등이 반복적으로 강조하는 "고해상도의 자료 획득과 분석을 동반한 좁은 지리적 범위 내에 초점을 맞춘 연구"[129]는 중국 영토 내의 다양한 자료에서 내적 연관성을 찾고자 하는 중국(계) 학자들의 광범위한 연구와 평행선을 달릴 수밖에 없을 듯하다.[130] 서양학자들이 구계유형론의 원

나 서방과의 연관성까지 입증한다고 보는 풍부한 고고학 자료를 제시한다(앞 글, "Shimao and the Rise of States in China Archaeology, Historiography, and Myth," pp.109-112). Jaffe 등은 팔켄하우젠의 반론에 대해 인구 붕괴 데이터가 『中國文物地圖集』 같은 부정확한 자료에 근거해서 신뢰하기 어렵고, 설사 자연재해를 인정해도, 룽산시대의 붕괴 이후 공백 속에서 얼리터우만 최초의 왕조 국가로 발전해나갔다는 주장 역시 문헌기록에 따른 전통적 역사관의 산물이라고 비판한다. Jaang과 Sun이 제시한 증거도 해석상 논란의 여지가 크고, 그들의 주장 역시 성급한 문화역사적 서사에서 비롯된 것이라고 반박한다(같은 글, pp.112-113).

128 앞 글, "Shimao and the Rise of States in China Archaeology, Historiography, and Myth," pp.103-112.

129 위 글, p.113.

130 Li Jaang은 2022년 *Journal of Archaeological Research*의 온라인판에 등재된 논문에서 기원전 2000년경부터 붕괴에 직면한 룽산 시기의 저지대 중심지들을 "원초 국가"(archaic states)로 보고 그 붕괴가 "이차국가"(secondary state)로서 얼리터우가 태동할 맥락을 제공했다고 주장한다. 어떻게 저지대 이질적 주민들이 붕괴 후에 재조직되었고, 종교와 의례를 통해서 새로운 집단 정체성이 창출되었으며, 스마오 같은 고지대 정치체들과

심성을 중시하며 다양한 지역주의를 구현하려는 반면, 중국 학자들은 세계학계의 과학적 연구 추세를 따르면서도 쑤빙치나 장광즈가 추구한 일원화된 지역주의를 계승하는 듯하다.[131] 서양학계의 서방기원설과 그에 맞선 중국 학계의 자생설 구축으로 대변되는 20세기의 지역주의가 21세기에는 그 연구 방법론상의 논쟁으로 진화하고 있다.

이러한 차이의 저변에는 고고학계의 논의를 넘어서는 또 다른 방법론상의 쟁점이 자리한다. 그것은 바로 진시황의 분서 같은 곡절을 겪으며 전래된 고대 중국의 문헌을 얼마나 믿을 수 있을지에 대한 역사학계의 근본적 논쟁이다.

사회들이 얼리터우의 이데올로기와 정치 체제, 경제 네트워크를 형성했는지에 초점을 맞추고 있다(Li Jaang, "Erlitou: The Making of a Secondary State and a New Sociopolitical Order in Early Bronze Age China").

131 2018년 6월 河南大學에서 개최된 제10회 黃河學高層論壇에서 "환경변천과 중원문명," "황하변천과 중원문명," "기후변화와 중원문명" 등의 주제로 중원에서 문명이 태동한 연유를 다루었다(http://skc.henu.edu.cn/info/1048/2664.htm 2023년 2월 15일 접속). 당시 발표된 42편의 논문 중 15편을 선정하고, 관련 논문 5편을 더하여 총 20편의 영문논문이 2019년 SCIE 저널인 *Quaternary International*에 출간되었다. 대부분 중국 학자들이나 구미 학자들과의 공동으로 진행된 정량적 연구로, 伊洛 지역의 취락 체계와 지형 변화, 기후 변동 등이 주요 주제로 다루어졌다(Zhaodong [Jordan] Peng 등, "Climate change, Yellow River dynamics and human civilization in Central Plains of China," *Quaternary International* 521, 2019, pp.1-3 참조).

IV. 의고와 신고의 길항

1. 의고의 확산과 "주출의고(走出疑古)"의 반격

인간의 의심하는 능력은 창조적 발견의 원동력이다. 그런데 역사학에서 고대의 문헌에 언급된 과거나 그 문헌 자체의 신빙성에 대한 의심은 상당히 후대에 나타난다. 고대 문헌에 선험적으로 부여된 종교적, 경전적 권위에서 탈피하기가 그만큼 어려웠기 때문일 것이다. 서양의 경우 이러한 최초의 비판적 학자로 로렌초 발라(Lorenzo Valla, 1407-1457)를 꼽는데, 그는 콘스탄티누스 황제(306-337년 재위)가 로마 카톨릭교회에 서로마 제국을 바친 증거로 활용된 『콘스탄티누스의 기증(Donation of Constantine)』이 8세기에 만들어진 위작이라고 논증했다.[132] 1440년에 완성된 발라의 「논고」는 그가 죽은 뒤 60년 이후(1517년)에야 출간되었고, 그의 학문 역시 16세기 이르러 에라스뮈스(1466-1536)에 의해 제대로 평가받았다. 동아시아도 다르지 않다. 왕충(王充, 27-96?), 유지기(劉知幾, 661-721), 토미나가 나카모토(富永仲基, 1745-1746), 최술(崔述, 1740-1816) 등을 거치며 고대 문헌에 대한 의심이 이론화되

---

[132] 이상신, 『서양사학사』, 신서원, 2001, pp.164-165쪽; 15세기 중엽 유럽 최고의 학자로서 발라의 비판적 학문 전반과 『콘스탄티누스의 기증』이 위조임을 밝힌 「논고」에 대해서는 루돌프 파이퍼 지음, 정기문 옮김, 『인문정신의 역사: 서양은 어떻게 인문학을 부흥시켰는가』, 도서출판 길, 2011, 62-71쪽 참조.

기 시작했지만, 19세기까지 주류 학계에서는 거의 주목하지 않았다. 20세기 들어서야 시라토리 구라키치(白鳥庫吉, 1865-1942)가 이른바 "요순우 말살론"이라고 비판받을 정도로 성왕과 경전의 우상 파괴를 시도하고, 구제강(1893-1980)이 선배들의 주장을 더욱 정치한 "의고(疑古)" 이론으로 정립함으로써, 그 의심이 주도적 지위를 획득한다.[133]

그렇지만 1909년 일본 동양학회에서 요순우의 역사적 실체를 부정하며 충격을 안긴 시라토리의 강연[134]은 지금도 이어지는 의고·신고(信古) 논쟁의 서막일 뿐이었다. 당시 일본 유학계를 대표한 하야시 다이스케(林泰輔, 1852-1922)와 시라토리의 수차에 걸친 논쟁의 핵심은 요순우의 사적을 전하는 경전인 『상서(尙書)』 「요전(堯典)」과 「우공(禹貢)」편 등을 어떻게 이해하느냐였고, 이 문제는 여전히 논란의 대상으로 남아 있다.[135]

이 논쟁에 대해 살펴보기 전에 일단 그 원인을 제공한 핵심 문헌의 내용을 개관할 필요가 있다. 「요전」의 전반부는 제요(帝堯)의 공덕 찬양과 함께 요가 제정한 역법과 절령(節令), 신중한 관리 임용, 제위(帝位)를 이양할 순(舜)에 대해 심사숙고하는 내용이 주류를 이룬다. 후반부[136]는 제순(帝舜)이 즉위 전에 각종 검

---

[133] 앞 글, 「동아시아를 횡단한 의고의 계보와 학술사적 전망」, 1-33쪽.

[134] 白鳥庫吉, 「支那古傳說の研究」, 『白鳥庫吉全集』 第8卷, 東京: 岩波書店, 1970, 381-391쪽(『東洋時報』 131, 1909년).

[135] 「요전」과 「우공」편의 成書 연대에 대해서는 현대 학자들 사이에서도 서주~한대까지 편차가 매우 크다(앞 글, 「동아시아를 횡단한 의고의 계보와 학술사적 전망」, 32-33쪽의 각주 117 참조).

[136] 『僞古文尙書』에는 「舜典」이라는 별도의 편으로 구분되어 있다.

증을 거치는 과정과 함께 즉위 후의 제사와 순수(巡狩), 주계(州界) 획분, 형법 제정, 악의 무리 징벌, 관리 임용 등에 대해 서술한다. 대체로 요순이라는 고대 성왕의 뛰어난 업적과 함께 고대 중국의 기틀이 마련되는 모습을 전하고 있다. 사마천(기원전 145-86년경)은 『사기』의 첫 번째 장인 「오제본기」에서 「요전」의 내용을 거의 그대로 전재하고, 요순에 앞선 제왕인 제곡(帝嚳), 제전욱(帝顓頊), 황제의 이야기까지 추가하여, 황제에서 순으로 이어지는 이른바 오제의 계보를 세웠다. 「우공」은 순으로부터 선양받은 하나라의 시조 우(禹)가 (중국을) 구주로 나누고 그 산하를 정비하여, 도읍으로부터의 거리에 따라 전복(甸服), 후복(侯服), 수복(綏服), 요복(要服), 황복(荒服)의 층차적 체계를 정했음을 전한다. 특히 아홉 개 주 각각의 지리(강과 산 위주)와 토질, 특산품을 명시하고 있다. 「우공」의 내용 역시 『사기』의 두 번째 장인 「하본기(夏本紀)」에 그대로 반영되어 요순우로 이어지는 이상적인 권력 이양(선양)과 함께 요의 나라 당(唐), 순의 나라 우(虞), 우의 나라 하의 역사가 상(은), 주, 진, 한으로 이어지는 중국 고대사 체계의 앞부분에 자리 잡게 되었다.

구제강이 세운 의고 이론의 토대를 제공한 최술은 당우(唐虞)보다 앞선 시기의 역사를 전하는 문헌의 신빙성을 의심하면서, 중국 역사의 시작을 요순, 즉 당우시대로 보았다.[137] 그러한 인식의 기저에는 「요전」과 「우공」편 등이 담긴 『(금문)상서』라는 경전에 오류가 있을 수 없다는 일종의 종교적 확신이 자리했다. 최술

---

137   최술의 의고에 대해서는 앞 글, 「동아시아를 횡단한 의고의 계보와 학술사적 전망」, 17-22쪽 참조.

과 동시대를 살았던 고증학자들 역시 일부 의고 경향에도 불구하고 이런 인식에서 벗어나지 못했음을 감안하면(각주 30, 31), 왜 중국이 아닌 일본에서 경전의 완결성이라는 선험적 전제가 배제된 최초의 논쟁이 시작되었는지 알 수 있다.

시라토리는 『상서』에 요순우 관련 핵심 내용이 담겨 있지만, 진시황의 영토 못지않은 우의 광범위한 치수 범위 등 요순우의 시대까지 소급되기 어려운 황당한 내용들을 우선 지적한다. 나아가 역법과 절령이 강조된 요의 역할(天), 효와 덕이 강조된 순의 역할(人), 구주의 구획과 치수가 강조된 우의 역할(地)에서 후대의 『주역』「계사전(繫辭傳)」 등에 나오는 천지인(天地人) 삼재설(三才說)의 흔적을 찾았다. 문자학적 분석까지 추가하여 "고원(高遠)"과 "지고(至高)" 등의 의미를 지니는 요, "효순(孝順)"의 의미를 지니는 순, "우(宇)"나 "우(寓)"와 통가 가능하여 "구주"와도 상통하는 우가 고대 중국인들이 유교적 이상으로 갈망하는 왕의 모습으로 창작되었으리라고 본 것이다. 시라토리가 보기에 『상서』의 제작 연대는 빨라도 춘추시대보다 올라갈 수 없었다. 하야시는 이러한 주장을 "요순우 말살론"이라고 명명하며 4차에 걸쳐 반박했다.[138] 대체로 유학자로서의 신념을 드러내면서도, 당시로서는 새로운 자료인 갑골문까지 활용하며 논전을 펼쳤다. 갑골문을 통해 『사기』「은본기(殷本紀)」에 언급된 상 왕들의 계보 및 그 왕조의 600년 존속설이 입증되었고, 갑골문에 나타나는 남방의 열대 자물도 「우공」의 광범위한 영역을 입증해줄 수 있다고 본다. 그

---

138 1912년까지 발표된 4편의 반론은 林泰輔, 『支那上代之研究』, 東京: 進光社, 1944, 7-40쪽 참조.

성숙한 문자 형태 역시 1천 년 이상은 거쳤을 것이어서, 상 이전에 당우하가 존재했을 개연성이 크다고 강조한다. 그 앞선 시대의 제왕이 바로 요순우였을 것이므로, 그들에 대해 전하는 「요전」과 「우공」편 등도 주대보다 앞선 시기의 기록일 수밖에 없다고 본 것이다.[139]

현재의 관점에서 양자의 주장 모두 많은 문제점을 내포하고 있음에도,[140] 110년 전의 이 논쟁은 초보적 문헌 비판과 출토 자료의 활용이라는 측면에서 이어지는 한 세기 동안 논쟁의 방향을 예비한다. 중국에서 1920년대 의고를 둘러싼 본격적인 논쟁이 개시되었을 때, 고고학을 비롯한 서양 학문의 도래로 인해 성왕과 경전의 짐은 이미 한층 가벼워져 있었다. 중국 전통 학문의 장단점에 대한 성찰 역시 고조되어 고대사의 우상 파괴 분위기가 무르익었다. 그 방아쇠를 당긴 구제강[도판 5.16]이 주목한 것도 시라토리와 마찬가지로 요순우의 실체였지만, 논증의 수준은 달랐다.[141] 자신의 호마저 "의고"로 정한 일본 유학파인 「첸쉬안통(錢玄同) 선생과 고사서(古史書)를 논함」이라는 제목의 논문(1923년)에서 구제강은 우(禹)의 신격(神格)을 중심으로 요순우가 인격(人格)으로 창출되는 과정에 초점을 맞추었다. 특히 전래문헌이

---

139 이 논쟁에 대해서는 앞 글, 「동아시아를 횡단한 의고의 계보와 학술사적 전망」, 22-28쪽에 상세히 소개되어 있다.

140 西山尚志, "'疑古'與'釋古'的前哨戰: 從白鳥庫吉與林泰輔的爭論再探'釋古'的本質性問題", 『現代哲學』 2020-6, 125-127쪽.

141 이 논쟁에 대해서는 앞 글, 「동아시아를 횡단한 의고의 계보와 학술사적 전망」, 28-30쪽 참조.

도판 5.16. 구제강 도판 5.17. 리쉐친
https://image.baidu.com/ https://image.baidu.com/

생성된 시점을 기준으로 서주시대(『시경』)에서 춘추시대(『논어』)까지 요순우에 대한 인식이 순차적으로 바뀌는 양상을 제시하고, 전국시대에서 진한시대에 이르기까지 요순우에 앞선 제왕들이 덧붙여져 위사(僞史)로 창출되었을 것으로 보았다. 이 논문 발표 이후 류옌리(劉掞藜)와 후진런(胡堇人)이 즉각 반론을 제기했지만, 구제강 역시 우의 천신성(天神性), 우와 하의 무관함, 우의 동물적 성격, 전국시대에 유래한 요순우 선양의 정치성, 주나라 사람들의 상상 속에 만들어진 농신(農神)으로서 후직(后稷) 등으로 재반박하며 자신의 이론을 다음과 같이 가다듬었다:

> 우는 서주 시기(1045-771BC)가 되어서야 출현하고 요순은 춘추 말년(5세기 BC)이 되어서야 비로소 출현한다는 생각을 하게 되었다. 나중에 출현할수록 더욱 앞에 배치되었던 것이다.
> (삼황에 속하는) 복희와 신농이 출현하고 난 뒤에야 요순이 뒷사람이 되었고, 우는 더욱 말할 필요도 없다. 그리하여 나는 하나

의 가설을 세우게 되었다. 고대사는 누층적으로 조성된다는 것, 그리고 발생의 순서와 배열은 계통에 반비례한다는 것이 그것이다.[142]

이제 고대사 연구의 기본 지침으로 자리 잡은 "누층적으로 조성된 고대사"설과 함께 "민족 일원(一元)"과 "지역 일통(一統)", "고사(古史) 인화(人化)", "고대의 황금시대"라는 우상 타파까지 강조했다.[143] 구제강은 1926년 자신의 주요 연구뿐만 아니라 여러 학자의 반론까지 모은 『고사변(古史辨)』 제1책을 펴냈다. 자신이 고대사를 비판적으로 연구하게 된 배경과 핵심 이론까지 담은 장문의 「자서(自序)」가 서두를 장식했다. 이 책은 후스(胡適, 1891-1962)가 "중국 사학계의 혁명적 책"이라고 평가했듯이,[144] 1년 동안 20판을 더 찍을 정도로 큰 관심을 끌었다.[145] 이후 1941년 제7책까지 시리즈로 발간되어 당시 중국 지성계에 던진 충격만큼의 고 인식을 강하게 각인시켰다. 장인린(張蔭麟)이 1925년 제기한 단편적 사료로 손쉬운 결론에 이르렀다는 이른바 "묵증(黙證)의 오용" 같은 적절한 반박이 있었음에도,[146] 1960년대까지 중국 역

---

142 고힐강 지음, 김병준 옮김, 『고사변자서』, 소명출판, 2006, 96쪽.

143 顧頡剛, 「答劉胡兩先生書」, 『古史辨』 1, 上海: 上海古籍出版社, 1982, 99-102쪽.

144 胡適, 「介紹幾部新出的史學書」, 『古史辨』 2, 上海: 上海古籍出版社, 1982, 334쪽(『現代評論』에 1926년 10월 11일 게재).

145 앞 책, 『고사변자서』의 「나는 어떻게 『고사변』을 편찬했는가」, 203쪽.

146 張蔭麟, 「評近人對中國古史之討論」, 『古史辨』 2, 271-288쪽; 彭國良, 「一個流行了八十餘年的僞命題: 對張蔭麟"黙證"說的重新審視」, 文史哲編輯部

사학계의 주된 흐름으로 자리했다.[147]

그렇지만 이 글의 앞부분에서 강조한 바 있는 20세기 후반의 고고학 성과가 1990년대 이래 이러한 흐름을 바꾸고 있다. 예컨대 1970년대 이래 얼리터우 유적의 본격적인 발굴은 의고파가 가공의 역사로 치부했던 하나라에 대한 인식을 새롭게 하고 있다. 신출 청동기 금문과 초간 등 전국시대 출토문헌 역시 한대 이래 많은 문헌이 위조되었을 것으로 추정한 구제강의 인식에 균열을 내고 있다. 리링(李零)은 1988년 작성한 고대 문헌의 연대 재검토를 주장한 논문[148]에서 구제강을 비롯한 의고파의 뛰어난 업적에도 불구하고 고문헌이 생성된 복잡하고 장기적인 과정을 지나치게 단순화한 문제를 지적한다. 문헌의 생성 연대와 문헌에 나오는 내용의 연대를 동일선상에 뒤섞고 내용상 연대가 늦은 것만 신빙성을 인정하는 오류를 범했다고 본다. 나아가 출토문헌으로도 발견된 인췌산한간(銀雀山漢簡)『손자병법(孫子兵法)』등의 판본 비교 사례를 통해, 전래문헌(통행본)에서 출토문헌의 어려운 글자가 통속자로 바뀌었고, 허사와 조사가 늘어났으며, 고풍스러운 산문이 대구(對句)로 바뀌는 현상을 발견한다. 따라서 전래문헌이 후대인들의 첨삭 과정을 거쳐 만들어졌지만, 고대에 서적의 전파가 제한적인 탓에 위조의 동기가 크지 않아서 진위를 쉽게

編,『"疑古"與"走出疑古"』, 北京: 商務印書館, 2010, 186-187쪽.

147 裘錫圭, 曹峰,「"古史辨"派, "二重證據法及其相關問題: 裘錫圭先生放談錄」,『"疑古"與"走出疑古"』, 318-322쪽.

148 李零,「出土發現與古書年代的再認識」,『李零自選集』, 桂林: 廣西師範大學出版部, 1998, 22-31쪽.

단정하는 것을 위험하다고 본다. 고문헌이 누층적으로 "형성"되는 것은 맞지만, 구제강이 주장한 "조성(造成)"이 "작위(作僞)"로만 이해되어서는 곤란하다는 것이다.

리쉐친(李學勤, 1933-2019 [도판 5.17])의 주장은 더 구체적이고 강렬하다. 그 역시 경서의 권위를 타파한 의고파의 업적을 인정하면서도 출토문헌을 통해 문헌에 대한 인식이 바뀔 수 있는 사례들을 열거한다. 갑골문에 나오는 "왕약왈(王若曰)"(왕이 이렇게 말씀하셨다)이 『상서』의 「상서(商書)」 여러 편에 나타나는 "왕약왈"과 같은 용례여서, 「상서(商書)」 및 『시경』 「상송(商頌)」과 상(商)의 관계를 긍정할 수 있고, 『일주서(逸周書)』 「제공(祭公)」편의 몇 구절도 서주 청동기 명문의 구절과 일치하기 때문에, 이 문헌을 후대의 저작으로 봤던 이전의 인식과 달리 서주시대의 것으로 볼 수 있다고 한다. 나아가 중산왕(中山王) 청동기 명문에도 뒤에 『대대례기(大戴禮記)』에 수록된 구절이 나타나는데, 이를 춘추시대의 악무자(樂武子)에서 유래했을 것으로 본다. 마왕두이 백서에 포함된 전국시대 후기 문헌인 『황제서(黃帝書)』의 구절이 그동안 위서로 파악된 『할관자(鶡冠子)』에 인용되어, 『할관자』의 신빙성과 함께 그 연대까지 비교적 정확히 추정할 수 있게 되었다고 파악한다.[149] 따라서 리쉐친은 청대 고증학에서 시작되어 구제강의 의고를 통해 위서로 확정되어버린 전래문헌들의 억울함을 풀어줄 때가 되었다고 주장하며, 1997년 출간한 자신의 논문 모음집 제목을 『주출의고시대(走出疑古時代)』라고 명명한다. 고서에 대한 첫

---

149 리쉐친 지음, 이유표 옮김, 『의고시대를 걸어 나오며』, 글항아리, 2019, 41-49쪽.

번째 대 반성인 의고 사조의 한계를 벗어나 고서에 대한 두 번째 대 반성으로 "의고시대에서 걸어 나오기"를 제창한 것이다.[150]

리링과 리쉐친의 이러한 인식은 「요전」과 「우공」의 생성 연대 역시 재고하게 한다. 리쉐친은 『상서』 「요전」과 「고요모(皐陶謨)」에만 나타나는 특징적 감탄사인 "유(俞)"가 갑골문에도 동일한 용례로 나타나는 것들을 열거하며 「요전」의 연원이 확실히 "고원(古遠)"하다고 본다. 문헌 전체의 신빙성을 입증할 수는 없어도, 일부의 신빙성을 통해 다른 부분의 신빙성 역시 높아질 수 있다는 것이다.[151] 리링 역시 「우공」편을 서주 중기의 빈공수(豳公盨) 명문 및 『용성씨(容成氏)』 등 초간 문헌과 대조하여, 그 주요 부분은 서주시기의 작품으로 보아, 이른 시기 중국의 지리 인식이 담겨 있는 것으로 파악한다.[152] 나아가 두 학자 모두 의고 학풍으로 인해 그동안 경시된 요순우, 황제, 염제(炎帝) 등의 신화전설이 룽산시대의 고고학 자료와 상호 대조될 수 있다고 본다.[153] 리링이 「우공」편의 신빙성을 인정하듯이, 리쉐친도 「우공」의 구주를 룽산시대의 고고학 구역과 각각 일치시킨 샤오왕핑(邵望平)의 연구[154]를 높이 평가한다. 이는 앞에서 언급한 장광즈나 쑤빙

150　위 책, 52 52, 605쪽. 이 주장은 1992년 『中國文化』에 실린 「走出疑古時代」라는 제목의 글에서 최초로 제기되었다.

151　李學勤, 「《堯典》與甲骨卜辭的歎詞"俞"」, 『湖南大學學報(社會科學版)』 22.3, 2008, 5-7쪽.

152　李零, 「禹蹟考:《禹貢》講授提綱」, 『中國文化』 39, 2014, 57-79쪽.

153　앞 책, 『의고시대를 걸어 나오며』, 83-95쪽; 李零, 「考古發現與神話傳說」, 『李零自選集』, 58-84쪽.

154　邵望平, 「禹貢九州的考古學研究」, 『九州學刊』 2.1, 1987, 9-18쪽; 위

치와 비슷한 인식이고, 후술하듯 리민(Li Min)에 의해 계승되고 있다.

물론 리링과 리쉐친 모두 자신의 새로운 인식을 신고라고 표현한 적은 없다. 하지만 의고 학풍을 강하게 부정한 두 석학의 주장이 현재 중국학계의 신고 경향에 지대한 영향을 미치고 있음은 주지의 사실이다. 이들에 버금가는 석학인 추시구이(裘錫圭)가 새로운 출토문헌이 의고파의 오류를 수정하고 있음을 인정하면서도 의고를 연구자가 지녀야 할 기본 태도로 보아 신고로의 회귀를 강하게 반대하는 것[155]과는 차별화된다. 아직도 철저하게 의고 경향을 지키려는 연구자들이 있는 것도 사실이다.[156]

그럼에도, 푸단대학 궈용빙(郭永秉)이 요순 전설과 관련하여 내놓은 일종의 절충적 결론은 마지막으로 주목할 필요가 있다. 추시구이의 제자인 궈용빙은 선진시대의 요순우 등 제계(帝系) 인식을 다룬 박사학위논문을 2008년 출간했다. 그 역시 고사 전설 자료에 대한 의고파의 비판이 타당하므로 그들의 업적에 대한 무원칙적 공격은 지양할 것을 촉구한다.[157] 다만 『용성씨』 등 초간 문헌과 전래문헌을 비교 검토하여, 요순의 선양 전설이 전국시대의 일반적 인식이었고, 요(당)와 순(우)이 별개의 조대(朝代)가 아

책, 『의고시대를 걸어 나오며』, 87쪽.

155   앞 글, 「"古史辨"派, "二重證據法及其相關問題: 裘錫圭先生放談錄」, 324쪽.

156   陳泳超, 『堯舜傳說研究』, 南京: 南京師範大學出版社, 2000; 吳銳, 『中國上古的帝繫構造』, 北京: 中華書局, 2015.

157   郭永秉, 『帝系新研: 楚地出土戰國文獻中的傳說時代古帝王系統研究』, 北京: 北京大學出版社, 2008, 8쪽.

니라 모두 우대(虞代)에 속하는 것으로, 실상 "우, 하, 상, 주"의 4대가 전국시대의 보편적 고사 관념이었다는 결론에 도달한다. 따라서 요순 전설은 이전의 인식처럼 상제 전설에서 분화한 것이 아니라 일정한 역사적 실제를 반영하는 것으로, 『용성씨』에 기술된 요순 등의 선양 과정 역시 원시사회 군장 추선제(推選制)의 흔적으로 본다. 다만 순을 평민 출신으로 묘사한 것과 같은 그 전설에 추가된 이야기의 원소는 부회 혹은 날조되었을 가능성이 매우 크다고 주장한다. 또한 『대대례기』 「제계(帝繫)」(『사기』 「오제본기」도 마찬가지)에 요의 선조로 나타나는 제곡과 지(摯), 순의 선조로 나타나는 궁선(宮蟬), 경강(敬康), 구망(句芒), 교우(蟜牛) 등은 출토문헌으로 입증될 수 없고, 황제를 시조로 한 오제의 대일통 체계 역시 후대의 산물일 것으로 본다.[158] 궈용빙은 구제강이 1936년 완성한 「삼황고(三皇考)」(『고사변』 제7책 수록)의 서문에서 오제의 내력을 정확히 파악하기 위해 새로운 자료의 출현을 기대했던 것처럼, 자신들이 지금 부족하나마 새로운 출토자료를 토대로 그 길을 지속하고 있다고 마무리한다.[159]

그렇지만 의고의 후예를 자처하는듯한 궈용빙이 기원전 4세기경의 초간 문헌에 요순 전설의 역사성이 투영되어 있다고 보는 점은 리쉐친이나 리링과 다르지 않아 보인다. 중국 학계에서 추정하는 요순의 시대는 『용성씨』 등 초간 문헌의 작성 연대보다 1500년 이상 빠르다. 그 장구한 시간 동안 요순에 대한 기억이 전수되었으리라는 기본 전제에는 큰 이견이 없는 것이다. 이미 II

---

158 위 책, 78-79, 163쪽.
159 위 책, 222-223쪽.

장 2절에서 중국 고고학계의 단선적 역사관에 대한 구미학계의 강한 비판을 소개했듯이, 구미의 문헌학자들에게 귀용빙의 이러한 인식조차도 비판 대상이 될 수 있다. 다음 절에서 구미학계에서 진행된 의고·신고를 둘러싼 논의로 이 글을 마무리하려는데, 이 역시 새로운 단계에 접어들고 있다.

2. 구미 학계의 재편

구제강의 『고사변』「자서」는 1931년 영문으로 번역되었다. 번역자인 아서 험멜(Arthur W. Hummel, 1884-1975)은 미국 의회도서관 아시아 컬렉션의 창설자이자 아시아학회(Association of Asian Studies)의 초대 회장으로, 『고사변』 제1책이 출간되었을 때 10년 이상 선교사로 중국에 머물고 있었다. 험멜은 구제강에 영향을 미친 전통시대 중국의 비판적 학자들을 체계적으로 소개한 그 번역본의 서론에서, 그 책이 당시 중국 학술에 대한 경이로운 서설로서 서양의 과학적 방법과 과거 중국의 최고 성취에 두루 입각한 중국의 문화적 재편성에 따르는 주요 문제들을 모두 다루고 있다고 보았다. 특히 지난 30년간 중국을 휩쓴 모든 사조에 대한 비평적 개괄로서 「자서」의 성격을 중시했다.[160]

---

160 Arthur W. Hummel, *The Autobiography of a Chinese Historian: Being the Preface to A Symposium on Ancient Chinese History* (*Ku Shih Pien*), *Translated and Annotated*, Leyden: E. J. Brill, 1932, p.v. 험멜은 이 저작으로 1931년 라이덴대학에서 박사학위를 받았다.

『중국 전통 사학사』(Chinese Traditional Historiography, 1938) 의 저자 찰스 가드너(Charles S. Gardner, 1900-1966)가 구제강의 우상파괴적 신사학에 주목하며 험멜의 번역에 대한 서평을 썼고,[161] 시카고대학의 헐리 크릴(Herrlee G. Creel, 1905-1994) 역시 구제강의 연구를 언급했다.[162] 크릴은 갑골문과 은허의 고고학 성과를 활용한 구미 최초의 저작에서 전통 중국사의 시작은 요순과 같은 전설적 제왕이자 문화적 영웅들의 시대지만, 구제강이 후대의 문헌에만 언급된 이들의 사적이 부회되었음을 밝혔다고 강조한다. 다만 크릴은 중국의 전통적 첫 번째 왕조로 알려진 하나라에 대해서 후대 문헌에 매우 과장되어 있음에도 불구하고 전적으로 허구적인 것으로 치부할 수는 없다고 보았다. 1971년 로렌스 슈나이더(Laurence A. Schneider)가 구제강의 학문에 초점을 맞춘 『구제강과 중국의 신사학: 민족주의와 대안적 전통 탐색』을 출간함으로써 구미학계에서 구제강의 연구는 더욱 주목받게 되었다.[163]

1975년 *Early China*라는 학술지의 창간을 구미 고대 중국 연구가 확고한 학문 분과로 정착한 계기로 보는 리펑은 2013

---

[161] Charles S. Gardner, "Review of Books," *American Historical Review* 37.3, 1932, pp.576-577.

[162] Herrlee Glessner Creel, *The Birth of China: A Study of the Formative Period of Chinese Civilization*, New York: Frederick Ungar Publishing Co., 1937, pp.52-53.

[163] Laurence A. Schneider, *Ku Chieh-kang and China's New History: Nationalism and the Quest for Alternative Traditions*, Berkeley: University of California Press, 1971.

년 펴낸 책에서 북미의 고대 중국 연구가 시작부터 의고 학풍에 경도되었다고 주장한다.[164] 이러한 그의 주장은 1990년대 중반부터 본격화된 구미 학계 내에서의 의고·신고 논쟁에 대한 회고적 성격이 짙어 보인다.[165] 1995년 시카고대학의 중국계 미술사학자 우훙(Wu Hung)이 출간한 『고대중국 미술과 건축의 기념비성』이 그 도화선이 되었다.[166] 우훙은 신석기시대부터 한대까지의 중국 미술을 각 시대를 대표하는 기념비인 도기나 청동기 같은 예기(신석기~서주)와 무덤 및 궁궐(동주), 장안으로 대표되는 도시(전한), 화상석 같은 장례건축(후한) 등의 "기념비성"이라는 개념 틀로 체계적으로 재구성할 수 있다고 보았다. 이를 위해 전국시대 이후에 편찬된 예서인 『예기(禮記)』와 『의례(儀禮)』, 『주례(周禮)』, 즉 삼례를 활용했다. 팔켄하우젠과 베글리의 강한 반론이 이어졌다.[167] 일관성 없는 "기념비성"이라는 무리한 틀로 중국 미술사의 다양성을 훼손할 뿐만 아니라 주로 한대의 관점에서 서술된 삼례의 정보를 토대로 신석기나 청동기시대의 미술을 예의 관

---

164 앞 책, 『중국고대사』, 30-31쪽.

165 이하 2000년대 초까지 구미 학계의 의고·신고 논쟁은 심재훈, 「고대 중국을 이해하는 상반된 시각: 의고 신고 논쟁」, 『역사비평』 65, 2003, 277-294쪽에 상술되어 있다.

166 Wu Hung, *Monumentality in Early Chinese Art and Architecture*, Stanford: Stanford University Press, 1995; 우훙/김병준 옮김, 『순간과 영원: 중국고대의 미술과 건축』, 아카넷, 2001.

167 Lothar von Falkenhausen, *Early China* 21, 1996, pp.183-199; Robert Bagley, *Harvard Journal of Asiatic Studies* 58.1, 1998, pp.221-256.

점에서 객관화할 수도 없다는 방법론상의 문제 지적이었다. 특히 베글리는 우훙이 미국에서 활동하면서도 문화국외자(cultural outsider)가 아닌 문화당국자(cultural insider)의 관점에서 중국문화를 바라보고 있다고 비판했다.

우훙 역시 삼례와 같은 후대 문헌의 불완전성을 인정한다. 다만 당대의 기록만 신뢰할 수 있다는 베글리의 극단적 태도에 대한 회의와 함께 특히 학술을 내외부자의 이분법으로 재단한 것을 인종주의적 편견이 담긴 악의적 비판으로 일축한다.[168] 리링도 베글리의 서평에서 드러난 서방의 방법론이 당대의 문헌만 신뢰하여 중국문화의 연속성과 통일성을 부정하고, 중국의 개념을 축소하고자 하는 등 중국학계의 방법론과 타협 불가능할 정도로 평행선을 달리고 있다고 우려한다.[169] 우훙의 시카고대학 동료인 에드워드 쇼네시(Edward L. Shaughnessy) 역시 새로운 출토문헌의 발굴로 이전에 의심하던 전래문헌에 점차 신빙성이 부여되고 있어서 구미 학계를 지배하는 의고 학풍에 대한 신중한 재검토 필요성을 역설했다.[170]

구미학계 최고 석학으로 인정받는 우훙의 책이 촉발한 이 논쟁은 1999년 『케임브리지 중국고대사』[171]의 출간으로 다시 격

---

168 巫鴻, 「答貝格利對拙作《中國早期藝術和建築中的紀念性》的評論」, 『中國學術』 2, 2000, 262-285쪽.

169 李零, 「學術"科索沃"-一場圍繞巫鴻新作的討論」, 『中國學術』 2, 2002, 202-216쪽.

170 夏含夷, 「知之不如好之, 好之不如樂之」, 『中國學術』 2, 2002, 286~290쪽.

171 Michael Loewe and Edward L. Shaughnessy ed., *The Cambridge*

화되었다. 선사시대에서 진의 통일까지를 연대순 및 주제별로도 나눈 이 책의 집필자 14명 중 앞에서 언급한 장광즈와 베글리, 팔켄하우젠, 우홍, 쇼네시가 모두 포함되어 있었으니, 일정한 관점과 방법론을 취하기는 불가능했을 것이다. 편찬자 쇼네시가 신고에 대한 전향적 입장을 표명한 것과 달리,[172] 이 책에 대해 장문의 서평을 쓴 UCLA의 데이비드 스카버그는 위에서 언급한 베글리의 서평에 대해 인종적, 정치적 운운하며 반박한 우홍과 달리 자신은 어떤 이분법도 찾을 수 없지만, 설사 최악을 가정하여 그렇다 치더라도, 우홍의 방법론에 대한 그 정당한 비판이 다른 동기 때문에 거부될 수는 없으리라고 역설했다.[173] 따라서 스카버그에게 신빙성이 떨어지는 전래문헌 대신 각각 갑골문과 고고학 자료에 전적으로 의존하여 단선적 역사를 지양한 제3장 「상 고고학」(베글리)과 제4장 「상: 중국의 첫 번째 역사적 왕조」(David N. Keightley) 등 의고 경향의 연구가 모범이었다. 반면에 선사시대의 고고학 자료를 후대의 문헌의 전설적 이야기와 일치시키려 한 제1장 「역사시대 전야의 중국」(장광즈), 전래문헌의 기록을 청동기 금문 자료와 조심스럽게 혼용하여 이야기식 서술을 꾀한 제5장 「서주사」(쇼네시), 거의 전적으로 『좌전(左傳)』에 의거한 제8장 「춘추시대」(Cho-yun Hsu) 등 신고 경향 연구는 강한 비판의 대상이었다. 『좌전』을 춘추시대가 아닌 전국시대 지성사의 일차자료

History of Ancient China: From the Origins of Civilization to 221 B.C., Cambridge: Cambridge University Press, 1999.

[172] 위 책, p.10.

[173] David Schaberg, "Texts and Artifacts: A Review of *The Cambridge History of Ancient China*," *Monumenta Serica* 49, 2001, p.474.

로 보는 스카버그는 "전래문헌을 활용할 때 일상적으로 그것을 전거가 불분명한 가공품(artifacts)으로 취급하는" 학자를 최상의 역사가로 간주한다. 따라서 문화적 통합성이라는 입증되지 않은 시대착오적 비전을 배제하며 기원전 제2천년기의 문화적 연관성을 최소한도로 제시했다고 보는 베글리의 자료 다루기가 이상적 방법론의 모델이었다.[174]

스카버그의 이러한 인식은 『좌전』을 구전의 산물로 전국시대에 재구성된 자료로 파악하는 그의 문헌학적 연구에 기초한다.[175] 하지만 『좌전』에 담긴 방대한 정보가 과연 필사된 기록의 매개 없이 구전으로만 전수되었을지,[176] 『좌전』이나 『국어(國語)』에 나타나는 장문의 언설이 구전의 형식을 취하고 있어도 역사적 이야기 전달 목적을 지니는 것은 아닌지[177] 등 반론이 나와 있는 것도 사실이다.[178] 이 논의는 최근 출토된 『시경』 관련 초간 문헌

---

174 위 글, p.475.

175 David Schaberg, *A Patterned Past: Form and Thought in Early Chinese Historiography*, Cambridge: Harvard University Asia Center, 2001. 이 책으로 2003년 아시아학회(Association for Asian Studies)에서 수여하는 Joseph Levenson Prize를 수상했다.

176 Yuri Pines, *Foundation of Chunqiu Thought: Intellectual Life in the Chunqiu Period, 722-453 B.C.E.*, Honolulu: University of Hawaii Press, 2001.

177 Li Feng, *Landscape and Power in Early China: The Crisis and Fall of the Western Zhou 1045-771 B.C.*, Cambridge: Cambridge University Press, 2006, pp.14-15.

178 『좌전』의 신빙성에 대해서는 심재훈, 「출토문헌과 전래문헌의 조화: 子犯編鐘 명문과 『左傳』에 기술된 晉 文公의 霸業」, 『東洋學』 40, 2006, 89-

들을 토대로 그 문헌의 생성과정과 관련하여 초기부터 구술 문화 못지않게 글쓰기 문화가 중요하게 작용했으리라는 쇼네시의 주장과도 상통한다. 특히 「대아(大雅)」의 "강한(江漢)"과 "하무(下武)" 편의 서사로 전해진 내용이 서주 당대의 청동기 명문과 유사함을 강조하며 스카버그가 제시한 증거의 기준에 충분히 부합할 수 있다고 반박한다.[179]

글이 구전보다 더 신빙성을 담보할 수 있을지 여부는 논외로 치더라도, 『케임브리지 중국고대사』의 편찬자인 쇼네시의 신고에 대한 중립적 태도[180]는 그의 제자 리펑의 의고 학풍에 대한 적극적 반박으로 이어진다:

> 그러나 기록이 없는 것 자체가 곧 부정의 논거가 될 수는 없는 것이다. 위조된 것이라고 판단된 많은 사례가 고고학을 통해서 그 증거가 제시된다면 그들의 주장은 근거를 잃게 된다. 보다 일반적인 관점에서 접근하더라도, '의고사조' 운동은 역사 연구를 문헌들의 편찬 연대에 관한 연구로 단순화시켜서, 역사를 보는 매우 협소한 시각을 초래했다. 본질적으로 문헌에 경도된 학문으로서 '의고'는 점점 더 당대의 출토 문헌과 고고학 자료에 의존하는 방향으로 전환해 간 고대 중국 분야의 전반적인 변화에 대응하는 데 실패했던 것이

114쪽 참조.

179 Edward L. Shaughnessy, "Unearthed Documents and the Question of the Oral versus Written Nature of the "Classicof Poetry"" *Harvard Journal of Asiatic Studies*, 75.2 (2015), pp.331-375(특히 pp.360-372).

180 각주 172.

다.[181]

리펑의 비판은 의고를 견지하며 중국이나 대만과의 학문 경향과 점점 멀어지게 된 구미의 학자들에게로 향한다:

> 북미 학자들이 비판주의 정신으로 전통적 역사 기술의 함정에 빠지지는 않았지만, '의고' 학파의 장애가 된 논리의 문제와 그로 인한 연구 기회 상실에 대해 인식한 사람들은 별로 없었다.[182]

이러한 인식을 바탕으로 리펑은 전래문헌까지 활용하여 이전 상 왕조와는 다른 초보적 관료제에 입각한 체계적인 서주 정체(政體)를 제시했고,[183] 전래문헌의 활용에 신중하여 서주의 중심을 상 왕조의 연장선상에서 무계획적 취락의 집적으로 파악한 팔켄하우젠[184]과 필자가 이미 예견한 대로[185] 또 다른 논전을 펼친다.[186] 팔켄하우젠이 서주의 정체에 대해 귀족 리니지의 질서

---

181   앞 책, 『중국고대사』 28-29쪽.

182   위 책, 31쪽.

183   Li Feng, *Bureaucracy and the State in Early China: Governing the Western Zhou*, Cambridge: Cambridge University Press, 2008.

184   앞 책, 『고고학 증거로 본 공자시대 중국 사회』 34쪽.

185   심재훈, 「周代를 읽는 다른 방법: 자료와 체계의 양면성」, 『中國古中世史研究』 26, 2012, 219-263쪽.

186   Lothar von Falkenhausen, "Review: Li Feng, *Bureaucracy and the State in Early China: Governing the Western Zhou*. Cambridge:

에 따라 작동된 친족 구조를 중시하며 리펑의 주장을 반박했고, 리펑은 서주의 왕들이 친족 구조의 한계를 넘어서기에 충분할 정도로 고안된 관료제를 갖추고 있었다고 재반박했다.

두 주장 모두 장단점을 가지고 있지만(각주 185), 리펑 같은 중국계 학자들의 적극적 노력으로 의고 일변도였던 구미학계의 판도에도 변화가 일어나고 있다. 그 좋은 사례가 바로 리민의 연구일 것이다. 앞에서 스마오와 타오쓰, 얼리터우 유적에 대한 리민과 중국학자들의 단선적 이해 추구와 그에 대한 구미학자들의 반론을 언급했지만, 필자가 파악하기에 그 책의 마지막 제8장 "우적(禹蹟)의 세계: 정치적 실험의 청사진"[187]은 중국 학계의 대세적 신고 경향이 구미학계에서 구현되었다고 볼 수 있을 정도로 도발적이다. 『상서』「우공」편에 대한 리민의 인식은 그 문헌을 서주시기(기원전 1045-771년)의 저작으로 본 리링(각주 152)과 거기에 언급된 구주 각각을 룽산 시기의 고고 문화에 대입시킨 샤오왕펑(각주 154)의 이해에 기초한다.

즉, 「우공」에 관료제의 양상인 행정 기구나 전략 대신 광활한 경관에 대한 기이한 여정이 개관되어 있어서, 후대의 제국적 야망이 아니라 량주나 스자허, 타오쓰, 스마오 등의 고고학 성과로 나타나듯 왕권과 국가 형성 아이디어가 고취된 선사시대의 종

Cambridge University Press, 2008." 『浙江大學藝術與考古研究』 1, 2014, pp.252-277; Li Feng, "Method, Logic, and the Debate about Western Zhou Government: A Reply to Lothar von Falkenhausen," *Frontiers of History in China* 12.3, 2017, pp.485-507.

187 앞 책, *Social Memory and State Formation in Early China*, pp.396-468.

교 전통이 반영되어 있다고 한다. 특히 옥장으로 대표되는 옥기가「우공」의 경관 범위에 맞게 고루 분포된 점은 당시 형성된 의례 네트워크의 윤곽을 보여준다. 리민은「우공」의 지리가 상당히 정확한 것으로 보는데, 그 중심이 오늘날 산서성 서남부와 맞먹는 기주(冀州)인 것은 타오쓰 유적으로 대표되는 룽산시대 그 지역의 정치적 실험과 연관되어 있다고 본다.『좌전』에 산서성 서남부의 정치체인 진(晉)의 선조로 도당(陶唐, 요)과 하(夏)가 언급된 것도 기원전 제3천년기 후반 기주 지역에 대한 기억과 무관하지 않을 것이다.

샤오왕펑과 마찬가지로「우공」의 구주 분류가 신석기 후기의 고고학 상황에 부합한다고 보는 리민은 특히 양주(梁州, 오늘날 샨시, 쓰촨)와 옹주(雍州, 오늘날 산시, 간쑤, 닝샤[寧夏], 내몽골, 칭하이)에 대한「우공」의 경관 설명이 고대 중국에서 의미를 지니는 것은 신석기 후기 고지대 룽산 사회의 관점에서만 가능하다고 본다. 양주의 지리에 등장하는 쓰촨성 북부와 간쑤성 남부를 잇는 민산(岷山) 서쪽은 20세기 대장정 시기에야 역사 무대에 등장하지만, 신석기시대에는 티벳고원 동부나 칭하이성과 간쑤성의 황하 상류까지 문화적으로 상당한 연결고리를 지녔다. 이 지역의 옥 재료가 중원으로 유입되었고, 양시오문화의 채도 역시 고르게 분포되어 있었다. 특히 양주의 특산물로 나타나는 구(璆)와 철, 은, 누(鏤) 등의 보석과 금속은 기원전 제3천년기 민산 서북쪽의 터키서 증가뿐만 아니라 금속 기술의 서래설과도 상통한다. 이렇듯「우공」에 반영된 신석기 후기의 상황은 기원전 제3천년기 후반의 홍수 등 생태적 위기를 겪으며 집단 기억으로 구전되어 대우(大禹)의 전설적 전통으로 구현된 것으로, 삼대의 왕권 개념과

정치적 권위도 궁극적으로 이러한 종교적 전통을 통해 형성되었을 것으로 본다.

기발함과 과장이 뒤섞인 듯한 리민의 해석은 구미학계에서 서평이 전무할 정도로 외면받았지만,[188] 그의 동료인 팔켄하우젠은 그 책의 서문에서 다음과 같이 평가한다:

> 역사적 기억이 어떻게 형성되는지에 대한 세련된 모델을 활용하며 그는 최근의 고고학 증거에 비추어 먼 고대에 대해 문헌에 기록된 전설을 재검토한다. 그는—내가 아는 한 최초로— 역사적 기억의 다른 전통들을 원사시대(protohistoric) 중국의 특정 지역들 내에 자리매김하고자 하여, 그것들이 어떻게 고고학 기록으로도 독자적으로 추적 가능한 왕권과 국가 수준 정치체라는 지역적으로 다른 모델이나 궤적을 향해 압축되어가는지 보여주고 있다. 이러한 성찰적 전환이 이 책을 고고학과 역사학 분야 모두의 최첨단에 자리하게 한다. 보다 광범위하게 말하면, 리민은 인문학과 사회과학을 관통하는 학자들 사이의 기억에 대한 현행논쟁에 아주 독창적인 방식으로 기여하고 있다.[189]

---

188 중국에서도 최근까지 「禹貢」편의 성서 연대에 대해서 서주시기 설을 반박하며 전국시대 이후 설을 뒷받침 하는 견해가 나오고 있어서(易德生, 「從楚簡《容成氏》九州看《禹貢》的成書年代」, 『江漢論壇』 2009-12, 77-80쪽; 陳立柱, 「《禹貢》著作時代評議: 與劉起釪先生商榷」, 『古代文明』 4.1, 2010, 53-62쪽), 리민의 주장이 일방적으로 수용되는 것은 아니다.

189 앞 책, *Social Memory and State Formation in Early China*, p.x.

앞에서 살펴본 전래문헌에 대한 팔켄하우젠의 엄정한 시각을 고려하면 상당히 이례적이고 판단 역시 조심스럽지만,[190] 이 평가는 한편으로 왜 이 책이 엄격한 심사를 거쳐 케임브리지대학 출판부에서 나올 수 있었을지 보여준다. 장광즈에서 비롯되어 우홍과 리펑 등으로 이어지는 미국의 탁월한 중국계 고대 중국 연구자의 계보가 의고 일변도를 넘어서 고대 중국 연구의 판도에 균열을 내고 있다. 이제 고대 중국 연구에서 의고와 신고는 중국과 구미 학계에서 정도 차이는 있지만 출신 배경을 넘어선 보편적 선택의 문제로 발전하고 있는 듯하다.

V. 평가와 전망

필자는 이 글에서 주목한 중국 고대문명 연구의 지역주의와 의고·신고 논쟁의 추이가 중국의 몇 가지 특이한 상황에서 기인한다고 본다. 첫째, 중국의 학술 전통이 다른 고대 문명들과 비교하여 거의 유례 없이 장기적으로 지속된 점이다. 둘째, 20세기 초반 중국의 몰락과 함께 도래한 고고학 같은 서양 학문과 사조가 중국 전통 학문과 충돌하며 강한 충격을 안겨 주었다. 그 결과로 20세기 전반 중국 학계를 곤혹스럽게 한 중국 문명의 서방기원설과

---

[190] 2023년 7월 11일 필자와 개인적으로 주고받은 서신에서 팔켄하우젠도 리민의 주장이 "너무 대담하다"고 언급한 바 있다.

함께 구제강이 주도한 의고 학풍이 정립되었다. 셋째, 현재까지 이어지는 이러한 충격에도 불구하고, 여전히 고대 중국 연구의 가장 강력한 주체는 그 당사자인 중국이나 타이완이라는 점이다. 고대 중국 연구의 전통을 나름대로 구축해온 구미 학계에서도 중국계 연구자들이 중요한 일익을 담당하고 있다. 넷째, 20세기 후반의 방대한 고고학 성과와 함께 G2로 성장한 중국 정부의 풍부한 학술 지원도 무시할 수 없다. 1997년 리쉐친의 "주출의고" 제창에 뒤이은 중국학계의 대대적인 신고 경향이 이러한 흐름과 무관하지 않을 것이다. 다섯째, 중국이라는 개념의 유동성에도 불구하고 현대 중국의 판도가 역사상 최대 확장된 영토에 기초한다는 사실이다.

이러한 측면에서 중화주의 혹은 국가주의와 연동된 중국에서의 고대 중국 연구가 100년 전의 충격을 딛고 다시 그 고유한 학술 전통과 화해를 꾀하는 것은 자연스러운 일인지도 모른다. 따라서 중국 영토 내 고고학 성과의 다원성에도 불구하고, 일원적으로 상정된 현재의 판도를 신석기시대 이래 고고학 성과에 투영하여 단선적 역사서술을 추동하는 것이다. 주요 고고 유적을 신화 전설상의 족속과 일치시키려는 시도도 유사한 맥락의 산물이다. 미국에서 중국 고고학이라는 학문을 정착시킨 장광즈가 "조국을 향한 마음"이 각별했다는 점[191]을 감안할 때―구미에서 고대 중국을 연구하는 중국계 학자들을 일반화할 수 없겠지만―장광즈를 따르려는 후배들도 이러한 흐름에서 예외는 아닐 것이다.

---

191 위잉스 지음, 이원석 옮김, 『위잉스 회고록 1930~2021 톈진에서 하버드까지』, 마르코폴로, 2023, 381-382쪽.

20세기 말 중국에서 보편화되기 시작한 이러한 극단적 인식이 리민의 책을 통해서 구미에서도 출간되었다. 팔켄하우젠이 평가한 창발성에도 불구하고, 이러한 경향의 연구는 신화전설 류의 문헌 자료를 고고학 자료와 손쉽게 "이현령비현령(耳懸鈴鼻懸鈴)" 식으로 꿰맞출 수 있는 약점을 안고 있다. 예컨대, 훙산문화를 황제와 연관시키며 중국 문명의 원류로 주목한 쑤빙치(각주 114)와 달리, 스마오 유적이 발견된 2010년대 이후 리민의 연구처럼 그 초점이 진샨(晉陝) 황토고원으로 이동하고 있다. 다른 지역에서 더욱 큰 유적이 발견되면 다시 옮겨갈 가능성도 있을 것이다. 리쉐친은 이러한 전설의 범위를 더 확대하여 황제와 염제 관련 전설이 각각 고고학적으로 구분되는 중원과 남방을 대표하는 문명의 원형이었을 것으로 보지만,[192] 염황 전설 모두를 하(夏) 계통의 유목문화로, 요순을 이(夷) 계통의 농업문화로 보는 견해까지 나오고 있다.[193] 전래문헌에 언급된 순이 역산(歷山)에서 농사를 지었다는 이른바 "순경역산(舜耕歷山)" 고사로 인해, 현재 중국에서 순과의 연고권을 주장하는 역산이 무려 27곳에 달할 정도라고 한다.[194] 물론 리민은 타오쓰 유적과 도당(요)의 연관성 및 우가 제후들과 회합했다는 도산(塗山)과 안후이성(安徽省) 벙부(蚌埠)

---

192 앞 책, 『의고시대를 걸어 나오며』, 88-90쪽.

193 易華, 「堯舜與炎黃:《史記·五帝本紀》與民族認同」, 『南方文物』 2019-4, 1-12쪽,

194 鄒明華, 「"僞"歷史與"眞"文化: 山西洪洞的活態古史傳說」 『文學評論』 2008-5, 127쪽.

의 룽산시대 제사 유적과의 연관성 등을 제외하면,[195] 전래문헌 상의 족속을 고고 유적에 직접 대입하려는 시도는 대체로 자제한 듯하다. 그러나 그가 신석기시대에서 청동기시대에 이르는 중국의 주요 유적을 망라하여 추구한 단선적 서사는 야페(Jaffee) 등이 주장하는 지역에 초점을 맞춘 "고해상도"의 분석을 시도하면 군데군데 매듭이 드러날 수 있다. 이러한 측면에서 하버드대학의 로웬 플래드(Rowan Flad)는 콜린 렌프류와 류빈이 량주를 상 이전 중국의 다른 지역에서 부상한 도시 사회이자 국가 중 하나로 규정하며 단선적 궤적을 지양한 점(각주 73)에 주목한다.[196]

그럼에도, 1980년대 초까지 장광즈나 쑤빙치 역시 전래문헌의 족속을 고고학 자료에 대입하는데 유보적이었다는 점을 고려할 필요가 있다(각주 112, 113). 장광즈는 특히 1981년 발표한 논문에서 중국 고고학이 "새롭게 재개된 전통 중국 역사서술"로 자리 잡아가는 것을 아쉬워하면서도,[197] 1986년 출간된 『중국 고고학』 제4판에서는 신석기 후기의 고고학 성과를 삼황오제 등의 전설에 대입시킬 수 있다고 보아(각주 114), 인식 상의 큰 변화를 보여주었다. 1970년대 후반부터 본격적으로 보고된 예상치 못한 방대한 고고학 성과가 영향을 미쳤을 것이다. 이러한 변화는 정도 차이는 있지만, 구미 학자들 사이에서도 감지된다. 『케임브리

---

195 앞 책, *Social Memory and State Formation in Early China*, pp.155-157, p.413.

196 앞 글, "Shimao and the Rise of States in China Archaeology, Historiography, and Myth," p.106.

197 앞 글, "Archaeology and Chinese Historiography," p.166.

지 중국 고대사』(1999)의 편찬자인 쇼네시가 중국 학계의 신고 경향에 대한 서양 학자들의 편견을 지적한 것처럼(각주 170, 172),[198] 다트머스대학의 사라 앨런 역시 구미 학계의 지나친 의고 일변도에 문제를 제기한다.[199] 1993년 1981년의 장광즈처럼 중국 고고학의 역사학 지향성을 비판한 팔켄하우젠(각주 63) 역시 2018년 출간된 리민의 책은 긍정적으로 평가한다(각주 127, 189).

이러한 측면에서 필자는 추시구이(각주 155) 및 야페(Jaffee) 등의 비평문(2019)에 토론자로 참여한 서양학자 5인의 지적처럼(각주 128), 신화전설의 역사성을 신석기시대까지 추구하는 극단적 신고는 문제를 안고 있다고 본다. 다만 궈용빙이 초간 등 출토문헌을 활용하여 시도한 전국시대 제계가 창출되는 과정의 재구성(각주 157-159)은 앞에서 언급한 일부 문제에도 불구하고 충분히 경청할 가치가 있다고 본다. 앨런도 요순 선양 전설이 기원전 5세기 전의 자료에 나타나지 않는다는 사실로 요순의 이른 시기 기원을 반박할 수는 없다고 주장한 바 있다. 선양 전설 자체는 기원전 5세기의 산물이라고 할지라도 『상서』「요전」에 언급된 요순 관련 내용은―기원전 2000년 이전까지 소급되기보다는―상 후기(기원전 12-11세기) 갑골문에 나타나는 상제와 상의 첫 번째 조상에 대한 우주의 기원(cosmogonic) 신화에서 유래했을 수 있다

---

198 쇼네시의 연구 방법론에 대해서는 앞 글, 「고대 중국을 이해하는 상반된 시각: 의고 신고 논쟁」, 295-296쪽 참조.

199 Sarah Allan, *Buried Ideas: Legends of Abdication and Ideal Government in Early Chinese Bamboo-Slip Manuscripts*, Albany, State University of New York, 2015, p.317.

고 추정하는 것이다.²⁰⁰ 필자 역시 타오쓰 유적을 요(唐)와 대입시키는 중국학계나 리민과 달리, 기원전 4-3세기의 문헌인 『좌전』에 언급되듯 춘추시대 산서성 서남부 진(晉)의 유력자들 사이에서 일관성 없이 생겨난 도당 혹은 요와의 관계 추구가 상 후기 갑골문에 산서성 서남부 정치체로 등장하는 진의 전신 당(唐) 혹은 양(昜)에 대한 기억과 연관될 수 있다고 본다.²⁰¹ 필자는 또한 신석기시대에 대한 리민의 단선적 이해에는 비판적이지만, 얼리터우에 대한 해석은 긍정적으로 평가한 바 있다.²⁰² 즉, 룽산시대 붕괴 이후 얼리터우가 새롭게 부상하는 과정에서 남겨진 사회적 기억으로 인해 전국시대 저술가들이 그 진위에 상관없이 하나라에서 비롯된 금속과 낙양(중원) 중심의 삼대 개념을 창출했으리라는 것이다.

지금까지 고대 중국 연구의 지역주의 및 의고·신고 논쟁에 대한 필자 나름의 평가를 시도했다. 100년 넘게 지속된 이 논쟁(특히 의고·신고)은 이 책 제3장에서 강후구도 주목한 성서(구약)의 신빙성에 대한 "최대주의"와 "최소주의" 및 그것들을 절충한 수정주의 논쟁과 유사한 면이 있어서 흥미롭다. 성경이라는 종교적 문헌의 광범위한 수용 때문에 이 논쟁의 지형이 더욱 복잡해 보인다. 하지만 그 핵심은 결국 의고·신고 논쟁처럼 후대(페르시아나 헬레니즘 시대)에 작성된 성서에 언급된 이른 시기, 즉 족장사나

---

200   위 책, p.318.

201   심재훈, 「전설과 역사 사이: 山西省의 堯舜禹」, 『歷史學報』 241, 2019, 258-271쪽.

202   앞 글, 「二里頭 중국 고대국가 기원론의 딜레마」, 230-233쪽

출애굽, 가나안 정복, 다윗과 솔로몬 시대 등의 역사성을 얼마나 인정할 수 있느냐에 있다.[203] 오랜 시간을 거치며 점진적으로 확대 재구성된 성서를 근대 역사학의 관점에서 바라보면 고대 중국의 문헌과 유사하게 시대착오적 진술이 많고 고대 역사가들이 꾸며낸 이야기도 상당해 보이기 때문이다.[204]

최소주의와 최대주의 간 논쟁의 접점은 요원해 보인다. 그러나 그 극심한 논쟁이 고대 이스라엘과 성서 연구자들의 논리를 날카롭게 하며 그 연구에 큰 활력을 불어넣었을 것이다. 마찬가지로 『케임브리지 중국 고대사』를 둘러싼 의고·신고 논쟁이나 *Current Anthropology*에서 시도한 포럼 역시 학술의 정수를 보여주며 고대 중국 연구의 쟁점을 세계 고대문명 연구의 장에 자리매김하고 있다. 성서를 둘러싼 논쟁에서 수정주의 시각이 그 논의를 확장하듯이, 위에서 필자가 소개한 절충적 해석 역시 고대 중국 연구를 더욱 풍성하게 해주리라 기대한다.

중국 고대문명 연구는 중국 자체의 무거운 학문 전통, 서양 학문의 충격, 중국이라는 범위의 유동성, 계속 누적되는 새로운

---

203   최근 국내에도 그 논쟁을 소개하고, 고고학 자료를 토대로 최소주의나 수정주의적 주장을 반박한 논고가 출간되었다(유윤종, 「고대 이스라엘 역사 찾기와 고고학: 수정주의자와 논쟁을 중심으로」, 『한국기독교신학논총』 34, 2004, 105-127쪽; 강후구, 「이스라엘 핀켈쉬타인(Israel Finkelstein)의 '저연대(Low Chronology)' 주장에 대한 고고학적 고찰」, 『구약논단』 65, 2017, 172-209쪽; 강후구, 「이스라엘/팔레스틴 고고학 역사: 정치적 종교적 문화적 논쟁들」, 『숭실사학』 50, 2023, 112-114쪽).

204   John Van Seters, "Historiography in Ancient Israel," *The Oxford History of Historical Writing Volume 1*, p.76.

고고학 성과 등으로 인해 지역주의와 의고·신고라는 숙제를 떠안으며 국제적으로 일원화된 학문의 장으로 접어들었다. 큰 쟁점을 주로 부각한 이 글에서 미처 다루지 못한 다양한 출토자료의 해독과 해석에 천착하는 연구자들이 여전히 고대 중국 연구의 핵심 토대를 이루고 있음을 마지막으로 강조하고 싶다.

참고자료

姜仁旭, 「區系類型論과 중국 동북지방 고고학: 중국 동북지방 고고학에 대한 이론적 접근」, 『韓國考古學報』 56, 2005.

강후구, 「이스라엘 핀켈쉬타인(Israel Finkelstein)의 '저연대(Low Chronology)' 주장에 대한 고고학적 고찰」, 『구약논단』 65, 2017.

강후구, 「이스라엘/팔레스틴 고고학 역사: 정치적 종교적 문화적 논쟁들」, 『숭실사학』 50, 2023.

고힐강 지음, 김병준 옮김, 『고사변자서』, 소명출판, 2006.

郭永秉, 『帝系新研: 楚地出土戰國文獻中的傳說時代古帝王系統研究』, 北京: 北京大學出版社, 2008.

裘錫圭, 「中國古典學重建中應該注意的問題」, 『中國出土文獻十講』, 上海: 復旦大學出版社, 2004.

裘錫圭, 曹峰, 「"古史辨"派 "二重證據法及其相關問題: 裘錫圭先生放談錄」, 文史哲編輯部 編, 『疑古"與"走出疑古"』, 北京: 商務印書館, 2010.

顧頡剛, 「答劉胡兩先生書」, 『古史辨』 1, 上海: 上海古籍出版社, 1982.

김광림, 「데이터역사과학: 고대 문명의 보편 질문을 향한 관문」, 『東洋學』 79, 2020.

김병준, 「中國古代 "長江文明"의 재검토」, 『중국학보』 51, 2005.

김병준 등, 『중국의 '지역문명 만들기'와 역사, 고고학 자료 이용 사례 분석』, 동북아역사재단, 2008.

김석진, 「戰國 楚簡 『繫年』의 史學史的 성격: 先秦 출토·전래 역사류 기록의 문헌학적 고찰을 통해」, 『東洋史學研究』 161, 2022.

김정열, 「홍산문화론: 牛河梁 유적과 중국 초기 문명본을 중심으로」, 『한국고대사연구』 76, 2014.

김정열, 「근대 서양 학문의 도입과 메타모포시스-중국 증사주의적 고고학의 성립-」, 『崇實史學』 45, 2020.

로타 본 팔켄하우젠 2011, 심재훈 옮김, 『고고학 증거로 본 공자시대 중국사회』, 세창출판사, 2011.

루돌프 파이퍼 지음, 정기문 옮김, 『인문정신의 역사: 서양은 어떻게 인문학을 부흥시켰는가』, 도서출판 길, 2011.

류리·천싱찬 지음, 김정열 옮김, 『중국고고학: 구석기시대 후기부터 청동기시대 전기까지』, 사회평론아카데미, 2019.

리쉐친 지음, 이유표 옮김, 『의고시대를 걸어 나오며』, 글항아리, 2019.

리펑 지음, 이청규 옮김, 『중국고대사』, 사회평론아카데미, 2017.

巫鴻, 「答貝格利對拙作《中國早期藝術和建築中的紀念性》的評論」, 『中國學術』 2, 2000.

白鳥庫吉, 「支那古傳說の研究」, 『白鳥庫吉全集』 8, 東京: 岩波書店, 1970.

벤저민 엘먼 지음, 양휘웅 옮김, 『성리학에서 고증학으로』, 예문서원, 2004.

西山尙志, 「"疑古"與"釋古"的前哨戰: 從白鳥庫吉與林泰輔的爭論再探"釋古"的本質性問題」, 『現代哲學』 2020-6.

邵望平, 「禹貢九州的考古學硏究」, 『九州學刊』 2.1, 1987.

蘇秉琦, 殷瑋璋, 「關于考古學文化的區系類型問題」, 『文物』 1981-5.

蘇秉琦 지음, 박재복 옮김, 『중국 문명의 기원을 새롭게 탐구한 區系類型論』, 도서출판 考古, 2016.

심재훈, 「고대중국 이해의 상반된 시각: 의고와 신고 논쟁」, 『역사비평』 65, 2003.

심재훈, 「출토문헌과 전래문헌의 조화: 子犯編鐘 명문과 『左傳』에 기술된 晉文公의 霸業」, 『東洋學』 40, 2006.

심재훈, 「발을 잘라 신발에 맞추기: 하상주단대공정 서주 기년의 허실」, 김경호 등, 『하상주단대공정: 중국 고대문명 연구의 허와 실』, 동북아역사재단, 2008.

심재훈, 「주대를 읽는 다른 방법: 자료와 체계의 양면성」, 『中國古中世史硏究』 26, 2011.

심재훈, 「전설과 역사 사이: 山西省의 堯舜禹」, 『歷史學報』 241, 2019.

심재훈, 「二里頭 중국 고대국가 기원론의 딜레마」, 『歷史學報』 245, 2020.

심재훈, 「동아시아를 횡단한 의고의 계보와 학술사적 전망」, 『東洋史學研究』 161, 2022.

梁啓超, 「中國考古之過去及將來」, 『飲冰室文集專集』 101, 上海: 中華書局, 1936.

양계초 지음, 전인영 옮김, 『중국 근대의 지식인: 양계초의 『淸代學術槪論』』, 혜안, 2005.

梁思永,「山西西陰村史前遺址的新石器時代的陶器」,『梁思永考古論文集』, 北京: 科學出版社, 1959.

梁思永,「後崗發掘小記」,『梁思永考古論文集』.

嚴文明,「仰韶文化研究中幾個值得重視的問題」, 河南省考古學會, 澠池縣文物保護管理委員會 編,『論仰韶文化』,《中原文物》1986年 特刊.

易德生,「從楚簡《容成氏》九州看《禹貢》的成書年代」,『江漢論壇』2009-12.

易華,「堯舜與炎黃:《史記·五帝本紀》與民族認同」,『南方文物』2019-4.

吳銳,『中國上古的帝繫構造』, 北京: 中華書局, 2015.

王國維,「宋代之金石學」,『國學論叢』1.3, 1927.

왕우신·양승남 외 지음, 하영삼 옮김,『갑골학 일백 년』1권, 소명출판, 2011.

우훙/김병준 옮김,『순간과 영원: 중국고대의 미술과 건축』, 아카넷, 2001.

위잉스 지음, 이원석 옮김,『주희의 역사세계: 송대 사대부의 정치문화 연구』, 글항아리, 2015.

위잉스 지음, 이원석 옮김,『위잉스 회고록 1930~2021 톈진에서 하버드까지』, 마르코폴로, 2023.

유윤종,「고대 이스라엘 역사 찾기와 고고학: 수정주의자와 논쟁을 중심으로」,『한국기독교신학논총』34, 2004.

尹達,「龍山文化與仰韶文化的分析: 論安特生在中國新石器時代分期問題中的錯誤」, 中國社會科學院歷史研究所中國史學史研究室 編,『尹達史學論著選集』, 北京: 人民出版社, 1989.

劉釗,『古文字構形學』, 福州, 福建人民出版社, 2011.

李零,「考古發現與神話傳說」,『李零自選集』, 桂林: 廣西師範大學出版社, 1998.

李零,「學術"科索沃"-一場圍繞巫鴻新作的副論」,『中國學術』2, 2002.

李零,『鑠古鑄今: 考古發現和復古藝術』, 北京: 三聯書店, 2007.

李零,『簡帛古書與學術源流』, 北京: 三聯書店, 2008.

李零,「禹蹟考:《禹貢》講授提綱」,『中國文化』39, 2014.

이상신,『서양사학사』, 신서원, 2001.

이승률,「출토문자자료와 중국고대사상사」, 권인한·김경호·이승률 책임편집,『동아시아 자료학의 가능성: 고대 동아시아사의 이해를 중심으로』, 성균관대학교출판부, 2009.

이승률,『죽간·목간·백서, 중국 고대 간백자료의 세계1』, 예문서원, 2013.
李濟,「中國古器物學的新基礎」, 張光直 李光謨 編,『李濟考古學論文選集』, 北京: 文物出版社, 1990.
李濟,「中國考古學之過去與將來」,『李濟考古學論文選集』.
李濟,「中國古器物學的新基礎」,『李濟考古學論文選集』.
李濟,「西陰村史前的遺存」,『三晉考古』 2, 1996.
李學勤,「《堯典》與甲骨卜辭的叹词"俞"」,『湖南大學學報(社會科學版)』 22.3, 2008.
林泰輔,『支那上代之研究』, 東京: 進光社, 1944.
張莉,「從龍山到二里頭: 以嵩山南北爲中心」, 北京大學博士學位論文, 2012.
張蔭麟,「評近人對中國古史之討論」,『古史辨』 2, 上海: 上海古籍出版社, 1982.
全廣鎭 編譯,『중국문자훈고학사전』, 東文選, 1993.
中國社會科學院考古研究所 編著,『中國考古學: 夏商卷』, 北京: 中國社會科學文獻出版社, 2003.
中國社會科學院考古研究所 編著,『中國考古學: 新石器時代卷』, 北京: 中國社會科學文獻出版社, 2010.
지관순,「辛亥革命期 王國維의 史學研究」,『中國近現代史研究』 61, 2014.
陳夢家,『西周銅器斷代』 2冊, 北京: 中華書局, 2004.
陳立柱,「《禹貢》著作時代評議: 與劉起釪先生商榷」,『古代文明』 4.1, 2010.
陳星燦,『中國史前考古學史研究1895-1949』, 北京: 三聯書店, 1997.
陳星燦 著, 趙賢庭 외 옮김,『中國 史前考古學史 研究 1895~1949』, 도서출판 고고, 2011.
陳泳超,『堯舜傳說研究』, 南京: 南京師範大學出版社, 2000.
鄒明華,「"僞"歷史與"眞"文化: 山西洪洞的活態古史傳說」『文學評論』 2008-5.
彭國良,「一個流行了八十餘年的僞命題: 對張蔭麟"默證"說的重新審視」, 文史哲編輯部 編,『"疑古"與"走出疑古"』, 北京: 商務印書館, 2010.
夏鼐,「齊家期墓葬的新發現其年代的改訂」,『中國考古學報』 3, 1948.
夏鼐,「碳-14測定年代和中國史前考古學」,『考古』 1977-4.
夏含夷,「知之不如好之, 好之不如樂之」,『中國學術』 2, 2002.

夏含夷, 「出土文獻與『詩經』口頭和書寫性質問題的爭議」, 『文史哲』 2020-2.
胡適, 「介紹幾部新出的史學書」, 『古史辨』 2.

Allan, Sarah, *Buried Ideas: Legends of Abdication and Ideal Government in Early Chinese Bamboo-Slip Manuscripts*, Albany: State University of New York, 2015.

Assmann, Jan, *Cultural Memory and Early Civilization: Writing, Remembrance, and Political Imagination*, Cambridge: Cambridge University Press, 2011.

Bagley, Robert, "A Review for Wu Hung's *Monumentality in Early Chinese Art and Architecture*," *Harvard Journal of Asiatic Studies* 58.1, 1998.

Bagley, Robert, "Anyang Writing and the Origin of the Chinese Writing System," in *The First Writing: Script Invention as History and Process*, ed. by Stephen D. Houston, Cambridge: Cambridge University Press, 2004.

Chang, K. C., "Archaeology and Chinese Historiography," *World Archaeology* 13.2 1981.

Chang, K. C., *The Archaeology of Ancient China*, 4th edition, New Haven: Yale University Press, 1986.

Chang, K. C. "China on the Eve of the Historical Period," *The Cambridge History of Ancient China*.

Creel, Herrlee G. 1937, *The Birth of China: A Survey of the Formative Period of Chinese Civilization*, New York: Frederick Ungar, 1937.

Demattè, Paola, "The Origins of Chinese Writing: the Neolithic Evidence," *Cambridge Archaeological Journal* 20.2, 2010, pp.211-228.

Dikötter, Frank, *The discourse of race in modern China* Stanford: Stanford University Press, 1992.

Falkenhausen, Lothar von, "On the Historical Orientation of chinese Archaeology," *Antiquity* 67 (1993), pp.839-849.

Falkenhausen, Lothar von, "The Regionalist Paradigm in Chinese Archaeology," In *Nationalism, Politics and the Practice of Archaeology*, Philip Kohl and Clare Fawcett eds., Cambridge: Cambridge University Press, 1995, pp.198-217.

Falkenhausen, Lothar von, "A Review for Wu Hung's *Monumentality in Early Chinese Art and Architecture*," *Early China* 21, 1996.

Falkenhausen, Lothar von, "Antiquarianism in East Asia: A Preliminary Overview," in *World Antiquarianism: Comparative Perspectives*, edited by Alain Schnapp et al., Los Angeles: Getty Research Institute, 2013, pp.35-55.

Falkenhausen, Lothar von, "Review of *Bureaucracy and the State in Early China: Governing the Western Zhou*," 『浙江大學藝術與考古研究』第一輯, 2014.

Fiskesjö, Magnus and Chen Xingcan 2004, *China before China: John Gunnar Anderson, Ding Wenjiang, and the Discovery of China's Prehistory*, Museum of Far Eastern Antiquities Monograph 15, Stockholm: Ostasiatiska museet, 2004.

Gardner, Charles S., "Review of Books," *American Historical Review* 37.3, 1932,

Hummel, Arthur W., *The Autobiography of a Chinese Historian: Being the Preface to A Symposium on Ancient Chinese History (Ku Shih Pien), Translated and Annotated*, Leyden: E. J. Brill, 1932.

Jaang, Li, "Erlitou: The Making of a Secondary State and a New Sociopolitical Order in Early Bronze Age China,"*Journal of Archaeological Research* 온라인판, 2022.

Jaang, Li, Zhouyong Sun, Jing Shao, and Min Li, "When Peripheries were Centers: a Preliminary Study of the Shimao-centred Polity in the Loess Highland, China," *Antiquity* 92 (364), 2018.

Jaffe, Yitzchak, Roderick Campbell, and Gideon Shelach-Lavi, "Shimao and the Rise of States in China Archaeology, Historiography, and Myth," *Current Anthropology* 63.1, 2019.

Leibold, James, "Competing Narratives of Racial Unity in Republican China: From the Yellow Emperop to Peking Man," *Modern China* 32.2, 2006.

Li Chi, *Anyang*, Seattle: University of Washington Press, 1977.

Li Feng, *Landscape and Power in Early China: The Crisis and Fall of the Western Zhou 1045-771 B.C.*, Cambridge: Cambridge University Press, 2006.

Li Feng, *Bureaucracy and the State in Early China: Governing the Western Zhou*, Cambridge: Cambridge University Press, 2008.

Li Feng, "Method, Logic, and the Debate about Western Zhou Government: A Reply to Lothar von Falkenhausen," *Front History China* 12.3, 2017.

Li Min, *Social Memory and State Formation in Early China*, Cambridge: Cambridge University Press, 2018.

Loewe, Michael and Edward L. Shaughnessy ed., *The Cambridge History of Ancient China: From the Origins of Civilization to 221 B.C.*, Cambridge: Cambridge University Press, 1999.

Miller, Peter N. 등 ed., *Antiquarianism and Intellectual Life in Europe and China, 1500-1800*, Ann Arbor: The University of Michigan Press, 2012.

Mittag, Achim, "Chinese Official Historical Writing under the Ming and Qing," *The Oxford History of Historical Writing Volume 3: 1400-1800*, ed. by José Rabasa, Masayuki Sato, Edoardo Tortarolo, and Daniel Woolf, Oxford: Oxford University Press, 2012.

Ng, On-cho, "Private Historiography in the Late Imperial China," in *The Oxford History of Historical Writing Volume 3*.

Oppenheim, A. Leo, *Ancient Mesopotamia: Portrait of a Dead Civilization*, Chicago: The University of Chicago Press, 1977.

Peng, Zhaodong [Jordan] 등, "Climate change, Yellow River dynamics and human civilization in Central Plains of China," *Quaternary International* 521, 2019.

Pines, Yuri, *Foundation of Chunqiu Thought: Intellectual Life in the Chunqiu Period, 722-453 B.C.E.*, Honolulu: University of Hawaii Press, 2001.

Pumpelly, Raphael, *Explorations in Turkestan; Expedition of 1904: The Prehistoric Civilization of Anau*, Washington D.C.: Carnegie institution of Washington, 1908.

Renfrew, Colin and Bin Liu, "The Emergence of Complex Society in China: The Case of Liangzhu, *Antiquity* 92 (364), 2018.

Romgard, Jan, "From Geosciences to Prehistory: J.G. Andersson's Researches in China 1914–1924," *Bulletin of the Museum of Far Eastern Antiquities* 81 2021.

Rudolph, Richard C., "Preliminary Notes on Song Archaeology," *Journal of Asian Studies* 22, 1963.

Schaberg, David, *A Patterned Past: Form and Thought in Early Chinese Historiography*, Cambridge: Harvard University Asia Center, 2001.

Schaberg, David, "Texts and Artifacts: A Review of *The Cambridge History of Ancient China*," *Monumenta Serica* 49, 2004.

Schneider, Axel and Stefan Tanaka, "The Transformation of History in China and Japan," in *The Oxford History of Historical Writing Volume 4: 1800-1945*, ed. by Stuart Macintyre, Juan Maiguashca, and Attila Pók, Oxford: Oxford University Press, 2011.

Schneider, Laurence A. 1971, *Ku Chieh-kang and China's New History: Nationalism and the Quest for Alternative Traditions*, Berkeley: University of California Press.

Sebillaud, Pauline, "La distribution spatiale de l'habitat en Chine dans la plaine Centrale à la transition entre le Néolithique et l'âge du Bronze (env.2500–1050 av. n. è.)," PhD dissertation, École Pra-

tique des Hautes Études, 2014.
Sena, Yunchiahn C., *Bronze and Stone: The Cult of Antiquity in Song Dynasty China*, Seattle: University of Washington Press, 2019.
Seters, John Van, "Historiography in Ancient Israel," Andrew Feldherr & Grant Hardy ed., *The Oxford History of Historical Writing Volume 1, Beginning to AD 600*, Oxford: Oxford University Press, 2011.
Shaughnessy, Edward L., *Source of Western Zhou History: Bronze Inscriptions*, Berkeley: University of California Press, 1991.
Shaughnessy, Edward L., "History and Inscriptions, China," *The Oxford History of Historical Writing Volume 1*.
Shaughnessy, Edward L., "Unearthed Documents and the Question of the Oral versus Written Nature of the "Classic of Poetry"" *Harvard Journal of Asiatic Studies*, 75.2, 2015.
Wu Hung, *Monumentality in Early Chinese Art and Architecture*, Stanford: Stanford University Press, 1995.

색인

서문

4대 문명 5, 6
갑골문 12
금문(金文) 12
문헌학 8, 9
사이비 역사학 11
신고(信古) 9, 12
신비주의 9
쐐기문자 9
아리아인 11
의고(疑古) 4, 12
지역주의 4, 12
초간(楚簡) 12
호고주의 9, 12
힌두교 11

1장

게티 문화재 보전 연구소 86
그리피스 연구소 69, 74
금석학 74, 87, 88
기록 발굴 기술 63
〈나일 강을 따라 천 마일〉 104
나일강 전투 32
나폴레옹 14, 31, 32, 33, 34, 35, 37, 41, 46, 48, 52, 105
네페르티티 71, 75
누비아 구원 사업 73, 80, 85
데르 엘-메디나("노동자의 마을") 69, 70, 71, 72, 83, 84
덴데라의 천문도 40
드로베티(Bernardino Drovetti) 35, 36, 40
디지털 데이터 아카이브(DZA) 94
라이즈너(George Andrew Reisner) 63, 73, 79
레프시우스(Richard Lepsius) 39, 47, 48, 52, 78, 97
로셀리니(Ippolito Rosellini) 15, 45, 47, 52
로제타 석비(스톤) 33, 34, 42, 43, 44
마네토 96, 97, 98, 102
마리에트(Auguste Mariette) 54, 55, 56
마스페로(Jean Gaston Maspero) 56, 57, 77, 98
맨더빌 28, 29
무함마드 알리 35, 36, 40, 53
뱅크스(William John Banks) 38
베를린 학파 14, 74, 75, 77, 79, 88, 89, 92
벨조니(Giovanni Bezoni) 36, 37, 38, 45, 65
부르크하르트(Johan Ludwig Burchhardt) 38
브리스테드(James Henry Breasted) 52, 57, 79, 87, 98, 99, 100, 101
비방 드농(Dominique Vivant De-

색인 375

non) 34, 40
사이드(Muhammad Sa'id Pasha) 54
사카라 사건 66
샹폴리옹(Jean-Francois Champollion) 27, 36, 39, 40, 41, 43, 44, 45, 46, 47, 52, 53, 54, 77
성각문자 25, 29, 34, 38, 39, 41, 42, 43, 44, 45, 46, 47, 48, 74, 77, 95, 96, 105
솔트(Henry Salt) 35, 36, 37
슈타인도르프 명단 19
시카르(Claude Sicard) 30, 65
신고고학 16, 80, 84, 102
아부심벨 38, 66, 86
아비도스 55, 60
알 이드리시(Muhammad al-Idrisi) 26
앙크에센파텐 68
에드워즈(Amelia Ann Edwards) 18, 50, 51, 60, 105
에르만(Adolph Ehrmann) 74, 75, 76, 77, 78, 79, 87, 88, 93, 94
여왕의 계곡 86
역사적 문헌학 48
오리엔탈 인스티튜트 87
오페트 축제 88
와흐시야(Ibn Wahshiyah) 25
왕가의 계곡 30, 37, 64, 65, 66, 67, 70, 106
윈로크(Herbert Winlock) 100, 101, 102
윌킨슨(John G. Wilkinson) 27, 39, 40, 49, 50
이집트 고고학청 54, 56, 57, 58, 66, 86, 87
〈이집트 고고학청 연감〉 57
이집트 동사의 표준 이론 376
〈이집트 서술〉 33, 34, 48
이집트어 동의어 사전(TLA) 94
젊은 멤논 37
카르나르본 백작 66, 67, 69
카말(Ahmad Kamal) 56
카터(Haward Carter) 65, 66, 67, 68, 69
텔-아마르나 64
토기상대 연대(토기형태학) 61
토마스 영 42, 43
투탕카문 18, 64, 65, 66, 67, 68, 69, 87, 88, 106
파네브 70
페트리(Flinders Petrie) 14, 20, 21, 49, 51, 52, 58, 59, 60, 61, 62, 63, 64, 66, 73, 76, 80
피르만 35, 53
헐버트(George E. Herbert) 66, 100
호라폴로 29, 41

2장

고대 근동 115, 116, 117, 118, 119,
　　　120, 121, 122, 124, 125,
　　　126, 127, 129, 130, 131,
　　　132, 133, 134, 135, 136,
　　　137, 139, 141, 142, 143,
　　　144, 145
길가메쉬 서사시 125, 126, 132
니느베 119, 120, 125
로제타석(석비) 122
마리 왕궁 문서고 136
범 바빌로니아 학파 114, 132
사르곤 왕 127, 143
서아시아 116
수메르 117, 121, 122, 126, 127,
　　　130
아카드어 사전 134, 135, 143, 144
알렉산더 대왕 115
앗시리아 제국 116, 125, 141
앗시리올로지 116, 117, 118
에덴동산 119, 128
영웅 탄생설화 143
칼후 119
헬레니즘 115
홍수 이야기 143
AMAR 142
ETANA 142

3장

가데스바네아 158, 174

게셀 159, 162, 163, 166, 181, 197,
　　　199
나메르 177
나투피안 문화 189
납골함 182, 217, 218, 219
네게브 163, 168, 174
니느웨 157
님루드 157
도시-국가 194
도탄(T. Dothan) 179, 180
디버(W.G. Dever) 153
라기스 160, 171, 182, 186, 197,
　　　199, 204
라스 샴라 171
로빈슨(E. Robinson) 158, 159
로제타 석비 157
로커스 176
룩소 163
르메흐(A. Lemaire) 182, 217
마르둑 신화 157
마사다 173
마자르(A. Mazar) 153, 183, 192,
　　　205
마자르(E. Mazar) 153, 183, 192,
　　　205
메렌프타 비문 163, 164
메사비문 157, 159
므깃도 159, 161, 168, 169, 171,
　　　173, 194, 195, 197, 198,
　　　201, 206
미디안 토기 192

색인　377

미케네 171, 192, 204, 210,
바빌로니아 207, 208
바산 골란 174
방사성동위원소 181, 184, 216
벤-토르(A. Ben-Tor) 153
벧엘 158, 171, 195
블레셋 179, 180, 184, 192, 193,
　　　196, 200, 210
비히스툰 비문 157
사마리아 162, 168, 170, 171, 174,
　　　198, 203
사이프러스 171, 192, 204, 210
성서고고학 156, 161, 165, 167,
　　　168, 182, 212
성서지명 156, 157
성지탐사 156, 159
세레크 177, 201, 204
수사 157
수정주의자 178, 180, 213, 214,
　　　215
스타키(J.L. Starkey) 171
시내 반도 174
실로암 비문 159
아라드 176, 177, 194, 201, 205
아하로니(Y. Aharoni) 153
앗수르 207, 208
야딘(Y. Yadin) 172, 173, 197, 206
에누마 엘리쉬 206
여리고 162, 171, 194
예루살렘 158, 171, 174, 175, 183,
　　　184, 195, 197, 219

올브라이트(W.F. Albright) 152,
　　　166, 168, 171, 214
요르단 155, 159, 168, 174, 188
요새화 175, 184, 191, 193, 194,
　　　195, 196, 197, 198
요세푸스 173
우베이디야 175, 188
워렌(C. Warren) 158
위조품 논쟁 182, 183, 217
이스라엘탐사협회 174
이스라엘/팔레스틴 151, 152, 155,
　　　156, 157, 159, 160, 163,
　　　168, 170, 171, 172, 173,
　　　176, 177, 178, 182, 183,
　　　187, 190, 193, 198, 200,
　　　201, 204, 206, 207, 209,
　　　210, 212, 214, 217, 221, 222
인장 171, 192, 193, 202, 203, 204,
　　　205
저연대 180, 181, 215, 216
정방형 발굴 168, 170
최대주의자 179, 183, 212, 213,
　　　214, 215
최소주의자 179, 183, 184, 212,
　　　213, 214, 215
층위(성층) 160, 161, 162, 165,
　　　169, 170, 171, 176, 180,
　　　181, 189
카르투쉬 201, 204
케년(K.M. Kenyon) 153, 168
코카비(M. Kochavi) 174

쿤틸렛 아즈루드 174
쿰란 177
클레몽-갼노(C. Clemont Ganneau) 159
키르벳 케이야파 184, 185, 186, 196, 197
텔 레호브 181, 186, 197
텔 베이트 미르심(Tell Beit Mirsim) 167, 171, 197
텔 엘-헤시(Tell el-Hesi) 160, 165, 194
통일왕국 시대 183, 215
툼스(L.E. Toombs) 176
페르시아 169, 178, 195, 207, 208, 210
페트리(W.M.F. Petrie) 157, 160, 163
포곽 성벽 184, 197
핀켈쉬타인(I. Finkelstein) 180, 181, 215
하솔 172, 173, 181, 182, 195, 196, 197, 203, 206, 207
힛타이트 192

4장

가가르-하끄라(Ghaggar-Hakra) 깅 235, 242, 246, 247, 248, 249, 250
가네리왈라(Ganeriwala) 242
간디(Indira Gandhi) 237, 244, 270
갠지스문명 235, 239, 240, 254, 263, 265, 268, 271
고쉬(A. Ghosh) 256
굽따 시대 263
굽따(S.P.Gupta) 246, 248, 263, 266
깔리방간(Kalibangan) 238
꼬삼비(D.D.Kosambi) 255, 256, 258, 270
네루(Jawahar Lal Nehru) 237, 244, 270
돌라위라(Dholavira) 242
띠와리(R.Tewari) 259, 260, 261
라뜨나가르(S.Ratnagar) 249
라마 261, 263, 264, 265, 267
《라마야나》 261, 263, 264, 265
라오(S.R.Rao) 265
라자람(N.S.Rajaram) 247, 260, 262, 268
라키가르히(Rakhigarhi) 238, 242
랄(B.B.Lal) 264
랄(Makkhan Lal) 258
람 세뚜(Ram Setu) 265
레프코비츠(Mary Lefkowitz) 263
《리그베다》 245, 246, 248, 252, 262
마가다 254
마샬(John Marshall) 241
《마하바라따》 261, 262, 263, 264
메소포타미아 242, 244, 250, 252,

색인 **379**

269
모헨조다로(Mohenjodaro) 237, 241, 242, 249, 250
무갈제국 238, 267
민족의용단(Rashtriya Swayamsevak Sangh) 236, 240
북부흑색연마토기 251, 253, 258
뿌라나 261, 264, 266
사라스와띠(Saraswati)강 238, 239, 246, 247, 248, 249, 262
사와르까르(V.D.Savarkar) 239, 243
사이비 역사학 240, 241, 261, 264, 265, 267, 268, 270, 271
상깔리아(H.D.Sankalia) 264
샤르마(R.S.Sharma) 255, 256, 258, 259, 270
아그라왈(D.P.Agrawal) 257, 258
아리야 사마즈(Arya Samaj) 236, 239
영역국가 253, 254
우빠니샤드 254
이띠하사 261
인더스문명 235, 236, 237, 238, 239, 240, 241, 243, 244, 245, 246, 247, 249, 250, 251, 252, 253, 262, 263, 264, 266, 268, 269, 270, 271
인더스 문자 236, 251
인더스(Indus)강 235, 241, 242, 246, 247, 248, 250

인도고고조사국(Archaeological Survey of India) 241, 267
인도국민당(Bharatya Janata Party) 240, 244, 259, 268
인장 236, 241, 250, 251, 252
종교공동체주의(communalism) 271
짜끄라바르띠(D.K.Chakrabarti) 256, 258, 270
카스트 254, 256
커닝햄(Alexander Cunningham) 241
타빠르(Romila Thapar) 257, 266
프롤리(David Frawley) 247, 260, 262
하랍빠(Harappa) 235, 236, 237, 241, 242, 249, 250, 251, 262, 269
휠러, 모티머(Motimer Wheeler) 242, 244, 245, 269
흑적토기 258

5장
고문자학 280, 288, 289, 290, 291, 295
『고사변』 340, 345, 346
고증학 287, 289, 290, 337, 342
구계유형론 277, 302, 320, 321, 325, 327, 332
구제강(顧頡剛) 287, 335, 336,

338, 339, 340, 341, 342,
345, 346, 347, 358
궈모뤄(郭沫若) 293, 294, 301
둥쭤빈(董作賓) 292, 293
량쓰용(梁思永) 315, 316
량주 306, 328, 329, 330, 354, 360
룽산문화 300, 302, 316, 317, 323,
330, 331
리링(李零) 341, 343, 344, 345,
349, 354
리민(Li Min) 328, 330, 331, 344,
354, 355, 356, 357, 359,
361, 362
리쉐친(李學勤) 339, 342, 343,
344, 345, 358, 359
리지(李濟) 285, 298, 300, 314,
316, 323, 349, 352, 357,
361, 363
리펑(Li Feng) 327, 328, 347, 352,
353, 354, 357, 366
베글리(Robert Bagley) 303, 348,
349, 350, 351
『사기』 279, 281, 296, 302, 303,
304, 336, 337, 345
샤나이(夏鼐) 317, 319
서방기원설 277, 299, 307, 308,
309, 313, 314, 318, 319,
333, 357
쇼네시(Edward L. Shaughnessy)
349, 350, 352, 361
스마오 304, 305, 328, 329, 330,

331, 332, 354, 359
스카버그(David Schaberg) 350,
351, 352
쑤빙치(蘇秉琦) 277, 302, 321,
322, 323, 324, 327, 328,
333, 343, 359, 360
안데르손(Johan Gunnar Anderson) 299, 300, 307, 308,
309, 310, 312, 313, 314,
315, 316, 317, 318, 319, 320
양사오문화 299, 300, 307, 308,
311, 312, 313, 314, 316,
317, 318, 319, 320, 321, 355
얼리터우 278, 303, 304, 305, 329,
330, 331, 332, 333, 341,
354, 362
왕궈웨이(王國維) 284, 285, 292,
294
우훙(Wu Hung) 348, 349, 350,
357
은허 281, 291, 292, 298, 300, 316,
347
인다(尹達) 316, 317, 319, 329,
345, 348, 362, 363
장광즈(張光直) 284, 285, 300,
301, 322, 323, 327, 328,
333, 343, 350, 357, 358,
360, 361
채도 299, 309, 310, 312, 313, 314,
315, 316, 317, 318, 355
천멍자(陳夢家) 293, 294

추시구이(裘錫圭) 289, 344, 361
출토문헌 279, 288, 296, 297, 298,
　　　　341, 342, 344, 345, 349,
　　　　351, 352, 361
타오쓰 304, 329, 330, 331, 354,
　　　355, 359, 362
팔켄하우젠(Lothar von Falkenhau-
　　　sen) 279, 281, 286, 287,
　　　326, 331, 332, 348, 350,
　　　353, 356, 357, 359, 361
황하문명 326, 327